Im Spannungsfeld von Gott und Welt

Im Spannungsfeld von Gott und Welt

Beiträge zu Geschichte und Gegenwart des Frey-Grynaeischen Instituts in Basel 1747–1997

Herausgegeben von Andreas Urs Sommer

Schwabe & Co. AG · Verlag · Basel
1997

Gedruckt mit Unterstützung
der Sophie und Karl Binding-Stiftung

Die Umschlagabbildung zeigt
die Bibliotheksräume des Frey-Grynaeums Basel
(Photo Michael Greub)

Abb. 1 (Frontispiz): Das Frey-Grynaeische Institut 1997
(Aufnahme: Michael Greub)

Die Initialen zu Beginn der Artikel
stammen aus dem phonetischen Alphabet von John Wilkins
(John Wilkins, An Essay towards a Real Character
and a Philosophical Language, London 1668, S. 378; FG J II 19)

ISBN 3-7965-1063-9
Herstellung: Schwabe & Co. AG, Muttenz / Basel

Inhalt

III. Florilegium Frey-Grynaeanum

Vorwort des Präsidenten des Kuratoriums der Frey-Grynaeischen Stiftung

Ich freue mich über die Publikation, die anlässlich des zweihundertfünfzigsten Geburtstages des Frey-Grynaeums erscheint. Ich danke Herrn lic. phil. Andreas Urs Sommer, dass er mit grosser Einfühlung und Sachkenntnis die Geschichte und Tätigkeit des Instituts nachgezeichnet hat.

Das Frey-Grynaeum ist ein Gelehrteninstitut und als solches fast notwendigerweise auf Arbeit im Verborgenen ausgerichtet und selbst in seiner Existenz einer grösseren Öffentlichkeit nicht bekannt. Die Arbeit vollzieht sich primär in der Stille und Abgeschlossenheit des schönen Hauses am Heuberg mit seiner einzigartigen Bibliothek, die Kostbarkeiten aus mehreren Jahrhunderten beherbergt. Umso erfreulicher, dass mit der Publikation und der Ausstellung in der Universitätsbibliothek das Institut für einmal aus der Abgeschiedenheit heraustritt und die Öffentlichkeit auf seine Existenz und seine Bedeutung aufmerksam machen kann.

Die Tätigkeit des Instituts ist in seiner wissenschaftlichen und kulturellen Ausrichtung geprägt durch die Person des jeweiligen Lektors. Dieser setzt in erster Linie die Akzente, die naturgemäss vom Schwergewicht seiner wissenschaftlichen Tätigkeit beeinflusst sind. Daraus ergibt sich im Ablauf der Geschichte eine Vielzahl von Aktivitäten und Publikationen, die ihren Ausgangspunkt im Institut hatten.

Ich hatte das Glück, als Präsident des Kuratoriums die Tätigkeit zweier in ihrer Persönlichkeit und wissenschaftlichen Arbeit sehr unterschiedlicher Lektoren zu verfolgen. Prof. Dr. Ernst Staehelin war ein Gelehrter fast klassischer Prägung, unermüdlich tätig bis zu seinem Tod, ein Gelehrter im äussern und innern Bild. Die Konzentration auf seine Arbeit hat ihn nicht gehindert, sich für seine geliebte Universität und damit auch für die Öffentlichkeit zu engagieren; er hat dreimal das Amt des Rektors ausgeübt und im Jubiläumsjahr 1960 anlässlich der 500-Jahr-Feier die Universität mit grösster Würde vertreten. Sein umfangreiches wissenschaftliches Œuvre, vor allem sein siebenbändiges Monumentalwerk über *Die Verkündigung des Reiches Gottes in der Kirche Jesu Christi*, das wie fast alle seine Werke in der Stille der Arbeitsräume des Instituts entstanden sind, hat seine Aktualität nicht verloren.

Prof. Dr. Jan Milič Lochman, der leider ausscheidende Lektor, ist ein Gelehrter mit einer von seinem Vorgänger recht unterschiedlichen persönlichen Prägung: Aufgeschlossen und diskussionsbereit ist er mit seiner Herkunft aus Tschechien, seiner Tätigkeit in Schottland und den

USA, und seinem fundierten wissenschaftlichen Hintergrund der fast ideale Vermittler zwischen den christlichen Religionen und den Kirchen in Ost und West. Sein Anliegen war, das Frey Grynaeum zu einer Begegnungsstätte von Persönlichkeiten verschiedener Herkunft, die aber im christlichen Glauben vereint sind, zu machen. Auch er hat als Rektor der Universität gedient. Seine Rektoratsrede über die Anrufung des Namens Gottes in unserer Verfassung ist allen Zuhörern in unvergesslicher Erinnerung.

Der lector designatus wiederum wird neue Akzente setzen. Seine Absicht ist vor allem auch, im Institut eine Begegnungsstätte für interdisziplinäre Arbeit in Grundfragen der Ethik zu schaffen.

Beim Wirken der Lektoren dürfen deren Ehefrauen nicht vergessen werden. Der Lektor wohnt mit seiner Familie im Haus am Heuberg, und die Ehefrau prägt zwar eher im Hintergrund die Tätigkeit des Instituts mit. Es darf gerade heute an den Einsatz von Frau M. Staehelin-Kutter für die Flüchtlinge während des Krieges erinnert werden. Unter der wohlwollenden Duldung der damaligen Kuratoren – zu welchen auch Prof. Dr. Carl Ludwig, der Verfasser des Berichts über die Flüchtlingspolitik, zählte – war das Haus am Heuberg Zufluchtsstätte für viele, meist illegal sich in der Schweiz aufhaltende Flüchtlinge. Viele Juden haben ihr Überleben der tatkräftigen Hilfe von Frau Staehelin zu verdanken. Das Haus überquillte geradezu von schutzsuchenden Personen.

Das Frey-Grynaeum steht vor einer nicht sorgenfreien Zukunft: Das ehrwürdige Haus ist von Grund auf baulich zu restaurieren. Die Frey-Grynaeische Stiftung verfügt selbst ausser dem Haus und der Bibliothek über keine eigenen finanziellen Mittel. Die Sophie und Karl Binding-Stiftung, die schon diesen Band und die Ausstellung mitfinanzierte, hat uns Hilfe in Aussicht gestellt. Wir sind dieser Stiftung zu allergrösstem Dank verpflichtet. Die Kuratoren werden alles daran setzen, dass das Institut auch in Zukunft seine Tätigkeit mit innerer Kraft, aber auch mit Ausstrahlung nach aussen entfalten kann. Es ist ein stilles, aber wichtiges Zentrum der Forschung und auch der christlichen Glaubensvermittlung in Basel.

Prof. Dr. iur. Dr. h.c. Frank Vischer

Einleitung

Das Frey-Grynaeische Institut in Basel kann 1997 auf eine zweihundertfünfzigjährige Geschichte zurückblicken. Am 1. März 1747 setzte Johann Ludwig Frey die Gründungsakte der Stiftung auf, die zu Beginn des Jahres 1759 in Kraft treten sollte. Seither bietet das Frey-Grynaeum einem Theologen in seinen Räumlichkeiten Wohnung und verpflichtet ihn, in Lehre und Forschung zum Gedeihen der theologischen Wissenschaften beizutragen. Es ist naheliegend, sich aus Anlass ihres Jubiläums nach dieser eher im Verborgenen wirkenden Institution zu erkundigen.

In den hier versammelten Beiträgen geschieht diese Erkundigung nicht zur Hauptsache aus antiquarischem Interesse. Vielmehr loten die Autorinnen und Autoren auch aus, wie sehr oder wie wenig bestimmte Personen und Gedanken, die das Frey-Grynaeum auf unterschiedlichste Weise geprägt haben oder mit ihm in Berührung gekommen sind, uns heute ansprechen oder aber fremd sind. Die Aufsätze stehen unter dem Generalthema «Im Spannungsfeld von Gott und Welt», weil die vom Frey-Grynaeum im vergangenen Vierteljahrtausend entfaltete Wirksamkeit sich in diesem Spannungsfeld bewegte. Auf mannigfaltige Art und Weise haben die einzelnen Lektoren die von ihnen gelehrte Theologie und das von ihnen praktizierte Christentum zum einen in die «Welt» getragen, zum andern von der «Welt» beeinflussen lassen. Stets hat im Frey-Grynaeischen Institut ein Austausch zwischen «Gottesgelehrsamkeit» und «Weltweisheit» stattgefunden. Wie es im einzelnen um diese Interaktion bestellt war, versuchen die Beiträge über die Lektoren in Erfahrung zu bringen, ohne den Anspruch auf eine jeweils erschöpfende Darstellung zu erheben. Der Akzent liegt mitunter auf theologie- und geistesgeschichtlichen Fragestellungen, womit keineswegs die Berechtigung anderer Zugänge bestritten sein soll. Nur verspricht, wenn es um eine Einrichtung geht, die massgeblich durch das theologische Wirken ihrer Repräsentanten bestimmt wurde und wird, eine solche Akzentuierung einigen Ertrag. Überdies ist die Basler Theologiegeschichte gerade des 18. Jahrhunderts erst ansatzweise erforscht.

Der vorliegende Sammelband will nicht in Konkurrenz treten zu Ernst Staehelins Monographie über *Johann Ludwig Frey, Johannes Grynaeus und das Frey-Grynaeische Institut in Basel*, als Rektoratsprogramm der Universität Basel 1947 erschienen. Diese akribische Studie bleibt für die Beschäftigung mit der Institutsgeschichte unentbehrlich. Während es Staehelin vor allem um die Ausbreitung der Fakten zu tun war, soll hier das Wagnis der Interpretation grösseres Gewicht erhalten

– ein Wagnis, das sich mit dem Mut zur Kontingenz paart: Es kann nicht darum gehen, ein gänzlich ausgewogenes, vollständig abgerundetes Bild zu zeichnen. Vielmehr soll, unter Vorbehalt aller Unausgewogenheit, das Faktenmaterial konturiert werden, eben im Hinblick auf die Frage, wie sich das Institut mit seinen Gründern und Lektoren zu Gott und «Welt» in Beziehung gesetzt hat. Dies ist in vielfältigster Weise geschehen.

Die Gründer und Lektoren haben einen produktiven Umgang mit der Vergangenheit gepflegt, unabhängig davon, ob sie etwa das biblische Altertum oder die Kirchengeschichte Basels thematisierten. Ein skeptischer Beobachter könnte fragen, weshalb es sich aus geistes- und theologiegeschichtlicher Perspektive überhaupt lohne, sich mit sogenannten «zweitrangigen Autoren» abzugeben, wenn man nicht ein spezifisch lokalhistorisches Interesse verfolgt. Ein Blick auf die hier behandelten Autoren und Themen könnte jedoch die Einteilung in «Erst- und Zweitrangiges», den etablierten Kanon der monumentalischen Gipfelhistoriographie – die sich von Paulus und Augustin über Thomas von Aquin zu Luther und Schleiermacher hangelt – aufzuweichen beginnen. Wer bestimmt denn, was zum Kanon gehört? Die Beschäftigung mit sogenannt «Zweitrangigem» macht vielleicht Linien und Entwicklungen deutlich, die jenen verborgen bleiben, die sich nur im (vermeintlichen) Hochgebirge tummeln. Die Versionen, die wir von der Vergangenheit entwerfen und tradieren, sind stets und notwendig Konstruktionen.

Die Auseinandersetzung mit den Menschen, die dem Frey-Grynaeum geistige Kontur verleihen und verliehen haben, könnte beispielsweise Einsichten über die gegenseitige Durchdringung von Theologie und Philosophie (in weitem Sinne) unter spezifischen historischen Umständen zutage fördern. Im Dialog der Theologie mit der «Welt» kommt es – beileibe nicht nur im Frey-Grynaeum – zu einer Wechselwirtschaft von «Gottesgelehrsamkeit» und «Weltweisheit». Wie sich etwa bei Jakob Christoph Beck oder Karl Rudolf Hagenbach zeigt, finden (was niemanden erstaunt) Philosopheme Eingang in die Theologie. Die Philosophie, deren sie sich bedienen, bescheidet sich ihrerseits aber nicht mehr mit der Rolle einer *ancilla theologiae*, einer Magd der Theologie. Vielmehr tritt sie, im Rationalismus eines Christian Wolff ebenso wie im Idealismus eines Kant oder Hegel, selber zumindest partiell mit sinnstiftendem Anspruch auf. Ob die Philosophie darin ihre wahre Bestimmung gefunden hat, kann hier offen bleiben – vermutlich stünde der Philosophie heute, genauso wie der Theologie, Bescheidenheit gut zu Gesicht.

Nach einem kurzen Abriss der Institutsgeschichte werden in einem zweiten Teil zunächst die einzelnen Gründer und Lektoren vorgestellt und kontextualisiert. Jan Milič Lochman, gegenwärtig Lektor des Instituts, resümiert am Ende dieser Sektion sein bisheriges Wirken in diesem Amt. Ein dritter Teil versammelt unter dem Titel «Florilegium Frey-Grynaeanum» Beiträge von Fachleuten, die einzelne Aspekte des Frey-Grynaeums und seines Umfeldes beleuchten. Eine Edition von Briefen aus der dem Frey-Grynaeum gehörenden Zwinger-Korrespondenz ist genauso vertreten wie eine Abhandlung über den philosophischen Erzvater Sokrates oder eine über den englischen Theologen und Universalwissenschaftler John Wilkins, die beide im Frey-Grynaeum nicht gleichgültig waren. Da interessiert die Basler Orientalistik des 18. Jahrhunderts genauso wie die im Frey-Grynaeum gesammelte englische Literatur dieser Epoche, der Briefwechsel von Johann Ludwig Frey mit dem Mathematiker Jacob Hermann genauso wie Jakob Christoph Beck als Schweizergeschichtler. Schliesslich wird erörtert, wie Hagenbach als Lehrer wirkte und was Jeremias Gotthelf mit dem Frey-Grynaeum zu tun hat. All dies zeigt die irreduzible Vielfalt dessen, was mit dem Frey-Grynaeum liiert ist.

Parallel zur Veröffentlichung dieses Bandes findet im Herbst 1997 eine Ausstellung über das Frey-Grynaeum in der Öffentlichen Bibliothek der Universität Basel statt.

Herzlich zu danken habe ich den Autorinnen und Autoren, dem Lektor und dem Kuratorium des Frey-Grynaeums, der Sophie und Karl Binding-Stiftung – die Ausstellung und Publikation finanziell ermöglichte –, dem Schwabe-Verlag, namentlich Urs Breitenstein und David Marc Hoffmann, und dann vor allem Martin Steinmann, der mich stets und bereitwillig unterstützte. Mein Dank geht an die höchst zuvorkommenden Mitarbeiter und Mitarbeiterinnen des Staatsarchivs und der Universitätsbibliothek Basel. Die vortrefflichen neuen Aussen- und Innenaufnahmen des Instituts fertigte Michael Greub an. Für Hilfe, Rat und Anregung bin ich überdies Rudolf Brändle, Werner Brönnimann, Balz Engler, Ulrich Gäbler, Marianne Grether, Pia Kamber, Burkard von Roda, Martin Sallmann, Andreas Schaefer, Beatrice Schärli, Gudrun Schubert, Martin R. Schütz, Andreas Staehelin, Helene Werthemann und Benno B. Widmer verpflichtet.

Basel, im Juli 1997, Andreas Urs Sommer

Andreas Urs Sommer

«Dieses Heiligthum der Wissenschaft»: Geschichte und Gegenwart des Frey-Grynaeischen Instituts

Einem Institut, das in der Mitte des 18. Jahrhunderts im Geist einer längst verblichenen Theologie gegründet worden ist, haftet auf den ersten Blick etwas vielleicht rührend Unzeitgemässes an. Diesen flüchtigen Eindruck scheint ein zweiter Blick zu bestätigen, handelt es sich doch offensichtlich um ein Relikt aus der Zeit der alten Ordinarienuniversität, das einen reputierten und wohlbestallten Theologen mit einer weiteren Pfründe ausstattet, auf die er eigentlich nicht angewiesen wäre. Auch ein dritter Blick bestärkt den einmal laut gewordenen Verdacht, denn repräsentiert nicht auch die prachtvolle alte Bibliothek, die dieses Institut beherbergt, den Staub und Moder längst verflossener Epochen?

Wer die Geschichte des Frey-Grynaeischen Instituts nicht bloss unter antiquarischen Gesichtspunkten betrachtet, muss sich dem geschilderten Eindruck ebenso stellen wie der Frage nach der gegenwärtigen Rechtfertigung des Instituts. Dazu ist aber ein Durchstossen der Oberfläche und ein Graben darunter notwendig.[1]

Die Gründung

Von der Urgeschichte des Frey-Grynaeums zeugt das von Johannes Grynaeus 1744 kurz vor seinem Tod aufgesetzte Testament, das seinem Freund Johann Ludwig Frey zum einen den gesamten Hausrat ver-

1 Wesentliche Grabungsarbeit hat Ernst Staehelin in seiner Monographie schon geleistet; wir können uns vor allem bei der Gründungsgeschichte auf seine ausführliche Darstellung stützen: Staehelin, FG, S. 116–134.

machte, den die beiden Freunde gemeinsam benutzten. Zum andern erhielt Frey 5000 Gulden zur zinslosen Nutzniessung, die nach Freys Tod «ad pias causas, so wie wir mit einander abgeredt, gelangen» sollten.[2] Bereits drei Jahre später, am 1. März 1747, begann die Frühgeschichte des «Institutum Freyio-Grynaeanum», nämlich mit einer von Frey unter diesem Titel ausgefertigten Gründungsurkunde:

«Mit meinem allerwärtesten Freund & Collega, Hr. D. Joh. Grynaeo sel. bin ich übereinkommen, eine Stifftung zu beförderung der Ehre Gottes & Aufnahm des Studii Theologici aufzurichten, bestehende hauptsächlich in folgenden Articeln:

1. Soll jederzeit eine hierzu taugliche Person ernennet werden, welche nicht nur von untadenlichem Wandel, sondern wahrhaftig gottesfürchtig & eiferig, seine Ehre zu beförderen, hernach wohlgelärt & sonderlich in Theologia & denen hierzu dienenden Wissenschaften, Historien & Sprachen, alss Latina, Graeca et Orientalibus treflich versirt: auch mit dono docendi begabt: ich wollte auch, wenn es sich thun lässt, dass diese Person nicht nur Candidatus Ministerii, sondern auch Candidatus Theologiae [sc. Licentiatus] oder gar Doctor wäre.

2. Seine Verrichtungen solten folgende seyn, neben dem, dass er sich incrementum rei Theologicae überhaupt soll lassen angelegen seyn: 1. Soll er wochentlich etliche Lectiones denen Studiosis Theologiae in dieser wissenschaft oder hierzu dienenden Sprachen & Historien halten, entweder privatim oder, wenn es sich thun lässt, publice; diese Institutio soll so gut möglich zum nutzen der studierenden eingerichtet werden & zu diesem end sonderlich auf diese 3 puncten wohl attendiret werden: α. demonstration. veritatis divinitatisq. S. Scripturae. β. Expositionem genuinam S. Scripturae. γ. Pacem et concordiam Christianorum. 2. Soll er von Zeit zu Zeit publice eine Dissertationem oder Orationem oder etwas dergleichen halten: oder sonsten etwas über besagte materien durch den Truck publicieren.

3. Zu geniessen hat er 1. den Nutzen oder Zins von denen von H. D. Grynaeo sel. mir überlassenen 5000 Pfund. 2. Wohnung in meinem hauss & genuss des halben theils von allem, was es in seinem bezirck begreift: doch dass er auch die nöthige reparationes zum halben theils über sich nehme; 3. meine gantze Bibliothec, samt dazu gehörigen Sachen, davon ein Catalogus vorhanden. Diese Biblioth. hab zwar lange jahr durch mit vieler arbeit & für meine armuth unsäglichen kosten auss allen landen gesamlet, aber eigentlich nur zu meinem privatusu, nicht für das publicum: soll derowegen in gutem stand erhalten & die bücher nicht aussgeliehen werden.

4. Damit dieses institutum in kräften erhalten, & continuirt werde, will ich 3 angesehene, verständige & gewissenhafte Männer zu Executoren & Superinspectoren erbätten & bestellen, welche nach Ihnen ander taugliche Personen ernennen werden: Zu diesem end wolte ich in aller Freundlichkeit meine 3 lieben alten Freund & Verwandten, Vir. Exc. Hr. D. J. R. Zw[inger], P. M. P., Hr. Hen. Brucker, Archid. & Hr. Th. Burcard, Diac. Petr., V. R. R., ersucht & gebätten haben, diese mühwaltung auss verlangen, etwas gutes zu befördern, & auss liebe zu Hr. D. Gryn. & meiner Wenigkeit auf sich zu nehmen & zu sehen, theils dass die zu ernennende Person diese Verrichtungen getreulich abstatte, & nach derselben abgang von ihnen eine andre taugliche Personn Ansehen der person bestellet werde: theils dass die güter, nemlich Capitalien, behausung & Bibliothec, in gutem stand erhalten werden. Ich überlasse es deren Prudentz & Eifer, hierinnen nach gutdüncken, wie es die umbständ geben werden, zu handlen; wann nur die haubtsach fest & unverän-

2 Eine Abschrift des Testaments und die eigentlichen Gründungsdokumente des Frey-Grynaeums sind zu finden in: StAB, Universitätsarchiv XII 8.1. Staehelin, FG, S. 117–122 zitiert sie im Wortlaut.

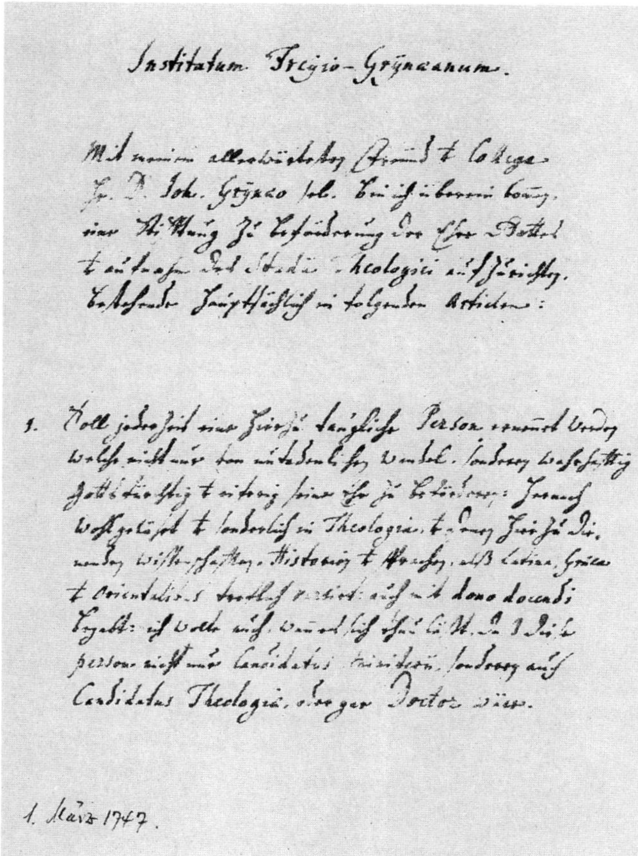

Institutum Freyio-Grynaeanum.

1. März 1747.

Abb. 2: Die Stiftungsurkunde des Frey-Grynaeums vom 1. März 1747, aufgesetzt von Johann Ludwig Frey (StAB, Universitätsarchiv XII 8.1).

dert bleibet, so können sie die Capitalia entweder selbst zu Handen nehmen, & verwalten, der lehrenden Person aber nur die Zinss davon zukommen lassen: oder solche eben dieser Person zu verwalten überlassen; oder auch meinen Haupterben zu verwalten übergeben, wie sie mit denenselben werden übereinkommen.

1. Mart. 1747 J. L. Frey, D.»[3]

3 Eine lateinische Übersetzung dieser Stiftungsurkunde (StAB, Universitätsarchiv XII 8.1) ist abgedruckt in: De Vita & Meritis Philologi et Theologi incomparabilis Joh. Ludovici Freyi, SS. Theol. Doct. & Prof. P. Oratio Funebris, Quam d. XVIII. Aprilis anni saecularis tertii Academiae Basiliensis MDCCLX. publice in frequenti panegyri recitavit Jac. Christoph. Beckius, SS. Th. D. V.T. Prof. P. Instituti Freyio-Grynaeani Lector, Basileae MDCCLX, S. 38–40. Dem Original ist die notarielle Beglaubigung nach dem Tode Freys durch die «Gerichtsschreiberey zu Basel» angehängt.

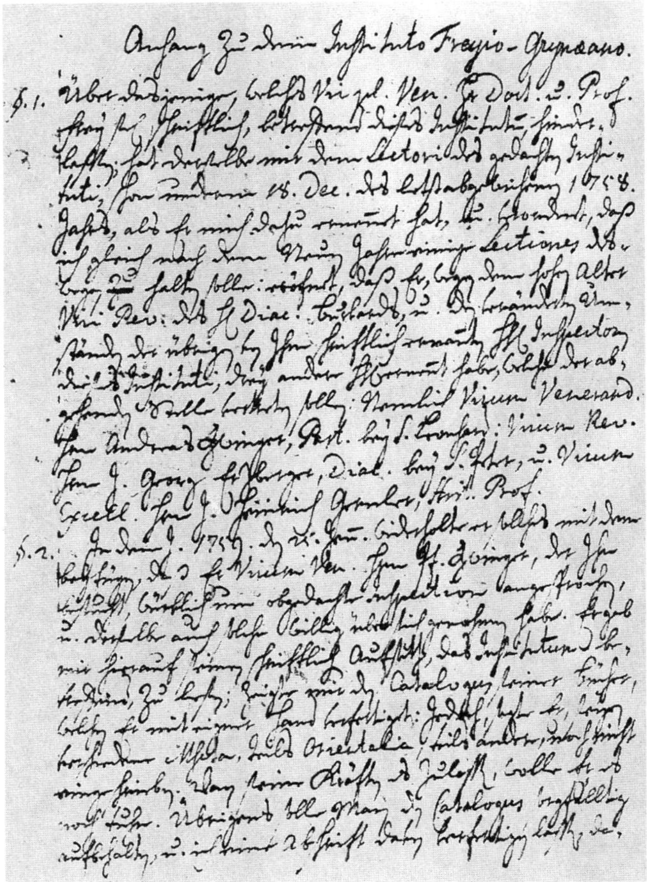

Abb. 3: «Anhang» zur Stiftungsurkunde, niedergeschrieben 1759 von Jakob Christoph Beck (StAB, Universitätsarchiv XII 8.1).

In einem «Anhang zu dem Instituto Freyio-Grynaeano» vom 7. März 1759 hatte Jakob Christoph Beck einige mündliche Modifikationen Freys zu Protokoll gegeben: So seien nach Freys Wille die drei in der Urkunde von 1744 genannten «Executoren» durch Pfarrer Andreas Zwinger (1697–1764), Diakon Georg Erzberger (1718–1765) und Professor Johann Heinrich Gernler (1727–1764) zu ersetzen. Anstatt eines Honorars sollten diese sich den Zins von 1000 Pfund als Remuneration teilen, und wenn der Lektor «sein Amt nachlässig» verrichte, ihn absetzen können. Sollte «das Institutum in gänzl. Zerfall gerathen», so falle die «ganze Bibliothek ohne Ausnahm der löbl. Universitet allhier anheim», während das Kapital der Theologischen Fakultät zur Ausrichtung von Stipendien zu überlassen sei.[4] Der «Anhang» berichtet ferner, dass Frey den Unterzeichneten, nämlich Beck, am 18. Dezember 1758 zum ersten Lektor des Instituts bestellt und «verordnet» habe, dass dieser «gleich nach dem Neuen Jahre einige Lectiones deswegen halten solle».[5]

Aus dem «Anhang» zur Stiftungsurkunde geht hervor, dass Jakob Christoph Beck 1759 als der vom Gründer designierte Lektor im Sinne der Stiftungsurkunde die Aktivität des Instituts mit einer Vorlesung inaugurierte.[6] Zunächst las er zweimal wöchentlich über das erste Kapitel der Genesis[7], um dann Probleme der *philologia sacra* zu behandeln. Ausdrücklich als Lektor des Frey-Grynaeischen Institutes weisen Beck nicht nur die Titelblätter seiner grösseren theologischen Werke, sondern auch eine stattliche Reihe kleinerer Dissertationen aus. Mit ihnen kam er der zweiten im Gründungsdokument genannten Verpflichtung nach, nämlich von Zeit zu Zeit über die in der Lehre behandelten Themen etwas zu publizieren.

Die Idee zur Frey-Grynaeischen Stiftung verdanke Frey, schreibt Beck in der *Oratio funebris*, den Stiftungen von Theophil Gale (1628–1678), William Cambden (1551–1623), Robert Boyle (1627–1691), Petrus Ramus (1515–1572) und William Laud (1573–1645).[8] Allerdings haben dieser Herren keine unabhängigen Institute mit eigenen Gebäulichkeiten und Bibliotheken, sondern in der Mehrzahl Lehrstühle an bestehenden Hochschulen gestiftet – Ramus beispielsweise 1568 am Collège de France eine Professur für elementare Mathematik, Erzbischof Laud 1636 an der Universität Oxford eine Dozentur für Arabisch.

4 Dieser Punkt ist mit der Eintragung ins Legatarium der Universität 1762 und 1765 notariell beglaubigt worden.

5 In StAB Universitätsarchiv XII 8.1, vollständig abgedruckt bei Staehelin, FG, S. 120–122.

6 Vgl. den Bericht des Grafen Joseph Teleki vom 18. April 1760 in seinem Tagebuch: «Am Morgen hörte ich die Rede des hochw. Herrn Beck, die er zur Erinnerung an Herrn Frey und zum Teil an Grynaeus gehalten hat; der grösste Teil der Universität war anwesend. Dieser Frey war Professor der Theologie und testierte eine gewisse Stiftung zur Förderung der Philologie [sic] und eine sehr schöne Bibliothek. Es wird darum vielleicht üblich, jedes Jahr um diese Zeit zum Andenken an diese Legate eine Rede zu halten.» Otto Spiess, Basel anno 1760. Nach den Tagebüchern der ungarischen Grafen Joseph und Samuel Teleki, Basel 1936, S. 84.

7 Neben Staehelin, FG, passim, geben die Vorlesungsverzeichnisse der Universität und das Protokollbuch des Frey-Grynaeums (FG Mscr. X 11) über die Lehrveranstaltungen der Lektoren Auskunft.

8 De Vita & Meritis Philologi et Theologi incomparabilis Joh. Ludovici Freyi, S. 42. Über deren Stiftungen im einzelnen siehe Staehelin, FG, S. 116f., Anm. (zu Boyle S. 72).

(Diese Praxis, private Mittel für Lehrstühle bereitzustellen, hat sich bekanntlich an angelsächsischen Universitäten bis heute bewährt.) Boyle hatte testamentarisch einen jährlichen Predigtzyklus finanziert, während Gale seine Bibliothek dem Harvard College in New England vermachte. Die Vererbung von Gelehrtenbibliotheken an Universitäten ist auch im 18. Jahrhundert kein sehr seltenes Phänomen; in Ausnahmefällen ist eine solche Büchersammlung auch geschlossen und als eigenständiger Bestand erhalten geblieben.[9] Eine eigentliche, direkte Parallele zum Frey-Grynaeum gibt es in all diesen Fällen allerdings nicht; keine der genannten Legate sieht eine von der Universität abgesonderte, mit Gebäude und Bibliothek ausgerüstete Institution vor. Das Frey-Grynaeische Institut in seiner rechtlichen Selbständigkeit von Stadt und Universität stellt so eine vielleicht einzigartige Erscheinung dar.

Das Gebäude

Nach der Stiftungsurkunde sollte die Hälfte von Freys Haus am Leonhardsgraben mit der Hälfte des Ertrages aus seinem grossen Garten dem Lektor des neugeschaffenen Instituts zustehen. Freilich schien dies sowohl den direkten Erben Freys als auch den Repräsentanten des Instituts eine unpraktische Lösung zu sein, weswegen diese Liegenschaft verkauft und die Hälfte der Kaufsumme dem Institut zur Verfügung gestellt wurde. Mit diesem Geld erwarben die Inspektoren des Frey-Grynaeums den ursprünglich dem Chorherrenstift zu St. Leonhard gehörenden Gebäudekomplex «Zu den Drey Mönchen» oder «Sennenhof» (heute: Heuberg 33) aus dem späten Mittelalter.[10] Jakob Christoph Beck ist seit 1749 als Eigentümer der Liegenschaft nachzuweisen; er schlug denn auch den «Executoren» des Frey-Grynaeums vor, mit dem Erlös aus dem Verkauf der Freyschen Immobilien sein eigenes Haus zu erwerben, was 1762 geschah. Seither ist das Haus «Zu den Drey Mönchen» der Sitz des Frey-Grynaeums. Die dazugehörige Scheune Heuberg 31 wurde zunächst vermietet, 1953 schliesslich an den Staat verkauft.[11]

9 So die Privatbibliothek des Wolfenbütteler Bibliothekars Jacob Burckhard (1681–1753) in der Niedersächsischen Landesbibliothek Hannover; siehe Paul Raabe, Gelehrtenbibliotheken im Zeitalter der Aufklärung, in: Werner Arnold/ Peter Vodosek (Hrsg.), Bibliotheken und Aufklärung, Wiesbaden 1988, S. 103–122, S. 108.

10 Zu den Einzelheiten sowohl der Erwerbung als auch der Bau- und Besitzgeschichte vgl. Staehelin, FG, S. 129–134.

11 Dazu Unterlagen in: StAB, Universitätsarchiv XII 8.5. Heute dient die Scheune als «Strassenunterhaltsmagazin» (die Unterlagen zu zwei Renovationen liegen in: StAB, Bauakten VV 37).

Abb. 4: Das nordwestliche Bibliothekszimmer des Frey-Grynaeums (Aufnahme: Michael Greub).

Im 19. Jahrhundert war häufiger einmal von Umzug des Instituts die Rede, so etwa im Dezember 1889. Sicherheitsbedenken angesichts der Brandgefahr standen bei solchen Erwägungen im Vordergrund. Allerdings zerschlugen sich diesbezügliche Pläne bald wieder.[12] Im Jahresbericht für 1897/98 steht zu lesen:

> «Erwähnenswerth sind endlich noch die Verhandlungen, die im Laufe des letzten Frühjahres [1898] über einen Verkauf resp. Umtausch der Liegenschaft geführt worden. Die Veranlassung dazu war eine Anfrage der Gas- & Wasserdirection, ob das Haus eventuell für eine von ihr beabsichtigte elektrische Station erworben werden könnte. Ich antwortete auf Grund früherer in ähnlichen Fällen von Ihnen getroffener Entscheidungen, dass wir wohl auf einen Verkauf würden eingehen können, wenn uns ein unseren Bedürfnissen ebenso entsprechendes Aequivalent, sei es in Geld oder in dem Angebot einer anderen Wohnung, gegeben würde».[13]

Auch eine solche, moderne und technische Nutzung des Hauses wurde nicht realisiert, weil die «Gas- & Wasserdirection» schliesslich besseren Ersatz fand. Das Frey-Grynaeum blieb dort, wo es noch heute seinen Sitz hat.

12 Unterlagen in: StAB, Universitätsarchiv XII 8.1.
13 In: FG Mscr. X 12 (UBB).

Abb. 5: Das mittlere Bibliothekszimmer des Frey-Grynaeums (Aufnahme: Michael Greub).

Abgesehen von finanziellen Problemen stand die Existenz des Instituts nur in den Auseinandersetzungen um die Basler Kantonstrennung von 1832/33 ernstlich auf dem Spiel. In Hagenbachs Jahresbericht hiess es damals:

«Kaum sollte man es glauben, und doch ist es von glaubwürdigen Männern versichert, dass die raubgierige Hand unsrer Gegner sich auch nach diesem Heiligthume der Wissenschaft ausstreckt. Ich glaube nun freilich nicht, dass es auch der feinsten Rechtsverdrehung gelingen dürfte, ein Institut in das Staatsinventarium hineinzuziehen, das weder vom Staate, noch von einer Staatsanstalt gegründet, noch von ihm auch nur in einem Theile erhalten, noch von ihm beaufsichtigt, sondern von ihm nicht anders angesehen wird, wie jedes Privateigenthum. Ich hielt es aber in meiner Pflicht als Lector, Sie, Hochgeehrte Herrn!, auf diese böswilligen Absichten aufmerksam zu machen und werde mich bereit halten, in Verbindung mit Ihnen alle möglichen Schritte zu thun, um so schreiendes Unrecht ferne zu halten.»[14]

Gemäss einem «Auszug aus dem II. Protokoll der Verhandlungen der Eidg. Theilungs-Commission», genauer ihrer 68. Sitzung vom 5. März 1834, «zeigt Basel-Landschaft an, dass man deshalb keine Ansprüche [auf das Frey-Grynaeum und sein Stiftungsvermögen] erhebe und die-

14 In: FG Mscr. X 12 (UBB).

Abb. 6: Das (südöstliche) Sitzungszimmer des Frey-Grynaeums (Aufnahme: Michael Greub).

ser Punkt aus dem Streit wegfalle, indem man aus der von Basel-Stadttheil zur Einsicht erhaltenen Stiftungs Urkunde die Überzeugung geschöpft habe, dass die Landschaft von daher keine Ansprüche zu machen habe».[15] Vorangegangen war eine teilweise stürmische Debatte darüber, ob das Eigentum des Instituts zum Universitätsgut und damit zum teilbaren Staatsbesitz gehöre oder aber eine unabhängige Stiftung sei. Nachdem Basel-Land letzteres anerkannt hatte, waren auch die Teilungsforderungen aus der Welt geschafft.

Lektoren und Kuratoren

Seit 1759 setzt sich die Geschichte des Institut – mit jeweils anderer Akzentsetzung – dank der Aktivität vor allem seiner Lektoren und der Wachsamkeit seiner Kuratoren ununterbrochen fort. Auf Jakob Christoph Beck folgte 1785 als Lektor Johann Rudolf Buxtorf, von dem man am wenigsten weiss, obwohl er am längsten, nämlich 46 Jahre seines Lektorenamtes waltete. Mit Karl Rudolf Hagenbach hielt 1831 die theologische Moderne im Frey-Grynaeum Einzug, die, nach dem kurzen Zwi-

15 In: StAB, Universitätsarchiv XII 8.1.

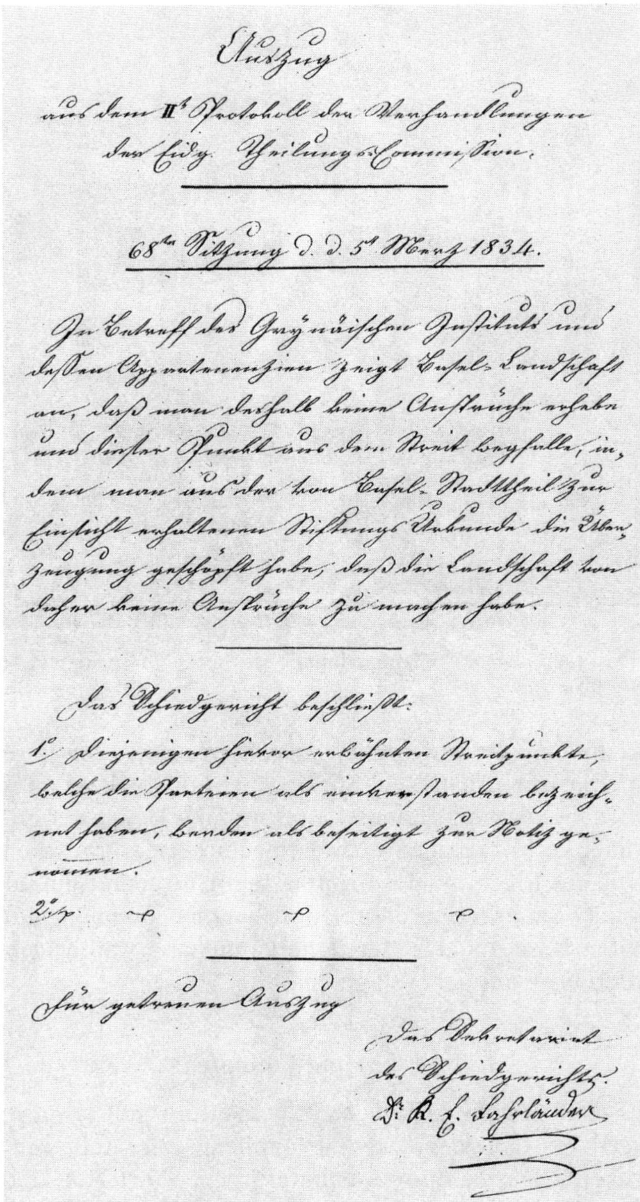

Abb. 7: «Auszug aus dem IIten Protokoll der Verhandlungen der Eidg. Theilungs-Commission» von 1834 (StAB, Universitätsarchiv XII 8.1).

schenspiel von Emil Kautzsch 1874 bis 1880, mit den Lektoren Rudolf Stähelin, Paul Wernle und Ernst Staehelin dem Institut ein kirchenhistorisches Gepräge geben sollte. Dank der Berufung von Jan Milič Lochman kehrte 1980 die systematische Theologie mit dem dezidiert ökumenischen Interesse, im Sinne der Stiftungsurkunde die «pax et concordia Christianorum» zu fördern, wiederum ins Institut ein. Freilich hatten schon Hagenbach, Rudolf Stähelin und Ernst Staehelin dies entscheidend gewichtet.[16]

Wie aus der Stiftungsurkunde hervorgeht, hat das dreiköpfige Aufsichtsgremium, dessen Mitglieder in der ersten Zeit «Executoren» und «Inspektoren», seit Ende des 19. Jahrhunderts vornehmlich «Kuratoren» genannt werden, die Aufgabe, sowohl einen Lektor zu bestimmen, als auch über die Einhaltung des Stiftungszweckes zu wachen. Dazu versammelt es sich gewöhnlich einmal jährlich zu einem Augenschein und einer Sitzung im Institut. Seine Mitglieder werden durch Kooption bestimmt, das heisst nach dem Abgang eines Kurators bestimmen die beiden übrig gebliebenen ein neues Mitglied.

Ökonomisches

In der ersten Zeit hatte der Lektor auch die Aufgabe, die finanziellen Angelegenheiten in eigener Regie zu regeln und dem Kuratorium darüber Rechenschaft abzulegen. Gemäss der Stiftungsurkunde standen dem jeweiligen Inhaber des Lektorats die Nutzniessung der von Grynaeus eingebrachten 5000 Pfund zu, was im 18. Jahrhundert bei einem Professorenjahresgehalt von 200 bis 350 Pfund eine sehr willkommene Ergänzung des Budgets gewesen sein muss.[17] Zu den 5000 Pfund kamen von Beck 1785 200 französische Reichstaler, was 600 Pfund entspricht. Das sind insgesamt 7466 $^{2}/_{3}$ Franken alter oder 11 100 Franken neuer Währung.[18] In einem «Überblick über die Verwaltung des Frey-Grynaeischen Instituts» vom 12. Oktober 1952 beschreibt Ernst Staehelin auf Seite 3 und 4 die ökonomische Entwicklung. Da Staehelins «Überblick» unveröffentlicht ist, aber von sprichwörtlicher Staehelinscher Quellen-

16 Über die im Frey-Grynaeum abgehaltenen Lehrveranstaltungen, die den jeweiligen Fachgebieten der Lektoren entsprachen, geben Staehelin, FG, passim und die Vorlesungsverzeichnis erschöpfend Auskunft.

17 Siehe die Aufstellung der Professorengehalte bei Andreas Staehelin, Geschichte der Universität Basel 1632–1818, Basel 1957, S. 542. Namentlich Johann Rudolf Buxtorf, der bei der Übernahme des Lektorats noch Rhetorikprofessor war, wird rund die Hälfte seiner akademischen Einnahmen zunächst dem Lektorat zu verdanken gehabt haben.

18 Vgl. Rudolf Stähelin im Jahresbericht 1884/85 (FG Mscr. X 12, UBB) und Vischer, Lehrstühle, S. 182.

treue und Zuverlässigkeit zeugt, folgen die einschlägigen Passagen im Wortlaut:

5. «Bis zum Jahre 1885 war also die oekonomische Seite der Stiftung so geordnet, dass der Lektor die Zinsen aus dem Kapital und der Verpachtung der Scheune einnahm, daraus das Honorar der Kuratoren und die übrigen Gebühren sowie die Reparaturen und den Unterhalt des Gartens bezahlte und das, was übrig blieb, für sich behielt als Beitrag an seine Leistungen. Als z.B. Karl Rudolf Hagenbach im Jahr 1874 starb, gingen etwa 5300 Frs. (das dürften heute [1952] etwa 20 000 bis 30 000 Frs. sein), die den Überschuss der Einnahmen aus dem Lektorat über die Ausgaben darstellten, an seine Erben über.

6. Im Jahre 1885 trat eine Änderung ein. Da erklärte der damalige Lektor, Professor Rudolf Stähelin, dass in den letzten Jahren die Ausgaben die Einnahmen überstiegen hätten, und dass somit Passivsaldi entstanden seien. Darauf beschloss das Kuratorium, dass bis auf Weiteres der Lektor keine Zinsen aus Kapital und Vermietung der Scheune mehr beziehen solle, sondern dass allfällige Überschüsse über die Ausgaben für Reparatur und den Unterhalt des Gartens in einen Reservefonds zu legen seien. Zur Deckung des entstandenen Defizits wurde ein Beitrag der Akademischen Gesellschaft erbeten und erhalten. /4/

7. Als Rudolf Stähelin 1900 starb und Paul Wernle zum Lektor ernannt wurde, wurde diese 1885 getroffene Regelung bestätigt; und es wurde deshalb auch die ganze Verwaltung aus den Händen des Lektors genommen und einem Mitglied des Kuratoriums übergeben. Es erhielt also von nun an endgültig der Lektor nichts mehr von Kapital- und Mietzinsen, sondern diese gingen an das Kuratorium; dieses bestritt daraus 1. die Gebühren und Steuern, 2. das Honorar der Kuratoren, 3. die Reparaturen und den Unterhalt des Gartens. Wenn die Einnahmen dazu nicht reichten – das war besonders bei grösseren Reparaturen der Fall –, so rief das Kuratorium wiederum die Hilfe der Akademischen Gesellschaft an.

8. Im Jahre 1936 ging das Lektorat an den gegenwärtigen Inhaber über. Bei seinem Amtsantritt vereinbarte das Kuratorium mit ihm, dass er, in Anbetracht der gründlichen Restauration des Hauses, die eben durchgeführt worden war, die Kosten für den Unterhalt des Gartens und für die laufenden kleinen Reparaturen am Haus selber tragen solle, während grosse Reparaturen natürlich weiterhin zu Lasten des Kuratoriums fallen sollten.»[19]

Was die finanzielle Seite konkret anlangt, so besass das Frey-Grynaeum abgesehen vom Institutsgebäude bald kein grosses Vermögen mehr. Nach Rudolf Stähelins Tod im Jahre 1900 haben die Geldmittel wie schon im 19. Jahrhundert 11 000 Franken betragen.[20] Für grössere Reparaturen am Gebäude und sonstige Projekte mussten und müssen daher regelmässig Dritte als Geldgeber gesucht und gefunden werden.[21]

19 In: StAB Universitätsarchiv XII 8.2.

20 Schriftlicher Bericht von Eduard Vischer, 30. November 1916, in: StAB Universitätsarchiv XII 8.2.

21 Übrigens wird man heutzutage als Kurator des Frey-Grynaeums nicht reich. Nach den in StAB Universitätsarchiv XII 8.2 erhaltenen Quittungen aus den Jahren 1957 bis 1980 beträgt dessen jährliche Aufwandsentschädigung gerade einmal 25 Franken wie seit Ende des 19. Jahrhunderts (vgl. Rudolf Stähelins Jahresbericht von 1898/99, in: FG Mscr. X 12 [UBB]). Früher hatte die Remuneration 1 Louis d'or oder 23 Franken betragen (vgl. bspw. den Jahresbericht von 1856/59, in: FG Mscr. X 12 [UBB]).

Die Bibliothek

Neben Kapital und Liegenschaft gehört vor allem eine *Bibliothek*, die Frey nach der Stiftungsurkunde «lange jahr durch mit vieler arbeit & für meine armuth unsäglichen kosten auss allen landen gesamlet» hat, zum Besitz des Frey-Grynaeischen Instituts. Schon Johann Ludwig Freys Urgrossvater, Johann Jakob Frey (1606–1636), Griechischprofessor in Basel und designierter Dean of Armagh, hatte von seinen Aufenthalten in Grossbritanien und Irland siebzig noch nachweisbare Bücher mitgebracht, darunter die Second Folio-Ausgabe der Werke Shakespeares von 1632 und Walter Raleighs *History of the World* in der Erstausgabe von 1614.[22] Vermehrt wurde dieser Grundstock von Johann Jakob Freys gleichnamigem Sohn (1636–1720), dessen Bibliothekskatalog schon um 1670 etwa 1 600 Werke verzeichnet.[23] Johann Ludwig Frey selber soll bereits in frühester Jugend mit leidenschaftlichem Büchersammeln beschäftigt gewesen sein, beraten vor allem durch seinen Grossvater Johann Jakob Frey.[24] Nach einem Katalog von 1696 besass der Vierzehnjährige 125 Bände. Dank der Briefe Freys von seinem *iter literarium* und seiner Korrespondenz mit den Amsterdamer Buchhändlern Wettstein sind wir über das Anwachsen seiner Bibliothek recht gut unterrichtet. So ersteigerte und ererbte er in der Folge Hunderte von Büchern, unter anderem im Jahr 1720 einen Grossteil der Bestände seines Grossvaters Johann Jakob Frey. Nach dem Testament von Johannes Grynaeus war sein Freund Frey berechtigt, auch aus dessen Büchern das Gefällige auszuwählen. Freilich soll da nicht viel vorhanden gewesen sein, was Frey nicht ohnehin schon besass.[25] Der letzte Katalog seiner Bibliothek von 1759 weist rund 8 000 gedruckte Bände aus, darunter zahlreiche Rara und Rarissima.[26] Nach Freys Tod hat Beck diesen Katalog um eine weitere Abteilung ergänzt, die neben zehn orienta-

22 Signatur: FG N I 19 (UBB). Zur interessanten Lebensgeschichte des älteren Johann Jakob Frey vgl. Ernst Staehelin, JbFG 1963 und 1965. Zur englischen Literatur im Frey-Grynaeum siehe im vorliegenden Band den Aufsatz von Suzanne de Roche.

23 Dieser und alle weiteren Bibliothekskataloge sind erhalten unter FG Mscr. X 1–10 (UBB).

24 De Vita & Meritis Philologi et Theologi incomparabilis Joh. Ludovici Freyi, S. 15. «Für diese Gelehrten, die zwischen 1680 und 1750 lebten und meist auch unterrichteten, waren Aufbau und Anlage einer privaten Bibliothek eine selbstverständliche Aufgabe.» Raabe, Gelehrtenbibliotheken, S. 111.

25 De Vita & Meritis Philologi et Theologi incomparabilis Joh. Ludovici Freyi, S. 36.

26 Peter Ochs, Geschichte der Stadt und Landschaft Basel, Bd. 8, Basel 1822, S. 8, Anm. 3 beziffert den Wert der Frey'schen Bibliothek auf «mehr als zwanzig tausend Gulden».

lischen Manuskripten, vier Bänden Buxtorf-Autographen, einem Band mit Briefen berühmter Persönlichkeiten aus dem 16. und 17. Jahrhundert und einigen weiteren Posten Freys eigene Handschriften umfasst.

«Das 18. Jahrhundert war in Deutschland nicht nur das Jahrhundert der Aufklärung, es war auch [...] – vor allem in der ersten Hälfte – das grosse Zeitalter der Büchergelehrsamkeit und eine Blütezeit der Privatbibliotheken.»[27] Mit den sogenannten «Bibliotheksnachrichten», die von Kuriosa und Pretiosa in privaten Beständen zu berichten wussten, entwickelte sich sogar eine nur in dieser Epoche florierende, eigene Literaturgattung.[28] Jacob Friedrich Reimmann hatte schon 1709 den «unersättlichen Bücherhunger» als «Gemütskrankheit» beschrieben.[29] Allerdings kann Frey schwerlich zu den wirklich pathologischen Fällen gezählt werden, nehmen sich seine 8 000 Bände etwa im Vergleich zu den vom lutherisch orthodoxen Schulhaupt Johann Friedrich Mayer (1650–1712) zusammengetragenen 18 000 Bänden oder den 32 000 Nummern im Bibliothekskatalog von Mayers Schüler Johann Albert Fabricius (1668–1736) doch fast bescheiden aus.[30] Auch Freys Sammlerkollegen hatten namhafte Büchermengen auf ihren Bildungsreisen erworben. Im Unterschied zu den meisten dieser Gelehrtenbibliotheken, die nach dem Tode ihrer Besitzer versteigert wurden (in Göttingen kamen beispielsweise zwischen 1743 und 1828 rund 200 000 Bände unter den Hammer[31]), hat sich diejenige Freys jedoch vollständig erhalten. Die meisten Gelehrten scheinen, so mutmasst Gotthardt Frühsorge, ihre Bücher als blosse Arbeitsinstrumente betrachtet zu haben, weswegen sie oft sogar selber testamentarisch die Verauktionierung anord-

27 Raabe, Gelehrtenbibliotheken, S. 121. «Nie wieder in der Geschichte der Bibliotheken hat es in einem kurzen Zeitraum so grosse und bedeutende Privatbibliotheken gegeben wie in der Frühaufklärung. Die Bücherflut war Ausdruck einer mit dieser Epoche zugrundegehenden Büchergelehrsamkeit.» A. a. O., S. 114.

28 A. a. O., S. 115. Siehe z. B. Andreae Aestatis Hoch-Merckwürdigste und Aller-Neueste famae aus dem imperio seyner Buch-Grüfte, auch Biblionekropolis genennet, nebst Parerga & Paralipomena Libromaniae, 17 1/3 Bde., Buchberg an der Lethe 1697–1731, der am Ende von Bd. 14 (1723), S. CCCLXXXVIII resigniert feststellt: «vil Büchermachens ist keyn Ende & vil Studiren machet den Leyb müde.»

29 Jacob Friedrich Reimmann, Versuch einer Einleitung in die historiam literariam, Halle 1709, zitiert nach Raabe, Gelehrtenbibliotheken, S. 112.

30 Vgl. a. a. O., S. 113.

31 Gerhard Streich, Die Büchersammlungen Göttinger Professoren im 18. Jahrhundert, in: Paul Raabe (Hrsg.), Öffentliche und private Bibliotheken im 17. und 18. Jahrhundert. Raritätenkammern, Forschungsinstrumente oder Bildungsstätten? Bremen / Wolfenbüttel 1977, S. 241.

neten.[32] Natürlich haben die sich formierenden Universitätsbibliotheken genauso wie private Liebhaber an solchen Versteigerungen die eigenen Bestände geäufnet. Für Freys Projekt, seine Bibliothek einer eigenständigen Stiftung mit Kapital und Gebäude zum Nutzen des jeweiligen Lektors und partiell der Öffentlichkeit zu überlassen, finden sich wenigstens in der deutschen Gelehrtenwelt hingegen kaum Parallelen.[33] Es scheint ziemlich singulär zu sein.

Im Laufe der Zeit erfuhr die in den Besitz des Frey-Grynaeischen Instituts übergegangene Freysche Bibliothek vor allem durch Schenkungen noch bedeutsame Bereicherungen. Ausgesprochene Sammlernaturen, wie Frey eine gewesen ist, sollten das Institut freilich nicht mehr bewohnen. Nach dem Umzug der Bibliothek in die Räumlichkeiten des Instituts machte sich Beck zusammen mit seinem Neffen Johann Rudolf Buxtorf, dem späteren Lektor, an die systematische Neuordnung der Bücher, die er mit Signaturen versah und nach Standorten katalogisierte. Beck selbst legierte dem Institut seine eigenen Manuskripte, seine sehr umfangreiche Korrespondenz und weitere 300 gedruckte Bände. Während des Lektorates von Buxtorf erhielt das Institut die *Zwingersche Briefsammlung,* eine vom 16. ins 18. Jahrhundert reichende, äusserst reichhaltige Gelehrtenkorrespondenz geschenkt.[34] Spätestens seit Buxtorf steht die Bibliothek des Instituts der wissenschaftlichen Öffentlichkeit auch für Studienzwecke zur Verfügung.[35] Unter Hagenbachs Lektorat kam ein Teil der Sammlung verschiedener Altertümer von *Johann Jakob Banga* (1798–1834) ans Frey-Grynaeum; diese archäologischen Gegenstände – von römischen Öllampen bis hin zu mittelalterlichen Münzen – sind, soweit nicht im Historischen Museum deponiert, noch heute im Institut zu bewundern.

Aus Sicherheitsgründen wurden zunächst 1896 und 1937 die Manuskripte, 1909 knapp 6 000 gedruckte Bände aus dem Frey-Grynaeum als Deposita der Basler Universitätsbibliothek übergeben.[36] Hier werden seither all jene frey-grynaeischen Bücher aufbewahrt, die bis dahin in

32 Dies im Unterschied zu den Adels- oder Grossbürgersfamilienbibliotheken: Gotthardt Frühsorge, Zur Rolle der Universitätsbibliotheken im Zeitalter der Aufklärung, in: Arnold / Vodosek (Hrsg.), Bibliotheken und Aufklärung, S. 61–81, S. 74.

33 Um Stiftungen von Adligen oder gar von regierenden Fürsten geht es hier natürlich nicht.

34 Siehe dazu die von Martin Steinmann im vorliegenden Band veranstaltete Edition von Briefen aus der Korrespondenz von Theodor Zwinger I.

35 Vgl. Staehelin, FG, S. 151f. Seit Hagenbach wurden an Studenten keine Bücher mehr ausgeliehen, an Professoren nur unter Vorbehalt baldiger Rückgabe (vgl. a.a.O., S. 156). Heute werden die Bücher überhaupt nicht mehr ausser Haus gegeben, sie sind aber nach wie vor allen Interessierten zugänglich.

36 Die Unterlagen dazu in: StAB Universitätsarchiv XII 8.3.

den UB-Beständen gefehlt hatten. Trotzdem klaffen in den alten Regalen der Institutsräume keine hässlichen Lücken, sind diese doch durch Neuzugänge – seit Buxtorfs Tod bis zu Ernst Staehelin über 4 000 Bände[37] – annähernd wettgemacht.

Für die ersten Lektoren stellte diese grossartige Bibliothek ein wesentliches Arbeitsinstrument dar.[38] Noch Paul Wernle und Ernst Staehelin, letzterer mit ausgesprochen lokalhistorischem Interesse, haben sich in ihren Forschungen darauf gestützt. In der Natur der Sache liegt es freilich, dass eine Bibliothek, die über kein Anschaffungsetat verfügt und so nur geschenkweise einen Zuwachs erfährt, nach und nach veraltet. Das hatte Hagenbach schon im Jahresbericht für 1831/32 festgestellt:

> «Aber auch im günstigsten Fall werden wir nie dahin kommen, die Bibliothek auch nur von ferne dermassen zu vervollständigen, dass sie mit dem reissenden Strom der neueren Literatur Schritt hält. Das glaube ich, könne und solle aber auch nicht ihr Zweck sein, welcher vielmehr der öffentlichen Bibliothek und den Privatsammlungen […] muss überlassen werden. Hingegen erschiene mir wünschenswerth, nach und nach die Bibliothek *als ein Denkmahl ihrer eigenen Zeit* darin zu vervollständigen, dass *ältere,* noch fehlende Werke bis etwa auf das Jahr 1780 in dieselbe fortwährend aufgenommen würden. Solche sind auch in der Regel wohlfeiler zu erhalten, und macher Besitzer von dergleichen ist sogar froh, wenn er an einem zweckmässigen Orte solche ihm oft im Aug liegender todter Schätze unterbringen kann.»[39]

Als Basis für die Lehr- und Forschungstätigkeit des Lektors kommt die Frey-Grynaeums-Bibliothek heute nur dann noch in Betracht, wenn sein Arbeitsschwerpunkt historisch in jener Zeit liegt, aus der die Bücher hauptsächlich stammen. Deswegen sind sie mittlerweile zu einem wesentlichen Teil in der Universitätsbibliothek den Fachwissenschaftlerinnen und -wissenschaftlern zugänglich. Die Bibliotheksräume im Institutsgebäude, das der Lektor bewohnt, sind ihrerseits trotz Renovationen im Zustand des späten 18. Jahrhunderts erhalten geblieben.

Dies scheint den eingangs geschilderten Eindruck einer allmählichen Musealisierung des Frey-Grynaeums zu bestätigen. Freilich zeigen die Aktivitäten der Lektoren ein anderes Bild: Sie sind und waren jeder auf seine Weise am Puls ihrer Zeit, indem sie einen produktiven Umgang

37 Vgl. Staehelin, FG, S. 179.

38 Vgl. beispielsweise den Jahresbericht des Frey-Grynaeischen Instituts für 1845/46, in dem Hagenbach über ein von ihm abgehaltenes kirchengeschichtliches Repetitorium berichtet: «Dass die Bibliothek vorzügl. die zu solchen Arbeiten nöthigen Hilfsmittel an die Hand gibt, versteht sich v. selbst». Nach dem Bericht von 1893/94 benutzt Stähelin ein halbes Jahrhundert später die Bücher der Institutsbibliothek im Unterricht nur noch, um «seltene oder besonders wichtige Stücke derselben den Studierenden» vor Augen zu führen (FG Mscr. X 12 [UBB]).

39 In: FG Mscr. X 12 (UBB).

Abb. 8: Das Frey-Grynaeische Institut um 1950 (Aufnahme: Hermann Ochs).

mit der Vergangenheit pflegten und pflegen – ganz egal, ob diese Vergangenheit das biblische Altertum oder die Basler Kirchengeschichte des 17. Jahrhunderts ist. Hier zeigt sich, dass das Institut aus der Zeit der alten Ordinarienuniversität eben auch seine grossen Vorteile hat. Wer Bedeutung und Wirkung des Frey-Grynaeums abschätzen will, muss sich auf seine einzelnen Lektoren einlassen, um den Stellenwert des Instituts immer wieder neu zu erwägen. Die Porträts im vorliegenden Band sollen dazu Gelegenheit geben. Das Frey-Grynaeum ist nur scheinbar ein Einmann-Unternehmen, nicht nur, weil im Hintergrund die Kuratoren und die Familie des Lektors stehen. Denn seine Aufgabe ist ja die Vermittlung und der Dialog insbesondere mit den Studierenden – der Lektor sitzt nicht nur als einzelnes Individuum hinter seinem Schreibtisch und betreibt da seine Forschungen.

Das alles heisst jedoch nicht, dass die ehrwürdige Institution nur wegen ihres historischen Gewordenseins und ihrer Einmaligkeit unantastbar wäre. Es ist durchaus denkbar, neue Wege zum Beispiel in der Kooperation mit der Universität zu finden, ohne dass dadurch dem Anliegen der Stifter zuwidergehandelt würde. 1965 war beispielsweise davon die Rede, das Frey-Grynaeum nach einem eventuellen Rücktritt von Ernst Staehelin in ein «Institut für ökumenische Forschung und

Begegnung» umzuwandeln. Damals wurden diese Pläne nach einer Unterredung mit Oscar Cullmann vorerst auf Eis gelegt.[40]

Damit im Frey-Grynaeum die Zeit nicht stillsteht, wie Jan Milič Lochman 1992 bemerkt hat[41], muss man vielleicht unkonventionelle Ideen entwickeln. Mit jedem Lektor hat das Frey-Grynaeum ein neues Gesicht zu finden, hat sich neu zu definieren. Vielleicht sollte man ihm, damit sich der eingangs geschilderte Eindruck nicht wider Erwarten bestätigt, auch institutionell ein neues Gesicht verleihen. Denn sein Zweck ist nach wie vor aktuell. Das Frey-Grynaeum ist immer wieder von neuem aufgerufen, seine Daseinsberechtigung unter Beweis zu stellen. Es ist bei allem Traditionsbewusstsein aufgerufen, zu beweisen, dass es weder die Theologie noch den Geist einer verblichenen Epoche repräsentiert.

Die Lektoren des Frey-Grynaeischen Instituts

Jakob Christoph Beck, Lektor 1758 bis 1785
Johann Rudolf Buxtorf, Lektor 1785 bis 1831
Karl Rudolf Hagenbach, Lektor 1831 bis 1874
Emil Kautzsch, Lektor 1874 bis 1880
Rudolf Stähelin, Lektor 1880 bis 1900
Paul Wernle, Lektor 1900 bis 1936
Ernst Staehelin, Lektor 1936 bis 1980
Jan Milič Lochman, Lektor seit 1980

Die Kuratoren des Frey-Grynaeischen Instituts
In der Stiftungsurkunde von 1747 werden genannt:

Johann Rudolf Zwinger, Professor der Medizin
Johann Heinrich Brucker, Obersthelfer
Theodor Burckhardt, Pfarrer an St. Peter

Seit Inkrafttreten der Stiftung im Jahre 1759:

Andreas Zwinger, Pfarrer an St. Leonhard, Kurator 1759 bis 1764
Georg Erzberger, Pfarrer an St. Peter, Kurator 1759 bis 1765
Heinrich Gernler, Professor der Geschichte, Kurator 1759 bis 1764
Johann Rudolf Zwinger, Professor der Medizin, Kurator 1764 bis 1777
Simon Grynaeus, Pfarrer an St. Peter, Kurator 1765 bis 1799

40 Siehe das handschriftliche Protokoll des Gesprächs von Ernst Staehelin und Oscar Cullmann, datiert auf den 3. März 1965, das in den unsignierten Akten des Frey-Grynaeums liegt.

41 Jan Milič Lochman, JbFG 1991/92, S. 3.

Johann Heinrich Eglinger, Pfarrer in der Minderen Stadt, Kurator 1765 bis 1802
Wernhard Herzog, Professor der Theologie, Kurator 1777 bis 1815
Jakob Meyer, Professor der Theologie, Kurator 1799 bis 1814
Johann Rudolf Burckhardt, Pfarrer an St. Peter, Kurator 1802 bis 1820
Johann Friedrich Miville, Rektor des Gymnasiums und Professor der Theologie, Kurator 1814 bis 1820
Achilles Herzog, Pfarrer an St. Leonhard, Kurator 1816 bis 1830
Hieronymus Falkeysen, Antistes, Kurator 1820 bis 1838
Emanuel Merian, Professor der Theologie, Kurator 1820 bis 1829
Peter Merian, Professor der Physik, später der Geologie, Kurator 1829 bis 1882
Jakob Burckhardt, Obersthelfer, später Antistes, Kurator 1830 bis 1858
Simon Emanuel La Roche, Pfarrer an St. Peter, Kurator 1838 bis 1861
Samuel Preiswerk, Antistes, Kurator 1859 bis 1871
Johann Jakob Stähelin, Professor der Theologie, Kurator 1861 bis 1875
Rudolf Respinger, Pfarrer an St. Leonhard, Kurator 1871 bis 1878
Johannes Riggenbach, Professor der Theologie, Kurator 1875 bis 1890
Samuel Preiswerk, Pfarrer an St. Alban, Kurator 1879 bis 1906
Wilhelm Vischer, Professor der Geschichte, Kurator 1882 bis 1886
Jakob Wackernagel, Professor der klassischen Philologie, Kurator 1886 bis 1902 (I)
Eduard Vischer, Architekt, Kurator 1890 bis 1928
Carl Christoph Burckhardt, Professor der Jurisprudenz, Kurator 1902 bis 1915
Ernst Miescher, Pfarrer an St. Leonhard, Kurator 1906 bis 1930
Albrecht Burckhardt, Professor der Medizin, Kurator 1915 bis 1921
Jakob Wackernagel, Professor der klassischen Philologie, Kurator 1922 bis 1934 (II)
Ernst Vischer-Geigy, Architekt, Kurator 1928 bis 1948
Gustav Benz, Pfarrer, Kurator 1930 bis 1937
Jacob Wackernagel jun., Professor der Jurisprudenz, Kurator 1934 bis 1966
John E. Staehelin, Professor der Medizin, Kurator 1937 bis 1966
Carl Ludwig-von Sprecher, Professor der Jurisprudenz, Kurator 1948 bis 1965
Frank Vischer, Professor der Jurisprudenz, Kurator seit 1965
David Linder, Advokat, Kurator seit 1966
Andreas Staehelin, Staatsarchivar und Professor der Geschichte, Kurator seit 1966

Andreas Urs Sommer

Zwischen Aufklärung und Reaktion: Johann Ludwig Frey (1682–1759)

Rezeptionsgeschichtlich ist Johann Ludwig Frey das Pech nicht erspart geblieben. Obwohl sein Leben und auch sein Werk dank der Arbeit von Ernst Staehelin detailliert aufgearbeitet worden sind[1], taucht er in den grossen theologischen Nachschlagewerken und den Kompendien der allgemeinen Theologiegeschichte meist nur marginal als «Hauptgegner» von *Johann Jakob Wettstein* (1693–1754) auf, dem Bahnbrecher der neutestamentlichen Textkritik.[2] Dass vor allem der leidige «Wettsteinhandel» Frey in die theologiegeschichtlichen (Negativ-)Schlagzeilen gebracht hat, hängt mit seinem aufs Ganze gesehen recht schmalen schriftstellerischen Œuvre zusammen, das in einer Zeit einschneidender geistiger Entwicklungen ausserhalb Basels wohl nur sehr partiell wahrgenommen wurde.[3] «Mit vielem Bücher-schreiben hat Er nicht getrachtet seinen Ruhm zu vermehren».[4] Frey gehörte als Schüler von *Samuel We-*

1 V. a. in Staehelin, FG, S. 9–99.

2 So beispielsweise bei Emanuel Hirsch, Geschichte der neuern evangelischen Theologie im Zusammenhang mit den allgemeinen Bewegungen des europäischen Denkens, Bd. 2, Gütersloh 1951, S. 415.

3 Namentlich seine Ausgabe der Apostolischen Väter von 1742 und seine zweibändige Neuausgabe des *Thesaurus ecclesiasticus* zu den griechischen Kirchenvätern von Johann Caspar Schweizer aus dem Jahr 1728 dürften weithin Verwendung gefunden haben.

4 Andreas Zwinger, Christliches Ehren-Gedächtniss, in: Die Alles Wissen weit übertreffende Liebe zu Christo. Nach Anleitung der Worte des sel. Apostels Pauli, EPHES. III. v. 19. Als Unter Hochansehnlichem und volckreichem Geleite zu seiner Ruhestätte gebracht worden Der Hochwürdige und Hochgelehrte Herr Johann Ludwig Frey, Heil. Schrift. Doctor, und bey Löblicher Universitaet des Alten Testaments Hochverdienter Professor. In der Pfarr-Kirche bey St. Leonhard in Basel, Samstags den 3ten Martii MDCCLIX. Vorgestellet Durch Andreas Zwinger, Pfarrer allda, [Basel 1759], S. 48.

Abb. 9: Johann Ludwig Frey. Ölgemälde von G. Brucker aus dem Jahr 1739 im Frey-Grynaeum (Aufnahme: UBB).

renfels (1657–1740) jener als «vernünftige Orthodoxie»[5] bezeichneten Richtung an, die – bei allen Konzessionen, die sie dem Zeitgeist machte – doch schwerlich *Vordenkerin* der Aufklärung war. Und Frey steht im Rückblick auf der Seite der Verlierer, gerade weil er in der (im einzelnen undurchsichtigen) Auseinandersetzung mit Wettstein die orthodoxe Reaktion gegen die neue historisch-kritische Wissenschaft zu verkörpern scheint. Freilich empfiehlt sich Vorsicht: Der von modernen Parteiinteressen befangene Blick kann die Optik verzerren. Um Frey Gerechtigkeit widerfahren zu lassen, müssen wir uns über ihn etwas kundiger machen.

Am 16. November 1682 kam er als erstes Kind von Maria Magdalena Frey, geborene Gernler, und deren Gatten Johann Ludwig Frey, einem angesehenen Basler Kaufmann und Ratsherr zur Welt und wurde auf

5 Die Begriffsbildung geht auf Wernle, 18. Jhdt., Bd. 1, S. 468–481 zurück.

den Namen seines Vaters getauft. Bis 1705 sollte der junge Johann Ludwig noch 14 weitere Geschwister bekommen. Er durchlief das Gymnasium, um sich 1696 an der Philosophischen Fakultät seiner Heimatstadt einzuschreiben, wo er 1697 den Grad eines Baccalaureus, 1699 mit einer Dissertation *De natura mentis humanae* den Magistergrad erwarb. Diese acht Thesen und sechzehn «annexa miscellanea» umfassende Abhandlung liegt gedruckt vor und gibt einigen Aufschluss über das Eindringen der cartesianischen Philosophie in den Lehrbetrieb an der Artistenfakultät. «Mens» wird von Frey definiert als «Res sive substantia cogitans»[6], die ganz für sich und nicht als blosses Akzidenz des Körpers bestehe. Die «res cogitans» sei weder an die «res extensa» gebunden, noch von ihr sonst in irgendeiner Weise abhängig. «Sequitur itaque non esse modum corporis.»[7] In wenigen Sätzen exponiert Frey den Substanzendualismus des *René Descartes*, den er in den folgenden Thesen als klar und distinkt namentlich gegen die Einwände der «Aristoteliker» zu erweisen trachtet. Es ist auffällig, dass er die Reduktion auf das «ego cogitans», das bei Descartes nach der skeptischen Einklammerung aller wahrgenommenen und erinnerten Dinge noch übrigbleibt, als Gedankenexperiment nicht ausdrücklich nachvollzieht, sondern die «res cogitans» als *fundamentum inconcussum* sehr rasch einführt. Frey kommt in seinen Darlegungen mit anderen Worten ohne den bei Descartes so wesentlichen, methodischen *Zweifel* aus und reproduziert die mittlerweile offensichtlich Schulweisheit gewordene cartesianische Substanzenlehre mit grösster Selbstverständlichkeit. Die Einwände, die er anführt – etwa, dass das Denken «non satis reale» oder zu wandelbar sei, um die Natur des Geistes auszumachen[8] –, können das nun einmal dogmatisierte Modell nicht mehr aus den Angeln heben. Ganz im Zeitgeist des klassischen Rationalismus ist die «tenebrosa illa Aristotelica Philosophia»[9] die erklärte Feindin, weil sie, wenigstens in der von Frey gegebenen Deutung, die Substantialität des Geistes leugnet. Selbstsicher verkündet der Magistrand in der 8. These, er stütze sich mit seiner Theorie nicht auf Autorität, sondern auf Vernunft.[10] In den «annexa» verwirft er die aristo-

6 Divini Numinis auspiciis, dissertationem hanc philosophicam quae est de Natura mentis humanae, cum Annexis miscellaneis, Jussu Sapient. Philosoph. Collegii, praeside Viro Experientissimo & Celeberrimo Domino Theodoro Zvingero, Med. Doct. Philos. Nat. in alma Academ. Patria Profess. Solertiss. Pro Supremis in Philosophia honoribus solenniter impetrandis, Placidae Antagonistar, συζητήσει subjectam pro virium modulo tuebitur publicè, Joh. Ludovicus Frey, Mag. Cand. Author. D. 25. Julii Anni 1699, Basileae, S. A1^{v} (These 1).

7 Ibd. (These 2).

8 A. a. O., S. A2^{r} (Thesen 3 und 4).

9 A. a. O., S. A2^{v} (These 5).

10 A. a. O., S. (A4^{v}).

telische Definition des Menschen, der Mensch sei ein «animal rationale», «cum animalitas non minus sit differentia hominis quàm rationalitas».[11] Soll das heissen, dass Frey es dem Menschen abspricht, ein «animal» zu sein, weil er «animal» mit Tier assoziiert und den Menschen auf dem Hintergrund der christlichen Schöpfungstheologie über die Tiere erhaben glaubt? Theologisch ist auf dem Boden eines ontologisch dogmatisierten Cartesianismus jedenfalls gut zu bauen[12], weil dieser zum einen der platonisch-christlichen Lehre von einer distinkten, körperunabhängigen Seele entgegenkommt, ohne zum andern aber die Kreatürlichkeit dieses Geistes zu leugnen und ihm Ewigkeit zu prädizieren: «Inter ens finitum & nihil non est infinita distantia.»[13]

Schon die Widmung seiner Magisterthesen unterschrieb Frey als «Theol. Stud.»[14] An der Theologischen Fakultät warf er sich intensiv auf das Studium der orientalischen Sprachen, nicht nur des Hebräischen, Chaldäischen und Syrischen, sondern auch des Arabischen. Eine Frucht davon ist seine *Disputatio philologica-theologica*, in der er «Mohammedis de Jesu Christo sententia» behandelte, und mit der er 1703 sein kirchliches Examen bestand. Die öffentliche Disputation fand unter dem Vorsitz von Samuel Werenfels statt, dem sich Frey als Student ange-

11 A. a. O., S. (A5^{r}), annexum 1.

12 Die Rezeption der Philosophie Descartes' in der reformierten Orthodoxie der Schweiz ist meines Wissens noch nicht zufriedenstellend untersucht worden, wogegen zur niederländischen eine detaillierte Studie vorliegt: Ernst Bizer, Die reformierte Orthodoxie und der Cartesianismus, in: Zeitschrift für Theologie und Kirche, Jg. 55 (1958), S. 306–372. Von der Arbeit Josef Bohatecs: *Die cartesianische Scholastik in der Philosophie und reformierten Dogmatik des 17. Jahrhunderts* ist nur ein erster Teil erschienen: «Entstehung, Eigenart, Geschichte und philosophische Ausprägung der cartesianischen Scholastik» (Leipzig 1912), der die Frage der theologischen Rezeption noch kaum berührt. Beck spricht in seiner *Oratio funebris* davon, dass Frey während seines artistischen Studiums neben Descartes bereits auch Malebranche, Locke, Grotius, Pufendorf, Cudworth und Newton gelesen habe und von des letzteren *Optik* besonders beindruckt gewesen sei, «quoniam ea admirabile visus artificium, quo nihil magis Creatoris sapientiam patefacit, demonstrat». (De Vita & Meritis Philologi et Theologi incomparabilis Joh. Ludovici Freyi, SS. Theol. Doct. & Prof. P. Oratio Funebris, Quam d. XVIII. Aprilis anni saecularis tertii Academiae Basiliensis MDCCLX. publice in frequenti panegyri recitavit Jac. Christoph. Beckius, SS. Th. D. V.T. Prof. P. Instituti Freyio-Grynaeani Lector, Basileae MDCCLX, S. 15f.) Freilich ist Newtons Optik auf englisch erst 1704, auf lateinisch 1706 im Druck erschienen, so dass sich Becks Ausführungen vermutlich weniger auf Freys Studienzeit an der Philosophischen Fakultät, als auf sein anhaltendes Interesse an Fragen der Naturwissenschaft und Philosophie beziehen. Vgl. Fritz Nagel, Der Basler Mathematiker Jacob Hermann, Anm. 18 (im vorliegenden Band).

13 Divini Numinis auspiciis, S. (A5^{r}), annexum 10.

14 A.a.O., Titelblatt verso.

schlossen hatte. Werenfels gilt neben *Jean Alphonse Turrettini* (1671–1737) und *Jean Frédéric Ostervald* (1663–1747) als der Begründer jener die Hochorthodoxie ablösenden theologischen Richtung, die sich von den intellektualistischen Debatten der Dogmatik befreien wollte, um die *praxis pietatis* und einen schlichten Bibelglauben in den Vordergrund zu rücken.[15] Diese «vernünftige» Orthodoxie weist viele Ähnlichkeiten mit Pietismus und Neologie auf, unterscheidet sich jedoch von diesen in der strikten Betonung der ihres Erachtens unveräusserlichen Hauptloci der alten orthodoxen Lehre. Frey sah sich ganz in dieser von Werenfels begründeten Schule eines weltoffenen und dennoch nicht traditionsvergessenen Theologisierens. Seine Arbeit über Mohammeds Verlautbarungen zu Jesus kann freilich das Polemisieren nicht lassen. In der Einleitung wirbt er zunächst für das Studium der orientalischen Sprachen, die für eine «solida[.] Theologiae cognitio[…]» unerlässlich seien.[16] Dennoch scheut er sich nicht, schon hier von «Mohammedis deliria» zu sprechen[17], was Caput II dann noch akzentuiert. Im ersten Kapitel, das die «sententia Mohammedis circa Christi Humanitatem» behandelt, stellt Frey immerhin fest, dass im grossen und ganzen die muslimische Überlieferung mit der christlichen übereinstimme. Anders aus sieht es im Koran hingegen bei der Göttlichkeit Christi, die Mohammed schlichtweg leugne, während an sie zu glauben für Frey zum Heile unerlässlich ist. Methodisch besteht sein Vorgehen in einem Vergleich der einschlägigen Bibel- und Koranstellen, wobei die Bibelstellen von vornherein so interpretiert werden, dass sie ins althergebrachte kontroverstheologische Argumentationsrepertoire passen. Das Interesse am Islam ist letztlich dann doch nur ein apologetisches – es geht um die Entlarvung Mohammeds als «pseudopropheta», wie es auch in einem Freys Abhandlung beigedruckten panegyrischen Gedicht von Johann Heinrich Gernler heisst.[18]

15 1716 edierte Frey den zweiten Band von Werenfels' *Dissertationes* und versah sie mit einer Vorrede.

16 Disputatio philologico-theologica In qua Mohammedis de Jesu Christo expenditur Quam אן ישאא אללה Praeside Viro Venerando & Excellentissimo D. Samuele Werenfelsio S. Theol. D. Loc. Com. & Controv. Prof. celeberrimo, Patrono & Praeceptore aeternùm suspicundo Ad diem 25. Maji Ærae Dion. 1703. L. H. Q. S. Publico Eruditorum Examini subjicit M. Jo. Ludovicus Frey, Basiliensis, Basileae [1703], S. A1r. Die arabischen Passagen gibt Frey mangels eines arabischen Drucksatzes in hebräischen Buchstaben wieder. Zu Freys orientalistischen Leistungen siehe die Studie von Kim P. Sitzler im vorliegenden Band.

17 Ibd.

18 A. a. O., S. E2v.

Nach seiner Aufnahme ins Basler Ministerium trat Frey im September 1703 mit seinem Freund Theodor Burckhardt (1682–1759)[19] eine Bildungsreise, das *iter literarium* an, das ihn bis im Frühjahr 1705 zunächst nach Zürich, dann nach Genf, Paris, Amsterdam und Leiden führte.[20] Davon zeugen zum einen Freys Briefe, zum andern ein pedantisch genau geführtes Ausgabenbüchlein[21] – ein charakteristisches Dokument peinlicher Selbstbeobachtung *in oeconomicis*, probater Beleg für die von Max Weber dargestellte «protestantische Ethik».[22] In Genf machte Frey die Bekanntschaft von Jean Alphonse Turrettini, dem nach Werenfels zweiten der drei «Triumvirn» der «vernünftigen Orthodoxie» in der Schweiz. 1704 reiste Frey über Lyon nach Paris, um sich dort von *Abbé Louis du Four, Seigneur de Longuerue* (1652–1733) im Arabischen weiter unterweisen zu lassen. Mit einer in Paris entstandenen, der Zensur wegen aber in Amsterdam gedruckten Auswahlausgabe des bis dahin unpublizierten Pentateuchkommentars von *Aaron ben Joseph* (ca. 1250–1320) bewarb sich Frey auf Drängen seines Grossvaters in Basel um die vakante Hebräischprofessur, die er allerdings nicht erhielt. Das Manuskript des Werkes von Aaron ben Joseph hatte Frey in der Bibliothek der Oratorianer in Paris aufgestöbert. Überhaupt pflegte er ökumenische Kontakte, soll er doch in Paris mit so berühmten Leuten wie *Pierre Daniel Huet* (1630–1721), *Charles de La Rue* (1685–1740), *Bernhard de Montfaucon* (1655–1741), *Jean Mabillon* (1632–1707) und *Nicolas de Malebranche* (1638–1715) in Berührung gekommen sein. Leider fehlen für diese Begegnungen alle direkten Zeugnisse, nur Becks *Oratio funebris* weiss davon zu berich-

19 Im Frey-Grynaeum (Mscr. VI 12, UBB) hat sich ein undatierter Freundschaftsvertrag zwischen Frey und Burckhardt erhalten, in dem sie einander versprachen, allen Besitz zu teilen, nach Möglichkeit zusammenzuwohnen und ledig zu bleiben. Tatsächlich sind beide Freunde ledig geblieben, auch wenn es nach ihrer gemeinsamen Reise nicht zum Zusammenleben gekommen ist: Frey kehrte ins elterliche Haus zurück. Vgl. Staehelin, FG, S. 33, Anm. 1.

20 Zur «Grand Tour» siehe die neue kulturgeschichtliche Darstellung von Attilio Brilli, Als Reisen eine Kunst war. Vom Beginn des modernen Tourismus: Die ‹Grand Tour›. Aus dem Italienischen von Annette Kopetzki, Berlin 1997.

21 FG Mscr. VI 3 und 4 (UBB).

22 Dies oder wenigstens eine gutbaslerische Tugend zeigen auch seine Briefe an die Eltern, in denen es am 2. November 1703 beispielsweise heisst: «Wir wollen in allem sparen, so gut wir können; ist mir leid, dass wir soviel verthun müssen; war auch gesinnt ein peruquen aufzusetzen; aber der kosten hat mich abgeschreckt, massen H. Burcard [sc. Theodor Burckhardt] für seine 5 thaler bezalen müssen; will mich meines Haars bedienen, solang ich kann, ongeachtet jederman hier ein peruque trägt.» (Zitiert nach Staehelin, FG, S. 25, Anm. 6).

ten.[23] In Paris hatte sich Frey jedenfalls mit moderner philosophischer Literatur und mit Klassikern eingedeckt; sein Ausgabenbüchlein nennt nicht nur eine Avicenna-Ausgabe, sondern ebenso Schriften von Descartes, Grotius, Locke und Malebranche, die sich in der Bibliothek des Frey-Grynaeums erhalten haben.[24] Von Paris setzte Frey seinen Weg weiter nach Amsterdam fort, wo er sich für die Publikation seines Aaron ben Joseph-Manuskriptes schliesslich erfolgreich umtat. Weitere drei Monate verbrachte Frey in Leiden, an dessen Universität er sich einschrieb.

Über Deutschland im Frühjahr 1705 nach Basel zurückgekehrt, bemühte sich Frey, zunächst ergebnislos um die Professuren für Griechisch und 1706 für Geschichte. An der Theologischen Fakultät lehrte Frey seit 1706/07 als «erster eigentlicher Privatdozent»[25], und zwar Katechese und orientalische Sprachen. Seinem Gesuch, ihn 1708 zum ausserordentlichen Professor zu befördern, entsprachen die Behörden bei aller Anerkennung seiner Verdienste zunächst nicht. 1710 liess sich Frey, neben seiner Privatdozentur, als Pfarrer nach Kleinhüningen wählen, wobei er auch während seines Pfarramtes bei seinen Eltern am Leonhardsgraben wohnen blieb.[26] Da Frey für die freigewordene Professur der Loci communes kandidieren wollte, erwarb er 1711 mit einer Disputation und zwei Vorlesungen den dafür erforderlichen theologischen Doktorgrad. In der eigentlichen Bewerbung um den Lehrstuhl trug Frey den zweiten Teil seiner schon für das Doktorat entworfenen Ausführungen *De officio doctoris christiani* vor. Dies verhalf ihm zwar nicht zum theologischen Ordinariat, wohl aber zum Ordinariat für Geschichte und zugleich zu einem Extraordinariat für Theologie.

23 De Vita & Meritis, S. 19. Diese Mitteilung ist insofern mit Vorsicht zu geniessen, als dort neben den Genannten auch «Arnaldus» und «Nicolius» angeführt werden, die Frey «[v]idit quotidie». Bei den beiden letzteren kann es sich nur um die ruhmreichen Wortführer von Port-Royal, *Antoine Arnauld* (*1612) und *Pierre Nicole* (*1625) handeln. Arnauld ist jedoch schon 1694 gestorben, Nicole ein Jahr später! Vielleicht soll Becks *name-dropping* eher das geistige Umfeld charakterisieren, in dem sich Frey bewegt hatte, als seine wirklichen persönlichen Kontakte dokumentieren.

24 Nach seiner Rückkehr nach Basel liess sich Frey von seinem Buchhändler Wettstein in Amsterdam weiterhin mit Literatur versorgen, was aus seiner Korrespondenz hervorgeht (FG Mscr. VI 6). So erwarb er neben Grotius, Locke, John Tillotson, John Toland, Richard Simon und Blaise Pascal auch den *Dictionnaire historique et critique* von Pierre Bayle – sowie einige Pfunde Tabak und Schokolade.

25 Vischer, Lehrstühle, S. 238, Anm. 80.

26 Staehelin, FG, S. 38, Anm. 2.

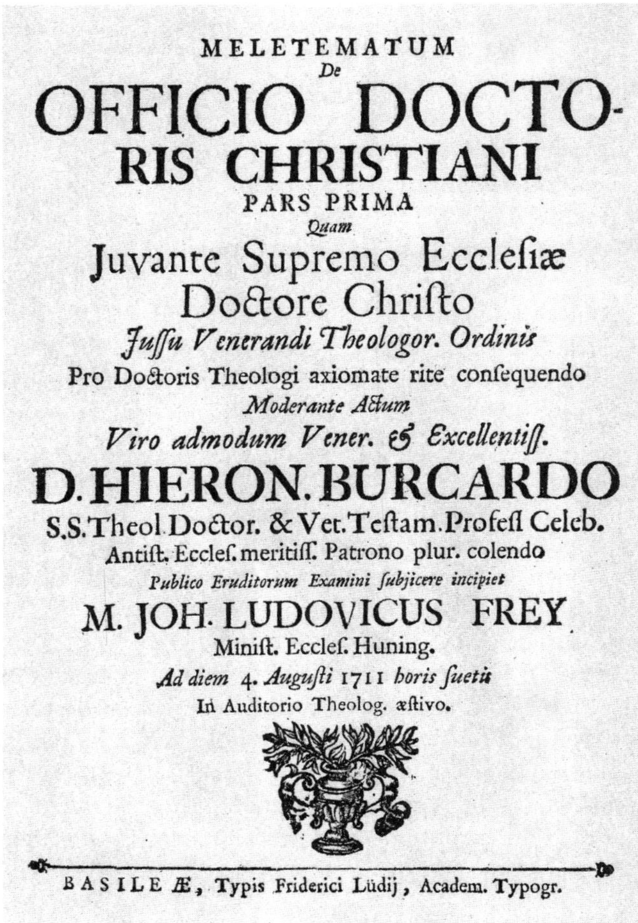
MELETEMATUM
De
OFFICIO DOCTO-
RIS CHRISTIANI
PARS PRIMA
Quam
Juvante Supremo Ecclesiæ
Doctore Christo
Jussu Venerandi Theologor. Ordinis
Pro Doctoris Theologi axiomate rite consequendo
Moderante Actum
Viro admodum Vener. & Excellentiss.
D. HIERON. BURCARDO
S.S.Theol. Doctor. & Vet. Testam. Profess. Celeb.
Antist. Eccles. meritiss. Patrono plur. colendo
Publico Eruditorum Examini subjicere incipiet
M. JOH. LUDOVICUS FREY
Minist. Eccles. Huning.
Ad diem 4. Augusti 1711 horis suetis
In Auditorio Theolog. æstivo.
BASILEÆ, Typis Friderici Lüdij, Academ. Typogr.

Abb. 10: Titelblatt von Freys *Meletemata de officio doctoris christiani* von 1711 (UBB).

Man hat die *Meletemata de officio doctoris christiani* nicht ohne Grund für die bedeutsamste theologische Äusserung Freys gehalten.[27] Unter Freys Vorsitz wurden 1714 und 1715 von drei Kandidaten für das Ministerium, Caspar Wettstein, Johann Jacob Horner und Andreas Merian der dritte und vierte Teil dieser allerdings auch damit noch unvollständig gebliebenen Abhandlung öffentlich verteidigt. Der einleitenden Exposition des Problems gemäss, habe der theologische Lehrer die drei

27 Vgl. auch Charles Lacy Hulbert-Powell, John James Wettstein 1693–1754. An Account of His Life, Work and Some of His Contemporaries. Foreword by the Bishop of Truro, London [1938], S. 296–301.

Aufgaben, die Heilige Schrift auszulegen, die Lehren der Religion theoretisch und praktisch darzustellen, sowie die Irrtümer der Religionsfeinde aufzudecken.[28] In einem ersten Abschnitt über die Auslegung der Bibel wird auf stramm verbalinspiratorischer Grundlage Gott als «auctor» der Heiligen Schrift angesehen[29], was Frey meint beweisen zu können, indem er zum einen auf das ehrwürdige Alter der biblischen Bücher verweist[30], zum andern auf ihren Inhalt, der in seiner Vernünftigkeit Gottes würdig sei, so dass niemand anders ihr Urheber sein könne.[31] Man wird diese zirkulären Argumente nicht für zwingend halten, wenn man ihre Prämissen nicht teilt; immerhin gibt Frey zu, dass man «Demonstrationes equidem Geometricas» hier vergeblich suche.[32] Diese Distanzierung vom geometrisch-mathematischen Methodenideal, das mit dem cartesianischen Rationalismus das damalige Wissenschaftsverständnis entscheidend prägte, ist bemerkenswert, zumal viele von Freys geistigen Weggefährten unter dem Einfluss der Leibniz-Wolffschen-Schule theologisch *more geometrico* argumentieren zu können glaubten. Frey scheint hingegen auf einer von diesem universalwissenschaftlichen Paradigma mindestens teilweise unabhängigen Theologie zu beharren, die damit ihre Eigenständigkeit bewahrt. Eine weniger wohlwollende Interpretation könnte es ihm freilich auch vorwerfen, dass er die Theologie in eine von den andern Wissenschaften isolierte Ecke gottseliger Innerlichkeit zu manövrieren sich anschicke. Jedenfalls hat Freys Werben für die Göttlichkeit der Bibel von seinen Glaubensvoraussetzungen einmal abgelöst, nur geringe Plausibilität.

Obwohl sich Frey in rhetorischer Bescheidenheit übt und seinen Lesern das Verlangen nicht erfüllen will, die «regulae» vorzuschreiben, durch die der wahre und ursprüngliche Sinn aller Bibelstellen erkundet werden könne[33], gibt er doch an, wie der geistliche Lehrer bei seiner Exegese am besten verfahre. Zunächst solle die Schrift möglichst durch

28 Meletematum De Officio Doctoris christiani pars prima Quam Juvante Supremo Ecclesiae Doctore Christo Jussu Venerandi Theologor. Ordinis Pro Doctoris Theologi axiomate rite consequendo Moderante Actum Viro admodum Vener. & Excellentiss. D. Hieron. Burcardo S.S. Theol. Doctor & Vet. Testam. Profess. Celeb. Antist. Eccles. meritiss. Patrono plur. colendo Publico Eruditorum Examini subjicere incipiet M. Joh. Ludovicus Frey Minist. Eccles. Huning. Ad diem 4. Augusti 1711 horis suetis In Auditorio Theolog. aestivo, Basileae, S. 5. Da die vier erschienenen Teile zusammengebunden und durchgehend paginiert sind, wird bei den folgenden Zitaten nur die Seite genannt, nicht aber der jeweils leicht variierende Titel, der im Literaturverzeichnis aufgeführt ist.

29 A. a. O., S. 6.

30 A. a. O., S. 11.

31 A. a. O., S. 12f.

32 A. a. O., S. 10.

33 A. a. O., S. 15.

sie selbst, ohne Hinzufügung von aussen kommender, beispielsweise philosophischer Ideen erklärt werden.[34] In dieser fundamentalen Auslegungsregel zeigt sich erneut Freys Wille, die Autonomie der Theologie zu verteidigen, ohne dadurch aber schon einem irrationalistischen Glaubensobskurantismus zu verfallen. Denn im folgenden legt Frey dar, dass keine Bibelauslegung zulässig sei, die der Vernunft, dem «lumen naturale» widerspräche, das genauso wie das «lumen revelationis» von Gott herrühre.[35] Die natürliche Theologie gesellt sich, wenn auch weit weniger prominent als später bei *Jakob Christoph Beck*, dem ersten Frey-Grynaeums-Lektor, an die Seite der Offenbarungstheologie. Sehr wohl könne jedoch die Offenbarung über die Vernunft hinausgehen, übervernünftig sein, solange sie nur nicht widervernünftig ist.[36] Mit Hilfe dieser Unterscheidungen lassen sich einerseits alle Anmassungen einer auch *in theologicis* ihre Souveränität einfordernden Vernunft, wie sie bei den Deisten laut wurde und bald bei den Neologen laut werden sollte, in Schranken weisen; andererseits kann damit für alle sogenannten Offenbarungswahrheiten unbedingter Gehorsam befohlen werden. Die Beschneidung der Reichweite der Vernunft im Bereich der Exegese könnte also auch der Willkür Tür und Tor öffnen, weil der Rekurs auf Offenbarung prinzipiell inappellabel ist.

Um freilich eine solche Willkür nicht einreissen zu lassen, beharrt Frey mit seiner dritten exegetischen Wegleitung auf dem einfachen Schriftsinn[37] und warnt in der vierten vor den Exzessen der allegorischen Schriftdeutung.[38] Nur jene Stellen hätten neben dem buchstäblichen Sinn noch einen typologischen oder allegorischen, wo dafür sichere und unzweifelhafte Gründe der Schrift selbst entnommen werden könnten.[39] Im Ermessen der jeweiligen theologischen Sachwalter bleibt es dabei noch immer, zu entscheiden, wo solche unzweifelhaften Gründe aus der Schrift vorliegen – selbstverständlich überall dort, wo die Schrift der

34 «*Scripturam Theologus, quantum fieri potest, ex ipsa Scriptura exponat.*» A. a. O., S. 28.

35 «*Nulla Interpretatio, evidentibus Notionibus aut Axiomatibus Rationis repugnans pro, genuino Scripturae sensu à Theologo admitti potest.*» A. a. O., S. 33.

36 A. a. O., S. 36f., mit einer Polemik gegen John Toland, der gerade diese Differenzierung ablehne.

37 «*Praeferendus est sensus simplex & facilis sensui longè quaesito multisque fidiculis extorto.*» A. a. O., S. 38.

38 «*Diligenter locutiones propriae ab impropriis & figuratis sunt distinguendae.*» A. a. O., S. 44f.

39 «*Is demum locus praeter simplicem sensum, typicum, allegoricumve habet, quem talem habere, certis & indubiis rationibus ex Scriptura ipsa demonstrari potest: nec ulterius ille sensus extendendus, quàm quousque in Scriptura extenditur.*» A. a. O., S. 49.

Vernunft zu widersprechen scheint. Dass dies im Laufe der Zeit und mit der Entwicklung der Wissenschaften immer mehr Stellen würden, konnte Frey vermutlich noch nicht abschätzen. Da für die orthodoxe Bibelhermeneutik die Intention der biblischen Schriftsteller (das heisst Gottes als ihres Inspirators) von vornherein mit der Vernunft nicht in Widerspruch geraten darf, mit andern Worten also die Autorenintention wenigstens in dieser einen Hinsicht schon immer feststeht, etabliert sich im Laufe der Zeit eine *Tendenz zur Allegorisierung,* die nach und nach alle Bibelstellen, die dem zeitgenössischen historischen und naturwissenschaftlichen Erkenntnisstand widerstreiten, als uneigentlich, als bildlich zu verstehen gezwungen ist. An der Aufklärungstheologie lässt sich dieser neue Gefallen an der Allegorese deutlich ablesen, soweit man dann nicht zu einer Lesart übergeht, die zahlreichen Stellen als akkomodiert ans jüdische oder urchristliche Wissen, ans damalige Publikum zu erklären beginnt und den wirklichen Sinn wiederum hinter, ja jenseits des Wortlautes versteckt wähnt.[40] Von einer solchen Akkomodationstheorie ist bei Frey allerdings noch genauso wenig zu sehen wie von einer Allegorisierungstendenz; er sah seine Einteilung der biblischen Wahrheiten in vernünftige und übervernünftige noch nicht ernsthaften Gefährdungen ausgesetzt.

Der zweite Hauptteil, den Frey durch seine Ministeriumskandidaten verteidigen lässt, bespricht Sinn und Zweck der christlichen Theologie insgesamt. Zunächst wird dargelegt, wozu die Theologie nicht da sei: weder dazu, den Menschen irdische Güter, Reichtum und Ruhm zu verschaffen, noch durch subtile Spekulationen ihren Geist zu schärfen oder ihnen Logik und Physik beizubringen, aber auch nicht, ihnen die jüdischen, griechischen oder römischen Altertümer zu lehren.[41] Vielmehr diene die Theologie dazu, aufzuzeigen, wie Gott für den Menschen das Heil bereitet habe, welcher Weg zu diesem Heil führe, und wie der Mensch durch ein anderes Leben die Vervollkommnung erreichen könne.[42] Daraus folgt dann, dass die christliche Geschichte eine Sammlung von guten und abschreckenden Beispielen wird und Christus zum grossen Exempel avanciert, dem wir alle nacheifern

40 Vgl. dazu Andreas Urs Sommer, Felix peccator? Kants geschichtsphilosophische Genesis-Exegese im *Muthmasslichen Anfang der Menschengeschichte* und die Theologie der Aufklärungszeit, in: Kant-Studien 1997, Heft 2.

41 Meletematum De officio doctoris, S. 58f.

42 «Doctrina Christiana, doctrina salutis est, monstrans, quam beatitudinem Deus homini paraverit, & quae ad illam ducat via. Doctrina Christiana doctrina perfectionis est, ostendens, quibus modis summam in hâc & praecipuè alterâ vitâ perfectionem consequi possit homo.» A. a. O., S. 61.

sollen.[43] Überhaupt kommt alles auf die *Praxis* an, die aus unserem Glaubenswissen erwachse, das ohne diese Konsequenz leer und schal bleibe.[44] Schliesslich haben alle dogmatischen Bestimmungen, etwa in der Christologie – die von Frey übrigens keineswegs in den Vordergrund gestellt werden –, nur den Zweck, uns zur Heiligung des eigenen Lebens in der Bewunderung der göttlichen Weisheit und des göttlichen Tuns anzuspornen.

Nach 1711 bot Frey getreu seinem doppelten Amt sowohl profanhistorische als auch theologische Lehrveranstaltungen an, wobei sein Spektrum vom Alten und Neuen Testament und der römischen Geschichte bis hin zu eigentlich systematischen Themen, der Beschäftigung mit dem hochorthodoxen und vielfach gebrauchten *Compendium Christianae Theologiae* des Basler Theologen *Johannes Wolleb* (1586–1629) oder mit *De veritate Religionis Christianae* von Grotius reichte. In Jean-Frédéric Ostervalds *Compendium Theologiae Christianae* fand Frey für sein Privatissimum eine Grundlage, die seiner moderierten und modernisierten Orthodoxie vielleicht noch mehr entsprach als dasjenige von Wolleb, dem «reformierten Petrus Lombardus». Als Mitarbeiter von Jakob Christoph Iselins vierbändigem *Historisch- und Geographischem Allgemeinem Lexicon* von 1726 stellte Frey sein profanhistorisches Wissen unter Beweis.[45] Eher schwer scheint sich Frey – obwohl mehrfach Dekan der Theologischen Fakultät, seit 1727 «bibliothecarius adiunctus primus» und seit 1739 (bis 1753) «bibliothecarius ordinarius primus» der Universitätsbibliothek[46] – mit den administrativen Pflichten seines Postens getan zu haben: 1723/24 wurde er zum Rektor gewählt, lehnte es jedoch, trotz Ermahnung von Werenfels, unter «Vorschützung vielfältiger Unpässlichkeit»[47] ab, dieses Amt anzutreten. 1739/40 wiederholte sich die Sache noch einmal, nur dass die Regenz nun erst von ihrem

43 A. a. O., S. 68f. Diese Bestimmung des Nutzens der (christlichen) Historie ist, wie so vieles, bei Frey traditionell; vgl. z. B. Andreas Urs Sommer, Religion, Wissenschaft und Politik im protestantischen Idealstaat: Johann Valentin Andreaes «Christianopolis», in: Zeitschrift für Religions- und Geistesgeschichte, Jg. 48 (1996), Heft 2, S. 114–137, S. 130.

44 Vgl. z. B. Meletematum De officio doctoris, S. 82.

45 Die Artikel in Iselins *Lexicon* sind nicht siginiert, die Vorrede zum ersten Band nennt Frey als Verfasser von Artikeln «betreffend underschiedliche völckere, städt, geschlechtere, secten, und so weiter», sodann von «Lebensbeschreibungen allerhand gelehrter Leuthen» (Jacob Christoff Iselin, Neuvermehrtes Historisch- und Geographisches Allgemeines Lexicon, Bd. 1, Basel[2] 1747, S. 1).

46 Vgl. dazu allgemein: Jürgen Voss, Bibliothekare als Gelehrte und Wissenschaftler im Zeitalter der Aufklärung, in: Werner Arnold / Peter Vodosek (Hrsg.), Bibliotheken und Aufklärung, Wiesbaden 1988, S. 185–205.

47 Staehelin, FG, S. 44 nach dem Protokoll der Regenz.

Wunsch abzulassen bereit war, als Frey seine Professur niederzulegen drohte. Von 1733 an besuchte Frey die Sitzungen der Regenz, deren Mitglied er 1721 geworden war, einfach nicht mehr, nachdem man sein Rücktrittsgesuch 1729 zurückgewiesen hatte. Wohl zu recht hat man Freys universitätspolitische Abstinenz mit seiner theologischen Sozialisierung in Verbindung gebracht, teilte er diese Neigung doch mit seinem Lehrer Werenfels, der ganz aus der öffentlichen Verantwortung sich herauszuhalten bestrebt war, um nur noch seinem Heiland zu leben.[48] In ihrer ersten Phase geht die «vernünftige» Basler Orthodoxie noch nicht wie später bei Jakob Christoph Beck mit intensivem universitärem, politischem, kirchlichem und publizistischem Engagement einher. Das mag damit zusammenhängen, dass sie in Basel in der ersten Hälfte des 18. Jahrhunderts ziemlich unangefochten ihren Platz behaupten konnte. Erst zu Becks Zeit wurde die Verteidigung ihres Gedankengutes sowohl gegenüber dem Pietismus als auch gegenüber der Aufklärung zu einem vordringlichen Problem. Allerdings war der separatistische Pietismus der Basler Staatskirche schon von 1705 an ins Bewusstsein getreten, als sich nämlich Konventikel von Leuten zu bilden begannen, die dem öffentlichen Gottesdienst fernblieben. In einem Gutachten von 1723, das Frey mitunterschrieben hatte, wurde dem Rat empfohlen, gegenüber den Pietisten Milde walten zu lassen. Trotzdem blieben die politischen Behörden bei ihrer harten Haltung und setzten Zwangsmittel gegen Unbotmässige ein. Schon ein Jahr früher hatte Frey ein vermutlich von Werenfels verfasstes Gutachten zuhanden des Rates unterzeichnet, das vorsichtig die Abschaffung der hochorthodoxen *Formula Consensus Ecclesiarum Helveticarum* von 1675 empfahl, in der unter anderem die Vokalisationszeichen im hebräischen Alten Testament als direkt göttlich inspiriert angesehen worden waren.

1737 wurde Frey endlich auf ein theologisches Ordinariat berufen, nämlich auf dasjenige für Altes Testament, welches er bis zu seinem Tod innehaben sollte. In dieser Eigenschaft las er zunächst über die göttliche Wahrheit und Inspiration des Alten Testamentes, um sodann in einem sechsjährigen (!) Zyklus das Richterbuch auszulegen, woran sich die Exegese des Buches Ruth und der zwölf kleinen Propheten anschloss. Diese Vorlesungen nahmen jeweils nur zwei Wochenstunden in Anspruch. Schriftstellerisch trat Frey noch mit einer Ausgabe der Apostolischen Väter (1742), der Werke seines Schülers und Freundes Johannes

48 Siehe Andreas Staehelin, Geschichte der Universität Basel 1632–1818, Basel 1957, S. 271 und 273.

Grynaeus (1746) und schliesslich einer Epistel an Jakob Krighout (1754) an die Öffentlichkeit.

Um diese letzte Veröffentlichung Freys einordnen zu können, aber auch, um zu verstehen, in was für eine bedrohliche Lage die «vernünftige» Orthodoxie angesichts der historischen Kritik des überlieferten biblischen Kanons geriet, müssen wir auf den «Wettsteinhandel» etwas näher eingehen. Der genannte Krighout, ein Kollege Johann Jakob Wettsteins am Remonstrantenkollegium in Amsterdam, hatte in seiner Leichenrede auf Wettstein die Basler Theologen und namentlich Frey als mutmasslichen *spiritus rector* der Agitation gegen Wettstein scharf angegriffen. Wettstein hatte in seiner Vaterstadt Basel das theologische Studium mit Bravour absolviert, 1713 unter Vorsitz seines Verwandten und Lehrers Johann Ludwig Frey über verschiedene Lesarten im Neuen Testament disputiert und war darauf ins Ministerium aufgenommen worden. Nach weitläufigen Forschungsreisen und einem Zwischenspiel als Feldprediger kehrte Wettstein 1717 nach Basel zurück, um dort von 1720 als Diakon an der Seite seines zum Pfarrer gewählten Vaters in St. Leonhard zu wirken. Seine Arbeitskraft aber konzentrierte er mehr und mehr auf sein grosses Projekt, die Herausgabe eines kritischen Textes des Neuen Testamentes. Die Anfänge des Wettsteinischen Handels liegen ebenso im dunkeln wie die Frage, inwiefern persönliche Rankünen dabei eine Rolle spielten. Wettsteins Predigten scheinen da und dort als ‹arianisch› oder ‹sozinianisch› schon früh Anstoss erregt zu haben; Gerüchte über seine textkritischen Arbeiten drangen nach Bern und Zürich, wo man glaubte, beim Basler Rat intervenieren zu müssen. 1729/30 setzte mit Eingaben, Gutachten und Gegengutachten ein hektisches Treiben ein, das schliesslich im Mai 1730 zur Absetzung Wettsteins als Diakon führte, der sich nach Amsterdam verfügte, um dort alsbald die *Prolegomena* zu seinem kritischen Neuen Testament erscheinen zu lassen. Hagenbach berichtet von zwei Begegnungen Freys und Wettsteins auf dem Basler Universitätsbibliothek im Jahre 1728, die Frey nachhaltig verstimmt und die ganze Affäre ins Rollen gebracht haben sollen.[49] Der Vorwurf des Sozinianismus gründete vor allem in einigen von Wettstein vorgeschlagenen neuen Lesarten der von

49 Carl Rudolph Hagenbach, Johann Jacob Wettstein, der Kritiker und seine Gegner. Abdruck aus Hilgens Zeitschrift für historische Theologie, Leipzig 1839, S. 105–108. Wernle, 18. Jhdt., Bd. 1, S. 525: «Es scheinen freilich bei diesem unerquicklichen und für Basel höchst beschämenden Handel persönliche Rivalitäten zwischen Lehrer und Schüler den ersten Anlass gegeben zu haben, aber ausgetragen wurde der Streit als ein richtiger Lehr- und Ketzerprozess nach Methoden und im Geist der alten, nicht der neuen weitherzigen Orthodoxie.»

ihm studierten Handschriften, namentlich von 1. Timotheus 3, 16, wo er im Codex Alexandrinus statt θεός das Relativpronomen ὅς las. Wettstein wurde unterstellt, er wolle bei dieser klassischen Beweisstelle für die Gottheit Christi mit seiner Version diese Gottheit überhaupt leugnen. Dies lag ihm freilich fern, sondern er trat vielmehr ein für eine «wohlverstandene h. Schrift, unabhängig von solchen Stellen, die nur dem Herkommen ihre Beweiskraft verdankten».[50] Allerdings verwarf er die Lehre von der stellvertretenden Genugtuung Christi als unbiblisch und hatte die Neigung, statt von der Realexistenz des Teufels zu sprechen, die neutestamentlichen Berichte über Besessene «auf Gemüthskrankheiten zurückzuführen».[51] Alles in allem befand sich Wettstein auf dem Weg zu einer moderaten Neologie, von der eine sich vernünftig gebende Orthodoxie sich existenziell bedroht fühlen musste.[52] Hier wird auch der Unterschied von Freys und Wettsteins philologisch-historischen Untersuchungen deutlich, die für den ersten immer und unbedingt im Dienste der bislang und unhinterfragt geltenden Lehre standen, während letzterer sie durchaus auch als wissenschaftlichen Selbstzweck verstanden haben dürfte – ein Zweck, der nicht sogleich alle möglichen Widersprüche unter dem Schleier des traditionell Geglaubten zu verbergen gestattete.

Auch mit der Emigration war die Affäre noch nicht ausgestanden, denn um eine Professur bei den Remonstranten in Amsterdam anzutreten, hatte Wettstein den Basler Rat ersucht, ihn zu rehabilitieren, was nach einigem Hin und Her 1732 auch geschah, während sich die Pfarrer und theologischen Professoren weiterhin weigerten, Wettstein *pro forma* wieder in ihre Reihen aufzunehmen. Die Situation verschärfte sich, als sich Wettstein im selben Jahr um den Hebräischlehrstuhl an der Basler Universität (an der Philosophischen Fakultät) bewarb, wogegen erneut die Theologische Fakultät auf den Plan trat. Tatsächlich wurde die Berufung vereitelt, so dass Wettstein, der sich in der Zwischenzeit wieder in Basel aufgehalten hatte, nach Amsterdam zurückkehrte und dort eine Streitschrift gegen die Basler Theologen verfasste, als deren Rädelsführer er den «Professor extraordinarius» Frey denunzierte. Es

50 Hagenbach, Johann Jacob Wettstein, S. 117.
51 A. a. O., S. 118.
52 Freilich lassen sich von Wettstein direkte Verbindungslinie zum vernünftig-orthodoxen Genfer Jean Alphonse Turrettini ziehen; siehe Otto Merk, Von Jean-Alphonse Turrettini zu Johann Jakob Wettstein, in: Henning Graf Reventlow / Walter Sparn / John Woodbridge (Hrsg.), Historische Kritik und biblischer Kanon in der deutschen Aufklärung, Wiesbaden 1988 (= Wolfenbütteler Forschungen, Bd. 41), S. 89–112.

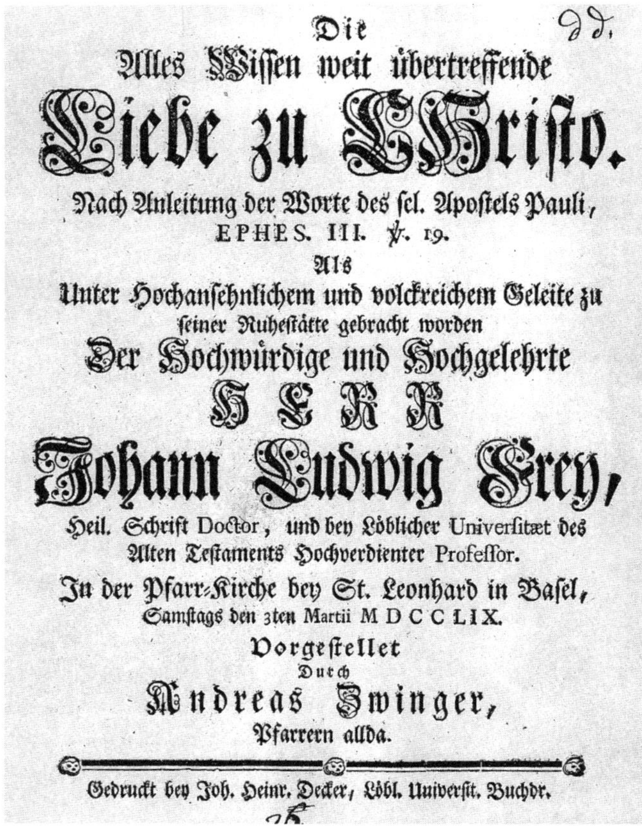
Die
Alles Wissen weit übertreffende
Liebe zu Christo.
Nach Anleitung der Worte des sel. Apostels Pauli,
EPHES. III. ℣. 19.
Als
Unter Hochansehnlichem und volckreichem Geleite zu
seiner Ruhestätte gebracht worden
Der Hochwürdige und Hochgelehrte
HERR
Johann Ludwig Frey,
Heil. Schrift Doctor, und bey Löblicher Universitæt des
Alten Testaments Hochverdienter Professor.
In der Pfarr-Kirche bey St. Leonhard in Basel,
Samstags den 3ten Martii MDCCLIX.
Vorgestellet
Durch
Andreas Zwinger,
Pfarrern allda.
Gedruckt bey Joh. Heinr. Decker, Löbl. Universit. Buchdr.

Abb. 11: Das Titelblatt der Leichenrede von Andreas Zwinger auf Frey von 1759 (UBB).

herrscht in der Forschung keine Einigkeit darüber, wie weit Frey oder vielmehr Jakob Christoph Iselin und Antistes Hieronymus Burckhardt die Intrigen gegen Wettstein vor allem initiiert haben. Freys Rolle ist zumindest undurchsichtig.[53]

Jedenfalls bemühte sich Wettstein, in Holland mittlerweile mit einer Professur versehen, jahrzehntelang erfolglos um einen Basler Lehrstuhl. Dafür konnte er 1751/52 sein bahnbrechendes *Novum Testamentum graece* veröffentlichen. Nach seinem Tod 1754 warf sich, wie gesagt, Krighout als Anwalt der Wettsteinischen Sache gegen die Basler und na-

53 «Frey's career was spoilt by his miserable quarrel with Wettstein, carried on vindictively for so many years. In was utterly unworthy of so great a scholar.» Hulbert-Powell, John James Wettstein, S. 295.

C. S. S.
VIRO ERUDITIONIS INCOMPARAB.
POLYHISTORI
HISTORICO THEOLOGO SUMMO
LING. ORIENT. THESAURO
J. LUDOVICO FREYIO
S. TH. D. ET PER A. XXVI. EXTR.
HIST. ORD. DEIN PER A. XXII.
S. TH. ORD. PROFESS.
DE ACAD. ECCLES. AC BON. LITT.
OPTIME MERITO
INSTITUTI FREYIO-GRYNAEANI
AUCTORI
POST FATA ETIAM BENE MER.
HAEREDES H. M. F. C.
OB. D. XXVIII. FEBR. M. DCC. LIX.
VIX. A. LXXVI. M. III. D. VI.
EODEMQ. TUMULO
CUM AMICO DESIDERATISS.
REQUIESCIT.

Abb. 12: Epitaph auf Frey aus Becks *Oratio funebris* von 1760 (UBB).

mentlich gegen Frey auf, der in seiner nicht sehr feinen Antwort auf der einen Seite zwar Wettstein als profanen und hyperkritischen Geist darstellte, auf der andern Seite aber eine eigene kapitale Beteiligung an den Machenschaften gegen Wettstein abstritt.[54] Diese Schrift – die sich Krighout seinerseits mit einer hundertfünfunddreissigseitigen Replik

54 Joh. Ludovici Frey SS. Theol. D. & Prof. nec non Fac. Th. Ipsiusque Acad. Basiliensis Senioris, Epistola ad virum clarissimum & reverendum Jacobium Krighout, Remonstrantium Amstelod. Professorem, stricturas nonnullas ad sermonem funebrem, quem suo nuper collegae, Joh. Jac. Wetstenio, habuit, continens, Basileae 1754.

Abb. 13: Vignette «Memento mori» aus Zwingers Leichenrede auf Frey (UBB).

nicht einfach gefallen liess[55] – hat Frey und seinem Anliegen viel mehr geschadet als genutzt, gab sie sich doch in ihrem schrillen Protest letztlich selber als verloren preis. Mit gespreizten Gesten der Entrüstung und des Abscheus war der Aufklärung nicht mehr zu beizukommen – nicht einmal in der Theologie.[56]

Frey, seit 1722 leidend, starb am 28. Februar 1759. Die Toleranzgrenzen seiner «Orthodoxie» sollten von seinem Schüler Jakob Christoph Beck – dem ersten Lektor des Frey-Grynaeums, das Frey auch mit dem Erbe von Johannes Grynaeus gegründet hatte – noch einmal neu vermessen werden. Das Institut, das Freys Namen trägt, stand von allem Anfang an nicht im Dienst eines verbohrten theologischen Konservatismus. Es ist Freys zukunftsweisendes Vermächtnis.

55 Memoria Wetsteniana vindicata; seu Jacobi Krighout epistola responsoria ad stricturas viri clarissimi et venerandi Jo. Ludovici Frey SS. Theol. D. & Profess. nec non Fac. Th. Ipsiusque Acad. Basiliensis Senioris ad Semonem funebrem in obitum viri clarissimi Jo. Jacobi Wetstenii, Phil. Doct. ejusdemque ut & Hist. Eccles. intre Remonstrantes Professoris; nec non Reg. Scient. Acad. Borussicae, Soc. Reg. Scient. Londinensis, & Soc. Anglicanae de Propaganda Fide Evangelica Membri, Amstelaedami [1755].

56 Vgl. etwa die Auslassungen bei Frey, Epistola ad virum clarissimum & reverendum Jacobium Krighout, S. 16.

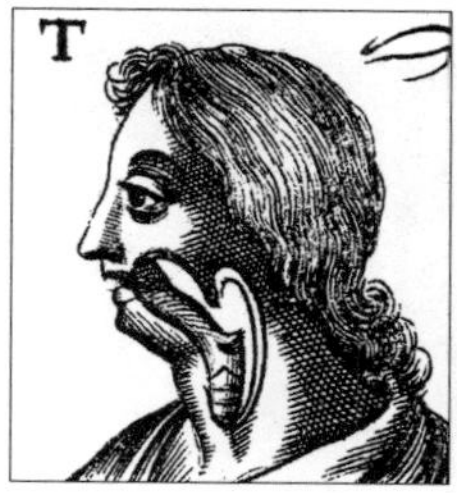

Andreas Urs Sommer

Moderierte Orthodoxie jenseits von Anfechtung: Johannes Grynaeus (1705–1744)

Samuel Werenfels (1657–1740) hatte es in Basel übernommen, jener sich aufklärenden protestantischen Theologie, die das Etikett «vernünftige Orthodoxie» erhalten sollte, programmatische literarische Gestalt zu verleihen. Unter seinen Schülern waren daher weder Johann Ludwig Frey noch Johannes Grynaeus III genötigt, als (quantitativ) fruchtbare wissenschaftliche Autoren in Erscheinung zu treten.[1] Aus Grynaeus' Nachlass hat Johann Ludwig Frey, sein älterer Freund und Lehrer, eine Zusammenstellung seiner Schriften ediert, die als akademische Thesen und Reden zumeist schon separat erschienen waren.[2] Diese Arbeiten geben Einblick in ein Gelehrtenleben, das einen enzyklopädischen Bogen von Philosophie und Jurisprudenz über Hebraistik und Orientalistik bis hin zur theologischen Systematik schlägt. Das schmale Œuvre von Grynaeus bietet gleichsam eine komprimierte Version der «vernünftig»-orthodoxen Lehre und ist vor allem ein sprechendes Zeugnis für das von dieser theologischen Richtung immer angestrebte, einvernehmliche Verhältnis zur ‹profanen› Welt.

Johannes Grynaeus entstammt einer alten Basler Gelehrtenfamilie, die einige hochangesehene Theologen und Juristen hervorgebracht hat. Er ist der jüngste Sohn des Pfarrers Samuel Grynaeus III und dessen zweiter Frau Anna Katharina, ledige Fäsch, und wurde am 8. Juni 1705

1 «Sed non scriptis tantum verum & alio modo Basiliensis juventutis post fata adhuc Doctorem agere voluit Vir iste optimus.» Athenae Rauricae, Bd. 1, S. 81.

2 Johannis Grynaei ΛΕΙΨΑΝΑ, sive opuscula nonnulla theologico-miscellanea. Praefigitur auctoris biographia, Basileae 1746. Sein schmaler Nachlass besteht aus einigen wenigen Briefe an ihn (FG Mscr. VI 17) sowie aus einem dünnen Band von Manuskripten, vor allem von Vorlesungen (FG Mscr. VI 18).

Abb. 14: Johannes Grynaeus III. Ölgemälde von G. Brucker im Frey-Grynaeum (Aufnahme: UBB).

in Läufelfingen geboren. Ein Jahr später starb der Vater, worauf die Mutter mit ihren Kindern nach Basel zog.[3] Dort besuchte der junge Grynaeus das Gymnasium, in dem er 1717 die Abschlussprüfung ablegte, um im selben Jahr die Philosophische Fakultät der Basler Universität zu beziehen, die ihn 1718 zum Baccalaureus, 1720 zum Magister

3 «Nachdeme unser sel. Herr Doctor seinen gel. Herrn Vatter in der zarten kindheit verlohren, hat die überlebende Frau Mutter die aufferziehung dieses ihres Benjamins mit allem fleiss sich angelegen seyn lassen, und weil bald in der jugend ein trefflich auffmercksamer geist, wie auch ein ungemeines gedächtnüss an Ihme verspührt worden, hat sie Ihn also gleich denen studiis gewidmet» Emanuel Ryhiner, Personalia Grynaei, in: E. R., Christliche Leich-Predigt Über Philipp. Cap. I. v. 21. Christus ist mein Leben, und Sterben ist mein Gewinn; Gehalten zu St. Leonhard in Basel, Den 14. Apr. 1744. Bey Bestattung Des Wohl-Ehrwürdig- und Hochgelehrten Herrn Johannis Grynaei, H.S.D. und Nov. Test. Profess. Ven. Ord. Decani, Basel [1744], S. 52.

Artium promovierte. Danach wandte er sich nicht etwa der Theologie, sondern der Jurisprudenz zu. Mit seinen *Theses juridicae miscellaneae* von 1725[4] wurde Grynaeus Lizentiat beider Rechte, ohne aber die juristische Doktorwürde, «zu der er damit unmittelbar Zugang gehabt hätte»[5], noch zu erwerben. Eine Bildungsreise ins Ausland trat Grynaeus nie an.[6]

Die mehr oder minder lose aneinandergereihten Thesen behandeln zunächst naturrechtliche Fragen. Unter anderem geht es darum, ob und unter welchen Umständen die Lüge, namentlich die Notlüge erlaubt sei. Grynaeus schaltet sich in die Debatte bei (den von den Hochorthodoxen geächteten) *Hugo Grotius* (1583–1645) und *Samuel von Pufendorf* (1632–1694) ein, um sich schliesslich auf den rigoroseren Standpunkt von Grotius zu stellen. Zur Illustration zieht Grynaeus – und dies weist schon auf seine baldige Hinwendung zur Theologie voraus – zwei Beispiele aus dem Alten Testament heran.[7] Ferner fragt er sich, unter welchen Umständen eine kriegerische Strafexpedition («bellum punitivum»[8]) erlaubt und geboten sei. Danach folgen einige Thesen zum positiven Recht, namentlich zu Schuld- und Familienrecht, um schliesslich in der 44. These ein Problem zu berühren, das für die *reformierte* Theologie – in der die Kirchenverfassung (namentlich bei Calvin, im Unterschied zu Luther) traditionell zu den theologischen Essentialia gehörte – von einiger Tragweite sein musste, inwiefern nämlich die *«disciplina Ecclesiastica»* von Gott vorgeschrieben sei. Grynaeus will dabei den Theologen die Entscheidung überlassen, ob die Kirchenzucht als göttliches Gebot angesehen werden könne; er wolle nur feststellen, dass sie mit der Vernunft bestens übereinstimme und von ihrer richtigen Ausübung für die bürgerliche Gesellschaft keinerlei Beunruhigung zu erwarten sei.[9] Noch ohne Theologe zu sein, formuliert Grynaeus damit ein zentrales Anliegen der «vernünftigen» Orthodoxie, nämlich die kirchlichen und dogmatischen Bestimmung nicht nur für vermittelbar mit der

4 Grynaei ΛΕΙΨΑΝΑ, S. 1–25.

5 Staehelin, FG, S. 104.

6 «Aussert einem kleinen excurs, vor ohngefehr 14. jahren [sc. 1730], in einige der vornehmsten städten Lobl. Eydgnossschaft, hat der sel. Herr Doctor wegen seiner schwachen leibes-beschaffenheit sonsten keine reisen unternehmen dörffen. Wie Er nicht desto weniger die welt kennen gelehrnet, so ist auch Er in der welt bekannt worden.» Ryhiner, Personalia, S. 56.

7 Grynaei ΛΕΙΨΑΝΑ, S. 7–9.

8 A. a. O., S. 11. Dabei wird, neben Grotius und Pufendorf, vor allem auf John Locke Bezug genommen.

9 A. a. O., S. 25: «Num illa Ecclesiastica disciplina divini sit instituti nec ne, Theologis excutiendum relinquemus, sed hoc defendemus, eam cum ratione optime congruere, atque ex ejus legitimo exercitio nullas in Societate Civili turbas esse metuendas.»

Vernunft, sondern für an sich vernünftig zu halten. Mit der rationalen Rechtfertigung der Kirchenzucht braucht man auf eine theologische eigentlich gar nicht mehr zu warten und kann die strittige Frage, ob Kirchenzucht nun zu den unaufgebbaren Offenbarungswahrheiten oder aber zu den Adiaphora zählt, getrost auf sich beruhen lassen. Entscheidend ist die Harmonie von bürgerlicher und kirchlicher Ordnung, wobei die letztere, wenn sie über die Sitten wacht und ein Kirchenzuchtsregiment neben der weltlichen Gerichtsbarkeit etabliert, mit dieser weltlichen Ordnung offenbar nicht in Konflikt gerät. Die 44. These von Grynaeus scheint vor allem der Beruhigung jener Vertreter der Staatsinteressen zu dienen, die in einer kirchlichen Disziplinierung von Normabweichlern eine Beschneidung der weltlichen Souveränität und ihrer Sozialregulierungsinstrumente zu sehen geneigt sind. Mit der Behauptung, Kirchendisziplin kongruiere aufs beste mit der Vernunft, ist einerseits die kirchliche Autonomie gegenüber dem Staat gewahrt. Zum andern setzt die Vernunft aber der Kirchenzucht auch klare Grenzen: jede kirchliche Disziplinarmassnahme, die widervernünftig ist, indem sie beispielsweise mehr von den einzelnen Gläubigen verlangt als (durchschnitts)menschenmöglich ist, müsste als illegitim verworfen werden. Alles hängt an der stark unterbelichteten, inhaltlichen Bestimmung der «ratio», der Vernunft. «Vernünftig» ist bei Grynaeus auf jeden Fall eine Symmetrie des Interesses von bürgerlicher Gesellschaft und kirchlicher Gemeinschaft im Feld der Sozialdisziplinierung. Die religiöse und die politische Welt sind noch keineswegs entzweit.

Einem theologischen Thema, nämlich dem israelitischen Gesetz, hatte sich Grynaeus schon im Rahmen seiner Beschäftigung mit der Rechtsgeschichte zugewandt. Um sich auch den Urtexten widmen zu können, begann er unter Anleitung von Johann Ludwig Frey Hebräisch, bald auch «Rabbinisch», Syrisch und Arabisch zu lernen.[10] «In letzterem eignete er sich eine solche Fertigkeit zu, dass ihm der mündliche Verkehr auch mit geborenen Arabern leicht wurde.»[11] Die orientalische Philo-

10 «Da Er dieses studium angefangen, hat sichs durch eine sonderbare führung der Göttlichen providentz zugetragen, dass Er mit Viro pl. Venerando Herrn Doctor und Professor Freyen, Theol. Ordinis dissmal Hochverdienten Seniore, bekannt worden.» Ryhiner, Personalia, S. 53.

11 Hagenbach, Schule, S. 46. Vgl. Athenae Rauricae, Bd. 1, S. 80. Peter Ochs, Geschichte der Stadt und Landschaft Basel, Bd. 8, Basel 1822, S. 8, Anm. 4 gewichtet in seinen knappen doxographischen Informationen zu Grynaeus ähnlich wie es weiland Diogenes Laertius getan hatte: Grynaeus habe «sich zuerst der Jurisprudenz gewiedmet, und sogar 1725, den Doktorgrad erhalten [!]. Er wohnte einige Zeit bey Frey, wo sich einst ein Fremder, Namens Fahd, aus dem Morgenland, der nur arabisch konnte, eine Woche lang aufhielt. Diese drey unterhielten sich mit einander in der arabischen Sprache.»

logie hielt Grynaeus aber nicht davon ab, sich 1727 um den freigewordenen Ethik-, Natur- und Völkerrechtslehrstuhl zu bewerben, wozu er in der öffentlichen Disputation *Theses miscellaneae ex Jure Naturae & Philosophia Morali desumptae* vortrug.[12] In der 4. These wird ein Argument für die Gottesfurcht eingeführt, demzufolge es mit der Vernunft bei weitem besser zu vereinbaren sei, Gott zu verehren, statt ihn zu verachten, denn Gott sei den Menschen unendlich überlegen, und diese hingen völlig von ihm ab.[13] Damit ist aber der *Deismus*, gegen den sich die These wendet, keineswegs widerlegt, denn die Deisten würden die Prämisse – dass es nämlich einen ungeheuer überlegenen Gott gäbe, von dem die die Menschen vollständig abhängig sind – rundweg leugnen. Unter den Bedingungen einer gemässigt orthodoxen Theologie hingegen versteht es sich eigentlich von selbst, dass aus der Allmacht Gottes seine Verehrungswürdigkeit folgt. Die 5. These lässt da schon eher aufhorchen, wenn sie behauptet, die Menschen seien von Natur gleich, weswegen sie jeweils unter demselben Recht stünden und jeder dem andern nur das zufügen dürfe, was er selbst von ihm anzunehmen bereit sei. Die emanzipatorische Tendenz dieses naturrechtlichen Lehrsatzes von der Gleichheit aller und von der Goldenen Regel wird durch die Weiterführung eingeschränkt, wonach es vernünftiger sei, das gemeinschaftliche Gut der Gesellschaft und der Menschheit zu fördern als es zu untergraben.[14] Die Frage ist wohl, ob wirklich jede Gesellschaft das «bonum commune» verwirklicht, oder ob unter gewissen Umständen das Naturrecht auch den Widerstand gegen eine tyrannische Obrigkeit sanktioniert, die das gemeinschaftliche Gut missachtet. In Anlehnung an *Richard Cumberland* (1631–1718) werden das göttliche und das natürliche

12 Grynaei ΛΕΙΨΑΝΑ, S. 25–36.

13 «Cum Deus hominibus sit infinite superior, hominesque ab eo unice pendeant, neque ab his ad Deum ulla redundare queat utilitas, longe magis rationi consentaneum, ut homines honore cultuque Deum prosequantur, praeceptis ejus & legibus morem gerant, eumque imitentur, quam vero, ut eum despiciant, convitiis proscindant, contumeliis afficiant, quod qui faciunt, aeque absurdi quid atque a ratione absoni in Praxi committunt, atque ii qui in speculatione negarent, effectum pendere à causa sua, vel infinitum esse majus puncto.» A. a. O., S. 26.

14 «Porro, cum natura homines aequales sint, rationi consentaneum est, omnes aequo jure uti, legibusque contineri aequabilibus, atque adeo unumquemque aliis facere, quae sibi ab ipsis fieri velit, quod si quis negaret, non minus peccaret in sanam rationem, quam qui affirmaret ea, quae aequalia sint uni tertio, non esse aequalia inter se; Convenientius itidem rationi est, ut quilibet vel posthabita utilitate propria, bonum commune Societatis atque adeo gernis humani promoveat, quam vero, ut unusquisque, ubi vel minima spes lucri emolumentive inde affulserit, bonum commune Societatis interturbet, genusque humanum, quantum in se est, destruat, quod negare nemo poterit, nisi qui asseverare velit, partem esse toto majorem.» A. a. O., S. 26f.

Recht bei Grynaeus in enge Beziehung zueinander gesetzt.[15] In der 12. These polemisiert er gegen *Thomas Hobbes* (1588–1679), der eine ursprüngliche Unterscheidung von Gut und Böse negierte und als Naturzustand den Krieg aller gegen alle ansetzte. Erst die vertragliche Einigung der Menschen hat nach Hobbes positives Recht und damit die Unterscheidung von Gut und Böse geschaffen. Von seinen offenbarungstheologischen Vorgaben aus ist es Grynaeus unmöglich, Hobbes beizupflichten; er bezichtigt ihn vielmehr des Selbstwiderspruchs.[16] Es kommt, im Interesse einer mit der Theologie kompatiblen, vernunftgemässen Moralphilosophie alles darauf an, die Pflichterfüllung[17] nicht als kontingente Konvention, sondern als eine von Gott und Natur vorgebene Konstante darzustellen, die einen, wie in These 19 unter Rekurs auf *Arnold Geulincx* (1625–1669) ausgeführt wird, schliesslich auch dazu berechtige, dereinstige Glückseligkeit zu erwarten.[18]

All diese Erörterungen verhalfen Grynaeus indessen nicht zur Ethik-Professur, ebensowenig wie 1731 seine 48 *Theses miscellae logico-philosophicae*[19] zu derjenigen für Logik, obwohl die letzte These dort ausdrücklich festhielt, dass bei Wahlen der jüngste qualifizierte Kandidat stets zu bevorzugen sei![20] In Anlehnung an den Cartesianismus und an *John Locke* (1632–1704) diskutiert Grynaeus ferner die «ideae simplices» und «ideae compositae» und fragt sich, ob die Idee Gottes nicht nur distinkt, sondern auch klar sein könne (These 32).[21] Die Inspiratoren

15 A. a. O., S. 28. Cumberlands *De legibus naturae disquisitio philosophica* ist in der Ausgabe von 1683 im Frey-Grynaeum erhalten (Signatur FG J V 30).

16 «Hobbesius, qui ante pacta inter homines inita latasque leges positivas nullum natura discrimen inter justum & injustum agnoscit, manifeste sibi contradicit; Quod si enim ex eo quaeras, cur pacta inter sese homines inierint, cur leges civiles latae sint? nihil habet, quod respondeat, nisi statum illum Naturae fuisse statum belli omnium in omnes, qui si diutius paullò durasset, actum fuisset de Genere Humano, funditus id interiisset, rationi conveniens fuisse, & ad conservationem Generis Humani quam maxime pertinuisse, homines pactis mutuis legibusque positivis ad certa quaedam officia inter se observanda obligari; Sed quis est, qui non videat, quod, si destructio Generis Humani tantum fuit malum, ut ei talibus remediis succurri opus fuerit, si ista officia ita necessaria fuerunt ad Generis Humani conservationem, ut rationi conveniens fuerit homines ad ea pactis mutuis & legibus positivis adstringi, vel ante pacta & leges civiles, rationi itidem fuerit conveniens atque ad conservationem Generis Humani pernecessarium, id est, natura justum & aequum, eadem isthaec officia ab hominibus observari.» A. a. O., S. 30f. In der Bibliothek des Frey-Grynaeums sind Hobbes' *Elementa philosophica de cive* (Amsterdam 1696; FG J VII 39) und seine *Opera philosophica* (Amsterdam 1668; FG J IV 21) vorhanden.

17 Kaum ein anderes Wort kommt in diesen Thesen so häufig vor wie «officium».

18 A. a. O., S. 33.

19 Grynaei ΛΕΙΨΑΝΑ, S. 36–50.

20 A. a. O., S. 50.

21 A. a. O, S. 45.

werden aber nicht mehr wie 1727 explizit genannt; ein direkter Autoritätsbezug wird nirgendwo mehr hergestellt, was als Ausdruck eines gesteigerten akademischen Selbstbewusstseins gelesen werden kann.

Im selben Jahr, 1731, nahm Grynaeus offiziell das Studium der Theologie auf, neben seinem Mentor Frey namentlich bei Samuel Werenfels und Jakob Christoph Iselin – «worzu Er ohne zweiffel durch einen trieb von oben herab bewogen worden»[22] –, um sich von 1736 an, zunächst als Stellvertreter auf dem Hebräisch-Lehrstuhl, selber der Lehre zu widmen.[23] 1737 bewarb sich Grynaeus um die vakante Professur für Loci communes und controversiae theologicae, die er, nachdem er den theologischen Doktorgrad erlangt hatte, Anfang 1738 antreten konnte. Die Vorlesungen, die im Zusammenhang mit der Doktorpromotion entstanden, erörtern unter anderem das Problem, ob die Ankunft des Messias durch die Sünden der Juden verzögert worden sei, was er verneint, da Gott den Zeitpunkt des Erscheinens Christi von allem Anfang festgelegt habe, und dieses Erscheinen an keine irdischen Bedingungen geknüpft sei.[24] Zu seiner Beweisführung zitiert Grynaeus ausführlich aus der rabbinischen Literatur, die er bei seinen Studien mit Frey kennengelernt hatte. In einer anderen Vorlesung, die offenbar auch in den Kontext der angestrebten Doktorpromotion gehört, verteidigt Grynaeus gegen den englischen Deisten *Thomas Woolston* (1670–1733) das Wunder, das Jesus bei der Austreibung im Falle der beiden gadarenischen Besessenen vollbracht habe, indem er die Dämonen in eine Schweineherde fahren liess (Matthäus 8, 28–34).[25] Bei seiner Argumentation verbindet er philologische Aspekte mit systematischen und kontroverstheologischen, womit er die unbezweifelbare Autorität der Schrift zu untermauern hofft.

Schliesslich fand unter dem Vorsitz Freys im Oktober 1737 die eigentliche Doktordisputation statt, bei der Grynaeus wiederum einige Thesen exponierte, die sehr viel allgemeiner gehalten sind.[26] In der ersten These wird dargelegt, dass die Religion («Religio») sich zur Seele verhalte wie die Medizin («ars Medica») zum Körper: Sie beuge den Krank-

22 Ryhiner, Personalia, S. 54.

23 Vgl. dazu חבורי לקט Sive conlectanea philologica ad loca nonnulla Script. Sacrae, in: Grynaei ΛΕΙΨΑΝΑ, S. 51–64, mit denen sich Grynaeus 1733 um die freigewordene Hebräischprofessur bewarb, die er zwar nicht erhielt, von 1736 an aber vertrat. Es geht darin um Detailfragen der alttestamentlichen Textkritik.

24 Praelectio theologica. In qua exependitur quaestio: An adventus Messiae ob peccata Judaeorum fuerit dilatus?, in: Grynaei ΛΕΙΨΑΝΑ, S. 79–91.

25 Vindiciae miraculi J. C. In Daemoniacis Gadarensis editi, contra calumnias Woolstoni, in: Grynaei ΛΕΙΨΑΝΑ, S. 92–107.

26 Thesium theologicarum miscellanearum tumultuaria congeries, in: Grynaei ΛΕΙΨΑΝΑ, S. 107–137.

heiten vor und heile sich auch.[27] Freilich reiche die «natürliche Religion» nicht aus, um des Heiles teilhaftig zu werden.[28] Mit diesen Überlegungen nimmt Grynaeus den Faden seiner früheren naturrechtlichen Erörterungen wieder auf, um zu zeigen, dass das eigentliche Heilmittel nach Gottes Menschwerdung nicht die «Lex Naturae», sondern das «Evangelium» sei.[29] Praechristlicher Jenseitsglaube lasse sich auch schon bei Sokrates, bei Cicero und Seneca feststellen, die ebenfalls erkannt hätten, wie flüchtig die irdischen Genüsse und Befriedigungen seien (These 7).[30] Es ist auffällig, wie sehr Grynaeus danach trachtet, die heidnischen ‹Vordenker› des Christentums einzugemeinden und ihnen eine evangeliumspräparative Funktion zuzuschreiben. Dieses Vorgehen deckt sich mit der erklärten Intention, nachzuweisen, dass die Offenbarung mit der Vernunft vollkommen übereinstimme, ohne in ihr aufzugehen. Denn die Offenbarung überschreitet auch in der «vernünftigen» Orthodoxie alle Begrenztheiten des menschlichen Erkennntnisvermögens. So seien die Lehren, Ermahnungen und Anweisungen, die das Evangelium enthalte, höchst achtenswert und Gottes würdig (These 9).[31] Wir würden allein durch den Glauben gerechtfertigt und nicht durch Werke oder durch Vernunft, womit Grynaeus die reformatorischen Kernaussagen wieder einzuholen sich bemüht, obwohl er den heiligen Wandel, die Heiligung des Lebens («sanctimonia») durch tätiges Streben für unabdingbar hält.[32] Man könnte hierin ein pietistisches Motiv sehen: Theologie grynaeischer Prägung will nicht nur Vernunft und Philosophie integrieren. Sie will auch praktisch werden. Die «Gottesgelehrtheit» habe Grynaeus, heisst es im Nekrolog, «nicht als eine blosse hirn–wissenschaft, sondern als eine heiligende weisheit» angesehen.[33] Unter diesen Voraussetzungen war es der Theologischen Fakultät wohl leichtgefallen, ihn im Januar 1738 zum Doktor zu promovieren.

Offiziell beworben hatte sich Grynaeus um die Professur für Loci communes bereits im Dezember 1737 mit einem *Fasciculus thesium theologicarum.*[34] Er bespricht darin die Fundamentalartikel des christ-

27 A. a. O., S. 108.
28 A. a. O., S. 109f.
29 A. a. O., S. 113.
30 A. a. O., S. 114f. Siehe dazu im vorliegenden Band den Aufsatz von Dagmar Fenner über die Unsterblichkeit des Sokrates.
31 «Dogmata, Monita, Praecepta, quae Evangelio continentur, praestantissima sunt, Deo dignissima, ad Dei gloriam, hominis salutem promovendam, virtutem animis ingenerandam, vitiorum vel ipsas radices exstirpandas unice tendentia.» A. a. O., S. 116.
32 Vgl. Thesen 39 und 40, a. a. O., S. 136f.
33 Ryhiner, Personalia, S. 56.
34 Grynaei ΛΕΙΨΑΝΑ, S. 138–150.

lichen Glaubens, die es in der Kontroverstheologie zu bewahren gelte. Dazu zählen in erster Linie die Trinitätslehre und, daraus folgend, die Fleischwerdung Gottes in Christus. Beide Dogmata seien heilsnotwendig (These 10).[35] Grynaeus masst sich für seinen Teil nicht an, eine sichere Bestimmung der kirchlichen Toleranzgrenzen zu geben; er überlasse dies scharfsinnigeren und erfahreneren Theologen (These 15).[36] Dennoch könne nicht innerhalb der Kirchengemeinschaft bleiben, wer den trinitätstheologischen Minimalkonsens nicht akzeptiere. An der Beschränkung auf solche Fundamentalia lässt sich die Distanz zur Hochorthodoxie des 17. Jahrhunderts ermessen, deren Katalog der unerlässlichen Glaubens- und Heilswahrheiten wesentlich länger gewesen ist. Eine ähnlich moderate Haltung nahm Grynaeus auch in seiner Antrittsvorlesung als frischberufener Professur für Kontroverstheologie und Loci communes ein, die er am 4. Februar 1738 *De ratione disceptandarum quaestionum in theologia controversarum* hielt.[37] Hier insistiert er darauf, dass scheinbar prinzipielle Streitigkeiten in der Theologie sich oft nur als Streit um Worte entpuppten, während man sich im Grundsätzlichen eigentlich einig sei. Und deswegen solle man sich nicht in Quisquilien der Dogmatik verzetteln, nach dem genauen Verhältnis und Unterschied der göttlichen Personen in der Dreifaltigkeit oder nach dem *filioque*[38] fragen, sondern alle müssigen Spekulationen unterlassen, die über das hinausgingen, was schon die Heilige Schrift lehre. Hiermit stellt Grynaeus den irenischen Geist seiner vermittelnden Theologie unter Beweis.

Nach dem Tod von Samuel Werenfels wurde Grynaeus 1740 auf den «höchsten» und bestdotierten theologischen Lehrstuhl berufen, den für das Neue Testament. In der Antrittsrede diskutiert er, ganz in seinem gelehrten Element, die «praesidia», die Voraussetzungen die zum Studium des Neuen Testamentes erforderlich seien.[39] Dazu gehörten Kenntnisse der griechischen und hebräischen Sprache und der Textvarianten ebenso wie umfassendes archäologisches, historisches und geographisches Wissen und Einsicht in das göttliche Heilswirken, seinen

35 A. a. O., S. 145. 85 Jahre später wird der junge Hagenbach gerade diese Lehren für nicht mehr «fundamental» halten (vgl. mein Hagenbach-Porträt im vorliegenden Band).

36 «Certos *Tolerantiae Ecclesiasticae* terminos constituere non meum est, hominis & juvenis & parum perspicacis, sed Veterani Theologi, qui magna multorum annorum experientia subactum habeat ingenium.» A. a. O., S. 148f.

37 Grynaei ΛΕΙΨΑΝΑ, S. 150–181.

38 Ob also der Heilige Geist nur vom Vater oder auch vom Sohne ausgehe – ein Schibboleth, das die Ost- von der Westkirche schied und scheidet.

39 Lectio inauguralis de praesidiis, quibus instructum esse oportet Novi Foederis interpretem, in: Grynaei ΛΕΙΨΑΝΑ, S. 182–221.

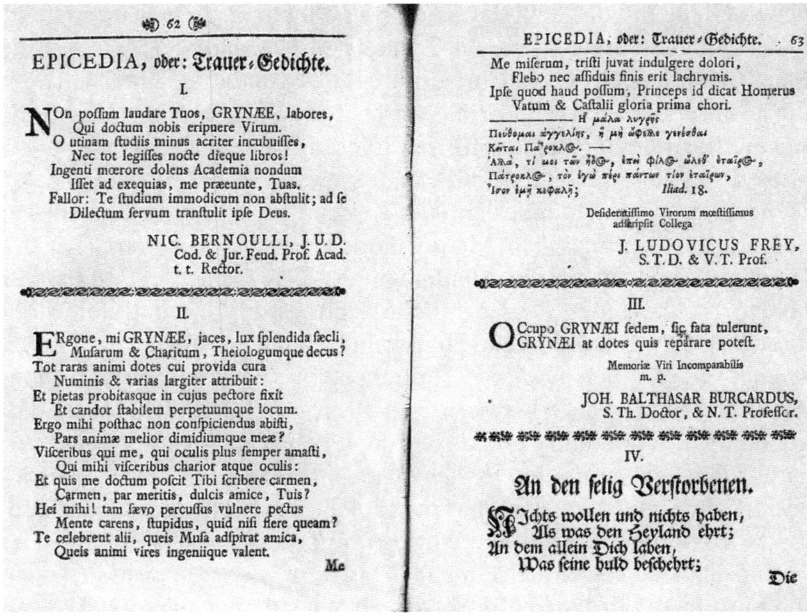

62

EPICEDIA, oder: Trauer-Gedichte.

I.

NOn possum laudare Tuos, GRYNÆE, labores,
Qui doctum nobis eripuere Virum.
O utinam studiis minus acriter incubuisses,
Nec tot legisses nocte dieque libros!
Ingenti mœrore dolens Academia nondum
Isset ad exequias, me præeunte, Tuas.
Fallor: Te studium immodicum non abstulit; ad se
Dilectum servum transtulit ipse Deus.

NIC. BERNOULLI, J. U. D.
Cod. & Jur. Feud. Prof. Acad.
t. t. Rector.

II.

ERgone, mi GRYNÆE, jaces, lux splendida sæcli,
Musarum & Charitum, Theiologumque decus?
Tot raras animi dotes cui provida cura
Numinis & varias largiter attribuit:
Et pietas probitasque in cujus pectore fixit
Et candor stabilem perpetuumque locum.
Ergo mihi posthac non conspiciendus abisti,
Pars animæ melior dimidiumque meæ?
Visceribus qui me, qui oculis plus semper amasti,
Qui mihi visceribus charior atque oculis:
Et quis me doctum poscit Tibi scribere carmen,
Carmen, par meritis, dulcis amice, Tuis?
Hei mihi! tam sævo percussus vulnere pectus
Mente carens, stupidus, quid nisi flere queam?
Te celebrent alii, queis Musa adspirat amica,
Queis animi vires ingeniique valent.

Me

EPICEDIA, oder: Trauer-Gedichte. 63

Me miserum, tristi juvat indulgere dolori,
Flebo nec assiduis finis erit lachrymis.
Ipse quod haud possum, Princeps id dicat Homerus
Vatum & Castalii gloria prima chori.
——————— Ἦ μάλα λυγρῆς
Πεύθομαι ἀγγελίης, ἣ μὴ ὤφελλε γενέσθαι
Κεῖται Πάτροκλος. ——
Ἀλλὰ, τί μοι τῶν ἦδος, ἐπεὶ φίλος ὤλεθ᾽ ἑταῖρος,
Πάτροκλος, τὸν ἐγὼ πέρι πάντων τῖον ἑταίρων,
Ἶσον ἐμῇ κεφαλῇ; *Iliad.* 18.

Desideratissimo Virorum mœstissimus
adscripsit Collega

J. LUDOVICUS FREY,
S. T. D. & V. T. Prof.

III.

OCcupo GRYNÆI sedem, sic fata tulerunt,
GRYNÆI at dotes quis reparare potest.

Memoriæ Viri Incomparabilis
m. p.

JOH. BALTHASAR BURCARDUS,
S. Th. Doctor, & N. T. Professor.

IV.

An den selig Verstorbenen.

NIchts wollen und nichts haben,
Als was den Heyland ehrt;
An dem allein Dich laben,
Was seine huld beschehrt;

Die

Abb. 15: «Epicedia, oder: Trauer-Gedichte» aus Emanuel Ryhiners *Christlicher Leich-Predigt* auf Grynaeus von 1744 (UBB).

Heilsplan. Zu diesen Hilfsmitteln müsse sich freilich der ernsthafte Wille gesellen, Gottes Ruhm zu mehren, sein Evangelium zu verkünden und sich seiner in allem würdig zu erweisen. 1742 wurde Grynaeus, der dreimal auch Dekan der Theologischen Fakultät war, zum Rektor der Universität bestellt, «welcher dignität Er zwar wegen kräncklicher leibsbeschaffenheit gern wäre enthaben [sic] gewesen».[40] In einer *Oratio apologetica pro bonis literis contra misomusos*[41] verwahrte sich Grynaeus zu seiner Rektoratsübernahme gegen jene Frömmler, die Theologie ohne Hilfe von Philosophie, Geschichte und Philologie meinen treiben zu können. Vielmehr seien diese Disziplinen für die wahre Theologie unentbehrlich, worin sich einmal mehr die betonte Weltoffenheit der grynaeischen «Orthodoxie» manifestiert. Jedenfalls ist sie für die Welt solange offen, als sie sich ihrer zu christlichen Zwecken bedienen kann – und diesen Zwecken von seiten unchristlicherer Weltbestandteile keine Gefahr droht.

Johannes Grynaeus starb bereits zwei Jahre später, am 11. April 1744. In den zehnseitigen «Personalia», die der (fünfzigseitigen!) Leichenrede

40 Ryhiner, Personalia, S. 55.
41 Grynaei ΛΕΙΨΑΝΑ, S. 221–244.

Abb. 16: Vignette aus Ryhiners Leichenrede auf Grynaeus (UBB).

über Philipper 1,21 beigegeben sind, macht der Bericht über sein seliges Sterben beinah die Hälfte des Gesamtumfangs aus: «Wie gelebt, so gestorben.»[42] Seinem Freund und Hausgenossen Frey hatte Grynaeus testamentarisch seinen Hausrat vermacht und ihn zum Nutzniesser von 5000 Pfund eingesetzt, die er Frey einst geliehen hatte.[43] Daraus liess Frey 1747 jene Stiftung hervorgehen, die seinen und seines Freundes Namen trägt. Mit ihr sollte jenes Werk der christlichen Verkündigung im Geiste einer «vernünftigen» Orthodoxie fortgesetzt werden, dem sich Grynaeus geweiht hatte. Einer Theologie, der es wesentlich um Übereinstimmung mit Philosophie und Wissenschaft, aber auch mit praktizierter Religiosität ging. Einer aber auch allseits bedrohten Theologie.

42 Ryhiner, Personalia, S. 57. An Predigt und Curriculum schliessen sich zahlreiche «Epicedia, oder: Trauer-Gedichte» von Amtsträgern, Freunden und Schülern in griechischer, lateinischer und deutscher Sprache an (S. 62–79), die eine eigene frömmigkeits- und literaturgeschichtliche Analyse verdienten.

43 Vgl. Staehelin, FG, S. 117.

Andreas Urs Sommer

Theologie und Geschichte in praktischer Absicht: Jakob Christoph Beck (1711–1785)

Korrumpiert eine Theologie, wenn sie sich auf Irdisches einlässt? Im 18. Jahrhundert sei, so Karl Barth, die Theologie stets zu spät gekommen und habe nicht mehr wirklich – wie man das von ihr hätte verlangen können? – den Ton in Kirche und Gesellschaft angegeben. «Eine äusserliche aber bemerkenswerte Tatsache: vielleicht in keinem Jahrhundert haben sich die Theologen – von den Landpfarrern bis zu den höchsten Würdenträgern – so auffallend viel und intensiv mit allerlei wissenschaftlichen und unwissenschaftlichen *Allotria* statt mit Theologie abgegeben».[1] Andreas Staehelin, der immerhin nicht von «Allotria» spricht, doppelt im Blick auf die «vernünftige» Orthodoxie nach: «Dies ist auch in Basel festzustellen.»[2]

Tatsächlich muss die Theologie des 18. Jahrhunderts schlecht abschneiden, wenn man sie daran misst, wie ausschliesslich sie sich auf einen transzendenten Gott konzentriert hat. Namentlich Jakob Christoph Beck, der sieben Jahre lang Professor für Geschichte war, würde in einer solchen Betrachtung der Kritik verfallen, beschränkte sich seine wissenschaftliche Produktivität doch keineswegs auf Theologica im engeren Sinn, sondern brachte eine ansehnliche Reihe profanhistorischer Werke hervor. Beck scheint dem Ideal des Universalgelehrten und damit dem Geist seines Jahrhunderts besser entsprochen zu haben, als

1 Karl Barth, Die protestantische Theologie im 19. Jahrhundert. Ihre Vorgeschichte und ihre Geschichte, Zollikon/Zürich 1947, S. 117.

2 Andreas Staehelin, Geschichte der Universität Basel 1632–1818, Basel 1957, S. 272. Ähnlich Edgar Bonjour, Die Universität Basel von den Anfängen bis zur Gegenwart 1460–1960, Basel 1960, S. 301.

es einer auf das «Ganz Andere» fixierten Theologie in unserem Jahrhundert lieb sein konnte. Aus der Interessensvielfalt abzuleiten, die theologischen Leistungen Becks und seiner Zeitgenossen (vernünftig-orthodoxer oder neologischer Prägung) seien minderwertig, ist ein unhistorisches, durch theologische Gegenwartsdiskussionen in seiner Blickschärfe getrübtes Werturteil. Richtig an Barths Analyse ist allenfalls die Feststellung, dass die Theologie des 18. Jahrhunderts in die Defensive gedrängt wurde, was sich auch anhand der Schriften Becks belegen lässt. Der Dialog mit der «Welt» ist bei Beck freilich gerade ein Mittel, mit dieser Situation umzugehen – in der Absicht nämlich, die Isolation einer hauptsächlich innerprotestantischen Kontroversen zugewandten Orthodoxie aufzubrechen und den Austausch mit der «Weltweisheit» zu suchen.

Jakob Christoph Beck kam am 1. März 1711 als Sohn der Anna Maria, geborene Iselin und des Spezierers und Pfundzollers Sebastian Beck III (1681–1767) zur Welt in Basel, wo er das Gymnasium besuchte und 1725 die Philosophische Fakultät bezog, von der er 1729 zum Magister artium promoviert wurde. Seit 1728 war Beck auch als Theologiestudent immatrikuliert; 1734 wurde er ins geistliche Ministerium aufgenommen. 1737 bemühte er sich erfolgreich um die Nachfolge Johann Ludwig Freys auf dem Lehrstuhl für Geschichte, den er bis 1744 innehatte. In dieser Eigenschaft veröffentlichte er zusammen mit Pfarrer August Johann Buxtorf (1696–1765) zwei umfangreiche Supplementbände in Folioformat zu *Jakob Christoph Iselins* (1681–1737) *Neuvermehrtem Historisch- und Geographischem Allgemeinem Lexicon* (4 Bde., 1726/27, ^{2} 1728/29). Iselin, neben Samuel Werenfels und Johann Ludwig Frey Becks akademischer Lehrer und zugleich sein Pate, hatte Becks historischen Forschungen die kritische Richtung gewiesen.[3] 1744 kam seine schon im selben Jahr von Johann Jakob Spreng ins Deutsche übertragene *Introductio in Historiam Patriam Helvetiorum* heraus, mit deren Hilfe sich die Studierenden «einige Begriffe» von der Schweizergeschichte bilden sollten: «Für Gelehrte ist dieses Werklein nicht geschrieben».[4] Ge-

3 Zu Becks Korrespondenz mit Iselin vgl. neben der umfangreichen, kommentierten Briefausgabe, einer schier unerschöpflichen Quellensammlung (*Die Korrespondenz des Basler Professors Jakob Christoph Beck 1711–1785.* Bearbeitet von Ernst Staehelin, Basel 1968) auch Ernst Staehelin, JbFG 1959.

4 Einleitung zu den Helvetischen Geschichten bis auf das Jahr 1768 fortgesetzet, und zu Academischem Gebrauche abgefasset von Jacob Christoff Beck, öffentlichen Lehrer der hohen Schule in Basel. Nunmehro aus dem Lateinischen ins Deutsche übersetzt. Neue Auflage, Zürich 1768, S. X3^{v}. Zu Beck als Schweizergeschichtler siehe den Beitrag von Frank Faessler im vorliegenden Band.

schichte wird darin als Kriegs- und Ereignisgeschichte abgehandelt, so dass Beck in der Neuauflage von 1768 die Geringfügigkeit der Weiterführungen mit der «gütige[n] Vorsehung des *Höchsten*» begründen konnte, die «durch ihren allgewaltigen Machtschutz, und durch die kluge Regierung der Väter des Vaterlandes auf eine für uns höchst beglückende Weise gehindert» habe, «dass nicht vieler Stoff zu einer Fortsetzung konnte gefunden werden».[5] Eine geschichtsphilosophische Strukturierung des Faktenmaterials etwa im Sinne einer emanzipatorischen Entwicklung findet in Becks Abriss nicht statt, wiewohl etwa die Ablösung der Eidgenossenschaft vom Deutschen Reich als Wiederherstellung ursprünglicher Freiheit gedeutet wird. Auffälligerweise kommt die Darstellung der Reformationszeit fast ohne Polemik aus, so dass sich auch ein katholischer Leser nicht hätte brüskiert fühlen müssen.[6] Einzig im Abschnitt über Michael Servet schleicht sich ein wertender Ton ein: Dieser Antitrinitarier habe sich «durch seine albernen und gottlosen Schriften bekannt» gemacht. Die von Calvin veranlasste Hinrichtung Servets scheint Beck jedoch nicht gutzuheissen: «Die wenigsten wollten dieses Verfahren billigen, und **Calvinus** muss sich noch immer übel darum nachreden lassen.»[7] Die Zurückstellung kontroverstheologischer Fragen zugunsten entschiedener Opposition gegen deistische, panthetische oder sonstwie «unchristliche» Auffassungen charakterisiert Becks Haltung auch in seinen späteren theologischen Schriften.

Trotzdem wurde Beck im selben Jahr, in dem die Erstauflage seiner *Introductio* erschien, 1744, auf den Lehrstuhl für Loci communes et controversiae theologicae berufen. Hagenbach hat zurecht darauf hingewiesen, dass Beck später in seiner *Synopsis institutionum universae theologiae* von 1765 bei der Schilderung der Verhältnisse an der Basler Theologischen Fakultät die offizielle Bezeichnung dieser Professur – insbesondere die aus der Mode gekommene «Kontroverstheologie» – vermeidet und ihren Gegenstandsbereich mit «Capita Theologiae

5 A. a. O., S. X6ʳ.

6 Dagegen hatte Johann Jakob Spreng, der Übersetzer von Becks *Introductio* und selber mit schweizergeschichtlichen Vorlesungen an der Basler Universität betraut, 1756 eine Studie über den Ursprung Basels verfasst, mit der er «trotz der ihm auch amtlich empfohlenen Behutsamkeit die katholischen Orte so sehr beleidigt[e], dass sie in Basel gegen das ‹Schmach- und Lästerbuch› protestierten und nur mit Mühe beschwichtigt werden konnten – ein Beweis, was für eine heikle Angelegenheit die Beschäftigung mit Schweizergeschichte damals noch war» (Bonjour, Die Universität Basel, S. 291). Beck wurde 1760 vom Ratsschreiber Isaak Iselin darüber einvernommen, welche Rolle er als Zensor in dieser Sache gespielt habe (siehe Korrespondenz des Basler Professors Jakob Christoph Beck, S. 12f.).

7 Beck, Einleitung zu den Helvetischen Geschichten, S. 59f.

s. theoreticae seu practicae» umschreibt.[8] Vor dem Antritt der Professur wurde Beck zum Doktor der Theologie promoviert, nachdem er sich bereits 1740 bei einer erfolglos gebliebenen Bewerbung um denselben Posten mit dem theologischen Lizentiat die Berechtigung zur Doktorpromotion erworben hatte.[9] Aus seiner Lehrtätigkeit erwuchsen zunächst seine *Fundamenta theologiae naturalis et revelatae*, denen als Prolegomena unter leicht verändertem Titel die Antrittsrede von 1744 vorangestellt ist: «De variis Methodis S. Theologiam tradendi».[10] In den begrifflichen Bestimmungen des Einleitungskapitels zu den *Fundamenta* wird nach traditionellem Muster die *theologia naturalis*, die durch den richtigen Vernunftgebrauch und durch die natürlichen Anlagen des Geistes zustandekomme, von der *theologia revelata* unterschieden, die auf Gottes besonderer Offenbarung in der Bibel beruhe.[11] Ganz im Sinne der Philosophie *Christians Wolffs* (1679–1754) ist in der natürlichen Theologie die «sana ratio», der gesunde Menschenverstand federführend[12], dessen Erkenntnisse mit kirchlicher Lehre, das heisst Offenbarungstheologie vereinbar seien. Entsprechend richten sich die

8 Jac. Christophori Beckii S. Th. Doct. & P.P. Instituti Freyio-Grynaeani Lectoris, Synopsis institutionum universae theologiae naturalis & revelatae, dogmaticae, polemicae & practicae in usum auditorii domestici. Praemittitur encyclopaedia theologica breviter delineata, Basileae 1765, S. 39; siehe Hagenbach, Schule, S. 48, Anm. 2.

9 Zu den in Basel verliehenen akademischen Graden vgl. Staehelin, Geschichte der Universität Basel 1632–1818, S. 155–158. Das Problem bei der feierlichen Doktorpromotion waren die Kosten, namentlich für das Doktoressen (vgl. S. 174–178), so dass viele dazu Berechtigte (wie Beck) vorerst auf eine Promotion verzichteten (S. 153f.). Ein eigentlicher Lizentiatentitel scheint an der Theologischen Fakultät nicht verliehen worden zu sein (S. 158); Beck verwendet ihn jedoch auf den Titelblättern seiner Werke aus seiner Lizentiatenzeit.

10 Jac. Christophori Beckii SS. Th. D. & Prof., Fundamenta theologiae naturalis et revelatae, Basileae 1757, S. 1–26.

11 A. a. O., S. 28. Zur Physikotheologie vgl. auch den Beitrag von Werner A. Sommer über John Wilkins im vorliegenden Band.

12 A. a. O., S. 21. Alexander Schweizer, Die protestantischen Centraldogmen in ihrer Entwicklung innerhalb der Reformirten Kirche, 2. Hälfte, Zürich 1856, S. 757f. rechnet Beck explizit zu den «Wolffianern», die sich typischerweise mit den «Centraldogmen vollkommen so orthodox vertrugen wie alle andern Theologen». (Schweizer hatte, wie aus dem Rechenschaftsbericht des Lektors Hagenbach für die Jahre 1852–1854 hervorgeht, die Frey-Grynaeische Bibliothek für seine Recherchen benutzt [FG Mscr. X 12]). Beck selber stellt freilich im Brief vom 31. Oktober 1738 an Charles-Henri Saunier eine nähere Bekanntschaft mit Wolffs Philosophie in Abrede: «je n'ai jamais étudié avec soin cette nouvelle manière de Philosophie, ne possedant pas méme [sic] les ouvrages de ce Philosophe, excepté sa Logique» (Korrespondenz des Basler Professors Jakob Christoph Beck, S. 143). In Becks *Synopsis* vom 1765 sollte es dann heissen: «Vastissima *Wolfii* opera totam fere requirunt hominis vitam. Nos *Baumeisteri* Elementis contenti sumus. Uberiora ex *Lockio* haurientur.» (S. 23)

Ausführungen im Kapitel über die natürliche Theologie gegen *«Sceptici, Sociniani,* ac *Fanatici»*, die eine rationale Absicherung des christlichen Glaubens gerade leugneten: Das «Lumen naturale», das allen Menschen eingepflanzte, natürliche Licht der Vernunft widerlege diese Irrlehren.[13] Im Rückgriff auf Römer 1,19f. und 2,14f. wird dargetan, dass Gott auch in seiner Schöpfung offenbar werde. Gegen die «fanatici» führt Beck ins Feld, dass die Vernunft durch die Erbsünde keineswegs so verdorben sei, dass mit ihrer Hilfe überhaupt nichts mehr erkannt werden könne. Es sei nicht so, dass wir all unsere Kenntnis von Gott nur aus Offenbarung und Tradition schöpften, vielmehr stelle die natürliche Theologie die Vorstufe für das Offenbarungsgeschehen dar.[14] Auch wenn man Becks Argumentation nicht für bestechend hält[15], ist doch augenfällig, dass das Hauptaugenmerk nicht mehr innerprotestantischen Differenzen gilt, als vielmehr der Verteidigung des theologischen Grundbestandes gegen äussere Feinde. Breiten Raum nimmt deswegen die «refutatio atheismi», die polemische Diskussion des Spinozismus, des Deismus und Naturalismus ein.[16] Selbstverständlich werden die Hauptloci der reformierten Offenbarungstheologie eingehend besprochen und gutgeheissen. Aber da zeigt sich ebenfalls der Einfluss von Samuel Werenfels in der Verabschiedung allen überflüssigen dogmatischen Ballastes. Wesentlich ist das *Praktischwerden* selbst der theoretischen Theologie; auf den praktischen Effekt kommt alles an: «Quemadmodum ergo *theoretica* Theologiae pars non *theoretice*, sed *practice* debet tractari: Sic & illi maxime peccant, qui *practicam* Theologiae partem, quae & *moralis* dicitur, non *practice*, sed *theoretice* tractant.»[17]

Schon 1753 hatte Beck seinen Sinn fürs Praktische in einer kirchlichen Auseinandersetzung unter Beweis stellen können, als er nämlich vom Basler Ministerium angesichts pietistischer Umtriebe damit beauftragt worden war, eine offiziöse Verlautbarung zu verfassen. Diese unter dem Titel *Ungrund des Separatismus* erschienene Schrift schlägt einen milden Ton denjenigen gegenüber an, die sich hauptsächlich aus «Unwissenheit» und nicht aus «Bosheit»[18] von den kirchlichen Gottesdiensten

13 Beckii Fundamenta, S. 32f.

14 A. a. O., S. 35–39.

15 Bonjour, Die Universität Basel, S. 302: «es gelang ihm kaum, den Übergang von der natürlichen Theologie zur Offenbarung und Göttlichkeit der Bibel überzeugend durchzuführen».

16 Beckii Fundamenta, S. 78–92, S. 92–98 und S. 220–228.

17 A. a. O., S. 28.

18 Ungrund des Separatismus, Oder Beantwortung der fürnehmsten Ursachen, derentwegen sich die Separatisten von dem öffentlichen Gottesdienste absöndern; den Irrenden zur heilsamen Unterweisung, andern aber zur Wahrnung, Auf Gutbefinden E. Ehrw. Predig-Ammts allhier, aufgesetzt von Jacob Christoff Beck, der Gottesgelehrtheit Doctor und Professor, Basel 1753, S. 4.

absonderten, um in Konventikeln ihre Frömmigkeit zu pflegen. «So glaube ich auch, dass die Schärfe der Worte kein Mittel seye, die Irrende [sic] zurecht zu weisen.»[19] Dennoch sei der pietistische «Separatismus», der seine Inspiration namentlich *Gottfried Arnold* verdanke, eine Gefahr für die Kirche, «welche doch einen göttlichen Ursprung hat».[20] Die Argumente der Separatisten werden in zehn kurzen Thesen exponiert und jeweils unter Rückgriff auf gemeinorthodoxe Lehre in längeren Erklärungen beantwortet. Wesentlich sei die Gemeinschaft der Christen, nicht die Abkapselung in der irrigen Überzeugung, allein so könne man frei von Sünde bleiben. Auf die fünfte separatistische These «Die Besuchung der öffentlichen Versammlungen zum Gottesdienste soll frey seyn», heisst es in der «Antwort»: «Die Sach an sich selbst ist freylich wahr, dass man niemand zu dem öffentlichen Gottesdienste, und zum Gebrauch der H. Sacramente, mit Gewalt zwingen solle.»[21] Trotzdem aber meint Beck, «die Pflicht und Nohtwendigkeit [sic], sich zu den Versammlungen der Kirche zu halten», widerspreche nicht der Freiheit eines Christenmenschen: «Denn wann dieses wäre, so müsste man sagen: die Christliche Freyheit hebe alle Pflichten des Menschen gänzlich auf. Man müsste sagen: es geschehe mit Unrecht, dass die Leute zur Gottesforcht [sic], zur Liebe, zum Gehorsam, zur Gerechtigkeit, zu übrigen Tugenden vermahnet werden, weil solches wider die Christl. Freyheit lauffe. Und auf diese Weise könnte man alle Gebote GOttes, unter dem Vorwand der Freyheit, aufheben.»[22] Die christliche Freiheit bestehe im Emanzipiertsein vom jüdischen Zeremonialgesetz und von der direkten Herrschaft der Sünde, um «den Willen GOttes aus freyem Triebe zu vollbringen». Sie bestehe auch in der «Freyheit von demjenigen, welches die Menschen aus eigenem Willen, wider das Wort GOttes gebieten», etwa bei den Juden oder in der «Römischen Kirche».[23] Dennoch aber seien die christlich Freien selbstverständlich den gottgemässen Anweisungen der Obrigkeit unterworfen – und der Gottesdienst sei ebenso wie die Institution der Kirche nun einmal von Gott gewollt und von Jesus gestiftet. Daher müsse der Gottesdienstbesuch als göttliches und nicht als menschliches Gebot angesehen werden. Individuelle Gewissensfreiheit scheint bei alledem nicht intendiert zu sein; selbstverständlich ist jeder Bürger der städtischen Gemeinschaft zugleich

19 A. a. O., S. 6.
20 Ibd.
21 A. a. O., S. 41.
22 A. a. O., S. 42.
23 A. a. O., S. 44.

auch Glied der Kirche.[24] Zwar räumt Beck ein, dass die «äusserliche Verfassung des Gottesdienstes» nicht von Gott, sondern von den Menschen erfunden sei. «Allein, wie kan [sic] ein wahres Kind GOttes sich an solchem aufhalten?»[25] Die Pietisten konnten sich daran aufhalten und sollten es auch fernerhin tun. Ihrer donatistischen Motivation, nämlich eine Gemeinschaft der moralisch Reinen zu verkörpern, macht Beck immerhin das Zugeständnis, dass nicht alle Pfarrer dem Ideal sittlicher Vollkommenheit entsprächen.[26] Wer aber könne sich anmassen, über die andern zu richten und sich selber Sündlosigkeit zuzuschreiben? Kein Weg führe an der Partizipation am öffentlichen Gemeindeleben vorbei. Von diesen Erklärungen Becks liessen sich die «Separatisten» freilich nicht überzeugen; ihre führenden Köpfe, Hans Ulrich Miville und Hieronymus Fäsch publizierten einen *Kurtzen Bericht auf das in Basel wider die von der Welt also genannten Separatisten herausgegebenen Tractätlein anno 1753*, das mit Becks Verteidigung des Staatskirchenwesens scharf ins Gericht geht und Michael Servet als Märtyrer der evangelischen Wahrheit hinstellt.[27]

Auch universitätspolitisch entfaltete Beck eine rastlose Aktivität: Zwischen 1750/51 und 1777/78 versah er viermal das Amt des Rektors.[28] 1753 wurde er von der Regenz zum Ersten Bibliothekar der Universitätsbibliothek bestellt, was er bis zu seinem Tod bleiben sollte. 1758 folgte Becks Ernennung zum ersten Lektor des Frey-Grynaeischen Instituts; im folgenden Jahr wurde er nach Johann Ludwig Freys Tod dessen Nachfolger auf dem Lehrstuhl für Altes Testament. Ferner war Beck seit 1760 Mitglied einer von Rat und Regenz einberufenen Kommission zur Reorganisation des Gymnasiums, deren Ausschuss er zusammen mit *Isaak Iselin* von 1761 an ebenfalls angehören sollte. 1764 legte dieser Ausschuss den Entwurf einer neuen Schulordnung vor, die

24 «Wenn nun auch Beck [...] das separatistische Wesen nur zu richtig schildert, so war es doch misslich, dass er, der Theologieprofessor, mit seiner Schrift den staatlichen Zwang sanktionierte und kein Wort für die Freiheit der Gewissen fand.» Wernle, 18. Jhdt., Bd. 1, S. 352.

25 Beck, Ungrund, S. 64.

26 A. a. O., S. 70f.

27 Siehe Wilhelm Hadorn, Geschichte des Pietismus in den Schweizerischen Reformierten Kirchen, Konstanz / Emmishofen [1901], S. 236. Vgl. dazu oben Becks Servet-Skizze in seiner *Einleitung zu den Helvetischen Geschichten*!

28 Zum dritten Rektorat Becks erscheint 1766 ein Panegyrikos im Druck: Sebastian Spörlin, Ode an Ihro Hochwüden Herrn Jak. Christoff Beck, Der Gottesgelehrtheit öffentlichen Lehrer bey dem Antritt des Rektorates Unsrer Hohen Schule, Basel 1766. Darin heisst es auf der 4. unpaginierten Seite: «Aus unerblikten lichten Höhen / erthönet: ‹*Beckens* Ruhm soll stehen, / ‹so wie Kolossen unbewegt, / ‹die weder Sturm noch Bliz erlegt. / ‹Durch Ihn blüht Basels Ruf und Ehre, / ‹geschickt und würdig seiner Lehre / ‹führt Er den Zepter in der Hand, / ‹Heil dir! Heil dir, o Friedensstand!›»

1766 Gesetzescharakter erhielt. Nebenbei übernahm Beck 1767 das Protektorat der 1758 gegründeten *Societas litteraria theologico-philologica Basiliensis*, der vor allem Studierende angehörten, und in der man während der wöchentlichen Zusammenkünfte nach einem Bericht von Chrétien Louis Liomin von 1771 vornehmlich Becks *Synopsis* behandelte.[29]

Schon 1748 hatte Beck Maria Magdalena Zwinger geheiratet, die Tochter von Johann Ludwig Freys Schwester. 1749 entsprang dieser Ehe eine Tochter, die nach langen Jahren der Krankheit 1756 starb.[30] Ein Sohn scheint schon unmittelbar nach der Geburt verschieden zu sein.[31] Wohl nach seiner Eheschliessung hat Beck das Haus «Zu den drey Mönchen» am Heuberg erworben, das dann das Frey-Grynaeische Institut beherbergen sollte. Seine Weiterführung der 1577 erstmals erschienenen *Epitome Historiae Basiliensis* von Christian Wurstisen bezeugt, dass Becks profan- und namentlich lokalhistorisches Interesse über seine Anstellung als Geschichtsprofessor hinausreichte.[32] Ein eindrückliches Dokument dieses Interesses ist auch das vierbändige *Gelehrte Basel oder Gesammelte Nachrichten zu der Kirchen- und Gelehrten-Geschichte von Basel,* das im ersten Teil eine allgemeine geschichtliche Darstellung enthält – mit bemerkenswerten Abschnitten über die Buchdruckerei und die Universitätsjubiläen – und in den folgenden drei Teilen ein ausführliches alphabetisches Verzeichnis der hiesigen Gelehrten. Dieses Werk, dessen Vorwort von 1775 datiert, ist niemals veröffentlicht worden und harrt in den Manuskriptbeständen des Frey-Grynaeums noch seiner eigentlichen Entdeckung.[33]

29 Siehe Ernst Staehelin, JbFG 1966.

30 Vgl. zur Krankheit und zu Kur der Tochter Ernst Staehelin, JbFG 1953 und 1958.

31 Athenae Rauricae, Bd. 1, S. 67.

32 Christian Wursteisens Kurzer Begriff der Geschichte von Basel, aus dem Lateinischen übersetzt. Übersehen und mit Anmerkungen vermehret von Jacob Christoff Beck, der Gottesgelehrtheit Doctor und Professor, auch Bibliothecarius, Basel 1757. Im Zusammenhang mit der Drucklegung dieses Werks korrespondierte Beck auch mit dem berühmten Basler Pietisten *Hieronymus Annoni* (1697–1770); vgl. Korrespondenz des Basler Professors Jakob Christoph Beck, S. 299.

33 FG Mscr. VII 4a–d, UBB. Zu Becks erfolglosen Bemühungen, dafür einen Verleger zu finden, vgl. Korrespondenz des Basler Professors Jakob Christoph Beck, S. 371, 375, 377 und 381. S. 371, Anm. 1192 stellt Staehelin die wichtige Frage, inwiefern Johann Wernhard Herzogs 1778 erschienene *Athenae Rauricae* «unabhängig» von Becks Werk entstanden sind, «oder ob Herzog Becks Manuskript benützt hat». Herzog war zwischen 1777 und 1815 auch Inspektor des Frey-Grynaeischen Instituts. Siehe zu Becks *Gelehrtem Basel* ferner Fritz Heitz, Johann Rudolf Iselin 1705–1779. Ein Beitrag zur Geschichte der schweizerischen Historiographie des 18. Jahrhunderts, Basel 1949, S. 158f.

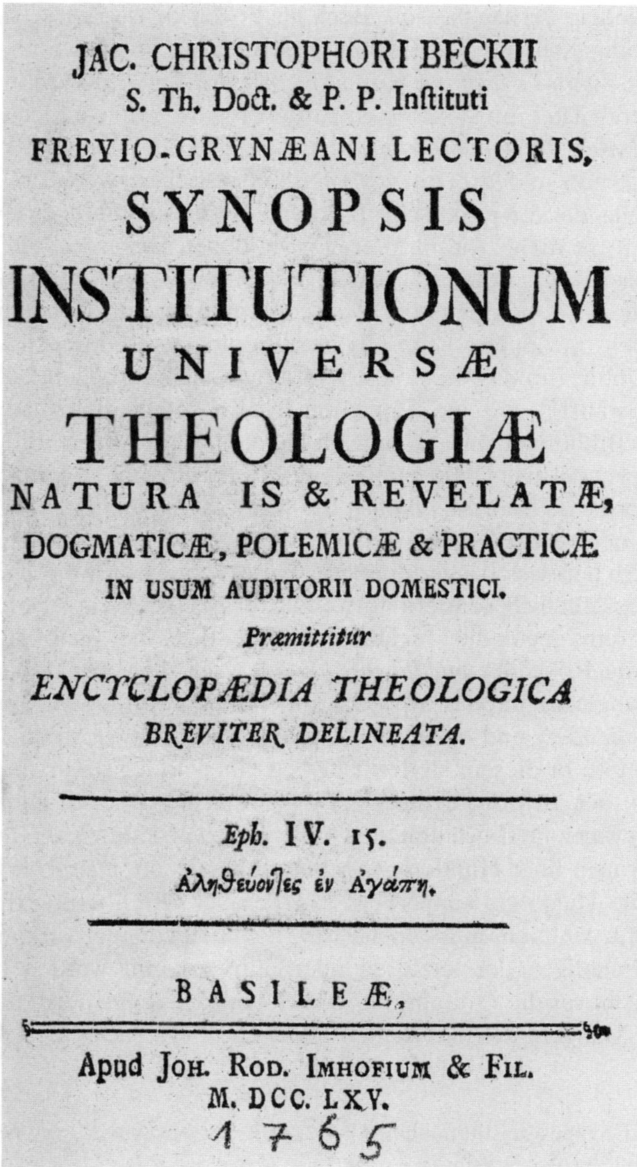
JAC. CHRISTOPHORI BECKII
S. Th. Doct. & P. P. Inſtituti
FREYIO-GRYNÆANI LECTORIS,
SYNOPSIS
INSTITUTIONUM
UNIVERSÆ
THEOLOGIÆ
NATURA IS & REVELATÆ,
DOGMATICÆ, POLEMICÆ & PRACTICÆ
IN USUM AUDITORII DOMESTICI.
Præmittitur
ENCYCLOPÆDIA THEOLOGICA
BREVITER DELINEATA.

Eph. IV. 15.
Ἀληθεύοντες ἐν Ἀγάπῃ.

BASILEÆ,
Apud JOH. ROD. IMHOFIUM & FIL.
M. DCC. LXV.
1765

Abb. 17: Titelblatt von Becks *Synopsis* von 1765, das ihn als «Instituti Freyio-Grynaeani lector» ausweist (UBB).

Bei alledem vernachlässigte Beck als Professor für Altes Testament die Theologie keineswegs. 1765 publizierte er die aus Vorlesungen entstandene *Synopsis institutionum universae theologiae naturalis & revelatae,* deren Titel ihn stolz als «Instituti Freyio-Grynaeani lector» ausweist. Hatten die *Fundamenta* die Grundlagen der Dogmatik gelegt, liegt diese nun ausgearbeitet vor. Charakteristisch ist wiederum die zentrale Rolle, die die praktische Theologie im Gesamtgefüge bekommt: Sie soll nicht mehr, wie in älteren orthodoxen Systemen, ein blosses Anhängsel sein, sondern ein eigenständiger und integrierender Bestandteil.[34] Am Anfang des Werkes steht eine «encyclopaedia theologica, seu introductio generalis in s. theologiae studium», die einen guten Einblick in das theologische Studium während des 18. Jahrhunderts gewährt[35] und am Ende mit einem Literaturverzeichnis die «ideale» Bibliothek eines damaligen Theologen vor Augen führt. Neben philologischen, historischen und eigentlich theologischen Schriften fehlen darin die *Selbstbetrachtungen* des Mark Aurel, das *Enchiridion* des Epiktet oder John Lockes *Essay Concerning Human Understanding* nicht.[36] So heisst es, das Studium der Philosophie sei für die Theologen nicht bloss nützlich, sondern notwendig, nicht zuletzt zur Apologie des Christentums gegen die Ungläubigen.[37] Letztlich aber bleibt der Philosophie die Rolle der *ancilla theologiae.* Nach den enzyklopädischen Erörterungen nimmt das Werk denn auch seinen Anfang mit einem Teil «De Credendis» und darin den Ausführungen «De existentia Dei».[38] Man könnte in diesem steilen Einstieg einen Beleg dafür finde, dass Beck mit der *Synopsis* orthodoxer geworden sei, als er es in den *Fundamenta* war, zumal sich nun die Debatten zu verschlungenen dogmatischen Fragen über Hunderte von Seiten hinziehen. Dennoch fällt die natürliche Theologie keineswegs gänzlich der Offenbarungstheologie zum Opfer; vielmehr müssten die Wahrheiten der ersteren erkannt sein, damit diejenigen der letzteren überhaupt erkannt werden können. Gleichwohl sei die Offenbarungstheologie unbedingt notwendig, was aus den Mängeln der natürlichen Theologie folge.[39] Das Bestehen auf

34 Beckii Synopsis institutionum, S. X7v. Zur Kritik der *Synopsis* vgl. Wernle, 18. Jhdt., Bd. 1, S. 526–528.
35 Siehe dazu Vischer, Lehrstühle, S. 192–194.
36 Beckii Synopsis institutionum, S. 49f.
37 A. a. O., S. 22. «Si Philosophia fuerit modesta, plurimum adferet Theologiae commodum.» (ibd.)
38 A. a. O., S. 57–206 bzw. 58–61.
39 «Theologia *Naturalis* ante *Revelatam* cognosci debet, quia hujus Veritates sine illa cognosci non possunt.» «Non aliunde possumus convinci de *Theologiae Revelatae necessitate*, nisi ex Theologiae Naturalis defectibus.» A. a. O., S. 57.

Abb. 18: Vignette aus Becks *Synopsis* (UBB).

der natürlichen Theologie wird denn auch im ersten Abschnitt manifest, der eben nicht «De Deo» handelt, sondern «De existentia Dei». Darin werden für die Existenz Gottes der kosmologische, der Kontingenz- und der Beweis *e consensu gentium* beigebracht, ohne dass schon auf Offenbarungswahrheiten rekurriert würde. Ihr Beharren auf die Unentbehrlichkeit der natürlichen Theologie unterscheidet Becks «vernünftige» Orthodoxie wesentlich von den pietistischen Lehren, mit denen er sich auseinandersetzt, und die wie er den praktischen Effekt betonen.

Ebenso gross waren Becks Vorbehalte gegen eine von vernünftigen Beschränkungen abgekoppelte christliche Religiosität, wie sie *Johann Caspar Lavater* (1741–1801) vertrat und mit seinem Flugblatt über die nach wie vor wirkkräftigen Wundergaben des Heiligen Geistes dem Basler Kollegen 1769 schmackhaft machen wollte.[40] Vorerst behauptete sich wenigstens an der Basler Theologischen Fakultät die vernünftig orthodoxe Position, mochte das protestantische Deutschland ansonsten ganz der Neologie, dem Rationalismus und dem Pietismus anheimgefallen sein: Die *Synopsis* bildete in Basel «noch bis in die ersten Decennien dieses [sc. des 19.] Jahrhunderts hinein die Grundlage der wöchentlich mit den Studenten abzuhaltenden Disputationen».[41]

Aufgestiegen zum Ordinarius für Altes Testament, beliess es Beck nicht bei systematischen Arbeiten, sondern legte 1770 mit seinem zweibändigen *Vollständigen Biblischen Wörterbuch* ein Werk vor, das sich explizit auch an Laien richtete, wie schon der Titel besagt, der

40 Siehe Ernst Staehelin, JbFG 1951; Korrespondenz des Basler Professors, S. 345–349 und S. 356f. Lavater begegnete Beck 1774 in Basel persönlich. Die *Drey Fragen von den Gaben des Heiligen Geistes* sind abgedruckt in: Johann Caspar Lavaters Ausgewählten Werken, hrsg. von Ernst Staehelin, Bd. 1, Zürich 1943, S. 206–212.

41 Hagenbach, Schule, S. 47.

eigentlich eine Vorrede ersetzt.[42] In der Einleitung heisst es, zwar könne man die heilsnotwendigen Dinge auch ohne die Vermittlung eines Lexikons der Heiligen Schrift entnehmen. «Da aber ferner viele Sachen in der Bibel vorkommen, welche zwar nicht unumgänglich zum Heil vonnöthen, jedoch aber in allerley Weise mittelbar oder unmittelbar dazu dienlich seyn; so hat man sich nicht zu verwundern, wann solche einer Erklärung bedörfen.»[43] Erneut begreift sich Beck in einer doppelten Oppositionsstellung, zum einen gegen die «christlichen Philosophen, die wir also nennen, weil sie unter den Christen leben», welche «sich aller ersinnlichen Künsten» bedienten, «die herrschende Religion der Christen, wo nicht gar alle Religion, zu stürzen».[44] Zum andern gegen «schwärmerische und übertriebene Auslegung» der Schrift, die der christlichen Sache mehr schade als nütze. Zu den Adressaten des Werkes gehören ausdrücklich auch die «Feinde» des Christentums, die

42 Vollständiges Biblisches Wörterbuch oder Real- und Verbal-Concordanz, darin alle in der ganzen Heil. Schrift des Alten und Neuen Testaments nach des seligen D. Martin Luthers Ubersetzung enthaltene Worte, Lehren, Geschichten, Altertümer, Tiere, Pflanzen, Edelgesteine, Metalle, Gewichte, Münzen und Maasse; nicht weniger auch alle in die Erd- Zeit-, und Geschlechtbeschreibung oder Geographie, Chronologie und Genealogie laufende zuverlässige Nachrichten mit allem ersinnlichen Fleisse aus allen zu diesem Ende dienlichen alten und neuen Schriftstellern zwar kurz, aber doch deutlich genug, verfasset, und nach dem deutschen Alfabete eingerichtet sind; also, dass nicht allein die Gelehrten, so wol geistlichen als weltlichen Standes, sondern auch alle übrige Leser und Liebhaber der Heiligen Schrift, sich genugsam darin bey den vorkommenden Schwierigkeiten Rahts erholen, folglich dies Buch anstatt aller andern Auslegung mit Nutzen und ohne sonderliche Mühe gebrauchen können. Aufgesetzt, gesammelt und herausgegeben von Jacob Christof Beck, öffentlichen Lehrer der Gottesgelehrtheit, 2 Teile, Alles zu GOTTES Ehre und der Kirche Erbauung, Basel 1770. Ursprünglich hatte Beck ein lateinisches Werk verfassen wollen: «Man beobachtet, dass der heutiges Tags durchgehends angenohmene [sic] Gebrauch der einem jeden Lande eignen Sprachen die Wissenschaften zwar gemeiner, nicht aber gründlicher, gemacht. Das bey vielen verwünschte Latein bleibt doch zu allen Zeiten die rechte Quelle der Gelehrsamkeit. [...] Allein ich hab wol hundertmal gehört, dass der Buchhändler Sinn nicht der Gelehrten Sinn sey. Jene, als Handelsleute sehen auf das, was am geschwindesten und häufigsten abgeht. [...] Daher fand ich kein Gehör, da ich von Verlegung eines lateinischen Werks redte. Man erschrack darüber, als wann es mit Gift angesteckt wäre. Sobald ich aber von der deutschen Einkleidung redte, fand ich schon ganz geneigte Ohren. Ich liess also den Vorschlag des lateinischen Werks fahren, und gedachte, ein deutsches könnte doch den zweyfachen Nutzen haben: Es könnte sowol den Gelehrten als den Ungelehrten in Deutschland dienen.» (Bd. 1, Vorrede, S. 8)

43 A. a. O., Bd. 1, Vorrede, S. 3.

44 A. a. O., Bd. 1, Vorrede, S. 4. Zur Apologie der Heiligen Schrift sei es «ganz unumgänglich vonnöthen, dass der Schriftausleger sich mit dem Philosophen vereinige, und die christliche Religion von dergleichen Anfällen sicher zu stellen sich bestrebe» (ibd.).

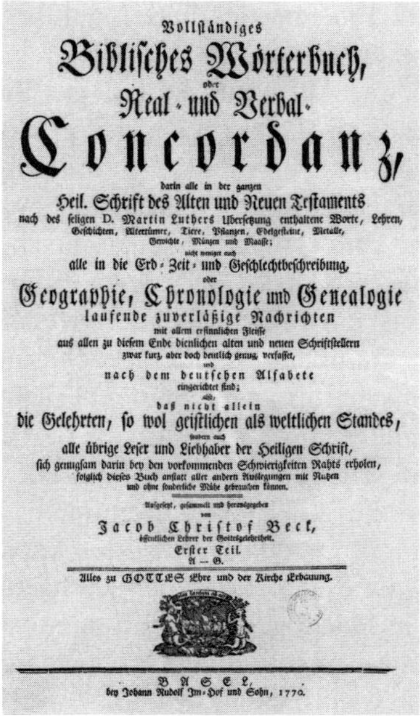
Vollständiges
Biblisches Wörterbuch,
oder
Real- und Verbal-
Concordanz,
darin alle in der ganzen
Heil. Schrift des Alten und Neuen Testaments
nach des seligen D. Martin Luthers Übersetzung enthaltene Worte, Lehren,
Geschichten, Altertümer, Tiere, Pflanzen, Edelgesteine, Metalle,
Gewichte, Münzen und Maasse;
nicht weniger auch
alle in die Erd- Zeit- und Geschlechtbeschreibung,
oder
Geographie, Chronologie und Genealogie
laufende zuverläßige Nachrichten
mit allem ersinnlichen Fleisse
aus allen zu diesem Ende dienlichen alten und neuen Schriftstellern
zwar kurz, aber doch deutlich genug, verfasset,
und
nach dem deutschen Alfabete
eingerichtet sind;
also,
daß nicht allein
die Gelehrten, so wol geistlichen als weltlichen Standes,
sondern auch
alle übrige Leser und Liebhaber der Heiligen Schrift,
sich genugsam darin bey den vorkommenden Schwierigkeiten Rahts erholen,
folglich dieses Buch anstatt aller andern Auslegungen mit Nutzen
und ohne sonderliche Mühe gebrauchen können.
Ausgesetzt, gesammelt und herausgegeben
von
Jacob Christof Beck,
öffentlichen Lehrer der Gottesgelehrtheit.
Erster Teil.
A – G.
Alles zu GOTTES Ehre und der Kirche Erbauung.
BASEL,
bey Johann Rudolf Im-Hof und Sohn, 1770.

Abb. 19: Titelblatt von Becks *Vollständigem Biblischen Wörterbuch* von 1770 (UBB).

eines Besseren belehrt werden sollen. In der konkreten Interpretation stellt sich dann rasch heraus, dass Beck, von allen historischen und philologischen Erkenntnissen unangefochten, eine orthodoxe Inspirationstheorie vertritt. Ein Beleg dafür ist beispielsweise der Abschnitt über den Teufel, in dem es heisst: «Ein Geist, der blos zum Bösen geneigt. Die Vernunft siht [sic] die Möglichkeit wol ein, dass dergleichen Geister seyn. Ob sie aber die Wirklichkeit, oder das wirkliche Daseyn derselben erweisen könne, ist eine andere Frage. Genug ist, dass man auch bey den heydnischen Völkern den Glauben, dass böse Geister seyn, antrift. Das vornehmste ist, dass die Schrift das Daseyn derselben ausser Widerspruch setzet.»[45] Vom ganzen Gezänk, das spätestens seit der Mitte des

45 A. a. O., Bd. 2, S. 611. 1779 folgt auf das *Wörterbuch* noch eine *Epitome Historiae Ecclesiasticae Veteris Testamenti auditorum usui destinata*, ein in der Anlage Becks Schweizergeschichte ähnliches, gerippeartiges Handbuch der israelitischen Geschichte.

Jahrhunderts über die Existenz des Teufels geführt wurde, findet sich in diesem Artikel kaum eine Spur.[46]

Mit der Neologie, der Aufklärungstheologie, die zur Leugnung des Teufels tendierte, traf sich Beck freilich in der pädagogischen Absicht, die sich beispielsweise an seiner *Kurzen Abbildung eines wahren Christen* von 1773 ablesen lässt. Sie soll helfen, den «wahren Christen» vom «Weltmenschen» und vom «Heuchler» zu unterscheiden. Das Kriterium hierfür gibt Matthäus 7, 16 an die Hand: «**An ihren Früchten sollt ihr sie erkennen** [...]. Diess ist ein untrügliches Kennzeichen.»[47] Die Bibel enthalte nicht nur eine Glaubens-, sondern auch eine Sittenlehre: «Euer **Glaube** ist nicht rechtschaffen, wenn er nicht Früchte der Heiligkeit, des Gehorsams, der Demuth, der Sanftmuth, des arbeitsamen, stillen und eingezogenen Wandels trägt».[48] Die paulinische Polemik gegen das Gesetz betreffe nur die jüdischen Zeremonien, keineswegs die vernünftigen, sittlichen Lehren «Hat Paulus, der Apostel, welcher am meisten die Befreyung von dem Gesätze eingeschärfet, das **Gesätz aufgehebet?** Nein er hat es **bestätiget** [...] Und dennoch ist er kein **Gesätzprediger**, sondern ganz evangelisch.»[49] Demgegenüber weise die aus den Schriften von Platon, Cicero, Seneca, Mark Aurel und Epiktet gewonnene «heidnische Moral» grosse Mängel auf, sei nur eine «Geschicklichkeit, sein zeitliches Glück zu befördern, und der Welt zu gefallen [...] Solches gehört nicht auf die Kanzel; sondern [...] auf das Theater. Will jemand die **blos philosophische Moral** hinzu thun, so will ich mit dem-

46 Vgl. Karl Aner, Die Theologie der Lessingzeit, Halle 1929, S. 240–251 und passim. Wilhelm Abraham Teller (1734–1804), neologischer Oberkonsistorialrat in Preussen, hatte 1774 mit seinem eigenen *Wörterbuch des Neuen Testaments* den sogenannten zweiten Teufelsstreit ausgelöst, indem er den Teufel nicht nur in seiner Leibhaftigkeit (wie Johann Salomo Semler), sondern seine Existenz überhaupt negierte und Jesu Reden vom Satan als Akkomodation an die Vorstellungen seiner Zeit erklärte: «ich halte es für ganz antichristlich (ein Ausdruck, den man mir verzeihen wird, weil er die Stärke meiner Ueberzeugung ausdrücken soll), wenn man irgendwo noch daran glaubt; für eine Umkehrung aller Religion» (Wilhelm Abraham Teller, Wörterbuch des Neuen Testaments zur Erklärung der christlichen Lehre, Berlin[4] 1785, S. XXXV). Wernle, 18. Jhdt., Bd. 2, S. 409 weist darauf hin, dass unter Becks Lektorat die frey-grynaeische Bibliothek kaum Zuwachs durch Werke der führenden Neologen erfuhr und merkt ausdrücklich an, dass von Wilhelm Abraham Teller kein einziges Buch in die frey-grynaeischen Bestände Eingang fand – dafür aber eines des «bräveren Bruders» Johann Friedrich Teller.

47 [Willliam Stevenson], Die kleine Bibel. Oder Glaube und die Pflichten des Christen in Worten der heiligen Schrift. Anstatt einer Vorrede ist vorgesetzt eine kurze Abbildung eines wahren Christen von Jacob Christoff Beck, öffentlicher Lehrer der Heil. Schrift, Basel 1773, S. V.

48 A. a. O., S. XVII.

49 A. a. O., S. XVIII.

O Bibel! Welch ein Wunder-Buch!
Wer dich veracht, der ligt im Fluch.
Wol dem, der aus dir lernt und lehret,
Wie man sich recht zu Gott bekehret!
Wol dem, der es an sich erfährt,
Und denn der Welt mit Kraft erklärt!
Gott segne den Gelehrten **Becken**,
Und laß ihn manches Herz erwecken,
Fein Bibelmäßig, das ist, Rein
Im Wort und in der Taht zu seyn.
So wächst die Christenheit ins Ganze,
Und wird zur Himmels-Concordanze.

H. A.

Abb. 20: Frontispizgedicht im ersten Band vom Becks *Biblischem Wörterbuch.* Hinter den Initialen H. A. verbirgt sich wahrscheinlich *Hieronymus Annoni* (1697–1770), der berühmte Basler Pietist (UBB).

selben nicht heftig streiten, so ferne man durch dieselbe nichts anders versteht, als was man allein aus Vernunftgründen, ohne Evangelium, schöpfet. Was soll man aber mit einem Prediger anfangen, der eine blos philosophische Moral prediget? Wir wollen ihn zum Professor auf einem Gymnasium oder auf einer Universität machen. Da mag er sich mit den Studenten mühsam raisonniren und disputiren; den Katheder besteigen, so oft er will, und seine Sätze aufs schärfste demonstriren. Da mag es doch einen Nutzen haben. Aber auf die Kanzel taugt er nicht.»[50]

50 A. a. O., S. XIX.

Abb. 21: Vignette aus dem ersten Band von Becks *Biblischem Wörterbuch.* Links Adam im Paradies, rechts Noahs Brandopfer (?), dazwischen das Dreifaltigkeitssymbol (UBB).

Hier zeichnet sich eine entschiedene Abgrenzung von der Neologie ab, obwohl Beck keineswegs eine radikalpietistische Verdammung der Weltweisheit mitvollzieht, sondern diese nur von der Kanzel verbannen will. Auf der andern Seite wendet er sich gegen das pietistische Konventikelwesen, von dem man «noch nicht viel gute Früchte» gesehen habe.[51] Das von Beck approbierte Christentum ist eine in staatskirchliche Bahnen gelenkte Frömmigkeit mit autoritativem Einschlag. Während die Frau sich «in allem als eine getreue Gehülfin ihres Ehemanns» zu erweisen und «nicht eine Lehrerin abzugehen, sondern vielmehr selbst zu lernen» habe, tue der Mann «seine Amtspflichten willig und von ganzem Herzen. Er hält solches für eine unumgängliche Pflicht. Er weisst, dass solches nicht nur allen rechtschaffenen Leuthen angenehm, sondern auch Gott selbst gefällig sey. Also erwirbet, also bewahret er ein gutes Gewissen.»[52]

Tatsächlich ist das von Beck skzzierte, obrigkeitskonforme «wahre Christenthum» ebenso unmodern geworden wie die von ihm propagierte Theologie, die sich der «Weltweisheit» insofern bedient, als sie von religiösem Nutzen ist. Es wäre jedoch voreilig, darüber den Stab zu brechen, nur weil Beck noch keine rigorose (und zugleich sehr bequeme) Aufgabenteilung zwischen profaner und theologischer Wissenschaft vornimmt, die es ihm als Theologen erlaubte, die «Welt» zugunsten des «Ganz Anderen» zu vergessen. Obwohl Beck Historie und Philosophie letztlich nur als Präparative des Christentums gelten lässt, ist ihm die *theologia naturalis* doch unentbehrlich. Wer von Gott

51 A. a. O., S. XXII. Bekanntlich ist gerade Matthäus 7,16 die klassische Stelle, mit der sich die Pietisten rechtfertigen!

52 A. a. O., S. XXIIIf.

Abb. 22: Vignette aus dem zweiten Band von Becks *Biblischem Wörterbuch.* Links die Geburt Jesu, rechts seine Himmelfahrt, dazwischen das Dreifaltigkeitssymbol (UBB).

spricht, spricht auch von der «Welt», könnte man die Einsicht der «vernünftigen» Orthodoxie Beckscher Prägung umreissen. Mit dem So-Sein dieser «Welt» kann sie sich arrangieren; damit ist eine solche Theologie in einer ständischen Gesellschaft des Ancien Régime ein nicht geringzuschätzender stabilisatorischer Faktor. Dies trägt heute bestimmt zur Irritation über diese uns fremd gewordene Form des Theologisierens bei. Der Eindruck lässt sich nicht unterdrücken, das von Beck propagierte Christentum sei grundlegend von dem verschieden, was in unseren Tagen gemeinhin als «christlich» gilt. Die Beschäftigung damit fördert immerhin die Einsicht zutage, dass «Christlichkeit» allerhand Kontingenzen unterworfen ist. Um nicht zu sagen: der Mode.

Man könnte ferner fragen, weshalb sich eine kompromisslos pietistische Theologie im Gegensatz zu einer «vernünftig orthodoxen» auf die Dauer hat behaupten können. Nicht zuletzt vielleicht deshalb, weil sich jene in ihrer Weltabwendung den offenbarungsinkompatiblen Erkenntnissen der «profanen» Wissenschaften erst gar nicht aussetzte.[53]

Jakob Christoph Beck starb am 17. Mai 1785. «Man mag wohl behaupten, dass mit diesem thätigen und strebsamen Manne die gelehrte Theologie der Basler Hochschule, sofern sie wenigstens durch grössere schriftstellerische Leistungen sich kund gab, auf längere Zeit zum Schweigen gebracht wurde.»[54] Das heisst nicht, dass Beck sie zum Schweigen gebracht habe.

53 Vgl. auch Wernle, 18. Jhdt., Bd. 1, S. 526: «Das Interessante bei Beck ist die klare Erkenntnis der grossen Wandlung der religiösen Lage, verbunden mit der Unfähigkeit, den neuen Anforderungen wirklich gerecht zu werden.»

54 Hagenbach, Schule, S. 49.

Andreas Urs Sommer

Die stillschweigende Orthodoxie im Bienenstock des Herrn: Johann Rudolf Buxtorf (1747–1831)

Die Quellen machen eine Annäherung an Johann Rudolf Buxtorf – den, wie man sagt, letzten Vertreter der «vernünftigen» Orthodoxie an der Basler Theologischen Fakultät[1] – nicht leicht. Keine schier unüberschaubare Materialmasse erschwert wie im Fall von Jakob Christoph Beck den Überblick. Im Gegenteil: weder ist Buxtorf durch Buchveröffentlichungen hervorgetreten, noch hat er Handschriftliches hinterlassen, das über seine wissenschaftliche oder lehrende Tätigkeit einigen Aufschluss geben könnte. Aus seiner Feder sind nur ein paar Briefe und kurze Druckschriften erhalten. Darüberhinaus hatte Johann Rudolf Buxtorf zu Lebzeiten gleich zwei Verwandte mit denselben Vor- und Nachnamen – der eine (1765–1827) ein Basler «Privatdozent» der Medizin, der andere ebenfalls ein Theologe (1800–1863), von 1826 bis 1833 Pfarrer in Läufelfingen, später am Basler Waisenhaus. Mit ihnen wird unser Johann Rudolf Buxtorf nicht nur im alten Dissertationenkatalog der Universitätsbibliothek verwechselt.[2]

Am 24. Oktober 1747 kam er in Basel als Sohn des Stadtarztes Johannes Buxtorf und dessen Gattin Agnes, geborene Zwinger zur Welt, absolvierte das Gymnasium und das Studium an der Philosophischen Fakultät, um 1764 die «prima Laurea» mit einer Oratio *De utilitate*

1 Vgl. Edgar Bonjour, Die Universität Basel von den Anfängen bis zur Gegenwart 1460–1960, Basel 1960, S. 369.

2 Es ist übrigens weder eine gedruckte Leichenrede noch ein Bildnis von ihm erhalten.

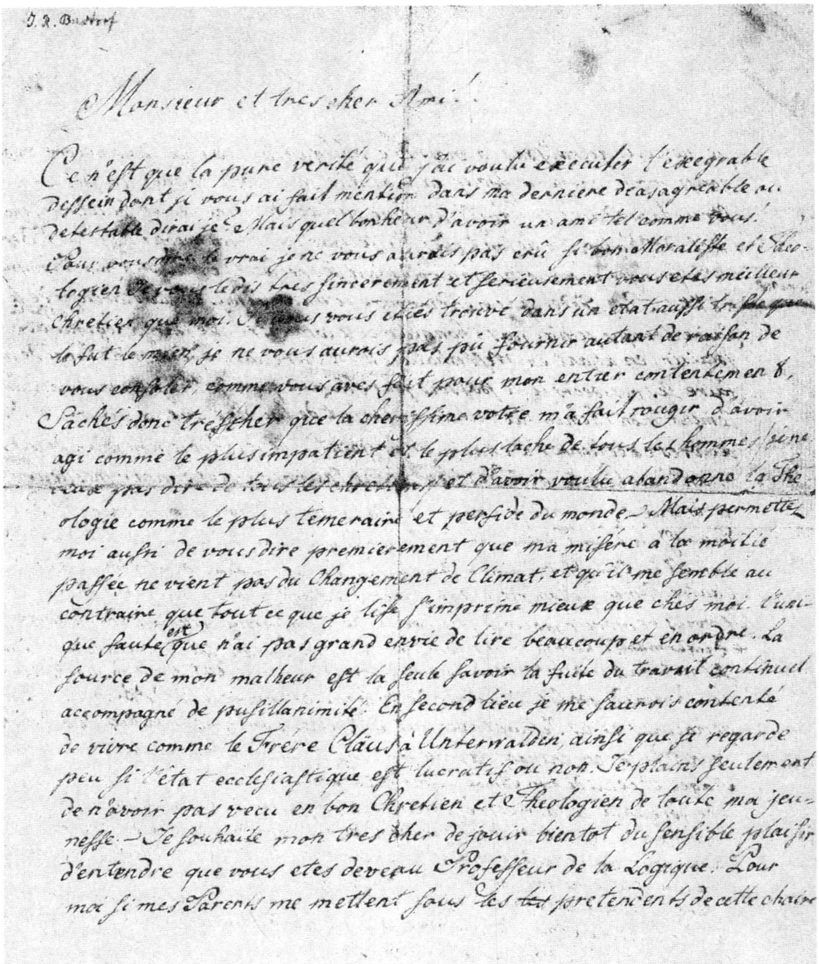

J. R. Buxtorf

Monsieur et tres cher Ami!

Ce n'est que la pure verité que j'ai voulu executer l'[illegible]
dessein dont je vous ai fait mention dans ma derniere desagreable ou
detestable dirai je? Mais quel bonheur d'avoir un ami tel comme vous.
Pour vous dire le vrai je ne vous aurois pas crû si bon Moraliste et Theo-
logien [illegible] tres sincerement et serieusement vous etes meilleur
Chretien que moi. Si vous vous etiés trouvé dans un etat aussi [illegible]
le fut le mien, je ne vous aurois pas pû fournir autant de raison de
vous consoler, comme vous aves fait pour mon entier contentement.
Saches donc tres cher que la cherissime votre m'a fait rougir d'avoir
agi comme le plus impatient et le plus lache de tous les hommes, je ne
[illegible] et d'avoir voulu abandonné la The-
ologie comme le plus temeraire et perfide du monde. – Mais permettez
moi aussi de vous dire premierement que ma misere à la moitié
passée ne vient pas du Changement de Climat, et qu'il me semble au
contraire que tout ce que je lise s'imprime mieux que ches moi. L'uni-
que faute est que n'ai pas grand envie de lire beaucoup et en ordre. La
source de mon malheur est la seule savoir la fuite du travail continuel
accompagné de pusillanimité. En second lieu je me saurois contenté
de vivre comme le Frere Claus à Unterwalden, ainsi que je regarde
peu si l'état ecclesiastique est lucratif ou non. Je plains seulement
de n'avoir pas vecu en bon Chretien et Theologien de toute ma jeu-
nesse. – Je souhaite mon tres cher de jouir bientot du sensible plaisir
d'entendre que vous etes devenu Professeur de la Logique. Pour
moi si mes Parents me mettent sous les ~~[illegible]~~ pretendents de cette chaire

Abb. 23 a & b.: Brief Johann Rudolf Buxtorfs vom 30. Juli 1771 an einen «Monsieur et tres cher Ami» (UBB, Autographensammlung B.).

conjugendi linguam hebraicam cum graeca & latina, am 5. Juni 1766 den Magistergrad zu erwerben, wobei er über *Praestantia & utilitate philosophiae recentioris* zu sprechen hatte. Beide Reden sind unveröffentlicht geblieben.[3] Nach theologischen Studien, die er als Sancti Ministerii Candidatus 1770 abschloss, wirkte er einige Zeit als Hauslehrer des

3 Die in den Athenae Rauricae, Bd. 2, S. 308 vermerkten *Observationes criticae miscellaneae in quaedam auctorum graecorum loca* – offenbar Buxtorfs erste gedruckte Schrift – konnten nicht nachgewiesen werden.

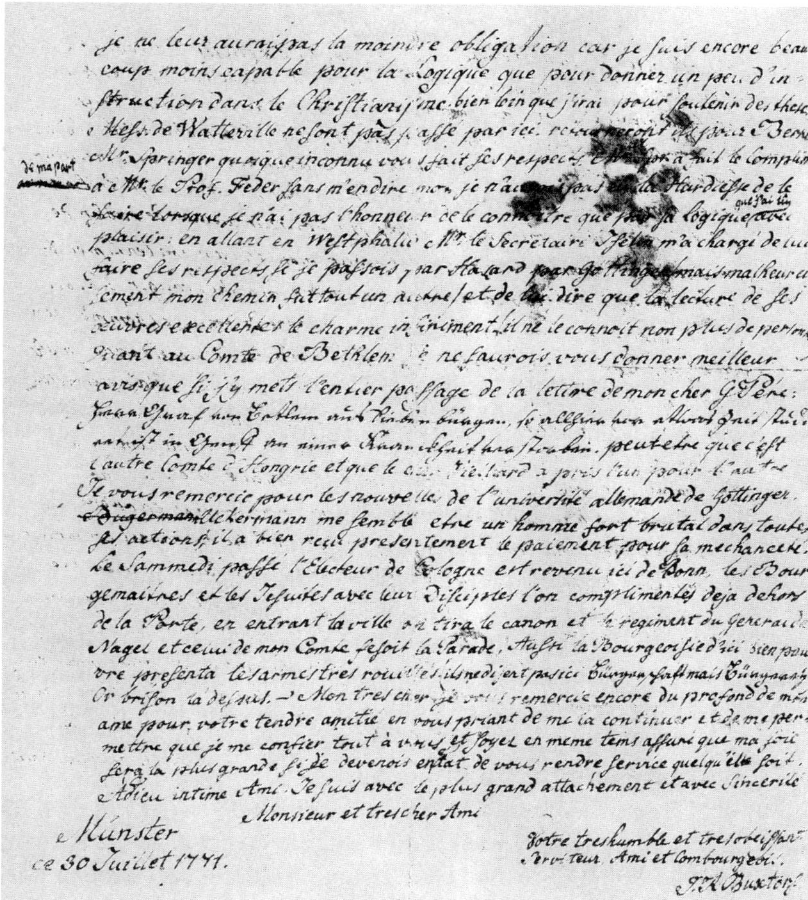

je ne leur aurais pas la moindre obligation car je suis encore beau-
coup moins capable pour la Logique que pour donner un peu d'in-
struction dans le Christianisme bien loin que j'irai pour soutenir des theses.
Mess. de Watterville ne sont pas passé par ici. [illegible] pour Berne.
Mr. Springer quoique inconnu vous fait ses respects [illegible] a fait le complim.
de ma part à Mr. le Prof. Feder sans m'en dire mon [illegible] de la hardiesse de le
faire lorsque je n'ai pas l'honneur de le connoitre que par sa Logique [illegible]
plaisir: en allant en Westphalie Mr. le Secretaire [illegible] m'a chargé de lui
faire ses respects si je passois par [illegible] mais malheureu-
sement mon chemin fut tout un autre, et de lui dire que la lecture de ses
oeuvres excellentes le charme infiniment, il ne le connoit non plus de person-
[ne. Q]uant au Comte de Bethlem je ne saurois vous donner meilleur
avis que si j'y mets l'entier passage de la lettre de mon cher G. Père:
[illegible]
[illegible] peut etre que c'est
l'autre Comte d'Hongrie et que le [illegible] pour l'autre.
Je vous remercie pour les nouvelles de l'université allemande de Göttingen.
[illegible] Kermann me semble etre un homme fort brutal dans toutes
ses actions, il a bien reçu presentement le paiement pour sa mechanceté.
Le Sammedi passé l'Electeur de Cologne est revenu ici de Bonn, les Bour-
gemaitres et les Jesuites avec leur disciples l'on complimentés deja dehors
de la Porte, en entrant la ville on tira le canon et le regiment du General
Nagel et celui de mon Comte fesoit la Parade. Aussi la Bourgeoisie d'ici bien pau-
vre presenta les armes très rouillés [illegible]
Or brisons la dessus. — Mon tres cher [illegible] je vous remercie encore du profond de mon
ame pour votre tendre amitié en vous priant de me la continuer et de me per-
mettre que je me confier tout à vous, et soyez en meme tems assuré que ma joie
sera la plus grande si je devenois en etat de vous rendre service quelqu'elle soit.
Adieu intime Ami. Je suis avec le plus grand attachement et avec Sincerité
Monsieur et trescher Ami
a Münster
ce 30 Juillet 1771.
Votre treshumble et tres obeissant
serviteur Ami et Combourgeois.
J. R. Buxtorf

Grafen von Bückeburg.[4] Aus dieser Zeit ist ein Brief an einen nicht namentlich genannten «Monsieur et tres cher Ami» und «Combourgeois» erhalten, der vom 30. Juli 1771 datiert und in Münster abgefasst wurde. Darin heisst es unter anderem:

«Mais permettez moi anfin [?] de vous dire premierement que ma misére [sic] à la moitié passée ne vient pas du Changement de Climat, et qu'il me semble au contraire que tout ce que je lise s'imprime mieux que ches [sic] moi. L'unique faute est que [je] n'ai pas grand envie de lire beaucoup en ordre. La source de mon malheur est la seul savoir la fuite du travail continuel accompagné de pusillanimité. En

4 Vielleicht ist Buxtorf mit dem seit 1771 in Bückeburg wirkenden Hofprediger Johann Gottfried Herder bekannt geworden, wofür es allerdings keine Belege gibt. Als Kapellmeister des Grafen von Schaumburg war von 1750 an in Bückeburg auch Johann Christoph Friedrich Bach (1732–1795) tätig.

Abb. 24: Vignette aus Buxtorfs ersten Thesen *De ratione regnum Dei promovendi* von 1792 (UBB).

second lieu je me saurais contenté de vivre comme le Frére [sic] Cläus à Unterwalden, ainsi que je regarde peu si l'état ecclesiastique est lucratif ou non. Je plains seulement de n'avoir pas vecu en bon Chretien et Theologien de toute ma jeunesse.»[5]

Einem geregelteren Leben, begleitet von «travail continuel», konnte Buxtorf von 1773 an nachgehen, als er nämlich auf die Rhetorik-Professur seiner Heimatuniversität berufen wurde. Darum hatte er sich mit 24 *Theses rhetoricae* beworben, die es als «officium rhetoris» definierten, künftige Redner auszubilden[6], selber aber auch über wissenschaftliche Kenntnisse zu verfügen.[7] Zu einer natürlichen Rednergabe müsse sich die Kunst gesellen, die der Rede erst Form verleihe. Die Antrittsvorlesung, die Buxtorf nach seiner Wahl *De eloquentia Pauli apostoli* hielt, ist offenbar nicht gedruckt worden.

Auf dem Rhetoriklehrstuhl blieb Buxtorf bis 1793, nachdem er 1785 auch das Frey-Grynäische Lektorat übernommen hatte, zu dem er von seinem Onkel Jakob Christoph Beck schon 1776 designiert worden war. Buxtorf ist der einzige Lektor des Instituts, der bei Amtsantritt nicht schon eine Theologieprofessur bekleidete. 1777 starb der Mediziner Johann Rudolph Zwinger (*1692), Johann Rudolf Buxtorfs Grossvater mütterlicherseits.[8] Der Enkel verfasste seine Vita, die mit dreissig

5 UBB, Handschriftenabteilung, Autographensammlung B.

6 Theses rhetoricae quas adjuvante Deo occasione vacantis rhetoricae cathedrae jussu atque auctoritate amplissimi Senatus Academici clarissimorum competitorum examini submittit J. Rud. Buxtorfius S.M.C. respondente juvene doctissimo Simone Eglingero Mag. Cand. Die 8. Junii 1773, Basileae [1773], S. 3 (These 2).

7 A. a. O., S. 4 (These 6).

8 Nach der Stiftungsurkunde des «Institutum Freÿio-Grynaeanum» von 1747 hätte Johann Rudolph Zwinger erster Inspektor des Instituts werden sollen; in Becks Nachtrag von 1759 wird er jedoch durch Pfarrer Andreas Zwinger ersetzt (vgl. oben den Artikel zur Geschichte des Frey-Grynaeischen Instituts). Zwischen 1764 und 1777 ist er trotzdem als Inspektor nachweisbar.

Seiten (drei davon Zwingers Bibliographie) Buxtorfs umfangreichste Publikation werden sollte. Sie vermittelt einen Eindruck der lateinischen Funeralrhetorik im späten 18. Jahrhundert, ergeht sich in steter Anrufung Gottes, aber auch der unbeschreiblichen Grösse des Dahingegangenen: «Mihi vero verba desunt si constantiam viri, si submissum voluntati divinae animum, si finem hujus familiarchae placidum, aedificationis plenissimum describere vellem, si vellem exprimere quantum hic religio Christi profuerit in extremis.»[9] Tatsächlich scheint Buxtorf nicht nach den Worten gesucht zu haben, die ihm fehlten. Er begnügte sich mit dem von der Welt unbehelligten Dasein eines universitären Lehrers, ohne wie sein Onkel Jakob Christoph Beck die Lehre mit schriftstellerischer Betätigung zu verbinden. Seine Aufmerksamkeit galt vielmehr dem Wohl des Frey-Grynaeischen Instituts, dessen Bibliothekskatalog er vollendete. 1786 und 1787 wandte er 11 000 Franken für die bauliche Erneuerung des Hauses auf.[10] Erst danach begann er, den Vorlesungsverzeichnissen zufolge, mit seiner Lehrtätigkeit als Lektor des Institutes, wobei zunächst hebräische Altertümer und alttestamentliche Exegese auf dem Programm standen. Bereits 1775 hatte er Katharina Legrand geheiratet, die 1814 kinderlos starb.

Theologisch lag Buxtorf ganz auf der Linie der mehr oder weniger «vernünftigen» Basler Orthodoxie, was sich etwa an seinen Thesen *De ratione regnum Dei promovendi* ablesen lässt, mit deren erstem Teil er 1792 den theologischen Doktorgrad erlangte, und mit deren zweitem er sich im selben Jahr erfolgreich um die vakante Dogmatikprofessur bewarb, die er bis 1813 behielt. In den Thesen, die die Frage behandeln, wie das Reich Gottes zu denken und zu fördern sei, ist freilich schon in der Themenstellung eine pietistische Färbung nicht zu verkennen. Die Vignette im ersten Heft zeigt einen auf einem Buch stehenden Bienenstock, in den hinein ein Bienenschwarm fliegt.[11] Seit den Kirchenvätern

9 Vita viri incomparabilis Joh. Rudolphi Zwingeri Med. Doct. Practices in Academ. Basileensi Professoris uctunque delineata et publice recitata ad d. 26. Maji MDCCLXXVIII ab Joh. Rudolpho Buxtorfio Basileensi, Basileae [1778], S. 24. Der Grosse Rat verfügte in Basel 1726 die Abschaffung der Leichenpredigten, nachdem man es mit der funeralen «Schönrednerei» «etwas bunt getrieben» hatte (Rolf Hartmann, Das Autobiographische in der Basler Leichenrede, Basel/Stuttgart 1963, S. 90f.). Die Verfügung wurde allerdings schon 1731 wieder aufgehoben.

10 Vgl. Staehelin, FG, S. 145f. Die Rechnungen dieser Umbauarbeiten sind allesamt erhalten in StAB, Universitätsarchiv XII 8.1.

11 Thesium theologicarum de ratione Regnum Dei promovendi sectio I. Quam Deo volente ac benedicente praeside viro plur. venerando Dn. Jacobo Meyero S. Th. Doct. Vet. Test. Prof. Facult. Theol. Decano Spect. publico virorum clarissimorum atque pl. reverendorum examini ad. d. 18. Sept. in audit. aestivo ex requisito legis academicae pro Doct. Theol. gradu obtinendo subjicit Joh. Rodolph. Buxtorfius Th. Cand., Basiliae 1792, S. 3.

ist der Bienenkorb ein Sinnbild der Kirche mit Christus als «Bienenkönig».[12] Das Buch unter dem Bienenstock macht die Allegorie eindeutig begrifflich übersetzbar: Es ist das Buch der Bücher, die Bibel, auf der das Reich Gottes ruht, zu dem alle, die sich des wahren Christentums befleissigen, auch Zugang erhalten werden. Buxtorfs Argumentation hangelt sich folgerichtig den einschlägigen Schriftstellen entlang, um zum Schluss zu kommen, dass alle Menschen guten Willens nach der Förderung des Reiches Gottes trachten müssten.[13] Inwiefern die reale Kirche mit dem Reich Gottes übereinstimmt, bleibt dabei offen. Von «theologia naturalis», die bei Beck noch eine wichtige Rolle gespielt hatte, ist nicht mehr die Rede; alles stützt sich auf den Offenbarungsbuchstaben. Dies markiert eine apologetische Verengung des theologischen Horizontes. Buxtorf, der letzte Theologe seines berühmten Geschlechtes auf einem Theologischen Lehrstuhl in Basel, macht aus seinem Rückzug in eine pietistisch durchsäuerte Orthodoxie keinen Hehl und legt damit unfreiwillig Zeugnis dafür ab, dass seine Theologie den Umwälzungen der Zeit (1792!) nichts entgegenzusetzen hat und deswegen der Aufklärung keine Konzessionen mehr macht, wie Grynäus, Frey oder Beck es noch getan hatten.[14] Unverdrossen widmet sich Buxtorf in seinen Lehrveranstaltungen Jean-Frédéric Ostervalds *Compendium theologiae*, Becks *Synopsis* oder Grotius' *De veritate religionis christianae* und hält noch in den Zwanzigerjahren des 19. Jahrhunderts samstags um 9 Uhr früh nach der Art des 17. Jahrhunderts unverdrossen die einst obligaten Disputationsübungen ab.[15]

Buxtorf scheint selber das Gefühl gehabt zu haben, dass er mit seinen Kräften der neuen Zeit nicht mehr ganz gewachsen sei. Dem hel-

12 Die Belegstellen sind v. a. Sprüche 6,8 (nur in der Septuaginta) und Jesus Sirach 11, 3. Zur Bienen(korb)symbolik siehe LCI, Bd. 1, Sp. 299–301; LThK², Bd. 2, Sp. 455f.; HdA, Bd. 1, Sp. 1251. In der Emblematik kommt der Bienenstock recht häufig vor, vgl. Emblemata, Sp. 926f.

13 Siehe zur Reich-Gottes-Theologie auch den Aufsatz von Martin Anton Schmidt über Ernst Staehelin im vorliegenden Band.

14 Die Unfähigkeit der herkömmlichen Frömmigkeit, mit der Aufklärung produktiv umzugehen, belegt ein ebenfalls 1792 ohne Ortsangabe, wohl aber in Basel anonym erschienenes Gedicht *Die aufgeklärte Zeit* (UBB: Ki. Ar. G II 3, Nr. 4), das in einer handschriftlichen Fassung (Druckvorlage oder Kopie) auch in einem Band vorliegt, der unter anderem eine Predigt von Buxtorf enthält (UBB, Handschriftenabteilung: Falk. 3165, Nr. 50). Darin heisst es: «O lasst mich doch bey meiner Bibel! / Lasst mich in meiner Dunkelheit! / Denn ohne Hoffnung wird mir übel / Bey dieser aufgeklärten Zeit: / Und ohne Hoffnung bin ich hier / Ein elend-aufgeklärtes Thier. // Drum Thoren schweigt! ich mag nichts hören, / Verschonet mich mit eurem Gift! / Gesetzt: dass es auch Fabeln wären, / Das was ich lese in der Schrift, / So macht mich doch diss Fabelbuch / Zum Leben und zum Sterben klug.» (gedruckte Fassung, S. 4)

15 Vischer, Lehrstühle, S. 203.

vetischen Direktorium, das ihn als Erziehungsrat einsetzen wollte, schrieb er am 2. November 1798: «Denn obgleich von gelehrtem Stande, mangelt mir's an pädagogischen Kenntnissen. Grösstenteils innert meinen Wänden eingekerkert, sammelte ich mir keine hinlängliche Menschen- und Weltkenntnis; es fehlte mir an geschwinder Fassung und schnellem Begriff, an Gegenwart des Geistes, wo schleunig eine Meinung gegeben und ein Entschluss gefasst werden soll; unbesiegbare Furchtsamkeit im Vortrag verhindert mich in der Ordnung darin, lässt mich keine Worte finden, und mit dem Grauwerden meines Kopfes fangen leider die ohnehin wenigen Kräfte meiner Seele schon an, mir zu entsinken; die erfolgreiche Tätigkeit ist gehemmt, und die Gewandtheit in Geschäften und Arbeiten vermag ich nicht mehr zu erreichen.»[16] Auch wenn man die rhetorische Selbstherabsetzung abzieht, die Buxtorf einsetzte, um nicht mit einem weiteren Amt belastet zu werden, bleibt doch das Bild eines Mannes, der sich vom Engagement für das Gemeinwesen zurückgezogen hatte auf ein rein innerliches (Er-)Bauen am Gottesreich. Immerhin bekleidete Buxtorf zwischen 1788 und 1821 fünfmal das Rektorat der Universität[17] und war von 1813 bis 1821 Erster ordentlicher Bibliothekar der Universitätsbibliothek.[18]

1816, nach dem Rücktritt von Emanuel Merian (1732–1818) als Antistes der Basler Kirche, wandte sich Buxtorf an die Gemeinde, die zur Neubestellung des obersten Pfarrherrn angetreten war. Merian scheint ein Mann nach Buxtorfs Geschmack gewesen zu sein, der seine Ansichten durchwegs geteilt haben dürfte: «In jüngst abgeflossener Zeit aber haben Wir besonders Ursache, jene unendliche Güte zu preisen; da unsere Baselische Kirche unter einem ebenso würdigen als treuen Oberhaupte ein ganzes Menschenalter hindurch zur Seligkeit geleitet, unterrichtet und erbauet worden ist.»[19] Merian gehörte zur Riege der Basler Theologen von altem Schrott und Korn und trat allem, was im Geruch der Abweichung und Aufklärung stand, entschlossen entge-

16 Zitiert nach Wernle, Helvetik, Bd. 1, S. 206. Der Regierungsstatthalter hatte schon am 14. August 1798 bemängelt: «Die Auferziehung der Stadtjugend stand unter den Vorstehern der Universität, welche sich gleichsam durch einen Eid verbunden hatten, beim alten Schlendrian zu bleiben, und jede neue Idee über das Schulwesen als eine Ketzerei zu verdächtigen.» (ibd.)

17 Vgl. Jan Milič Lochman, JbFG 1983/84, S. 6.

18 Zu Buxtorfs Tätigkeit als Zensor vgl. Gustav Steiner (Hrsg.), Die Korrespondenz des Peter Ochs, Bd. 3, Basel 1937, S. 273, 290 und 301.

19 Ein Wort der Erinnerung bey Wiederbesetzung der obersten Pfarrstelle einer hochansehnlichen Münster-Gemeine, den 10. Sept. 1816 einer zahlreichen Versammlung an's Herz gelegt, und mit einem Gebet begleitet von Professor Buxtorf, Basel [1816], S. 4.

gen.[20] Sein Nachfolger solle, meint Buxtorf, «das Wort Gottes rein, lauter und unverfälscht lehren [...], mit unermüdeter Wachsamkeit darauf bedacht seyn [...], das Laster kräftig zu bestreiten, und die göttlichen Wahrheiten gegen die Feinde des ächten Christenthums muthvoll zu vertheidigen.»[21] Die ganze Angelegenheit wird in grosse geschichtstheologische Zusammenhänge gestellt: «Mächtig bewies sich auch von jeher deine Huld und Liebe gegen uns, o Herr! in unserm Lande, indem wir zu deinem Preis rühmen können, dass die Leuchte deines Evangeliums ihren wohlthätigen Schein noch immer helle unter uns verbreitet, und das Amt, das die Versöhnung predigt, allstets seinen glücklichen Fortgang gewinnt.»[22] Basel erfreut sich offensichtlich, und das klingt ganz pietistisch, einer besonderen Auserwählung Gottes; jedenfalls schreckt Buxtorf nicht davor zurück, vom «Baselischen Zion» zu reden.[23] Das politische Gemeinwesen wird nach alter Väter Sitte mit dem religiösen, das heisst mit der reformierten Kirche ganz selbstverständlich identifiziert. «Zwar, o gerechter Gott! verdiente unsre Trägheit, unsre Gleichgültigkeit und Lauigkeit in deinem Dienste, und in Beobachtung der heiligsten Pflichten gegen Dich, dass Du uns zur Strafe solche Lehrer zu Theil werden liessest, die da predigen nach ihrem verkehrten Sinn, und die einen andern Grund des Glaubens legen, als der ist, welcher in deinem Worte gelegt ist.»[24] Die aufklärerische Theologie geistert also nach wie vor als Schreckgespenst durch die frommen Basler Köpfer, so dass – vermutlich ganz im Sinne Buxtorfs – der als Historiker rührige Hieronymus Falkeysen (1758–1838) gewählt wurde, unter dem die Kirche endgültig drohte «zu einem Museum verstaubter Altertümer zu werden, das sich selber von der neuen Zeit ausschloss».[25]

1813 wurde die Theologische Fakultät der Basler Universität neu organisiert; im Gefolge davon stieg Buxtorf auf den Lehrstuhl für Altes Testament, den er bis zu seinem Rücktritt im Jahre 1829 behielt. Buxtorfs schriftstellerische Produktivität versiegte dabei gänzlich. Dass er den alten Grundsätzen treu geblieben war, beweisen seine zusammen mit dem Kollegen auf dem neutestamentlichen Lehrstuhl, Emanuel Merian (1765–1829), Antistes Falkeysen und Pfarrer Simon Emanuel La

20 «So zeigt ihn uns ein zeitgenössischer Stich in eng zugeknöpftem Rock, ängstlicher Haltung und sorgenvoller Miene, mit einer schlafmützenähnlichen Kopfbedeckung.» Fritz Buri, Vermächtnis der Väter. Die Vorsteher der Basler Kirche seit der Reformation, Basel 1963, S. 95.
21 Ein Wort der Erinnerung, S. 4.
22 A. a. O., S. 5.
23 A. a. O., S. 6.
24 Ibd.
25 Buri, Vermächtnis, S. 101f. Falkeysen war von 1820 bis zu seinem Tod Inspektor des Frey-Grynaeischen Instituts.

Roche (1786–1861)[26] 1821/22 erhobenen, schriftlichen Einwände gegen die Berufung von *Wilhelm Martin Leberecht De Wette*[27]: «es handelt sich hier nicht mehr um die Person des anzustellenden Mannes allein, sondern um nichts Geringeres als um die folgenreiche Entscheidung der Frage: ob Rationalismus oder Supranaturalismus bey uns herrschen sollen, oder mit andern Worten: ob die Vernunft als höchste Richterin in Glaubens-Sachen anzusehen oder ob die Bibel oberster Erkenntniss-Grund des Glaubens sey?»[28] Diesen Bemühungen um die Rechtgläubigkeit war kein Erfolg beschieden – De Wette kam und übernahm bald die Führung an der Fakultät, tatkräftig unterstützt von Karl Rudolf Hagenbach, für den Buxtorf und Merian «auch durch äusseres Costüm noch vollkommen eine abgestorbene Zeit repräsentirten».[29] Buxtorfs Festhalten am Althergebrachten hatte wenig Überlebenschancen. Seine Orthodoxie verzichtete denn auch mehr und mehr aufs «Vernünftige» und machte im Gegenzug Anleihen beim Pietismus. Den orthodoxen Bienenstock hatten bis zu Buxtorfs Tod am 29. März 1829 die meisten verlassen und sich entweder der theologischen Neuerung oder aber gänzlich dem pietistisch-frommen Basel zugewandt, das auf einen «vernünftigen» Unterbau meinte verzichten zu können.[30]

26 Diese drei Herren waren alle Inspektoren des Frey-Grynaeischen Instituts: La Roche wurde es allerdings erst 1838 als Nachfolger von Falkeysen (bis 1861), während Merian bereits 1820 gewählt worden war (bis 1829).

27 StAB Erziehung Y 8, Briefe vom 4. Oktober 1821 und vom 18. Januar 1822 an den Kleinen Rat. Diesen Eingaben, die einen guten Eindruck vermitteln, wie sich die Basler Orthodoxie ins 19. Jahrhundert hinübergerettet hat, liegen umfangreiche, als ketzerisch beanstandete Auszüge aus De Wettes Schriften bei.

28 Brief vom 18. Januar 1822 an den Kleinen Rat, abgedruckt in Ernst Staehelin, Dewettiana. Forschungen und Texte zu Wilhelm Martin Leberecht de Wettes Leben und Werk, Basel 1956, S. 111f.

29 Hagenbach, Lehrstühle, S. 57.

30 Buxtorf hinterliess zwei Nichten ein Erbe von knapp 17 000 Franken. Das Landgut Bruckfeld in Münchenstein wurde für 20 000 Franken veräussert, seine Bücher für 300 und «Wein vom Bruckfeld» für 852 [!] Franken. Dem Frey-Grynaeischen Institut schuldete Buxtorf rund 7 500 Franken (StAB, PA 603: Buxtorfs Erbinventar von 1837 [sic]).

Andreas Urs Sommer

Die Ambivalenz der «Vermittlung»: Karl Rudolf Hagenbach (1801–1874)

Karl Rudolf Hagenbach hat sein Leben in den Dienst der Vermittlung gestellt. Nicht nur in den der «Vermittlungstheologie», mit der sich sein Name verbindet – jener moderaten Richtung, die zwischen den theologischen radikalen Schülern Schleiermachers und Hegels sowie den herkömmlichen «positiven», «supranaturalistischen» Lehren einen Ausgleich suchte. Zunächst einmal ist Hagenbach neben seinem Förderer Wilhelm Martin Leberecht De Wette (1780–1849)[1] derjenige, welcher die noch gänzlich von der «vernünftigen» Orthodoxie beherrschte Theologische Fakultät der Basler Universität mit den modernen theologischen Strömungen vermittelt hat. Unsere Aufmerksamkeit wird sich im folgenden vor allem auf diese theologie- und geistesgeschichtlichen Aspekte konzentieren. Was Hagenbach seit den Vierzigerjahren des 19. Jahrhunderts auch als politischen Auftrag verstand, nämlich das Auseinanderbrechen der reformierten Landeskirche in eine «positive» und eine «freisinnige» Fraktion zu verhindern, entsprach seinem persönlichen und theologischen Streben, «Humanität», Weltbildung in weitestem Sinne, mit christlicher Frömmigkeit zu verbinden. Auch universitäts- und kantonalpolitisch war Hagenbach auf Ausgleich bedacht.

In Basel am 4. März 1801 geboren als erster Sohn von Karl Friedrich Hagenbach, «eines den französischen Aufklärungsideen huldigenden Arztes»[2], und von dessen Frau Dorothea, geborene Freiburger, der er nach eigenem Bekunden seine «sittliche *und* religiöse Jugenderzie-

1 Siehe zu De Wette – abgesehen von der neueren Forschungsliteratur – auch Karl Rudolf Hagenbach, Wilhelm Martin Leberecht de Wette. Eine akademische Gedächtnissrede mit Anmerkungen und Beilagen, Leipzig 1850.

2 Rudolf Stähelin, Karl Rudolf Hagenbach, in: RE^3, Bd. 7, S. 335–338, S. 336.

Abb. 25: Karl Rudolf Hagenbach. Ölgemälde in der Alten Aula der Universität an der Augustinergasse (Aufnahme: UBB).

hung» verdankte[3], besuchte Hagenbach in seiner Heimatstadt von 1808 bis 1813 die Pestalozzische Lehranstalt. 1815 bezog er die Basler Philosophische Fakultät, um als Magister Artium 1818 zur Theologie überzuwechseln. Dazu schreibt er rückblickend:

«Als ich mich dann späterhin aus eigener Wahl und Neigung zum *Studium der Theologie* entschloss, begriff ich es als meine heiligste *Lebensaufgabe, die ewigen Wahrheiten des Heils,* wie sie uns im Christenthum gegeben und in der heiligen Schrift niedergelegt sind, mit den *Anforderungen der Humanität* und einer freien, edlen, von menschlichen Vorurtheilen möglichst unabhängigen *Geistesbildung* in Einklang zu bringen.»[4]

3 Personalie von Karl Rud. Hagenbach, von ihm selbst verfasst, in: Erinnerung an Karl Rudolf Hagenbach, Prof. der Theologie in Basel, geboren den 4. März 1801, gestorben den 7. Juni 1874. Personalie, Leichenrede und Grabreden, gehalten am Begräbnisstage den 9. Juni 1874, [Basel 1874], S. 1.

4 A. a. O., S. 2f.

Angeregt wurde diese Absicht durch die Lektüre von *Johann Gottfried Herders* (1744–1803) Schriften. Nach zwei Jahren Theologiestudium in Basel setzte Hagenbach es zunächst in Bonn, namentlich bei Friedrich Lücke (1791–1855) und Johann Karl Ludwig Gieseler (1792–1854), dann in Berlin bei Friedrich Ernst Daniel Schleiermacher[5] (1768–1834) und August Neander (1789–1850) bis 1823 fort. Hagenbachs theologische Position zu dieser Zeit dokumentiert ein frühes, handschriftlich erhaltenes und bislang unpubliziertes *Glaubensbekenntniss:*[6]

«Glaubensbekenntniss eines Mitgliedes der unsichtbaren Kirche um das Jahr 1823 oder 1824[7]

der 1. Artikel. Ich glaube, dass es etwas Höheres gibt, als das Körperleben und das, was meine *Sinne* erfassen; ich glaube an ein Übersinnliches, an einen Gegensatz von *Fleisch* und *Geist.*

der 2. Artikel. Ich glaube dass das Bewusstsein dieses höheren Lebens jedem Menschen eingeboren sei und nothwendig zu seinem menschlichen Wesen gehöre und seine *Menschenwürde* ausmache.

der 3. Artikel. Ich glaube vermöge dieses mir eingebornen Bewusstseins an ein *höchstes intelligibles Wesen, unterschieden von der Welt* und *von mir selbst.* Dieses höchste Wesen nenne ich Gott.

der 4. Artikel. Wiewohl Gott seinem innern Wesen nach über alles erhaben und daher auch der an Zeit und Raum gebundnen Erkenntnisskraft des Menschen (dem Verstande) unerreichbar ist, so glaube ich doch, dass *seine Beziehung auf das geistige Wesen im Menschen* (seine Vernunft) ihm *fühlbar* und [u.] erkennbar sein soll, und die Art und Weise, wie der Mensch ein eigenes Bewusstsein auf dieses höchste Wesen bezieht, [...] nenne ich *Religion.*

der 5. Artikel. Ich glaube dass diese Beziehung des Menschen auf Gott oder das *religiöse Leben* von Anbeginn der Menschheit *geschichtlich sich gebildet und entwickelt hat von der Wiege des Menschengeschlechtes an.* Ich glaube an eine *geschichtliche Offenbarung.*

der 6. Artikel. Ich glaube dass der ganze geschichtliche religiöse Entwicklungsgang der Menschheit oder die geschichtliche Offenbarung nicht in offenbarem Widerspruch stehen kann mit der (Art. 4.) bezeichneten *inneren Offenbarung* der Vernunft; sondern ich glaube vielmehr, dass die letztere, als die von mir zunächst erfahrene und meinem Wesen zunächst liegende mir erst den Schlüssel zum Verständniss der *andern* gibt, und dass sie durch diese muss beurtheilt werden.

der 7. Artikel. Ich erkenne diesen geschichtliche Offenbarungsgang Gottes vornehmlich in der uns in der [uns in der] *Bibel* aufbewahrten Urkunde des Alten und Neuen Testaments /2/

5 Die Schleiermacher-Forschung hält Hagenbachs Vorlesungsnachschriften seit neuestem für wichtig und der Veröffentlichung würdig: Joachim Boekels, Schleiermacher als Kirchengeschichtler. Mit Edition der Nachschrift Karl Rudolf Hagenbachs von 1821/22, Berlin / New York 1994.

6 Leider ist über die Entstehungsumstände dieses Bekenntnisses, das noch in Berlin entstanden sein könnte, nichts bekannt. Möglicherweise wurde es für einen studentischen Kreis oder aber zur Bestimmung des eigenen Standpunktes für das kirchliche Examen in Basel verfasst.

7 «eines Mitgliedes der unsichtbaren Kirche um das Jahr 1823 oder 1824» ist von Hagenbachs Hand wohl einige Jahre oder Jahrzehnte später hinzugefügt worden.

der 8. Artikel. Ich glaube dass die Bibel in sofern uns sei ein *Wort Gottes*, als sie das religiöse Bewusstsein in uns weckt durch Lehre, Beispiel und Ermahnung; ich unterscheide aber den *Buchstaben* und *Geist*. Der letztere muss sich immer gleich sein, der erstere ist an Zeit und äussere Umstände gebunden. Ich verlange daher *eine vernünftige Auslegung der Bibel*, welche Zeit- und Volksvorstellungen trennt von den ewigen Gehalten, wie die Schale vom Kern.

der 9. Artikel. Ich glaube, dass die geschichtliche Offenbarung ihren höchsten Punkt erreicht hat in der Lehre *Jesu von Nazareth*, welcher das in jedem Menschen liegende Bewusstsein am reinsten *geoffenbart* hat. Weil das *Wort* oder die Offenbarung des göttlichen Lebens in ihm in ganzer Fülle gewohnt hat, so nennen wir ihn mit dem bildlichen Ausdruck das *fleischgewordene Wort Gottes* und weil er Gott als seinen Vater erkannt, geschaut und geliebt und ihn uns als solchen offenbart hat, vorzugsweise den *Sohn Gottes*.

der 10. Artikel. Ich glaube aber, dass weil Jesus zunächst unter seinem Volke erschienen und in seinen Begriffen erzogen worden, auch in *seiner* Sprache geredet hat, dass wir auch bei seinen Aussprüchen und bei denen seiner Schüler oder Apostel die zeitliche Hülle zu trennen haben von ihrem Gehalt, die Form vom Geist. Ich glaube aber, dass der *Geist des Christenthums ewig* sei und *unverbesserlich*.

der 11. Artikel. Ich glaube, dass jeder Mensch ursprünglich *unschuldig* geschaffen ist, wie uns die Natur eines jeden Kindes lehret, dass aber der Mensch *mit Freiheit* begabt ist und eben dieser Freiheit wegen in Irrthum und Sünde fällt, um daran seine geistliche und sittliche Kraft zu üben und zu stärken. [...]

der 12. Artikel. Ich glaube aber, dass dieser Zustand nur ein vorübergehender ist, vielmehr glaube ich, dass der Geist über der Fleisch, die Vernunft über die Sinnlichkeit, das Leben über den Tod siegen wird und ewig die Herrschaft besitzen wird. Ich glaube an eine Vergebung der Sünde, an *eine Erlösung von allem Übel*, und an ein ewiges Leben, und weil ich Jesu Christo die geistigen Güter verdanke, durch welche ich [ich] mich über das Endliche erhebe und [Lücke im Text] Nur so nenne ich ihn *meinen Erlöser.* /3/

Dieses ist mein Glaube, auf dem ich lebe und sterbe [oder strebe?]. Den 1., 2., 3., 4. und 12. Artikel, welche den allgemeinsten Glauben [zusammenfassen,] nenne ich fundamentale Artikel. Wer diese nicht glaubt, den nenne ich *ungläubig*. Die andren Artikel sind meine subjektive Überzeugung von historischen Thatsachen, worüber die Meinungen auch verschieden sein können, und wer an den obigen Artikeln festhält, über das Historische aber zweifelt, den halte ich nichtsdestoweniger für *mit* mir im *Glauben verbunden.* Wer aber das Historische zur Hauptsache macht, und auch den Buchstaben zum Wesen des Glaubens erhebt, jene obigen Artikel nur als Nebensache betrachtet, den halte ich für *Abergläubig* und wenn er andere darüber verdammt, für einen bedauerns-würdigen *Schwärmer*.

Jene obigen Artikel den Menschen auf alle Weise einzuschärfen, halte ich für meine heiligste Menschen- und Christenpflicht und für die Pflicht eines Religionslehrers ins besondere. Ich halte es auch für Pflicht besonders des letzteren, sich über das Historische seine Ansichten auszubilden und es so zu benützen, um das Hauptsächliche daran zu entwickeln. Ich halte es nicht für mit meinem Gewissen unverträglich, die religiösen *Ideen in der Sprache des Volks bildlich* auszudrücken, vielmehr halte ich diesen Weg für nothwendig. Nur dann wenn ich die Form zur *Hauptsache* mache, ohne das zu glauben, bin ich ein Heuchler! so lange ich sie als Nebensache gebrauche und durch die ganze Art und Weise, wie ich sie behandle, es auch beweise, dass es mir mehr um die Sache, als um die Form zu thun sei, so handle ich aufrichtig und der gehörigen Klugheit gemäss. Ein Anathema füge ich diesem Glaubensbekenntniss keines bei, als über die *Heuchler* wie schon geschrieben steht Matthäus 6.»[8]

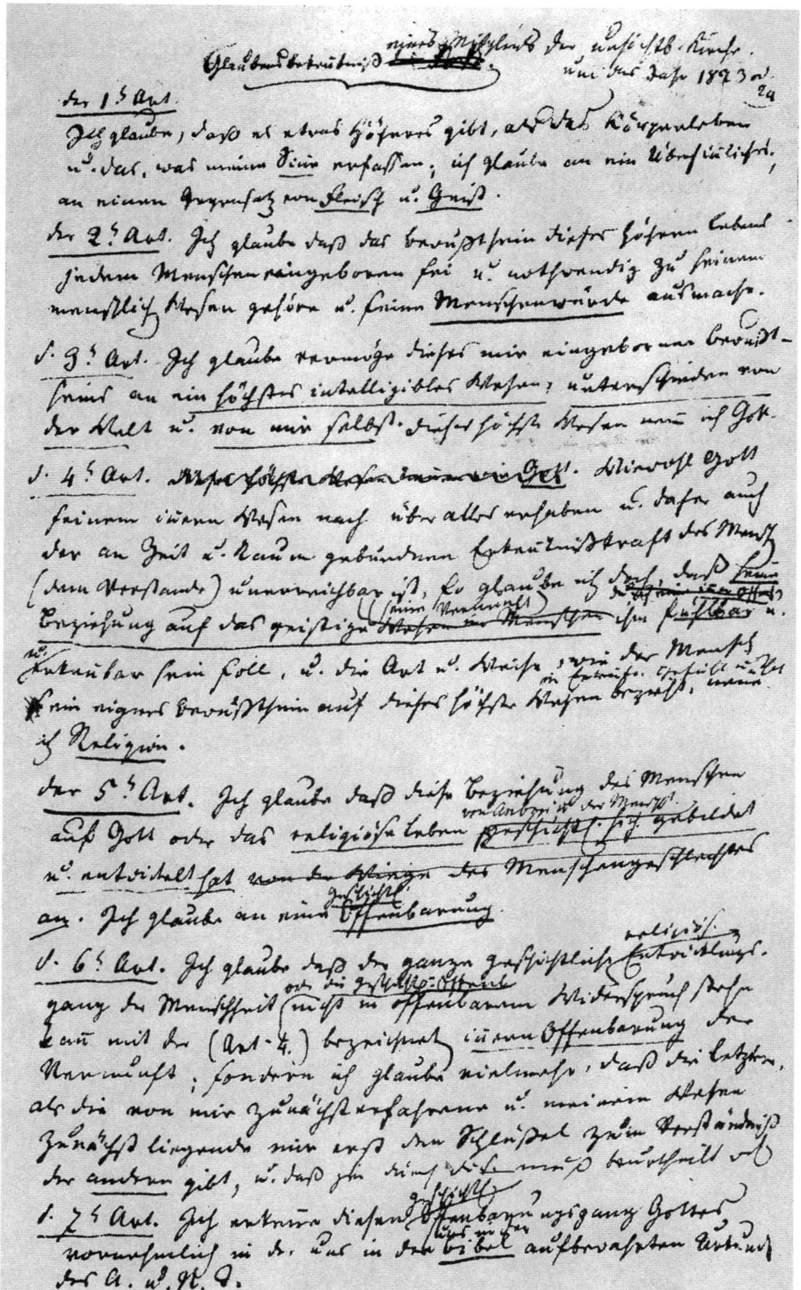

Abb. 26: «Glaubensbekenntniß eines Mitglieds des unsichtb. Kirche um das Jahr 1823 od. 24». Autograph Hagenbachs (StAB, PA 838 B 1a).

1823/1824 setzt die begriffliche Bestimmung des Glaubens mit einer Wendung ein, die sich auch bei deistischen Philosophen finden könnte: Jenseits des sinnlich Wahrnehmbaren gebe es «etwas Höheres». Als problematisch mag man den «Gegensatz von Fleisch und Geist» empfinden, der eine an Paulus angelehnte, von platonischem Dualismus angeregte, alte theologische Sprechweise reproduziert. Jedenfalls folgt aus dem Glauben, dass «etwas Höheres» existiere, nicht zwingend eine Entgegensetzung von «Fleisch und Geist». Im 2. Artikel werden dann schon weitreichende metaphysische Voraussetzungen gemacht – dass nämlich jedem Mensch ein «Bewusstsein dieses höheren Lebens» angeboren sein müsse, und dass dieses Bewusstsein seine eigentliche «Menschenwürde» ausmache. Der nächste Artikel identifiziert den Inhalt dieses «Bewusstseins» mit Gott, einem «höchste[n] intelligiblen Wesen», das weder mit der Welt noch mit dem seine Bewusstseinsinhalte untersuchenden «Ich» identisch sei. Gott ist also nicht nur eine Vorstellung, vielmehr hat die eingeborene Idee von der Existenz Gottes für Hagenbach eine reale Entsprechung in einem höchsten, Gott genannten geistigen Wesen. Nach Artikel 4 ist dieses Wesen der beschränkten menschlichen «Erkenntnisskraft», dem «Verstande» zwar «unerreichbar», trotzdem sei seine «Beziehung auf das geistige Wesen im Menschen (seiner Vernunft)» diesem Menschen «fühlbar und erkennbar». Gott liegt also nicht innerhalb der Reichweite menschlicher Erkenntnis, wohl aber kann der Mensch «sein eigenes Bewusstsein» auf das höchste geistige Wesen ausrichten, und diese Ausrichtung nennt Hagenbach «Religion».[9] An diese (selbst)bewusstseinstheologischen Gedankengänge, die einen angeborenen geistigen Gottesbezug annehmen, dennoch aber die prinzipielle Unerkennbarkeit Gottes gewahrt wissen wollen, schliesst sich eine längere Betrachtung über die «geschichtliche Offenbarung», die der Menschheit von ihren Anfängen an zuteil geworden sei. Diese geschichtliche Offenbarung decke sich mit der «inneren Offenbarung der Vernunft», was wie die angeborene Idee Gottes ebenfalls ein Postulat der neologischen deutschen Aufklärungstheologie gewesen ist. Namentlich in der Bibel sei uns diese geschichtliche Offenbarung über-

8 Ms. in Familienarchiv Hagenbach, StAB, PA 838 B 1 a. Die Abkürzungen wurden aufgelöst, unleserliche Stellen mit […] markiert.

9 Ähnlich noch Karl Rudolf Hagenbach, Leitfaden zum christlichen Religionsunterrichte an höheren Gymnasien und Bildungsanstalten, Leipzig[3] 1861, S. 1: «Die stätige und allseitige Beziehung unseres gesammten Wesens auf das Unendliche (näher auf Gott) nennen wir *Religion*».

liefert, wobei man ihr «eine vernünftige Auslegung» angedeihen lassen müsse, die scharf die historischen Zufälligkeiten, die «Zeit- und Volksvorstellungen» von den «ewigen Gehalten» unterscheide. Auch Jesus, in dem die «geschichtliche Offenbarung ihren höchsten Punkt erreicht», habe diesen ewigen Gehalten in der Sprache seines Volkes Ausdruck verliehen. Die Fleischwerdung Gottes in Christus und dessen Gottessohnschaft werden hingegen als bildliche Sprechweise qualifiziert. Von da schwenkt Hagenbachs Bekenntnis wiederum auf die Anthropologie über, wo er gegen die orthodoxe Erbsündenlehre ins Feld führt, «dass jeder Mensch ursprünglich unschuldig geschaffen» sei und erst durch den Gebrauch seiner «Freiheit» sündig werde.[10] Schliesslich tut Hagenbach im 12. Artikel seine Überzeugung kund, «dass der Geist über das Fleisch, die Vernunft über die Sinnlichkeit, das Leben über den Tod siegen» und eine «Erlösung von allem Übel» stattfinden werde. Interessant ist vor allem auch der Nachtrag, demzufolge nur die ersten vier und der zwölfte Artikel für den Glauben fundamental seien, wogegen alle Passagen, in denen es um die geschichtliche Offenbarung, insbesondere um den ins Licht der Aufklärung gestellten Inhalt des biblisch begründeten Christentums geht, als persönliche Ansicht und nicht als Lehrsätze charakterisiert werden. Ohne Zögern spricht Hagenbach also jene Deisten als Glaubensgeschwister an, die eine Selbstoffenbarung Gottes in der Geschichte und damit auch die besondere Dignität der Bibel leugnen. Vehment richtet er sich indes gegen jene, die das «Historische zur Hauptsache» machten, also die herkömmlichen christlichen Lehrsätze verabsolutierend zur Vorbedingung des Heiles erklärten. Die klassischen Loci der Dogmatik sind in Hagenbachs Bekenntnis stillschweigend eliminiert und durch eine mit dem subjektiven Gottesbewusstsein harmonierende, vernunftgemässe Bibelexgese ersetzt worden. Was nicht in deren Konzept passt, kann als «historisch» und kontingent verabschiedet werden. Die Metaphorik von «Schale» und «Kern», von Innen und Aussen ist ein Motiv, das sich auch durch die späteren theologischen Verlautbarungen Hagenbachs zieht: Die «geschichtliche Offenbarung» bleibt äusserlich, solange sich nicht der innere Mensch verwandelt. Nur nehmen Gewicht und Härte der Schale zum Schutz des Kerns im Laufe von Hagenbachs Theologisieren erheblich zu.

10 Die deutsche Aufklärungstheologie nahm im kirchlichen Dogmenbestand zuallererst Anstoss an der von Augustin herrührenden Erbsündenlehre, weil sie sie für unvereinbar hielt mit der sittlichen Freiheit des Menschen (siehe z.B. Karl Aner, Die Theologie der Lessingzeit, Halle 1929, S. 158 und passim).

Mit diesem Bekenntnis, das wir hier seiner – soll man sagen: für Basler Verhältnisse? – doch erstaunlichen Radikalität wegen ausführlich besprochen haben, lehnt sich Hagebach an die Schleiermachersche Theologie und auch an Neologie – die deutsche Aufklärungstheologie vor der «romantischen» Wende – an. Von dieser seit Ende des 18. Jahrhunderts aus der Mode gekommenen Strömung dürfte Hagenbach insbesondere während seiner Bonner Zeit nicht unberührt geblieben sein. Im Rückblick beschrieb Hagenbach seine damalige Situation und Intention: «Dein liebes Basel, das bisher nur den krassen Pietismus kannte, kann nicht so ohne weiteres zu Schleiermacherisch-DeWettischer Ideal-Theologie sublimiert werden; es muss erst, wie Deutschland, durch den Prozess des rationalismus vulgaris hindurch, der darf ihm nicht erspart werden; aber es muss ein milder, modifizierter Rationalismus sein [...]; ich kam hier wieder auf *Spalding, Marezoll, Herder, Tzschirner* und ähnliche Vorbilder zurück, denen ich jedoch wieder eine leise Tinktur von Schleiermacherschem Wesen zu geben suchte».[11]

1823 erreichte Hagenbach die Aufforderung De Wettes – der nach seiner politischen Kompromittierung in Preussen an der Basler Universität ein Asyl gefunden hatte –, sich in Basel zu habilitieren. Der junge Gelehrte kam diesem Wunsche nach, obwohl er nach eigenem Bekunden eigentlich bloss «einfacher Landpfarrer» hatte werden wollen.[12] Seine kurze Schrift, mit der er den Grad eines Lizentiaten der Theologie erwarb und durch die er zum Privatdozenten avancierte, handelt von der exegetischen Theorie des Origenes (185–254), von dessen Lehre des mehrfachen Schriftsinns.[13] Hagenbach begann unverzüglich mit einer vierstündigen kirchengeschichtlichen Lehrtätigkeit. In Basel hatte die Kirchengeschichte bis dahin ein Schattendasein gefristet, was De Wette bewog, Hagenbachs Berufung als Kirchenhistoriker anzustrengen. 1849 schreibt De Wette, Hagenbach habe 1823 «seine schon in der Probe-

11 Erinnerungen an Schleiermacher [1843/1844]. Aus der ungedruckten Autobiographie von Karl Rudolf Hagenbach hrsg. von Johannes Wendland, in: Die christliche Welt. Evangelisches Gemeindeblatt für Gebildete aller Stände, Jg. 26 (1912), Nr. 4, Sp. 74–78, Sp. 78.

12 Personalie, S. 5.

13 Observationes historico-hermeneuticae circa Origenis Adamantini methodum interpretandae Sacrae Scripturae quas pro gradu licentiati in theologia rite ae [sic] legitime consequendo publice defendet Carolus Rodolphus Hagenbach S.M.C. die XI. Novembris MDCCCXXIII. H.L.Q.C., Basileae [1823]. S. 37, Anm. i kommt Hagenbach auch auf die von Kant versuchte Rehabilitation des allegorischen Schriftsinns zu sprechen, bezieht also nicht nur die theologische Literatur in seine Betrachtung ein.

predigt glänzend hervortretende Kanzelredner-Gabe für die praktische Laufbahn [...] bestimm[t]; als ich ihm aber das Bedürfniss eines Kirchenhistorikers für unsere Facultät dringend vorstellte, entschloss er sich [...] diese Laufbahn zu wählen. Es gehörte beim Mangel aller sichern Aussicht (denn nach dem Gesetze war keine Stelle für dieses Fach vorhanden) Muth dazu, einen solchen Entschluss zu fassen und zu veranlassen».[14] Hagenbach seinerseits meinte in der Retrospektive: «Wie ich unreif zum Studium der Theologie gekommen bin, so bin ich auch unreif auf den *Lehrstuhl* gestiegen.»[15] Trotzdem wurde er schon im Sommersemester 1825 zum ausserordentlichen, nach dem Rücktritt von Johann Rudolf Buxtorf 1829 zum ordentlichen Professor befördert und gleichzeitig zum Doktor der Theologie honoris causa erhoben. Von der Ernennung Hagenbachs zum Ordinarius berichtet ein Brief, den der an der Basler Universität als Professor für französische Sprache und Literatur amtierende Theologe *Alexandre Vinet* (1797–1847) an Charles Monnard am 20. Februar 1829 schrieb:

> «C'est un jeune homme de beaucoup de savoir et d'esprit, mais néologue décidé. A mon avis, et humainement parlant, c'est une chose mal pensée que de donner pour pendant à un néologue un autre néologue. Hagenbach n'est que l'écho de De Wette; mais s'il y a des différences entre eux, elles sont toutes à l'avantage du dernier. En quoi ils se ressemblent, c'est dans la tendance négative de leur enseignement; ils démolissent à merveille; personne ne s'aperçoit qu'ils édifient. S'ils visent à la gloire, c'est encore un mauvais calcul; rien ne reste de ces démolitions de doctrines; l'humanité veut qu'on lui donne à croire».[16]

Vinet geht mit der modernen Theologie, die er umstandslos mit der Neologie des 18. Jahrhunderts identifiziert, hart ins Gericht, wenn er ihren beiden Basler Repräsentanten De Wette und Hagenbach vorwirft, bloss ein glänzendes historisch-kritisches Zerstörungswerk zu vollbringen und dabei positive, «erbauliche» Glaubensinhalte gänzlich unter den Tisch fallen zu lassen.

Auf solche Vorwürfe reagiert implizit die «akademische Rede», mit der Hagenbach sich für die Verleihung der Doktorwürde be-

14 Festrede De Wettes beim fünfundzwanzigjährigen Dozentenjubiläum der Professoren Karl Rudolf Hagenbach, Johann Jakob Stähelin und Friedrich Brömmel am 14. Februar 1849, zitiert nach Ernst Staehelin, Dewettiana. Forschungen und Texte zu Wilhelm Martin Leberecht de Wettes Leben und Werk, Basel 1956, S. 196.
15 Personalie, S. 5.
16 Zitiert nach Staehelin, Dewettiana, S. 146f.

dankte.[17] Darin verteidigt er den wissenschaftlichen Anspruch der Theologie, die sowohl von frommer, als auch von profanwissenschaftlicher Seite angezweifelt würde. Es sei keineswegs so, dass «zur Theologie nur die *Dürftigen,* in sinnlicher, wie in geistiger Bedeutung» taugten, man denke nur an Lessing, Herder und Schleiermacher.[18] Die Philosophie und die Geschichte stellten «die ehrwürdigen Grundpfeiler» dar, «auf denen die Theologie beruht», weil die Theologie zum einen «Sache des innern Bewusstseins», zum andern «Sache der äussern Gemeinschaft» sei.[19] Wenn man sich frage, welche der «vielen positiven Offenbarungen, die uns mit den gleichen Ansprüchen auf göttlichen Ursprung geboten werden, die wahre sei», dann komme man nicht darum herum, die Philosophie als jene Instanz zu bemühen, die die *«äussere* Offenbarung» «an dem *innern* Sinn, an welchen sie sich wendet», prüfe.[20] (Religions)philosophischem Apriorismus soll das «Gegengewicht des *Historischen»* begegnen, träten doch schon «die geschichtlichen Anfänge der Religion [...] als etwas über alle menschliche Erfindung Erhabenes» auf.[21] Es gehe in einer philosophisch-historisch ausgerüsteten Theologie um den Nachweis, «dass das Urbild des Göttlichen, [...] das ewige Gotteswort Fleisch geworden [sei] in einer bestimmten historischen Person», nämlich in Jesus Christus.[22] Im Anschluss an diese Fundamentierung der Theologie als Wissenschaft durch Philosophie und Historie erörtert Hagenbach die einzelnen theologischen Disziplinen in der Absicht, ihren wissenschaftlichen Charakter zu erhellen, wobei er es nicht unterlässt, «dem wissenschaftlichen Theologen» einen «grossartigen architektonischen Geist», einen «Feldherrenblick» anzuwünschen,

17 Karl Rudolf Hagenbach, Über den Begriff und die Bedeutung der Wissenschaftlichkeit im Gebiete der Theologie. Eine akademische Rede mit erläuternden Anmerkungen, Basel 1830. Es ist aufschlussreich, diese Rede mit der Antrittsvorlesung Franz Overbecks zu vergleichen, der als Kollege Hagenbachs 1870 nach Basel berufen wurde. Overbeck tritt darin für eine rein historische Betrachtung des Neuen Testamentes ein, die von allem direkten religiösen Nutzen absieht (Franz Overbeck, Über Entstehung und Recht einer rein historischen Betrachtung der Neutestamentlichen Schriften in der Theologie, Basel 1871). Zu Analogien und Differenzen dieser beiden Vorlesungen siehe Andreas Urs Sommer, Der Geist der Historie und das Ende des Christentums. Zur «Waffengenossenschaft» von Friedrich Nietzsche und Franz Overbeck, Berlin 1997, S. 30, Anm. 24. Vgl. auch Thomas K. Kuhns Interpretation von Hagenbachs Rede in seinem Beitrag *«Dem Nebellande müssigen Grübelns ferngeblieben»* (im vorliegenden Band).
18 Hagenbach, Über den Begriff, S. 6.
19 A. a. O., S. 9f.
20 A. a. O., S. 11.
21 A. a. O., S. 12.
22 A. a. O., S. 13.

mit dem er «das Kleine wie das Grosse überschaut».[23] Die Argumentation zielt, wie schon im frühen Bekenntnis, auf den Nachweis, «dass die sich selbst verstehende Vernunft und die wohlverstandene Offenbarung des Christenthums sich keineswegs widersprechen».[24] Seit dem frühen 18. Jahrhundert stand dieses Harmoniestreben vor der Frage, wieviel von den traditionellen Offenbarungsinhalten der orthodoxen Dogmatik der Vernunft zum Opfer zu bringen seien. So sehr Hagenbach zum einen ganz in der Art des moralischen Rationalismus Jesus als «Beispiel», als «unerreichtes Ideal» hinstellt[25], so wenig qualifiziert er zum andern wie vor sechs oder sieben Jahren im *Bekenntniss* die Fleischwerdung Gottes als bloss bildliche Redeweise. Der Versuch, aufgeklärte Humanität mit christlicher Religiosität zu verschmelzen, wird ganz im Trend der Zeit mit einer geschichtsphilosophischen Option angereichert, durch die Christus eine singuläre weltgeschichtliche Rolle zugewiesen bekommt.[26] Geschichte und Philosophie werden vermittelt – und zwar kraft der Theologie, die damit auch ihre traditionell privilegierte Stellung in der Wissenschaftshierarchie noch einmal wahren kann. Die Synthese von Geschichte und Philosophie erlaubt es Hagenbach, den Heilswahrheiten des Christentums einen neuen Sinn abzugewinnen, der über ihre neologische Reduktion auf Moralität hinausweist. Ausgeführt werden diese geschichtsphilosophischen Andeutungen in der «akademischen Rede» freilich nicht. Eine Hinwendung zum «Positiven» ist bei alledem unverkennbar[27], was Vinets Vorwurf der Destruktivität schliesslich ins Leere laufen lässt. Diese Hinwendung begreift Hagenbach aber nicht als einfaches Wiederaufwärmen der orthodoxen Lehrsätze, sondern als interpretierende Adaption der Theologie an neuzeitliche wissenschaftliche und philosophische Erkenntnisse.[28]

23 A. a. O., S. 18.
24 A. a. O., S. 25.
25 A. a. O., S. 28.
26 Hagenbach hatte in Berlin auch Hegels geschichtsphilosophische Vorlesungen besucht.
27 Vgl. a. a. O., S. 14.
28 Bei Antritt seines Ordinariats musste Hagenbach den vorgedruckten Antikonventikel-«Revers» unterschreiben, mit dem er versprach, «die Reinheit in der Lehre der protestantischen Kirchen zu erhalten, jeder Art von Trennung so viel möglich vorzubeugen, und zu diesem Ende jede Verbindung mit abgesonderten und unter fremder Leitung stehenden religiösen Gesellschaften meiden, ihren Versammlungen nicht beywohnen, und [...] keine andere als die reine, unverfälschte evangelische Lehre von der Menschen Seligkeit nach Art und Weise, wie solche in H. Schrift Alten und Neuen Testaments enthalten, und aus derselben in unsere Basler-Confession gezogen und dargestellt ist, vortragen und lehren wolle» (StAB, Erziehung Y6).

Nach seiner Ernennung zum Ordinarius heiratete 1829 Hagenbach Rosina Geigy (1810–1855). Aus dieser Ehe gingen zwischen 1831 und 1847 fünf Söhne hervor. Hagenbach lebte mit seiner Familie übrigens in «gutbürgerlichen» Verhältnissen: Nach einer Vermögensaufstellung bei seinem Tod hinterliess er seinen drei überlebenden Söhnen rund 400 000 Franken in Wertpapieren.[29] Das *Jahresgehalt* eines Professors betrug damals 3000 bis 5000 Franken.[30]

Nach Buxtorfs Tod übernahm Hagenbach 1831 das Lektorat des Frey-Grynaeums; er siedelte ins Institutsgebäude am Oberen Heuberg über. Die Schätze der Frey-Grynaeums-Bibliothek dienten ihm als Materialfundus für seine Vorlesungen, die er bald auch in Buchform herausgab. Hagenbachs kirchen- und dogmengeschichtlichen Werke wurden vor allem als Studienbücher vielfach rezipiert und übersetzt.[31] «Es ist nicht sowohl die Neuheit und Fruchtbarkeit der wissenschaftlichen Ergebnisse oder Gesichtspunkte, als die Gabe einer übersichtlichen, orientierenden und zugleich anziehenden Verarbeitung und vor allem der lebendige Zusammenhang, in welchem, wie in seinem Leben, so auch in seinen Arbeiten Theologie und Leben, Wissenschaft und Praxis, Geschichte und Gegenwart zu einander gestellt sind und welchem er auch durch eine edle, abgerundete und anschauliche Darstellung Ausdruck zu geben verstand.»[32] Namentlich Hagenbachs *Encyklopädie und Methodologie der theologischen Wissenschaften* von 1833[33] erfreute sich grosser Beliebtheit, bevor sie 1908 von Paul Wernles *Einführung in das theologische Studium* abgelöst wurde. Das Frey-Grynaeische Institut scheint für enzyklopädische Kompendien ein fruchtbarer Boden gewesen zu sein, was sich nach Frey[34], Beck, Hagenbach und Wernle auch bei Ernst Staehelin zeigt. Das Anliegen, Theologie nicht in Innerlichkeit oder aber in charitativer Umtriebigkeit und ein paar frommen Losungen erstarren zu lassen, lässt sich bei ihnen allen und besonders eben bei Hagenbach spüren.

29 StAB, PA 838 B 102.
30 Overbeck wurde beispielsweise 1870 mit einem Salär von 3000 Franken nach Basel berufen, vgl. Curt Paul Janz, Die Berufung Franz Overbecks an die Universität Basel 1870, in: Basler Zeitschrift für Geschichte und Altertumskunde, Bd. 92 (1992), S. 139–165, S. 157.
31 Vgl. das Literaturverzeichnis im Anhang. Hagenbachs Kirchengeschichte ist sogar ins Chinesische übersetzt worden (vorhanden in: UBB, Signatur F w 241).
32 Stähelin, Karl Rudolf Hagenbach, S. 337.
33 Vgl. auch Thomas K. Kuhn, Der junge Alois Emanuel Biedermann. Lebensweg und theologische Entwicklung bis zur «Freien Theologie» 1819–1844, Tübingen 1997, S. 130–132 und Kuhns Hagenbach-Aufsatz im vorliegenden Band.
34 Vgl. zu Freys *Meletemata* als einer «Art von theologischer Encyklopädie» Hagenbach, Schule, S. 44f. und den Frey-Artikel im vorliegenden Band.

Als Redakteur des *Kirchenblattes für die reformierte Schweiz* (von 1845 an), als Mitinitiator und Präsident christlicher Vereinigungen (namentlich der «Protestantisch-Kirchlichen Hilfsvereine der Schweiz») übte Hagenbach auf das kirchliche Leben einen prägenden Einfluss aus. Seine «profanpolitischen» Aktivitäten dokumentiert die Rektoratsrede von 1832, in der sich die Teilungswirren von Stadt und Landschaft Basel spiegeln. Hagenbach war als Nachfolger des amtsentsetzten Philosophen *Ignaz Paul Vital Troxler* (1780–1866) im Jahre 1831 zum Rektor bestellt worden. In seiner Rede pocht Hagenbach auf das Existenzrecht der Universität, das von mehreren Seiten in Frage gestellt würde. Wissenschaft und Universität seien keineswegs Hindernisse auf dem Weg des Fortschrittes, wie sie in den Augen der grassierenden «Rohheit und Halbbildung, Oberflächlichkeit, Anmasslichkeit» erschienen.[35]

«Eine ähnliche Wehmuth muss hier jeden Freund der Aufklärung und der Wissenschaft befallen, wie sie einst den grossen Reformator Deutschlands befiel, als er durch des Geistes und des Wortes Kraft die Gebäude des Irrwahns und der Menschengewalt zerstört zu haben glaubte, und jetzt der Arm des Fleisches sich mächtig erhob, der Bildersturm wüthete, der Bauernkrieg mit dessen vandalischem Gefolge die Gauen Deutschlands überschwemmte, und ringsumher Flammen des Aufruhrs die Völker in Schrecken setzten. Oder ist es nicht dasselbe Münzersche Unwesen, das jetzt unter dem missbrauchten Namen der Volkssouveränität aller Volksbildung und Volkserziehung vielleicht auf halbe, ja, wer weiss? auf ganze Jahrhunderte störend in den Weg tritt, indem statt alles *für* das Volk, nun alles *durch* das Volk geschehen soll?»[36]

Der Vergleich der gegenwärtigen Ereignisse mit den Bauernkriegen und die vollständige Rechtfertigung von Luthers heute sehr ins Zwielicht geratener Haltung den Bauern und Thomas Münzer gegenüber, könnten dazu verleiten, Hagenbach ganz in die Ecke der Reaktion und Restauration zu stellen. Dessen Hauptintention ist ja auch in den reformationsgeschichtlichen Vorlesungen von 1833/34 der Nachweis, «dass die Revolution nicht ein Kind der Reformation» sei.[37] Hagenbach führt

35 Karl Rudolf Hagenbach, Rectoratsrede gehalten den 13. September 1832, Basel 1832, S. 5.

36 A. a. O., S. 6.

37 Karl Rudolf Hagenbach, Vorlesungen über Wesen und Geschichte der Reformation in Deutschland und der Schweiz mit stäter Beziehung auf die Richtungen unserer Zeit, Theil 2, Leipzig 1834, S. 114. Zur Zeitkritik in Hagenbachs Vorlesungen vgl. Kurt Guggisberg, Karl Rudolf Hagenbachs Darstellung und Deutung der Reformation, in: Max Geiger (Hrsg.), Gottesreich und Menschenreich. Ernst Staehelin zum 80. Geburtstag, Basel / Stuttgart 1969, S. 467–494, S. 474 und passim.

dort mit dem unvermeidlichen Rekurs auf Römer 13 ferner aus, alle Obrigkeit rühre von Gott her, und redet offen einer paternalistischen Regierungsform das Wort: «es soll das Verhältniss, welches die Bürger mit ihrer Regierung verbindet, ein gewisses *Pietäts*verhältniss sein».[38] Dennoch aber verschliesst er sich nicht notwendigen politischen Reformen, wie es andere Angehörige der städtischen Oberschicht taten. In der Rektoratsrede unterstreicht er die «sittliche *Aristokratie der Bildung*»[39], die es zu erhalten gelte und die nicht auf Privilegien der Geburt gründe. Er belässt es nicht bei unverbindlichen Formeln, sondern unternimmt es eingehend, Wissenschaft und Universität als unentbehrlich für die allgemeine Aufklärung zu erweisen. So sehr Hagenbach sein Interesse am Erhalt der bestehenden Verhältnisse bekundet, so wenig ist er doch der moderaten Reform auf politischen, kirchlichen und wissenschaftlichem Felde abgeneigt – solange die Reform nur nicht in Revolution ausartet.

Hagenbachs Vermittlungsvermögen schlägt sich ebenfalls in seinen sehr zahlreichen Gedichten nieder.[40] Die zweibändigen Ausgabe von 1863 bringt im ersten Band einen fast zweihundert Seiten umfassenden Balladenzyklus «Luther und seine Zeit», über deren Quellenbasis Anmerkungen am Schluss orientieren: Die Gedichte verfolgen durchaus eine belehrende Absicht; das Postulat der allgemeinen Aufklärung soll kein unerfüllbares Wunschdenken bleiben. Aus Hagenbachs lyrischem Schaffen haben zwei geistliche Lieder ihren Weg ins reformierte Kirchengesangbuch der Schweiz gefunden, die freilich weder die Bandbreite von Hagenbachs Theologie, noch seiner literarischen Betätigung erschöpfen. Die erste Strophe von Lied 291, geschrieben 1846, lautet: «Stillehalten deinem Walten, stillehalten deiner Zucht, deiner Liebe stillehalten, die von je mein Heil gesucht: ja, das will ich, wie's auch geh, wie's auch tu dem Herzen weh.»[41] Der Quietismus, den man aus diesen Zeilen heraushören kann, ist für Hagenbach und seinen dezidierten Aktivismus eher untypisch.[42] Hagenbach beschränkte sich zu-

38 Hagenbach, Vorlesungen über Wesen und Geschichte der Reformation, Theil 2, S. 128.

39 Hagenbach, Rectoratsrede, S. 7.

40 Vgl. dazu die Einschätzung von Hagenbachs theologischem Gesinnungsgenossen, Georg Finsler, Zur Erinnerung an Karl Rudolf Hagenbach. Doktor und Professor der Theologie in Basel. Separatdruck aus dem «Volksblatt für die reformirte Schweiz», Zürich 1874, S. 5f. Vgl. ferner Gustav Adolf Wanner, Der Dichter Karl R. Hagenbach wohnte am Obern Heuberg, in: Basler Zeitung, Nr. 302, 24. Dezember 1980, S. 21 und Ernst Staehelin, JbFG 1962, S. 5–8.

41 Gesangbuch der Evangelisch-reformierten Kirchen der deutschsprachigen Schweiz, Winterthur 1975, S. 592f.

42 Das zweite Lied Hagenbachs im Kirchengesangbuch, Nr. 339, S. 693–695, ebenfalls von 1846, klingt da schon anders.

dem keineswegs auf religiöse Lyrik: Sein eigenes Selbstverständnis als Historiker artikuliert er in einem «Die schweizerischen Geschichtsforscher (1843)» betitelten, zwanzigstrophigen Gedicht:

«Meint ihr, im Schoose der Archive
Da kröche nur der Bücherwurm
Als ob nicht da der Riese schliefe
Gebannt im alten Zauberthurm.

Den gilt's mit klugem Wort zu wecken
Aus seinem langen schweren Traum,
Dass vor dem Recken mög' erschrecken
Der aufgeblas'ne Flaum und Schaum.

Dass dem Gewaltigen sich beuge
Das niederträchtige Geschlecht,
Wenn er ersteht als alter Zeuge
Von alter Treu und altem Recht.
[...]
Des Schönen wollen *wir* uns freuen,
Des Guten aus der alten Zeit,
Nicht weil es alt, nein! weil's dem Neuen
Den Grund zum weitern Bau verleiht.»[43]

Das Gedicht hatte mit einer patriotischen Hymne auf die Schönheit der Schweiz begonnen, in der die Naturforscher reichliches Material fänden. Die Historiker, in den Rechtfertigungsnotstand gedrängt, betrieben, so Hagenbachs Exposition, das Studium der Vergangenheit nicht um seiner selbst willen. Vielmehr liessen sich aus der Geschichte Normen für das Handeln in der Gegenwart gewinnen: *historia magistra vitae*. Aber die geschichtsphilosophische Reflexion reicht weiter: Die Weltgeschichte ist auch das Weltgericht. Der «Riese» der Wahrheit wird von den Historikern aus dem Schlummer gerissen und zum Richter über das «niederträchtige Geschlecht» bestellt. Wer will, kann darin bewährte konservative Argumentationsmuster oder aber eine radikalaufklärerische Option erkennen, je nachdem, wie die geschichtliche Wahrheit dann konkret instrumentalisiert wird. Interessanter ist, gerade für Hagenbachs Selbstverständnis, die letzte Strophe, die die Historie in unmittelbare Nähe zur Poesie rückt. Ganz im Geiste der Romantik werden Wahrheit und Poesie analogisiert:

«Ihr aber dringet vor zu Klarheit
Und zu des Wissens Harmonie:
Es lebe der *Geschichte Wahrheit,*
Und der *Geschichte Poesie!*»[44]

43 Karl Rudolf Hagenbach, Gedichte, Bd. 2, Basel[2] 1863, S. 52f.
44 A. a. O., S. 54.

Von der Wahrheit der Poesie ist namentlich in Hagenbachs biedermeierlich gestimmter Naturlyrik die Rede, während seine *Gedichte in der Mundart* einen burschikoseren Ton anschlagen.[45]

Hagenbachs Entwicklung im weiten Rahmen der sogenannten «Vermittlungstheologie» wird augenfällig, wenn man sich sein 1850 niedergeschriebenes *Glaubensbekenntniss in nuce* anschaut, das aus dem Nachlass veröffentlicht worden ist. Da Hagenbach es in den folgenden Jahrzehnten bis zu seinem Tod mehrfach ausdrücklich bestätigt hat, darf es als wichtiges Zeugnis für die religiöse Selbstverortung in seinen letzten 20 Lebensjahre gelten. Es liest sich, in scharfem Kontrast zum neologisch geprägten Credo von 1823/24, beinah so, als ob es die beste orthodoxe Abkunft hätte. Die Glaubenspraxis erhält ein neues Gewicht, und die 1823/24 von skeptischer Zurückhaltung gekennzeichnete Diktion wird apodiktischer. Der erste Artikel bekennt Gott als ewigen und allmächtigen Schöpfer, der alles mit weiser und gütiger Vorsehung lenke, auch das individuelle Leben des Bekennenden. Dieser *«fasse daher zu ihm ein kindliches Vertrauen»*.[46] Im zweiten Artikel tritt Jesus Christus – «der in *menschlicher Weise* des *Vaters Ebenbild* darstellt und mit vollkommenem Gottesbewusstsein erfüllt sich *Eins* mit dem Vater gewusst hat» – nicht nur als «*Lehrer* der Menschheit», sondern auch als «Mittler, «Heiland» und «Erlöser» in Erscheinung: Er habe die Menschheit «aus der Macht des Irrthums, der Sünde und des Todes erlöst», «befreit» und «seine Gemeinde durch *sein Blut* erkauft».[47] Der dritte Artikel formuliert den Glauben, «dass der Mensch (nach seinem Wesen, ohne Zusammenhang mit Christus) nicht im Stande ist, die Gemeinschaft mit Gott wieder herzustellen, die durch das Bewusstsein der Sünde getrübt ist», und dass zur Erlösung die «Erneuerung im Geiste» als «Werk der *göttlichen Gnade* und der *menschlichen Freiheit* zugleich» stattfinden müsse.[48] Von der Kirche handelt der 4. Artikel, der eine sichtbare Gemeinschaft der Gläubigen und eine «wahre Kirche Christi» unterscheidet, letztere als «eine ideale, noch nicht vollkommen in die Sichtbarkeit getretene, aber nach dem Gesetze geschichtlicher Ent-

45 Siehe zu letzteren Hans Trümpy, K. R. Hagenbach bei J. G. Radlof, in: Festschrift für Paul Zinsli, hrsg. von Maria Bindschedler u.a., Bern 1971, S. 211–227. Hagenbach war übrigens mit Gotthelf befreundet, siehe im vorliegenden Band den Beitrag von Ulrich Knellwolf.

46 Ein Vermächtniss Hagenbachs. Separatabdruck aus dem «Volksblatt für die reformirte Schweiz», Bern 1874, S. 4. Das Motiv des Kinderglaubens kehrt beim späteren Hagenbach häufig wieder, vgl. z. B. Karl Rudolf Hagenbach, Über Glauben und Unglauben. Zwei Vorlesungen, gehalten vor einem gemischten Publikum. Separat-Abdruck aus dem Volksblatt, Bern 1872, S. 16.

47 Ein Vermächtniss Hagenbachs, S. 4f.

48 A. a. O., S. 5.

wicklung sich zur Vollkommenheit heranbildende». Das Sakramentsverständnis im 5. Artikel ist, gut zwinglianisch, ein symbolisches: Durch Taufe und Abendmahl werde «uns die Gnade Gottes in Christo zugesichert und versiegelt».[49] Der 6. Artikel bekundet die Überzeugung, «dass meine Seele zur Unsterblichkeit geschaffen ist», aber auch, dass das «*ewige* Leben […] diesseits beginnen» muss, «um sich jenseits zu *vollenden*».[50] Im 7. und letzten Artikel wird schliesslich die «einstige *Vollendung* aller Dinge» in Aussicht gestellt. Im Nachtrag heisst es: «Dieses alles *glaube* ich: glaube es fest und *unzweifelhaft; glaube es, wie ich an mein eigenes Dasein glaube.*» Mit Wissen sei Glauben aber nicht identisch. Die Bibel müsse die «Norm» dieses Glaubens sein, nicht jedoch ein «*Lehrbuch,* aus dem ein System des *Wissens* könnte gezogen werden. Das ist ein Hauptirrthum unserer Orthodoxen». Dem Apostolischen, dem Augsburger und dem Helvetischen Bekenntnis sei der Bekennende «*von Herzen zugethan*»[51], halte aber «die Lehrbestimmungen (über Trinität, Person Christi, Sakramente, Eschatologie u.s.w.) für scholastische Zuthat […], *die fallen muss*, wenn man einmal mit dem **Glauben** Ernst machen will.»[52]

Diese Rekapitulation lässt erkennen, wie schmal der Pfad ist, den Hagenbachs Vermittlungstheologie beschreitet. Einiges hängt an der Unterscheidung von Wissen und Glauben. Wenn das Christentum eine Sache ausschliesslich des Glaubens ist, wird es schwer, seine intersubjektive Gültigkeit noch ernstlich einzufordern. Als subjektives Fürwahrhalten und individuelle Praxis ist der Glaube trotz aller Gemeinschaft in der sichtbaren und der unsichtbaren Kirche auf dem Rückzug in die reine Innerlichkeit begriffen. War 1823/24 das «Bewusstsein dieses höheren Lebens jedem Menschen eingeboren» (Artikel 2), ist der «Glaube» nun nicht mehr «Jedermanns Ding».[53] Als Überzeugung kann man diesen Glauben kaum einem andern Menschen als *notwendig* begreifbar machen, es ihm allenfalls noch ansinnen, denselben Glauben anzunehmen. Mit der Verabschiedung der orthodoxen Ansprüche auf gesichertes Heilswissen fallen die zwingenden Gründe weg, auf bestimmte Art zu glauben. Solche Gründe soll es – soweit ist Hagenbach nach wie vor der Aufklärung verpflichtet – auch nicht geben; Glaubens- und Gewissenszwang soll nicht ausgeübt werden.

Die einzelnen Abschnitte des Bekenntnisses machen indes unübersehbare Anleihen bei der theologischen Tradition, so sehr Hagenbach

49 Ibd.
50 A. a. O., S. 6.
51 Ibd.
52 A. a. O., S. 6f.
53 A. a. O., S. 7.

bemüht ist, an den heiklen Stellen Formulierungen zu verwenden, die niemanden brüskieren. Von Erbsünde wird nicht mehr explizit gesprochen, dennoch aber sei des Menschen Sinn dermassen von «Sünde getrübt», dass er nicht aus eigenem Antrieb zu Gott finden könne. Die Spekulationen über Christi Natur werden als angemasstes Wissen zwar ausdrücklich zurückgewiesen, dennoch evoziert Hagenbach all jene Topoi der Christologie und Soteriologie, die zum festen dogmatischen Bestand gehören. Was soll es denn beispielsweise noch heissen, Christus habe «seine Gemeinde durch *sein Blut* erkauft», wenn man das Heilswerk Gottes nicht mehr in redemptions- oder satisfaktionstheologischen Kategorien beschreiben will? Solche Fragen würde Hagenbach mit dem Argument von sich weisen, sie seien genau Ausdruck jenes falschen Wissensdurstes, der in der Sphäre des Glaubens nichts zu suchen habe. Aber weshalb soll man denn – in «kindlichem Vertrauen» – glauben, was sich rational nicht (mehr) nachvollziehen lässt? Nur weil man seit altersher so glaubt? Hagenbach begibt sich auf abschüssiges Gelände, wenn er zum einen die dogmatischen Loci als dem Wissen unzugänglich darstellt, sie aber zum andern, mit bezeichnenden Unschärfen, als Glaubenswahrheiten dennoch verkündet, ohne sich etwa zu fragen, wie sie überhaupt zu Glaubenswahrheiten geworden sind. Da hatte 1823/24 die Akkomodationstheorie gute Dienste geleistet. Was, ausser der Ehrfucht vor Tradition und der Bindung an kirchliche Gemeinschaft oder individuelle «Erweckung», kann einen 1850 oder 1870 dazu motivieren, sich zu den um ihren rationalen Gehalt gebrachten Glaubenssätze zu bekennen? Die Frage erhebt sich, inwiefern eine solche vermittelnde Position für die religiöse Praxis tauge.

Gleichwohl sind im *Bekenntniss in nuce* – ausser der Forderung, man müsse Wissen und Glauben unterscheiden – Anleihen bei liberalem Gedankengut nicht zu übersehen. Auffällig ist schon am Anfang die deutliche Schleiermacher-Allusion, der Gläubige «fühle» sich «nach Leib und Seele von ihm [sc. Gott] *abhängig*».[54] Es kann dahingestellt bleiben, ob der 7. Artikel, der offensichtlich eine «heterodoxe» Lehre der Ἀποκατάστασις πάντων favorisiert – der Wiederbringung aller Dinge, also auch der Verdammten und des Teufels am Ende der Zeiten – auf Hagenbachs frühe Beschäftigung mit Origenes zurückgeht – der diese Doktrin prominent vertreten hatte –, oder auf dem Hintergrund von Schleiermacher und Alexander Schweizer (1808–1888) zu inter-

54 A. a. O., S. 4.

pretieren ist, die mit ihr geliebäugelt hatten.[55] Ein anderes, interessantes Indiz für die Rezeption «moderner Ideen» ist am Ende von Artikel 4 die bereits zitierte Bemerkung, dass die unsichtbare Kirche noch nicht ganz sichtbar geworden sei, aber «nach dem Gesetze geschichtlicher Entwicklung sich zur Vollkommenheit» entwickle. Es liegt, unter der Prämisse der schroffen Scheidung von Glauben und Wissen nahe, zu fragen, was denn nun das «Gesetz geschichtlicher Entwicklung» – ein wenigstens dem Anspruche nach aus dem Bereich des Wissens stammendes Ding, im Glaubensbekenntnis verloren habe. Diese Beobachtung lenkt die Aufmerksamkeit darauf, dass hier ein modernes geschichtsphilosophisches Postulat, das sich seit Hegel grösster Beliebtheit erfreute, zu einer religiösen Überzeugung mutiert. Noch unterstrichen wird dies durch einen Zusatz von 1868 zum *Glaubensbekenntniss in nuce*: Es heisst dort, «alles Historische ist doch nur die in der Zeit sich entwickelnde und mit der Zeit hervortretende Entwicklung (Evolution) des *einen* grossen Heilsgedankens».[56] Ohne hinter dem Wort «Evolution» gleich eine theologische Adaption des Darwinismus vermuten zu müssen, ist die Funktionalisierung der Weltgeschichte für die Heilsgeschichte bezeichnend in einer Epoche des geschichtsphilosophischen Optimismus, mit dem sich Hagenbachs Theologie übrigens auch von der pietistischen unterscheidet. Unversehens werden Maximen des wissenschaftlichen Selbstverständnisses in den Bereich des Glaubens importiert – diese Verzahnung von Wissen und Glauben liegt wohl auf der Linie des Vermittlungsgedankens.

Das theologische Selbstverständnis, das im *Bekenntniss in nuce* zu Wort kommt, ist wesentlich konservativer gefärbt als es die Verlautbarungen von 1823/24 gewesen sind. Trotzdem kann dies nicht heissen, dass Hagenbach sich auf die Seite des «Supranaturalismus» geschlagen hätte. An der Freiheit der wissenschaftlichen Forschung und namentlich an der historisch-kritischen Methode hielt Hagenbach zeitlebens fest; das unterscheidet sein Theologisieren denn auch prinzipiell von den biblizistischen oder neoorthodoxen Bestrebungen seiner Zeit. Die Frage wäre, wie sich auf historisch-kritischer Grundlage die im *Bekenntniss* aufgezählten christlichen Hauptlehren noch begründen lassen. Das, was sich «Vermittlungstheologie» nennt, ist von eigentümlicher Ambivalenz.

55 Vgl. dazu Ernst Staehelin, Die Wiederbringung aller Dinge. Rektoratsrede, gehalten an der Jahresfeier der Universität Basel am 18. November 1960, Basel 1960 und die diesbezüglichen Ausführungen von Martin Anton Schmidt im Staehelin-Porträt des vorliegenden Bandes. Wie Hagenbach befürwortet Staehelin diese Apokatastasis-Lehre.

56 Ein Vermächtniss Hagenbachs, S. 8.

Hagenbach, der 1873 unter allgemeiner Anteilnahme sein fünfzigjähriges Dozentenjubiläum feiern konnte, starb am 7. Juni 1874.[57] An Finsler hatte er im April desselben Jahres geschrieben: «Ich bin [...] seit dem Februar nicht eigentlich krank gewesen, aber auch nie recht gesund, ein Mittelzustand, wie die Gegner der Vermittlungstheologie nur allzu geneigt sind, den Vertretern derselben auch in geistlicher Hinsicht anzudichten.»[58] Dies aber muss nicht das Schlusswort sein in Sachen Vermittlungstheologie.

57 Der damals als Philologieprofessor in Basel tätige Friedrich Nietzsche schreibt seinem Freund Erwin Rohde am 14. Juni 1874 lakonisch: «Unser alter Hagenbach ist gestorben.» (F. N., Sämtliche Briefe. Kritische Studienausgabe, hrsg. von Giorgio Colli und Mazzino Montinari, Bd. 4, München 1986, S. 237. Im Register der Briefausgabe wird Karl Rudolf Hagenbach allerdings mit dem Philologen Friedrich Hagenbach [1840–1913] verwechselt...). Nietzsches «Kirchengeschichtliches Responsorium», ein Chorlied, Overbeck zum Geburtstag dediziert, hatte Hagenbach 1871 aufs Korn genommen: «Chor fauler, sich rekelnder theologischer Studenten: O! A! Kirchengeschichte hör ich nicht bei Overbeck, / sondern bei dem alten quatschigen Hagenbach. Hagenbach weiss uns zu taxieren, / als Studenten, die um Amt und Brot und Weib studieren. // (Choraliter): Wer nur den lieben Gott lässt walten / und den alten Hagenbach, Der wird sich wunderbar erhalten, / trotz allem Prüfungsungemach. // Hier fällt der ‹Chor entrüsteter Zuschauer ironice› ein: Nämlich wunderbar ungeschlacht, dumm und keck, / ohne nur ein einz'ges Fünckchen vom Geiste unsres Overbeck, / noch von seinen andern liebenswürdigen Eigenschaften.» (Zitiert nach Curt Paul Janz, Friedrich Nietzsche. Biographie, Bd. 1, München / Wien ^{2} 1993, S. 420.) Jacob Burckhardt gedenkt in seinem Lebensabriss Hagenbach als theologischem Lehrer hingegen dankbar (vgl. z. B. Otto Markwart, Jacob Burckhardt. Persönlichkeit und Jugendjahre, Basel 1920, S. 206f.). Er hatte, wie aus Hagenbachs Jahresberichten von 1837 und 1838/39 hervorgeht, an den im Frey-Grynaeum veranstalteten Übungen über die Homilien des Johannes Chrysostomos (als «der *einzige* Basilieensis, der diessmal die so wohlthätige Stiftung benützt») und, zusammen mit Alois Emanuel Biedermann, über die *Institutio* Calvins teilgenommen. Hagenbachs Bericht für 1852/54 vermerkt, Burckhardt habe dem Institut ein Exemplar seines Werkes über *Die Zeit Constantins* im Dezember 1852 geschenkt (FG Mscr. X 12 [UBB]). Dieser gewidmete Band ist im Frey-Grynaeum erhalten.

58 Zitiert nach Finsler, Zur Erinnerung, S. 15.

Rudolf Smend

Traditionsbewusste Erneuerung der alttestamentlichen Wissenschaft: Emil Kautzsch (1841–1910)

In den siebziger Jahren des 19. Jahrhunderts lehrten in Basel sowohl an der Universität als auch am Pädagogium zwei aus Sachsen stammende Professoren, beide übrigens Pfarrerssöhne, deren geographische Herkunft schon der Zischlaut in ihren Familiennamen anzeigt. Dem einen, Friedrich Nietzsche, war ein Nachruhm beschieden, der nun schon ein Jahrhundert andauert, von dem anderen, Emil Kautzsch, weiss kaum noch jemand viel zu sagen. Dabei dürfte er in jenen Basler Jahren in der Universität, deren Rektor er 1878/79 war, und auch in der Stadt, die ihn 1875 zum Ehrenbürger machte – zu schweigen davon, dass er seit 1873 dem Kirchenrat des Kantons Basel-Stadt angehörte –, unmittelbar eine erheblich grössere Rolle gespielt haben als sein später so viel berühmterer Kollege. Im Gegensatz zu Nietzsche war er eine im Grunde problemlose Natur, anpassungsfähig, mit jedermann auf gutem Fuss, stets zur Mitarbeit bereit und Mitarbeiter sammelnd. Er fiel nicht aus dem Rahmen, hielt sich an das Anerkannte und Erprobte, liess bei Neuem anderen den Vortritt. Gewann er den Eindruck, dass sie recht hatten, schloss er sich ihnen an, freilich ohne hinter sich alle Brücken abzubrechen. Er war kein bahnbrechender Forscher, dafür aber auf mehreren Ebenen der geborene Vermittler. Seine Studenten, seine Kollegen, aber auch die Institutionen, denen er diente, und nicht zuletzt die Mitglieder seiner grossen Familie wussten, was sie an ihm hatten. Allerdings gab es auch Leute, denen seine Wendigkeit und ein auch in seinen Schriften gelegentlich durchbrechender geistlich-salbungsvoller Stil auf die Nerven gingen. «Dieses Pfäfflein» hiess er bei Franz Overbeck nach einem

Jahrzehnt kollegialen Umgangs[1], und Julius Wellhausen fand ihn «unausstehlich», nannte ihn aber im gleichen Atemzug den «ollen ehrlichen Kautzsch»[2]; ein Falsch fand er also nicht an ihm.

Emil Friedrich Kautzsch wurde am 4. September 1841 in Plauen im Voigtland geboren.[3] Der Vater, damals Lehrer, später Pfarrer, hiess Karl Friedrich, die Mutter Amanda Amalie. Der junge Emil absolvierte die Schule mit Glanz und liess sich 1859 in Leipzig für Theologie und orientalische Sprachen immatrikulieren, offenbar schon mit dem Ziel, Professor für Altes Testament zu werden. Folgerichtig wählte er seine beiden Lehrer: den Alttestamentler Friedrich Tuch, einen besonders an geographischen Fragen interessierten Geseniusschüler, und den Orientalisten Heinrich Leberecht Fleischer, der «die arabische Philologie als eine streng formale und exakte Disziplin in Deutschland heimisch» gemacht hat.[4] Weniger als vier Jahre nach dem Beginn des Studiums schloss er es 1863 mit dem ersten theologischen Examen und der Promotion zum Dr. phil. ab, 1865 folgte das zweite theologische Examen, 1868 aufgrund der Dissertation *De veteris testamenti locis a Paulo apostolo allegatis* die Promotion zum Lic. theol., 1869 die Habilitation für alttestamentliche Exegese, 1871 die Ernennung zum ausserordentlichen Professor. Seinen Unterhalt verdiente er seit 1863 als Lehrer, seit 1866 als Oberlehrer am Leipziger Nikolaigymnasium. So konnte er 1866 auch die Ehe mit Helene Michaelis schliessen; von den acht Kindern machte sich der älteste Sohn Rudolf als Kunsthistoriker einen Namen.

Die Leipziger Übergangssituation beendete 1872 ein Ruf an die Universität Basel auf den Lehrstuhl von Hermann Schultz, der nach Heidelberg abgegangen war, um von dort schon bald nach Göttingen weiterzuziehen. Kautzsch, «bis dahin über die Grenzen seiner sächsischen Heimat nicht hinausgekommen»[5], lebte sich in Basel schnell ein und machte dort in Universität, Stadt und Kirche die Karriere, von deren

1 Brief an Erwin Rohde, 20. 4. 1882 (Franz Overbeck / Erwin Rohde, Briefwechsel, hrsg. und kommentiert von Andreas Patzer. Mit einer Einführung von Uvo Hölscher, Berlin / New York 1990, S. 60f.).

2 Brief an Adolf Jülicher, 19. 7. 1894 (Universitätsbibliothek Marburg, Nachlass Jülicher).

3 Das Biographische im Folgenden meist nach Ferdinand Kattenbuschs Nachruf in den Theologische Studien und Kritiken 1910, S. 627–642 und Hermann Guthe, Emil Kautzsch, in: RE[3], Bd. 23, S. 747–752; vgl. auch schon Guthes Nachruf in den Mitteilungen und Nachrichten des Deutschen Palästina-Vereins, Bd. 33 (1910), S. 33–39.

4 Johann Fück, Die arabischen Studien in Europa vom 12. bis in den Anfang des 19. Jahrhunderts, in: Richard Hartmann / Helmuth Scheel (Hrsg.), Beiträge zur Arabistik, Semitistik und Islamwissenschaft, Leipzig 1944, S. 85–253, hier S. 250.

5 Guthe, Mitteilungen, S. 34.

Abb. 27: Emil Kautzsch. Photographie um 1880 (Aufnahme: UBB).

äusseren Stationen schon die Rede war. 1874 als Nachfolger Karl Rudolf Hagenbachs zum Lektor des Frey-Grynaeischen Instituts gewählt, bewohnte er mit seiner schnell wachsenden Familie «das alte heimelige Haus» am Heuberg und hatte es bald «so lieb gewonnen», dass es 1875 für ihn der Hauptgrund war, einen Ruf nach Heidelberg abzulehnen.[6]

Die mit seiner ebenso flüssigen wie akkuraten Handschrift geschriebenen jährlichen Berichte an die «Hochgeehrten Herren Inspectoren» zeigen, wie ernst er seine Pflichten gegenüber dem Gebäude, der Bibliothek und den Studenten nahm. Seine dortigen Lehrveranstaltungen

6 Bericht über die Verwaltung des Frey-Grynäischen Instituts September 1874 bis September 1875 gegen Anfang (UBB, FG Mscr. X 12).

betrafen naturgemäss vorwiegend das eigene Fach. Er scheint die Studenten kräftig zum Arbeiten gebracht zu haben. Die Teilnehmer an den hebräischen Übungen hatten unvokalisierte Texte zu lesen und Übersetzungen aus dem Deutschen ins Hebräische anzufertigen, in den biblisch-exegetischen Veranstaltungen musste jeder eine eigene Arbeit schreiben und die eines anderen schriftlich rezensieren; Kautzsch besprach dann die Arbeiten und die Rezensionen im Kreis aller Teilnehmer. Eine Spezialität waren die «Examinatorien», die er am Samstagmorgen hielt und in denen er auch über das Alte Testament hinausgriff – in Verbindung mit einer bis an sein Lebensende besonders gern vorgetragenen «Enzyklopädie der Theologie», bei der er sich auf Hagenbachs in einigen Auflagen von ihm selbst herausgegebenes Buch stützte. Auch über die Lehrveranstaltungen hinaus war seine Maxime: «Für einen Studenten habe ich stets Zeit.»[7] Er liebte es, «offene Abende» zu veranstalten, an denen er gern und gut Klavier spielte und denen gewiss auch zugute kam, dass er gleich in seinem ersten Jahr den Mieter eines kleinen Gärtchens hinter dem Haus, einen Brauer, dazu bewegen konnte, über den alten Mietzins hinaus «halbjährig ein Fässchen Bier in natura an den Lector zu zinsen».[8]

Der Lektor des Frey-Grynäums war und ist auch zu einem gewissen Minimum an literarischer Produktion verpflichtet. Kautzsch begann, für ihn bezeichnend, mit einer Gemeinschaftsarbeit, die er sich mit seinem arabistischen Kollegen Albert Socin teilte. Ihr Gegenstand hatte damals geradezu Sensation gemacht. 1868 war im Ostjordanland eine der bis heute wichtigsten ausserisraelitischen Quellen zur biblischen Geschichte entdeckt worden, die Inschrift des Königs Mesa von Moab. Seit 1872 tauchten daraufhin unversehens massenhaft Tontafeln mit Figuren und Inschriften auf, die grossenteils auf Fürsprache des Hallenser Alttestamentlers Konstantin Schlottmann vom Berliner Königlichen Museum aufgekauft wurden. Schon bald regten sich aber Zweifel an ihrer Echtheit, und in den Streit darum griffen Kautzsch und Socin mit ihrem Buch *Die Aechtheit der moabitischen Alterthümer geprüft*[9] ein. Sie teilten sich die Arbeit so, dass Socin die «äussere Beglaubigung» der angeblichen Funde besprach, also die Angaben über die Umstände ihrer Auffindung, Kautzsch dagegen die «inneren Gründe», d.h. die religionsgeschichtlichen, paläographischen und archäologischen Voraussetzungen. Um einen unmittelbaren Eindruck zu gewinnen, reiste er im

7 Ernst Kappeler, Conrad von Orelli. Sein Leben und Wirken, Zürich 1916, S. 345.
8 Bericht 1874/75 unter Nr. 3 (vgl. Anm. 6).
9 Strassburg und London 1876.

Sommer 1875 nach Berlin.[10] Das Fazit formulierte er sehr vorsichtig dahin, «dass die moabitischen Thonwaaren, wie die Dinge jetzt liegen, hinsichtlich ihrer äusseren und inneren Beglaubigung noch ein ungelöstes Räthsel sind!»[11] In Wahrheit hatten er und Socin durch ihre überaus sorgfältige Behandlung der genannten Gesichtspunkte «alle urteilsfähigen Männer für die Unechtheit gewonnen».[12] Nur der unglückliche Schlottmann blieb bei seiner Meinung.[13]

Die bei dieser Gelegenheit gezeigte philologische Kompetenz bewährte Kautzsch auch bei dem Werk, das ihn in Basel die meiste Zeit gekostet haben dürfte und das ihn bis in sein letztes Lebensjahr beschäftigte: der Neubearbeitung von Wilhelm Gesenius' *Hebräischer Grammatik* von der 22. (Leipzig 1878) bis zur 28. Auflage (1909), nachdem seit Gesenius' Tod (1842) zunächst Emil Rödiger (gestorben 1874) das Werk betreut hatte. Um eine gänzliche Neugestaltung handelte es sich, abgesehen von der Syntax seit der 25. Auflage (1889), nicht, sondern um ein sorgfältiges Durchprüfen aller Einzelheiten und ihre Ergänzung oder Ersetzung durch das, was Sprachwissenschaft und Exegese jeweils neu erbracht hatten. Der Umfang des Buches wuchs dabei gewaltig: 1878 betrug er 370, 1909 606 Seiten. Für den Schulgebrauch – bei Gesenius hatte es den ersten Teil eines *Hebräischen Elementarbuchs* gebildet! – war es damit immer weniger geeignet, und so veranstaltete Kautzsch erstmals 1896 eine «Kleine Ausgabe» für den studentischen Gebrauch; schon seit 1881 war die Grammatik von einem *Übungsbuch* begleitet (6. Auflage 1908). Der «Gesenius-Kautzsch», abgekürzt GK, ist bis heute die meistzitierte hebräische Grammatik, zumindest in deutscher Sprache, geblieben, obwohl oder auch weil Kautzsch sich beharrlich dem Wunsch verweigerte, ihn zu einer «historischen Grammatik» umzugestalten. Er buchte sorgfältig, was ihm an Einzelheiten in dieser Richtung einleuchtete, ging aber aufs ganze gesehen davon aus, dass die «historischen Verschiedenheiten durch die ausgleichende Tätigkeit der Masora zum allergrössten Teile verwischt» sind.[14] Ich zweifle, ob ihn die Texte aus der Kairoer Geniza und aus Qumran gänzlich anderen Sinnes gemacht hätten. Ein Kritiker der Grammatik machte ihrem Verfasser den Vorwurf, «dass er entweder in seinen Zusätzen und Abänderungen, soweit sie wenigstens von irgend welcher Bedeutung sind, meist auf

10 A. a. O., S. 161.
11 A. a. O., S. 191.
12 Mark Lidzbarski, Handbuch der nordsemitischen Epigraphik, Weimar 1898, Bd. 1, S. 105.
13 Vgl. seinen Artikel «Moab» im Handwörterbuch des Biblischen Altertums, Bielefeld und Leipzig 1884, Bd. 2, S. 1004–1009, hier 1009.
14 28. Auflage, S. IVf.

einen beliebigen, neueren Forscher sich stützt, und bei seiner Autorität sei es mit sei es ohne Argumente, die diese verwendet, beruhigt, wobei er öfter die von dem Autor geltend gemachte Argumentation nicht völlig übersieht, oder dass er einfach über Jemandes Ansicht referirt, ohne sich um die Consequenzen derselben zu kümmern». Er gebe «nicht immer, wie das doch bei dem alten Gesenius der Fall war, einen klaren und bestimmten Ton an», und so werde das Buch immer mehr «eine Bibliographie zum Aussuchen für den Leser».[15] Aber das muss ja bei einem Werk dieser Art nicht nur ein Nachteil sein, und jedenfalls ist es seiner Benutzbarkeit zugute gekommen.

Dass Kautzsch nicht nur eine fremde Grammatik bearbeiten, sondern auch eine eigene schreiben konnte, bewies er bald in seiner *Grammatik des Biblisch-Aramäischen mit einer kritischen Erörterung der aramäischen Wörter im Neuen Testament* (Leipzig 1884). Der berufenste Rezensent, Theodor Nöldeke, rühmte «die Genauigkeit und die Vollständigkeit, womit der Sprachstoff dargelegt wird», wollte allerdings «oft gern etwas mehr Kürze sehn und mit Vergnügen die Erwähnung ganz haltloser Ansichten vermissen».[16] Die sachliche Bedeutung des Buches liegt darin, dass es «als erste Grammatik auf diesem Gebiete die von Nöldeke geschaffene Kenntnis des Aramäischen in gewisser Weise an das Biblisch-Aramäische herantrug». Freilich fand Nöldeke gerade in dieser Hinsicht noch zu wenig getan, und so verfolgte seine Rezension vor allem das Ziel, «dem nicht geringen Rest einer noch etwas zu stark auf das Hebräische und den «Gesenius [...] gewendeten Blickrichtung bei Kautzsch den Garaus zu machen und im Aramäischen des AT eine bis in fast alle Einzelheiten hinein aramäische Sprache sehen zu lehren».[17] In der Syntax erklärte sich Nöldeke dagegen, «dass Kautzsch die für die arabische Grammatik passende Scheidung der Nominal- und Verbalsätze in aller Schärfe, wie [sc. in der Neubearbeitung des Gesenius[18]] in die hebräische, so auch in die aramäische Grammatik einführen will. Wir sollen doch den wirklichen Sprachgebrauch beobachten, nicht ihm unsre Theorien aufzwingen!»[19]

Später hat Kautzsch noch einmal eine Monographie über das Aramäische in der Bibel geschrieben, diesmal über den Einfluss, den das

15 F. Philippi, Rezension der 26. Auflage, Theologische Literaturzeitung, Jg. 22 (1897), Sp. 38-41, hier Sp. 40.

16 Göttingische gelehrte Anzeigen 1884, S. 1014–1023, hier S. 1014.

17 Franz Rosenthal, Die aramaistische Forschung seit Th. Nöldeke's Veröffentlichungen [1939], Neudruck Leiden 1964, S. 47.

18 Vgl. dort in der 22.–24. Aufl. § 144a und später die Modifikation in der Anm. zu § 140,4.

19 Nöldeke, a. a. O. (vgl. Anm. 16), S. 1021.

Aramäische auf den Wortschatz des alttestamentlichen Hebräisch gehabt hat.[20] Dieses Problem ist seit Gesenius sehr verschieden angefasst worden, was damit zusammenhängt, dass leicht text- und literarkritische Urteile hineinspielen und die Gefahr von Zirkelschlüssen mit sich bringen. Auch hier hat Nöldeke eine Rezension geschrieben[21], die, so sehr sie auf diese Gefahr hinwies und auch sonst Kritik äusserte, doch bestätigte, dass Kautzsch auf Jahrzehnte hinaus die massgebende Monographie über den schwierigen Gegenstand geliefert hatte.[22] Leider ist der geplante zweite Band, der der Grammatik gelten sollte, nicht mehr zustandegekommen.

Zurück nach Basel! 1875 starb Johann Jakob Stähelin, der ein halbes Jahrhundert lang redlich das Alte Testament gelehrt und nicht nur eigene Forschung betrieben, sondern, wohlhabend wie er war, auch Arbeiten anderer finanziell unterstützt hatte. Aus seinem Nachlass erhielt Kautzsch ein Legat, das ihn bereits im Frühjahr 1876 zu einer Reise nach Palästina instandsetzte. Er fuhr zusammen mit einigen anderen Baslern, darunter seinem Fachkollegen Conrad von Orelli, und hatte unvergessliche Eindrücke, die er von der letzten Station aus, Damaskus, dem befreundeten Historiker Wilhelm Vischer in einem langen Brief plastisch schilderte.[23] Noch wichtiger als die unmittelbaren Eindrücke waren forschungspolitische Überlegungen, die sich Kautzsch aufdrängten. Die Palästinawissenschaft wurde, soweit es sich um reine Philologie handelte, ganz überwiegend von Franzosen, Engländern und Amerikanern betrieben, denen dafür gut dotierte Organisationen zur Verfügung standen; den deutschen und deutschschweizerischen Forschungsreisenden, die es ja gab, fehlte ein vergleichbarer Rückhalt. Durch die Reichsgründung von 1870/71 sah Kautzsch die Voraussetzung geschaffen, diese Situation zu ändern. So ging er gern auf die Anregung des um die Palästinawissenschaft auch sonst verdienten Basler Gymnasialrektors Carl Ferdinand Zimmermann ein, über die mögliche Gründung eines deutschen Vereins zur Erforschung Palästinas zu beraten. Beide Herren trafen sich im Sommer 1876 in Basel mit dem inzwischen nach Tübingen übergesiedelten Albert Socin und gewannen anschliessend eine Reihe weiterer Persönlichkeiten für den Plan. Am 27. und 28. Sep-

20 Die Aramaismen im Alten Testament, I. Lexikalischer Teil, Halle 1902.

21 Zeitschrift der Deutschen Morgenländischen Gesellschaft, Bd. 57 (1903), S. 412–420.

22 Vgl. Rosenthal, Die aramaistische Forschung, S. 41f. und seither vor allem Max Wagner, Die lexikalischen und grammatikalischen Aramaismen im alttestamentlichen Hebräisch, Berlin 1966.

23 Brief vom 9. 4. 1876 (StAB, Familienarchiv Vischer, Sign. PA 511, 619-16-05). Danach in mehreren Fortsetzungen in der Schw.-Ztg. abgedruckt.

tember 1877 konstituierte sich in Wiesbaden der Verein und beschloss die von Kautzsch entworfenen Statuten. Die drei Initiatoren bildeten mit zwei weiteren Herren den geschäftsführenden Ausschuss. Solange Kautzsch lebte, sind seine Rührigkeit und sein Geschick dem Verein sehr nützlich gewesen. Zu einem eigentlichen Landeskundler ist er, obwohl besonders mit Fragen der Epigraphik weiter beschäftigt, nicht mehr geworden; aber er hat noch wiederholt, zuletzt 1904, aus Orientreisen für seine exegetische Arbeit Gewinn gezogen. Der Verein hat alle Wirrnisse hier und dort leidlich unbeschädigt durchgestanden; er arbeitet, nun schon tief im zweiten Jahrhundert seines Bestehens, unter sehr gewandelten Verhältnissen mit gleichgebliebener, eher noch verstärkter Intensität.[24]

Für die Gewinnung wissenschaftlicher Erkenntnis unternahm Kautzsch auch kürzere Reisen. Wir hörten schon, dass er 1875 nach Berlin fuhr, um dort sein Misstrauen gegen die angeblichen moabitischen Altertümer bestätigt zu finden. Drei Jahre später erfolgte etwas, das mindestens ebenso sehr sein Misstrauen erregte, und es handelte sich um einen noch erheblich wichtigeren Gegenstand: Julius Wellhausen in Greifswald veröffentlichte 1878 den ersten Band einer *Geschichte Israels* und kehrte darin die bisher angenommene Reihenfolge der Pentateuchquellen um, woraus sich eine völlig veränderte Vorstellung vom alten Israel ergab. Man erzählte sich später, Kautzsch sei sogleich nach Greifswald gefahren, «um mit dem Verfasser [...] mündlich zu konferieren: er kam als überzeugter Wellhausenianer zurück. Einige Wochen hatten genügt, um ihn auf einen seinem früheren völlig entgegengesetzten Standpunkt hinüberzuführen.»[25] Dafür, dass diese Reise wirklich stattgefunden hat, habe ich keinen sicheren Anhaltspunkt; Kautzschs schnelle Bekehrung aber steht ausser Zweifel. Wellhausens Buch kam Ende September oder Anfang Oktober 1878 heraus, und schon im Januar 1879 druckte die Theologische Literaturzeitung eine ausführliche Rezension, in der Kautzsch «statt mit einer Kritik, lieber mit einem Geständniss» aufwartete, dem Geständnis, ihm sei «Schritt für Schritt [...] trotz seiner, anfänglich fast widerwilligen Skepsis von dem Verf. das Zugeständniss abgerungen worden, dass hier nicht mehr Hypothese gegen Hypothese steht, sondern dass die Alternative vielmehr so lautet, ob man Thatsachen, an denen es nichts abzuhandeln

24 Zu den Anfängen vgl. Emil Kautzsch, Vorwort, in: Zeitschrift des Deutschen Palaestina-Vereins, Bd. 1 (1878), S. 1–6, zu den Voraussetzungen in Palästina Alex Carmel, Palästina im 19. Jahrhundert – zur Vorgeschichte der Gründung des Deutschen Palästina-Vereins, ebd., Bd. 95 (1979), S. 1–6.

25 So H. J. Bestmann, Julius Wellhausen, in: Der Alte Glaube. Evangelisch-Lutherisches Gemeindeblatt, 13. Jg. (1911/12), Sp. 244–249, hier Sp. 245.

giebt, einfach anerkennen oder fernerhin absichtlich leugnen will»; «das Gesammtbild, das der Verf. auf Grund dieser Thatsachen von dem Verlauf der Geschichte Israels entworfen hat, trägt in einem Grade den Stempel der Wahrheit an der Stirn, dass kein Streit um das Detail mehr im Stande sein wird, die Grundzüge dieses Bildes zu verwischen. Ref. täuscht sich keinen Augenblick über die Tragweite dieses Zugeständnisses. Mit Seufzen muss er es jetzt tagtäglich erfahren, dass die veränderte Anschauung von den Quellen zugleich den Umsturz einer tiefeingewurzelten biblisch-theologischen Construction des Quelleninhalts zur Folge hat. Umsomehr darf ihm der Leser glauben, dass nicht die *rerum novarum cupido*, sondern der unwiderstehliche Zwang einer neugewonnenen Überzeugung zu so radicalem Umlernen antreibt. Ref. zweifelt nicht, dass ein gründliches Studium auch bei zahlreichen anderen Lesern dieselbe Wirkung haben wird.»[26] Mit dieser Erwartung ging Kautzsch nicht fehl. Wohl mit Recht ist auch vermutet worden, seine Rezension habe zum schnellen Erfolg Wellhausens beigetragen. Wenn ein so konservativer und so vorsichtiger Mann wie Kautzsch eine so schnelle und scheinbar so vollständige Kehrtwendung vollzog, musste das Eindruck machen und andere ermutigen, es ihm gleichzutun. Auf einem anderen Blatt steht die Frage, ob die Wendung bei ihm selbst wirklich so vollständig war. Nach seinem Tode befand Hermann Gunkel, seinerseits zweifellos ein *vir rerum novarum cupidus*, Kautzsch habe trotz allem, was er bei Wellhausen gelernt habe, «im letzten Grunde stets zu der Wellhausen vorausgehenden Richtung gehört», und er belegte das mit Beispielen im Grossen und im Kleinen, wo Kautzsch aus Wellhausens Analysen eben doch nicht die Konsequenzen zog, sondern bei den Altleipzigern Tuch und Delitzsch stehenblieb.[27]

Kautzsch war gern in Basel, aber als er 1879 in die Nachfolge des verstorbenen Ludwig Diestel nach Tübingen berufen wurde, sagte er nicht nein. Die Nötigung, in Basel ausser in der Universität auch im Pädagogium zu unterrichten (Religion und Hebräisch in der obersten Klasse), der grössere Wirkungskreis in Tübingen und der Umstand, dass Freund Socin dorthin vorangegangen war, legten den Wechsel nahe, und in den acht Tübinger Jahren von 1880 bis 1888 scheint er sich nicht weniger am richtigen Platz gefühlt zu haben als in den acht Basler Jahren zuvor. Er hatte viele Studenten und war als vierter Frühprediger an der Stiftskirche – in Basel hatte er sporadisch in St. Theodor gepredigt – auch unter den Bürgern der Stadt bekannt. Doch allzu lange hielt ihn auch Tübin-

26 Theologische Literaturzeitung, Jg. 4 (1879), Sp. 25–30, hier Sp. 29.
27 Hermann Gunkel, Kautzschs Biblische Theologie des Alten Testaments, Deutsche Literaturzeitung, Jg. 33 (1912), Sp. 1093–1101, Zitat Sp. 1101.

gen nicht. Nach dem Tod der beiden Hallenser Konstantin Schlottmann (1887) und Eduard Riehm (1888) lockte das heimatliche Sachsen. Das Angebot, den damals einzigen ordentlichen Lehrstuhl seines Fachs in Halle zu übernehmen, nahm er an, und in den nächsten beiden Jahrzehnten war er einer der erfolgreichsten Lehrer in dieser grossen Fakultät, in der er Männer wie Martin Kähler, Friedrich Loofs und Ferdinand Kattenbusch zu Kollegen hatte. Die Rolle, die er dort spielte, bestimmte ihn, sogar die Nachfolge von Franz Delitzsch in Leipzig (1890) und die von August Dillmann in Berlin (1894) auszuschlagen.

In die Hallenser Zeit gehört das Werk, das nach allgemeinem Urteil seine wichtigste Leistung gewesen ist; aber es hatte Tübinger Wurzeln. In seinem letzten Jahr dort, 1888, brachte er, noch einmal gemeinsam mit Socin, einen schmalen Band heraus, der *Die Genesis mit äusserer Unterscheidung der Quellenschriften übersetzt* enthielt. Er war «namentlich zum Gebrauch in akademischen Vorlesungen» bestimmt und hat dort sicher gute Dienste getan. Gleich grossen Wert wie auf übersichtliche Darbietung der Quellen (und Redaktionen) legten Kautzsch und Socin auf die Übersetzung, die sie im Vorwort und (wie manche exegetische Einzelheiten namentlich der Quellenscheidung) in Anmerkungen gewissenhaft rechtfertigten. Sie strebten eine «Treue» an, die aber gerade durch pedantische Wörtlichkeit nicht zu erreichen sei, sondern einige «unumgängliche Freiheiten» erfordere, so «die Wiedergabe eines und desselben Wortes mit wechselnden Ausdrücken, je nach dem Zusammenhang und (was oft ganz vergessen wird) nach dem Charakter der Quellenschrift, in der sich das Wort findet», «die einfache Weglassung solcher Wörter, die für das hebräische Sprachbewusstsein sichtlich nur zur Kompletierung des mit ihnen verbundenen Ausdrucks dienen, durch die wörtliche Übersetzung aber sofort eine Wichtigkeit und selbständige Bedeutung bekommen, die dem Grundtext ganz fernliegt», und oft noch stärker einschneidende Massnahmen, «um den eigentlichen Sinn des in wörtlicher Übersetzung schlechthin unverständlichen Textes klar zu stellen».[28] Man vergleiche diese Maximen mit denen eines anderen Gemeinschaftswerks, der «Verdeutschung» der Schrift durch Franz Rosenzweig und Martin Buber! Kautzsch und Socin nannten Karl Weizsäckers Übersetzung des Neuen Testaments (1875) als ihr Vorbild, über das sie allerdings «noch erheblich hinausgegangen» seien.[29]

Die *Genesis* kam in der «Akademischen Verlagsbuchhandlung von J.C.B. Mohr (Paul Siebeck)» heraus. Bei Mohr war in mehreren Auflagen die bedeutendste deutsche Bibelübersetzung des 19. Jahrhunderts,

28 Die Genesis, S. Vf.
29 A. a. O., S. IV.

die von W. M. L. de Wette, erschienen, und der junge Paul Siebeck wurde auch Weizsäckers Verleger. Im Bestreben, die Ablösung de Wettes durch eine neue Übersetzung auch des Alten Testaments zu vervollständigen, wandte sich Siebeck zunächst an Julius Wellhausen und nach dessen Absage an Kautzsch, von dem ja in Gestalt der «Genesis» schon eine Probe vorlag. Für einen Einzelnen war die Aufgabe kaum zu bewältigen, und so gewann Kautzsch als Mitarbeiter Friedrich Baethgen, Hermann Guthe, Adolf Kamphausen, Rudolf Kittel, Karl Marti, Wilhelm Rothstein, Rudolf Rüetschi, Viktor Ryssel, Karl Siegfried und Albert Socin. Die erste Lieferung der *Heiligen Schrift des Alten Testaments* erschien bereits 1890, das ganze Werk war 1894 abgeschlossen. «Die Arbeit des Herausgebers war eine ungeheuer mühevolle. Vers für Vers prüfte er nach, um der Übersetzung ein streng einheitliches geschlossenes Gepräge zu geben. Die Übersetzer hatten in edler Selbstverleugnung dem Herausgeber das Recht eingeräumt, im Interesse der Einheitlichkeit Änderungen vorzunehmen.»[30] Das Werk bot über die Übersetzung hinaus wissenschaftliche Informationen, die in der dritten Auflage (1909/10) die Gestalt einer kurzen Kommentierung durch Einleitung und Fussnoten annahmen. «Der Verleger hatte den Preis des Werkes aufs niedrigste kalkuliert in dem Gedanken, es als eine Art Volksbuch – als den kürzesten Kommentar zum Alten Testament – in weiteste Kreise zu bringen. Nicht ohne Bedenken hatte er sich zu einer Erstauflage von 8000 Exemplaren entschlossen. Der Erfolg gab ihm vollkommen Recht. Als im Mai 1894 mit der Ausgabe der letzten Lieferung die Subskription geschlossen wurde, war die grosse Auflage bis auf so wenige Exemplare ausverkauft, dass es sich nicht lohnte, die angekündigte – und allgemein übliche – Preiserhöhung nach Schluss der Subskription durchzuführen. Bereits im Frühjahr 1896 konnte die zweite, vielfach berichtigte, im wesentlichen jedoch unveränderte Ausgabe des hochbedeutsamen Bibelwerks ausgehen.»[31] Sie erschien in 4000 Exemplaren, denen 1901 weitere 4000 nachgeschoben wurden, bevor die dritte Ausgabe (1909/10), über der Kautzsch am 7. Mai 1910 starb, stärkere Veränderungen brachte. Die vierte, 1922/23 von Alfred Bertholet besorgt, ist in Ermangelung von etwas gleichartigem und gleichwertigem Neuen bis heute so unentbehrlich geblieben wie der «Gesenius-Kautzsch». Nicht sehr viel anders steht es mit der Ergänzung zur *Heiligen Schrift des Alten Testaments*, der erläuterten Übersetzung der Apokryphen und Pseudepigraphen, die Kautzsch im Verein mit 16

30 Oskar Rühle, Der theologische Verlag von J.C.B. Mohr (Paul Siebeck). Rückblicke und Ausblicke, Tübingen 1926, S. 32.
31 A. a. O., S. 33.

Spezialisten 1898/99 abschloss und die 1900 ebenfalls in zwei Bänden erschien.

Kautzschs letztes Buch war eine postume *Biblische Theologie des Alten Testaments*[32], die mit so mancher Vertreterin ihrer Gattung – einer Gattung auch sonst oft postumer Bücher – das Schicksal teilte, zu spät zu kommen und ohne viel Wirkung zu bleiben.[33] Dagegen hat nach dem Zeugnis Alfred Bertholets[34], dem sich leicht weitere zur Seite stellen liessen, das Übersetzungswerk «in einzigartiger Weise dazu beigetragen, Interesse am Alten Testament und Liebe zu ihm zu wecken und zu fördern». Dann aber darf Emil Kautzsch nicht ganz in Vergessenheit geraten.

32 Herausgegeben von Karl Kautzsch, Tübingen 1911.

33 Vgl. Gunkels Besprechung (oben Anm. 27).

34 In: Emil Kautzsch (Hrsg.), Die Heilige Schrift des Alten Testaments, 4. Aufl., Bd. 1, Tübingen 1922, S. III.

Andreas Urs Sommer

Das Pathos der Pflicht im Ausblick auf das Gottesreich: Rudolf Stähelin (1841–1900)

Rudolf Stähelin, Schüler und Nachfolger von Karl Rudolf Hagenbach, stand – wiewohl das Kind einer anderen Generation – noch immer auf dem Boden einer Theologie, «die ohne Widerspruch und mit gutem Gewissen als die vermittelnde sich bezeichnen lässt, weil es ihr in der Tat um die ehrliche und lebendige Ausgleichung und Vermittelung des evangelischen Heilsglaubens mit den übrigen Gebieten des geistigen Lebens zu tun ist».[1] Freilich musste Stähelin seine Position gegen eine weiter fortschreitende Wissenschaft verteidigen und war als Kind einer in der Brüdergemeinde verankerten Familie keineswegs von vornherein zu jener moderat kritischen Gesinnung prädestiniert, die er schliesslich an den Tag legen sollte. Man könnte – verglichen mit Hagenbachs Sozialisierung in einem wenigstens von Vaterseite freigeistig-aufgeklärt geprägten Elternhaus, seinen ursprünglich radikal neologischen Ansichten und seiner Entwicklung zu einer moderaten Orthodoxie – bei Stähelin von einem geradezu umgekehrten Verlauf sprechen, nämlich von einer Emanzipation aus der Enge des «positiv» und pietistisch gesinnten Christentums hin zu einer gemässigten Liberalität. Diese fand etwa in Stähelins Vortrag *Die Christenhoffnung* von 1896 (1900 postum erschienen) beredten Ausdruck, indem sie sich dort in der Frage der christlichen Eschatologie jede «Dogmatisierung» verbat.[2] Dennoch

1 Rudolf Stähelin, Die Autorität der heiligen Schrift und die biblische Kritik, in: Theologische Zeitschrift aus der Schweiz 1884, S. 313–352, S. 351.
2 Rudolf Staehelin, Die Christenhoffnung [1896], [hrsg. von Karl Stockmeyer], Basel 1900, S. 44.

Abb. 28: Rudolf Stähelin (Aufnahme: Taeschler, Basel / UBB).

aber hielt Stähelin an der Jenseits- und Reichgotteshoffnung unbeirrt fest. Trotz stark verminderter Gesundheit legte er gerade in den letzten zehn Jahren seines Lebens eine unerbittliche Arbeitsmoral an den Tag; die Beschwörung der *Pflichtethik* gehört zum Grundinventar seiner Argumentation: Die Menschen sollten, dies seine zeitgemässe Adaption der urchristlichen Eschatologie, «in der Familie, dem Beruf, der Arbeit am Volke die Sphären erblicken, in denen sich ihre Treue im kleinen zu bewähren hat, damit ihnen das Grössere zum Lohn gegeben werden kann.»[3]

3 A. a. O., S. 47.

Rudolf Stähelin kam als Sohn des Handelsmannes Johann Rudolf Stähelin und seiner Gattin Margaretha, die ebenfalls eine geborene Stähelin war, am 22. September 1841 in Basel zur Welt.[4] Nach der Absolvierung des Gymnasiums wandte er sich mit 18 Jahren entgegen der kaufmännischen Tradition seiner Familie zunächst historisch-philologischen Studien zu, die er während zweier Semester in Basel und Lausanne trieb. Wie bei Hagenbach soll neben dem Konfirmandenunterricht die Lektüre *Herders* Stähelins Berufswunsch, Theologe zu werden, beinflusst haben. Denn bei Antritt des Studiums an der Philosophischen Fakultät stand der Wechsel an die Theologische schon fest. Zunächst oblag er der Theologie in Basel, um 1862 nach Berlin zu gehen, wohin im selben Jahr *Isaak August Dorner* (1809–1884) berufen worden war, ein führender Kopf der spekulativen Vermittlungstheologie, der die altkirchliche Dogmatik mit Hegel und Schelling zu verbinden suchte. Stähelin verdankte Dorner vor allem die nähere Bekanntschaft mit der Theologie *Schleiermachers*, auch wenn er durch das Schleiermacher-Seminar Dorners und den persönlichen Verkehr mit dem greisen Schleiermacherschüler *Carl Immanuel Nitzsch* (1787–1868) nicht zum linientreuen Schleiermacherianer wurde: «Stähelins selbständigem, kritischem und vielseitigem Wesen entsprach es nicht, sich einem bestimmten theologischen System bedingungslos gefangen zu geben.»[5] Dies änderte nichts an seiner Verehrung Schleiermachers. So heisst es etwa in einem späteren Brief, von 1875:

> «Mir ist Schleiermacher ein Wegweiser zum Heiligtum geworden und je mehr ich mich mit der innern und äussern Lebensentwicklung des Mannes bekannt gemacht habe, umso mehr hat sich mir diese persönliche Erfahrung zu der Erkenntnis seiner providentiellen Stellung erweitert, hinsichtlich deren ich ihn am ehesten mit Spener und der von diesem ausgegangenen Verinnerlichung des Christentums vergleichen möchte.»[6]

Immerhin zeigt sich hier, dass Stähelin mit der Hochhaltung *Philipp Jakob Speners* (1636–1705) seine pietistischen Wurzeln nicht verleugnete. Während seiner Berliner Zeit besuchte Stähelin in den Ferien denn auch die Verwandten in Herrnhut und Gnadenfrei. Stähelins eigenen Berichten ist zu entnehmen, dass ihn das reiche religiöse Leben, besonders die Gottesdienste der Herrnhuter ansprachen, so sehr er sich theo-

4 Zur Biographie Stähelins vgl. neben den Personalien im Nekrolog *Zur Erinnerung an Herrn Professor Rudolf Staehelin-Stockmeyer, Dr. theol. et phil., geboren den 22. September 1841, gestorben den 13. März 1900*, [Basel 1900], S. 3–8 v. a. Karl Stockmeyer, Professor Rudolf Stähelin, in: Basler Jahrbuch 1901, S. 5–86. Stockmeyer greift neben Briefen auf Stähelins Tagebücher und (fragmentarisch gebliebene) Lebenserinnerungen zurück.

5 Stockmeyer, Professor Rudolf Stähelin, S. 10.

6 Zitiert nach Stockmeyer, Professor Rudolf Stähelin, S. 11.

logisch schon von ihnen entfernt haben mochte. Auf Wunsch der Eltern begab sich Stähelin für das Wintersemester 1863/64 nach Tübingen, um dort *Johann Tobias Beck* (1804–1878) zu hören, der auf ihn weniger durch seinen strengen Biblizismus, als durch seine markante Persönlichkeit wirkte. Dennoch wähnte er in einem Brief an die Grosseltern zu erkennen, «wie wenig trotz allen Machtsprüchen das Beck'sche System fürs Leben taugt».[7] Immerhin merkt er in einem andern Brief vom Sommer 1864 an, Beck sei ihm «besonders wichtig geworden mit seinem Dringen auf Ruhe und Gottvertrauen, er trieb mich aus dieser innern Selbstqual hinaus zum Festhalten an Pflicht und Beruf.»[8]

Nach Basel zurückgekehrt, legte Stähelin 1865 die Schlussprüfungen ab, die er hervorragend bestand: «Nach Beendigung der letztern soll einer der Examinatoren von seinem Freunde gefragt worden sein: Wie bist du durchgekommen bei Stähelin?»[9] Dennoch konnte dieser sich vorerst nicht zu einer akademischen Karriere entschliessen, die ihm Hagenbach und *Hermann Schultz* (1836–1903) empfahlen.[10] Aber auch ins Pfarramt trat Stähelin nicht sogleich, sondern betätigte sich zunächst einmal in der Lehranstalt von Schiers (GR) als Lehrer für alten Sprachen, Deutsch und Religion. Diese Stelle befriedigte ihn auf die Dauer indessen nicht, zumal er sich über seine Unfähigkeit beklagte, «den Jünglingen zum Herzen zu sprechen»[11]. So wechselte er zunächst als Vikar nach Stein bei Schaffhausen, wo er nebenbei auch Zeit fand, sich wissenschaftlich zu betätigen. 1867 trat er die Stelle eines protestantischen Diasporapfarrers in Arlesheim an, obwohl er Mühe bekundete, «sich populär auszudrücken»[12], wie man dies von ihm erwartete. Zwei Jahre spätere heiratete er Marie Stockmeyer, die Tochter des späteren Basler Antistes *Immanuel Stockmeyer* (1814–1894). Aus der Ehe sollten fünf Kinder hervorgehen. An die Braut hatte Stähelin früher schon geschrieben: «der Wille Gottes geht vor allem aufs Handeln, aufs Frucht bringen»[13] – und gerade diese Handlungsfähigkeit fühlte er wegen einer chronischen Lungenerkrankung bei sich schwinden. Die Ärzte legten ihm die zeitweilige Niederlegung des Pfarramtes und einen Winteraufenthalt in Italien nahe, zu dem er sich schliesslich durchrang.

7 A. a. O., S. 21.
8 A. a. O., S. 24.
9 A. a. O., S. 23.
10 Vgl. etwa Schultzes Brief vom 12. Juni 1866: «Schieben Sie nun die Habilitation nicht länger als nöthig hinaus und ergreifen Sie muthig einen speciellen Gegenstand, der Sie anzieht; Sie werden es gewiss nicht schwer finden, ihn dann zu Ihrer Zufriedenheit zu bewältigen!» (StAB PA 182, B 42 13).
11 Stockmeyer, Professor Rudolf Stähelin, S. 27.
12 A. a. O., S. 33.
13 A. a. O., S. 37.

Stähelins briefliche Reiseschilderungen sind erhalten geblieben und wurden 1903 postum publiziert. Sie verknüpfen Erlebnisberichte mit topographischen, kirchen-, profan- und kunsthistorischen, politischen und zeitdiagnostischen Erörterungen, wodurch sie ein lebendiges Bild besonders von Neapel, Sizilien und Rom vermitteln. Stähelin mimt dabei keineswegs den unbeteiligten Beobachter, vor dessen Ethnologenauge nur allerlei Absonderlichkeiten vorüberziehen. Im Gegenteil ergreift er Partei, namentlich dort, wo es um religiöse Dinge geht. In Catania empört sich zum Beispiel sein aufgeklärter protestantischer Geist über den nach seinem Empfinden ritualistisch veräusserlichten Katholizismus:

«Zwar wimmelt es in der Stadt von Kirchen und von – jetzt glücklich aufgehobenen – Klöstern und von Pfaffen, welch letztere in ihren weiten schwarzen Mänteln, mit ihren breiten schmutzigen Hüten und ihrem leisetretenden Gang wie Fledermäuse sich herumtreiben; aber es gibt weder eine Predigt für die Erwachsenen, noch einen Religionsunterricht für die Kinder, sondern buchstäblich alle Religion geht in Messe und Ceremonien auf, und nach der bestimmten Versicherung eines Sachkundigen glauben nicht einmal die Priester an das, was sie tun und vorstellen. Das Volk ist der grossen Mehrzahl nach ungläubig, dazu vielfach unsittlich, alle tiefern Fragen von vornherein von sich werfend.»[14]

Man mag darin einen Reflex der ungünstigen Erfahrungen sehen, die Stähelin nach eigenem Bekunden mit dem religiösen Jugendunterricht in Arlesheim gemacht hatte – abgesehen vom rationalistischen Vorurteil gegen alle Formen der Religiosität, die sich der vernünftigen Kontrolle entziehen. Jedenfalls zieht Stähelin in seinen Beobachtungen eine direkte Linie vom Heidentum zum Katholizismus, nicht ohne dies fortwährend als Übel zu brandmarken. Entsprechend hegt er bei den Wandbemalungen in Pompeji moralische Bedenken, spricht von den «Spuren einer alle Begriffe übersteigenden Sinnlichkeit und Fleischeslust, die dieses äusserlich so glatte und schöne Leben verwüstet hat. [...] Eines muss man aber diesen Alten nachrühmen: sie haben in der Reinlichkeit ihre neueren Landsgenossen weit übertroffen.»[15] Auch in Rom beharrte

14 Rudolf Staehelin-Stockmeyer, Reisebriefe aus Italien 1871–1872. Als Manuskript gedruckt, Basel 1903, S. 58. Vier Briefe Stähelins sind schon 1872 im *Volksblatt für die reformirte Kirche der Schweiz* erschienen.

15 A. a. O., S. 133. Es ist bemerkenswert, dass Stähelins Kollege Jacob Burckhardt die spätantike Religiosität wie jener mit der zeitgenössischen katholischen Frömmigkeit in Beziehung setzt, aber anders beurteilt: «Es wird uns schwer, diesem gänzlich äusserlich erscheinenden, oft sehr frivolen Cultus den sittlich religiösen Gehalt abzugewinnen, und Mancher wird ihn geradezu leugnen. Und erhebt sich nicht nach anderthalb Jahrtausenden über die Fest-Andacht des katholischen Südländers fast dieselbe Frage? [...] Wer daran ein Aergerniss nehmen will, dem kann es Niemand wehren, nur vergesse man nicht, dass diese äussern Begehungen nicht die ganze Religion sind, und dass die höchsten Gefühle in jedem Volke anders erregt werden wollen.» Jacob Burckhardt, Die Zeit Constantin's des Grossen [1853]. Leipzig^2 1880, S. 145f.

Stähelin auf seinem protestantischen Standpunkt, zumal gegenüber dem separatistischen Reformkatholizismus des *Charles Loyson* (1827–1912), genannt *Père Hyacinthe*, dessen Vorträge er hörte und dazu meinte, der rührige Prediger täte am besten daran, Protestant zu werden.

Trotz einer Erholung seiner Gesundheit rieten die Ärzte Stähelin davon ab, weiter im Pfarramt zu bleiben, so dass er sich, über Florenz nach Basel zurückgekehrt, im Frühjahr 1873 mit einem Aufsatz über die paulinische Eschatologie endlich habilitierte. Bei aller Kontinuität, die er bei Paulus im Vergleich zu den chiliastischen Hoffnungen des nachexilischen Judentums feststellt, sei für den Apostel mit der Erscheinung des Messias in Christus die Welt ein neuer Äon angebrochen, und würde die Heilserfüllung nicht mehr mit sinnlich-irdischen Erwartungen verknüpft:

> «Die Geschichte hat über die Anschauungsform, worin dem Paulus die Verwirklichung des messianischen Heiles vor der Seele stand, für immer gerichtet; die universalistische Tendenz dieses Heiles und die Auffassung der Seligkeit als einer erst in dieser Gemeinschaft sich vollendenden und als einer nicht blos eudämonistisch ruhenden, sondern thätigen und in Liebe schaffenden wird die Dogmatik als wesentliche Momente der christlichen Hoffnung immer anerkennen.»[16]

Die historische Neugierde ist bei Stähelin von einer systematischen begleitet, die es ihm gestattet, auch auf dem damals vielleicht noch als abwegig empfundenen Gebiet der Eschatologieforschung Argumente für seine eigene, vermittelnde Position zu finden. Das nicht bloss historische Interesse an der Eschatologie, welches sich auch noch im Vortrag über *Die Christenhoffnung* äussert, markiert deutlich seine Distanz zu zeitgenössischen liberalen Theologen, die meinten, ein kulturkonformes Christentum unter Absehung nicht nur von der urchristlichen, sondern von Eschatologie überhaupt entwerfen zu können.

In seiner Probevorlesung über Erasmus wandte sich Stähelin einem Feld zu, das er, ermuntert durch Hagenbach, in den nächsten 27 Jahren hauptsächlich beackern sollte: der Reformationsgeschichte. Ein grosses Identifikationspotential scheint ihm die Gestalt des humanistischen Übervaters aber nicht geboten zu haben; Stähelin wird auf jeden Fall nicht müde, Erasmus' «Furchtsamkeit und Zaghaftigkeit», «sein beständiges Hervorstellen des persönlichen vor dem sachlichen Interesse» gerade angesichts der von ihm geforderten Stellungnahme zur Sache der

16 Rudolf Stähelin, Zur paulinischen Eschatologie. 1. Thess. 4, 13–17 im Zusammenhang mit der jüdischen Eschatologie untersucht, in: Jahrbücher für Deutsche Theologie, Bd. 19 (1873), S. 177–237, S. 237.

Reformatoren als «widerlich» zu tadeln.[17] Dem Kosmopoliten Erasmus mit seiner «in sich selbst centrierende[n] Subjectivität» wird der «Sinn [...] für die Tiefe und die Bedeutung des nationalen Wesens» abgesprochen, während «Luther hier und ähnlich ja auch Zwingli sich Roms Universalismus gegenüber auf ihr Volk und Volksthum gestützt haben».[18]

«Wohl dürfen wir es bedauern, dass es Erasmus an Kraft des Charakters und an Tiefe des religiösen Lebens gefehlt hat, um seine freien Anschauungen zur Einheit und Festigkeit einer geschlossenen Überzeugung, eines wirklich religiösen Glaubens herauszuarbeiten. Denn kirchenbildendes Princip kann eben, wie gerade Erasmus beweist, nur ein neuer tieferer Glaube, ein neues kräftigeres Heilsbewusstsein sein, noch nicht die blosse Kritik und Aufklärung. Aber mit dieser Kritik und Aufklärung von Anfang an in innerlichem Bunde, wäre dann nicht, möchten wir fragen, die Anziehungskraft des Protestantismus eine ungleich mächtigere, sein Wesen ein freieres und weiteres geworden»?[19]

Bei aller psychologistischen, theologischen und nationalistisch gefärbten Kritik an Werk und Person des Erasmus hält Stähelin fest an den aufklärerischen Errungenschaften des Humanismus, die er gerade gegen protestantische Orthodoxien aller Art ins Feld führt. Selbst versucht er beides – überliefertes reformatorisches Christentum und humanistische Aufklärung – in sein eigenes Christentum zu integrieren. Freilich bemüht er sich nach Massen, den unbefangenen Blick des Historikers nicht durch dogmatische Vorurteile zu trüben.

Aus den kirchlichen Parteistreitigkeiten wollte sich Stähelin möglichst heraushalten.[20] Trotzdem scheute er sich nicht, gerade bei Zwingli, seinem Hauptforschungsgegenstand, den «Geist thatkräftigen Handelns und rücksichtslosen, ungestümen Aufräumens mit dem, was in seiner Unwahrheit und Unzulässigkeit erkannt ist», zu rühmen, sei dieser Geist «im tiefsten Grunde doch nicht der Geist der Zerstörung, sondern des dankbaren, unerschütterlich festgewurzelten Glaubens an dem in sei-

17 Rudolf Stähelin, Erasmus' Stellung zur Reformation hauptsächlich von seinen Beziehungen zu Basel aus beleuchtet. Academische Probevorlesung, Basel 1873, S. 26.
18 A. a. O., S. 27.
19 A. a. O., S. 29.
20 Vgl. Stockmeyer, Professor Rudolf Stähelin, S. 54. Ähnlich äusserte sich auch Stähelins kirchenhistorischer Kollege, Franz Overbeck (1837–1905), der 1870 auf einen von den kirchlichen Reformern initiierten Lehrstuhl nach Basel berufen worden war.

nem Worte als die ewige Liebe sich offenbarenden Gott.»[21] 1874 konnte Stähelin nach dem Tode Hagenbachs den Lehrstuhl für Neuere Kirchengeschichte übernehmen[22], zunächst als Extraordinarius, von 1875 an als Ordinarius. Nach Kautzschs Wegzug kam dazu 1880 noch das Frey-Grynaeische Lektorat.[23]

«Stähelin», so berichtet Karl Stockmeyer, «war kein glänzender Dozent. Die Gabe der fliessenden Rede stand ihm nicht zu Gebote, ebenso fehlte seinem Vortrag das Pathos, nicht bloss das schlechte. Sein Stil, der sich in eng zusammengedrängten Sätzen und meist langen verschlungenen Perioden bewegte, war zwar an sich durchaus klar und durchsichtig und dem aufmerksamen, nachdenkenden Leser ohne weiteres verständlich, doch hatte der Hörer mehr Mühe zu folgen, besonders weil der Redner nicht ohne Stocken vortrug und das undeutlich geschriebene, häufig korrigierte Manuskript nicht immer ohne Anstoss zu lesen vermochte.»[24]

Im Gegensatz zu seinem Kollegen Franz Overbeck war Stähelin stets bestrebt, «im letzten Grunde der Kirche zu dienen und die künftigen Diener derselben zu lehren und zu bilden [...], und ohne dass er es ausdrücklich hervorhob, liess er in der Geschichte einen leitenden höhern Willen erkennen. Das gab seinen Vorträgen Leben und religiöse Weihe.»[25] Im persönlichen Umgang mit den Studenten zeichnete Stähelin aber offensichtlich nicht unbedingt die konziliante Nachsichtigkeit eines Hagenbach aus; vielmehr soll er mit kritischer Schelte nicht zimperlich gewesen sein. «Überall» aber, «wo ihm redliche Arbeit entgegentrat, hat er mit Anerkennung nicht gekargt.»[26] «Es giebt vielleicht wenig Dozenten, die von ihren Studenten mehr verlangen; er durfte es, weil er ihnen täglich vorlebte, was er von ihnen ver-

21 Rudolf Staehelin, Die ersten Märtyrer des evangelischen Glaubens in der Schweiz, Heidelberg 1883, S. 31.
22 Im Vorschlag des «Erziehungs-Collegiums» zu seiner Berufung von 1874 heisst es: «Herr. Lic. Stähelin hat vermöge der in seinen Schriften documentirten gründlichen und vielseitigen Studien und seines ernsten wissenschaftlichen Strebens überhaupt sich ehrenvolle Anerkennung bei anerkannten Autoritäten seines Faches erworben und berechtigt zu den schönsten Hoffnungen für die Zukunft.» (StAB Erziehung Y 6) Stähelin verfasste eine fünfzigseitige Biographie Hagenbachs (53. Neujahrsblatt, Basel 1875) und den Hagenbach-Artikel für die RE[3].
23 Zugunsten von Stähelins Berufung als Lektor hatte Heinrich Gelzer (1813–1889) in einem Brief vom 17. Januar 1880 an den Kuratoriumspräsidenten Peter Merian interveniert (StAB Universitätsarchiv XII 8.1).
24 Stockmeyer, Professor Rudolf Stähelin, S. 57.
25 A. a. O., S. 57f.
26 Worte der Erinnerung am Grabe gesprochen von Herrn Lic. theol. Paul Wernle, in: Zur Erinnerung an Herrn Professor Rudolf Staehelin-Stockmeyer, S. 21.

langte.»[27] Jean Matthieu, einer seiner Studenten, gab an Stähelins Grab zu bedenken: «Bei ihm Kirchengeschichte studieren, hiess an Gott glauben lernen.»[28] Freilich kann dies wohl kaum bedeuten, dass Stähelin die profanhistorische Methode zugunsten einer *historia sacra* gänzlich verabschiedet hätte. Sicher war es auch nicht der sekundäre Effekt der Erbaulichkeit, die ihm 1888 einen Ruf als Nachfolger Adolf Harnacks nach Marburg eintrug. Doch Stähelin schlug dieses ehrenvolle Angebot schliesslich aus, weil er sich seiner Heimatstadt, ihrer Kirche und Universität umfassend verpflichtet fühlte. 1889 verschlimmerte sich sein Augenleiden rapide, so dass er künftig «auf alles Lesen und Schreiben» zu verzichten hatte.[29] Sein Arbeitsethos behauptete sich aber dennoch: Frau, Freunde und eine Schreibmaschine halfen ihm, scheinbar unüberwindliche Hürden bei der wissenschaftlichen und lehrenden Tätigkeit zu bewältigen.

Stähelins wissenschaftliches Werk kennzeichnet das Vertrauen, dass die Freiheit der wissenschaftlichen Forschung und der Gehalt des Evangeliums am Ende übereinstimmten, so wenig er dabei beispielsweise von der «autoritativen Geltung» der «geschichtlichen Offenbarung» abrücken will.[30] Freilich wird diese «Offenbarung» nicht als die Summe all dessen begriffen, was in den biblischen Büchern überliefert ist; es sei falsch, in der Bibel Antworten auf naturwissenschaftliche Fragen zu suchen. Den Kern des Evangeliums stelle «das Gebiet der Erlösung, der ethischen Lebenserneuerung und der ewigen Vollendung, der μετάνοια, der σωτερία, der βασιλεία τοῦ Θεοῦ» dar.[31] Einmal mehr zeigt sich, wie bei allen Lektoren des Frey-Grynaeums, das Insistieren auf die *praxis pietatis* und auf sittlich gelebte Christlichkeit. So rechnet Stähelin es *Amos Comenius* in einer Gedenkschrift zu seinem 300. Geburts-

27 Nachruf am Grabe gesprochen von Herrn cand. theol. Jean Matthieu, in: Zur Erinnerung an Herrn Professor Rudolf Staehelin–Stockmeyer, S. 23f.

28 A. a. O., S. 25.
Das genaue Gegenteil sagt Stähelins Kollege Overbeck: «Die Beste Schule um an dem Dasein eines Gottes als Weltlenkers zu zweifeln ist die Kirchengeschichte, vorausgesetzt, dass diese die Geschichte der von Gott in die Welt gesetzten Religion des Christenthums ist, und nun demnach auch angenommen wird, dass er ihre Geschichte gelenkt hat. Denn eben das hat er augenscheinlich nicht gethan, da in der Kirchengeschichte nichts wunderbar ist und vielmehr in ihr das Christenthum der Welt so unbedingt preisgegeben erscheint, wie nur irgend ein anderes Ding, das in der Welt lebt.» (Franz Overbeck, Werke und Nachlass, Bde. 4: Kirchenlexicon. Ausgewählte Artikel A-I. In Zusammenarbeit mit Marianne Stauffacher-Schaub hrsg. von Barbara von Reibnitz. Stuttgart / Weimar 1995, S. 428.)

29 Stockmeyer, Professor Rudolf Stähelin, S. 65.

30 Stähelin, Die Autorität, S. 322.

31 A. a. O., S. 329. Die «Selbstoffenbarung Gottes» geschehe in der Bibel vornehmlich «nicht in der Form einer Lehre, sondern einer Geschichte» (S. 330).

tag hoch an, die «Ideale der Bildung und der Humanität [...] als die Ziele der Menschheitsbildung ins Auge gefasst und aus dem innersten Wesen des Christentums abgeleitet» zu haben.[32] Da spielen dann dogmatische Quisquilien keine Rolle mehr.

Neben einigen kleineren Schrift zur Theologie der Reformation und der frühen Neuzeit kristallisiert sich Stähelins wissenschaftliche Lebensarbeit in seiner zweibändigen Zwinglimonographie, die auch in der neueren Forschung noch als beachtliche historiographische Leistung gilt, nicht zuletzt, weil sie theologische Perspektiven wieder in die Zwingli-Forschung reintegriere, die vor Stähelin eher vernachlässigt worden sind. Allerdings mache Stähelin Zwinglis reformatorisches Wirken in einer Weise von Luther abhängig, wie es dem heutigen Stand der Forschung nicht mehr entspreche.[33] Stähelins eigene, vermittelnde, zugleich aber staatskirchliche Position zeigt sich beispielsweise in der Behandlung von Zwinglis Auseinandersetzung mit den Wiedertäufern, «denen gerade die massvolle Besonnenheit, mit der sie [sc. die Reformation] an die bestehenden Verhältnisse anknüpfte, als Halbheit und Unentschiedenheit erschien.»[34] Ohne Zwinglis rigoroses Vorgehen vorbehaltlos gutzuheissen, wirbt Stähelin um Verständnis für den von allen Seiten bedrängten Reformator, dessen «staatsmännische Weisheit [...] in der Behandlung dieser Fragen» unbestritten sei, und dem eigentlich gar keine Alternativen offengestanden hätten.[35] Insgesamt steht Stähelins Zwinglibuch unter dem Zeichen einer Reaktualisierung des Reformators. Calvin, der an Zwingli anknüpfe, sei wie dieser «von dem Gedanken bestimmt, dass neben dem Glauben und dem Gottesdienst auch das sittliche Leben sowohl des Einzelnen wie der Gemeinschaft in den Bereich der reformatorischen Aufgabe hineingezogen werden müsse. Aber während Calvins Ordnungen in Genf den Geist einer oft überstrengen und peinlichen Gesetzlichkeit an sich trugen und einer fortwährend widerstrebenden Bürgerschaft mit Hilfe eines von aussen in die Stadt gekommenen Anhangs aufgezwungen wurden, war es bei Zwingli die gewinnende Macht seiner Persönlichkeit und seines an dem sittlichen Wahrheitssinn sich beglaubigenden Wortes, was die Umwandlung herbeiführte.»[36] Wiederum paart sich eine «alles bestimmende

32 Rudolf Stähelin, Amos Comenius, Basel 1893, S. 64.

33 Siehe Ulrich Gäbler, Huldrych Zwingli im 20. Jahrhundert. Forschungsbericht und annotierte Bibliographie 1897–1972, Zürich 1975, S. 27–29.

34 Rudolf Stähelin, Huldreich Zwingli, sein Leben und Wirken nach den Quellen dargestellt, Bd. 1: Die reformatorische Grundlegung, Basel 1895, S. 461.

35 A. a. O., S. 509.

36 Rudolf Stähelin, Huldreich Zwingli, sein Leben und Wirken nach den Quellen dargestellt, Bd. 2: Ausbau und Kampf, Basel 1897, S. 518.

religiöse Grundkraft»[37] mit dem (bei Zwingli ja eigentlich von Erasmus ererbten) Humanismus.

Stähelin, der trotz aller Widerwärtigkeiten seine Arbeits- und Christenpflichten unerbittlich auszuführen gedachte, starb am 11. März 1900 an einem Schlaganfall. In seinem Vortrag über die «Christenhoffnung» von 1896, in dem er den Unsterblichkeitsgedanken auch gegen die hegelianische Skepsis eines *Alois Emanuel Biedermann* (1819–1885) verteidigte[38], hatte es geheissen: «Dem Glauben genügt es, dass er in der Gewissheit der Erlösung und Gotteskindschaft zugleich die Bürgschaft erhalten hat, von der Knechtschaft der Welt zu der Freiheit der Kinder Gottes gelangen und in der ihm auferlegten Arbeit und Last dieses Lebens ein unvergängliches Gut sich erringen zu dürfen.»[39] Die «christliche Hoffnung» lasse keineswegs die «Aufgaben und Güter[.] des irdischen Lebens» in Vergessenheit geraten.[40] Mit dieser Losung, die alle irdischen Obliegenheiten als gottgewollt begreift, liess sich im ausgehenden 19. Jahrhundert gut leben. Ob eine solche theologische Pauschalapprobation der Pflichterfüllung als des Höchsten Wunsch und Wille noch heute zu überzeugen vermag, ist eine andere Frage.

37 A. a. O., S. 519.
38 Vgl. auch Stähelins Artikel über Biedermann in RE^3, Bd. 3, S. 203–208, der bei allem Respekt vor den Leistungen des liberalen Zürcher Kollegen durchaus mit Kritik nicht zurückhält.
39 Staehelin, Die Christenhoffnung, S. 42.
40 A. a. O., S. 46.

Thomas K. Kuhn

Theologisch-historische Leidenschaften: Paul Wernle (1872–1939) Eine biographische Skizze

I.

Leben und Werk von Paul Wernle sind bisher noch nicht hinreichend erforscht worden. Weder seine Biographie noch sein überaus reiches theologisches und historisches Œuvre haben angemessene wissenschaftliche Aufmerksamkeit erfahren.[1] Das ist insofern bemerkenswert, da es sich doch bei diesem Basler Neutestamentler und Kirchenhistoriker um einen überdurchschnittlichen akademischen Theologen des frühen 20. Jahrhunderts handelt, dessen Publikationen von zahlreichen Fachkollegen – wie etwa von Adolf von Harnack (1851–1930) – positiv

1 Zu Leben und Werk liegen lediglich vor: Rudolf Schwarz, Paul Wernle 1872–1939, in: Basler Jahrbuch 1940, S. 68–77; Wilhelm Lueken, Paul Wernle zum Gedächtnis, in: Nachlass Paul Wernle; Zur Erinnerung an Paul Wernle, Basel 1939; Walther Köhler, Paul Wernle, in: NZZ 1939, Nr. 679 und 682. Ferner siehe Wernles «Autobiographie», in: Die Religionswissenschaft der Gegenwart in Selbstdarstellungen, hrsg. von Erich Stange, Bd. 5, Leipzig 1929, S. 207–251; und die Artikel in RGG², Bd. 5, Sp. 1867; LThK², Bd. 10, Sp. 1057. In der neueren Darstellung der «Ökumenischen Kirchengeschichte der Schweiz», hrsg. von Lukas Vischer u. a., Freiburg (CH)/Basel 1994, oder in dem Sammelband «Gegen die Gottvergessenheit. Schweizer Theologen im 19. und 20. Jahrhundert», hrsg. von Stephan Leimgruber und Max Schoch, Basel/Freiburg im Breisgau/Wien 1990, findet Wernle keine Erwähnung. Ebensowenig nennt ihn Friedrich Mildenberger in seiner «Geschichte der deutschen evangelischen Theologie im 19. und 20. Jahrhundert», Stuttgart/Berlin/Köln/Mainz 1981, S. 253–285, unter den dort aufgeführten 499 Theologen.

gewürdigt wurden.[2] Die Universität Marburg verlieh dem Schweizer schon 1903 den Ehrendoktor und bemühte sich um die Berufung Wernles. Möglicherweise wollte der Marburger Neutestamentler Adolf Jülicher (1857–1938) den Basler Freund an die Marburger theologische Fakultät binden. Von wissenschaftlicher Wertschätzung zeugen ferner zahlreiche Briefe und Postkarten bekannter Theologen im Nachlass von Paul Wernle.[3] Karl Barth schrieb drei Jahre nach Wernles Tod an Karl Ludwig Schmidt, dass Wernle «als *der* Vertreter *der* damals modernen Theologie» – ohne zu übertreiben – «in seiner Glanzzeit mit seinen Büchern und Artikeln die ganze theologische Schweiz in Atem hielt und so oder so bestimmte».[4] Barth trat mit Wernle in Kontakt, von dem er sich manche theologische Anregung erhoffte, beklagte aber seinem Freund Eduard Thurneysen gegenüber, Wernle müsste einfach etwas verständiger sein wollen: «Es ist nur eine dünne Wand zwischen ihm und uns, ich höre ihn deutlich klopfen auf der anderen Seite, aber ich glaube nicht mehr, dass die Aussicht noch frei ist.»[5]

Immerhin findet Wernle als Neutestamentler und als Kirchenhistoriker in zwei forschungsgeschichtlichen Werken Berücksichtigung. W. G. Kümmel bietet die grundlegenden Aussagen des Basler Neutestamentlers im Kapitel über «Die religionsgeschichtliche Betrachtung des Neuen Testaments», und zwar im Abschnitt «Die radikale Geschichtskritik».[6] Er referiert Wernle im Kontext der – durch die radikale Kritik am liberalen Jesusbild – veränderten Anschauungen bezüglich des geschichtlichen Verhältnisses zwischen der Urkirche, Paulus und Jesus und betont Wernles Auffassung, dass das Übergewicht der paulinischen

2 Harnack schrieb 1911 an Martin Rade: «Ich schätze u. liebe Wernle ganz besonders...»; abgedruckt in: Der Briefwechsel zwischen Adolf von Harnack und Martin Rade. Theologie auf dem öffentlichen Markt, hrsg. von Johanna Jantsch, Berlin/New York 1996, S. 673.

3 Der Nachlass ist in der UBB deponiert und enthält Briefe und Karten u. a. von (die Zahlen in der Klammer geben die Anzahl der Briefe und Karten an): Karl Barth (7) 1912–1918; Otto Baumgarten (9) 1926–1934; Adolf Deissmann (4) 1908–1918; Oskar Farner (26) 1908–1931; Theodor Häring (73) 1894–1927; Adolf von Harnack (33) 1899–1929; Emanuel Hirsch (9) 1919–1924; Karl Holl (37) 1906–1925; Adolf Jülicher (115) 1898–1936; Walther Köhler (87) 1902–1933; Rudolf Liechtenhan (64) 1896–1936; Martin Rade (94) 1905–1928; Leonhard Ragaz (45) 1903–1928; Ernst Staehelin (33) 1911–1933; Eduard Thurneysen (75) 1909–1926; Ernst Troeltsch (29) 1897–1923.

4 Zitiert bei Eberhard Busch, Karl Barths Lebenslauf. Nach seinen Briefen und autobiographischen Texten, München 1986, S. 87.

5 Karl Barth-Eduard Thurneysen Briefwechsel, Bd. 1: 1913–1921, hrsg. von Eduard Thurneysen, Zürich 1973, S. 86; siehe dazu auch Busch, Lebenslauf, S. 87.

6 Werner Georg Kümmel, Das Neue Testament. Geschichte der Erforschung seiner Probleme, Freiburg im Breisgau/München ^{2} 1970, S. 367–372.

Abb. 29: Paul Wernle (Aufnahme: UBB).

Theologie zugunsten der Frömmigkeit Jesu in der gegenwärtigen Theologie zurücktreten müsse.[7] Schliesslich zeigt Kümmel auch Wernles Entwicklung zu einem kritischen Weggenossen der Religionsgeschichtlichen Schule: In Auseinandersetzung mit Wilhelm Boussets (1865–1920) «Kyrios Christos»[8] formulierte Wernle seine «einstweilen unbesiegte Skepsis» über die neuesten Ergebnisse der Religionsgeschichtlichen Schule und forderte, den Fortschritt im urchristlichen Christusglauben nicht aus externen Voraussetzungen, sondern aus innerkirchlicher Entfaltung der Glaubensaussagen zu interpretieren.[9]

7 Kümmel, Testament, S. 368.
8 Wilhelm Bousset, Kyrios Christos. Geschichte des Christusglaubens von den Anfängen des Christentums bis Irenaeus, Göttingen 1913.
9 Kümmel, Testament, S. 403. Siehe dazu auch Wernle, Autobiographie, S. 227f.

P. Meinhold würdigte den Schweizer Kirchenhistoriker als einen Fachvertreter, der die unbedingte «Herrschaft der historischen Methoden in der Theologie» forderte.[10] Wernle habe das Christentum als rein historisches Phänomen gedeutet: «Die einzige Voraussetzung, die der Historiker zur adäquaten Erfassung derselben mitzubringen hat, ist sein eigenes religiöses Leben.»[11] Von diesen Voraussetzungen her erkläre sich Wernles Versuch, Kirchengeschichte als eine Geschichte der Frömmigkeit zu schreiben, wie er es in der geschichtlichen Darstellung des schweizerischen Pietismus[12] versucht habe. Doch, so konstatiert Meinhold, die Prävalenz des Historischen zeige eben auch «durch die Ignorierung der theologischen und geschichtsmächtigen institutionellen Momente» Grenzen auf.[13]

Die Quellenbasis für eine Beschreibung des Lebens und Denkens von Wernle ist durch den erst kürzlich freigegebenen Nachlass des Sohnes, dem ehemaligen Basler Gymnasiallehrer Hans Wernle (1902–1990) erheblich erweitert worden.[14] Die Aufzeichnungen des Sohnes lassen neben dem Theologen und Historiker auch den Vater und Ehemann Wernle in all seiner Vielschichtigkeit und Problematik erkennen. In der folgenden Darstellung steht die Entwicklung Paul Wernles bis zur Berufung als Basler Kirchenhistoriker 1900 im Mittelpunkt des Interesses. Sein weiteres akademisches Wirken und literarisches Schaffen wird nur in groben Strichen nachgezeichnet.[15]

10 Peter Meinhold, Geschichte der kirchlichen Historiographie, Bd. 2, Freiburg im Breisgau/München 1967, S. 362–365, Zitat S. 362.
11 Meinhold, Geschichte, S. 362.
12 Paul Wernle, Der schweizerische Protestantismus im XVIII. Jahrhundert, 3 Bde., Tübingen 1923–1925.
13 Meinhold, Geschichte, S. 363.
14 Bei den Aufzeichnungen von Hans Wernle handelt es sich um folgende Manuskripte: «Aus grauer Vorzeit», datiert auf 7. Februar 1983, 16 A 4-Seiten, maschinenschriftlich; «Anamnesis», Anfang 1982, 34 A 4-Seiten, maschinenschriftlich; «Aufzeichnungen Hans Wernle», ohne Datierung, 35 A 4-Seiten, maschinenschriftlich. Ich danke Herrn Professor Dr. Martin Steinmann, Handschriftenabteilung der UBB, für seine freundliche Kooperation.
15 Vgl. dazu auch Paul Wernles «Autobiographie». Seine Schriften bis 1932 verzeichnet Philipp Schmidt, Verzeichnis der Veröffentlichungen von Professor Dr. theol. et phil. Paul Wernle, in: Aus fünf Jahrhunderten schweizerischer Kirchengeschichte. Zum sechzigsten Geburtstag von Paul Wernle, hrsg. von der Theologischen Fakultät der Universität Basel, Basel 1932, S. 447–458. Zu ergänzen ist «Der schweizerische Protestantismus in der Zeit der Helvetik», 2 Bde., Zürich 1938–1942.

II.

Am 14. Dezember 1900 wurde Paul Wernle zum Lektor des Frey-Grynaeums berufen, und er übernahm das Lektorat im April 1901.[16] Zwei Wochen vor dieser Berufung hatte ihn der Erziehungsrat des Kantons Basel-Stadt als Nachfolger von Rudolf Stähelin (1841–1900)[17] zum ausserordentlichen Professor für neuere Kirchengeschichte, Dogmengeschichte, Geschichte des protestantischen Lehrbegriffes und Geschichte der protestantischen Theologie ernannt. Mit dem Amt des Lektors war die Wohnsitznahme am Oberen Heuberg 33 verbunden, wo Wernle bis zum Sommer 1936 lebte. Solchermassen materiell und sozial abgesichert, heiratete Wernle noch kurz vor Vorlesungsbeginn Marie Liechtenhan.[18] Das Paar hatte ein Kind, Hans Wernle. Einundachtzig Jahre nach seiner Geburt verfasste Hans Wernle 1983 autobiographische Fragmente und schrieb über das Haus am Heuberg, in dem er immerhin gut zwanzig Jahre gelebt hatte:

> «Wenn ich an meine Kindheit zurückdenke, so sehe ich zuerst vor mir das stattliche Haus am Obern Heuberg: die Amtswohnung meines Vaters, das Frey-Grynaeische Institut. Aus mehreren älteren Liegenschaften zusammengesetzt, erstreckt es sich an der Grenze von Birsigtal und Schotterterrasse von Nordwesten nach Südosten, dem Bogen von Rhein und Birsig folgend. So blickt die Empfangsseite des Hauses, der Altstadt abgewandt, über Garten und Mauer zum ‹Heuberg› (wo früher Metzger ihre Stallungen und ihre Heuvorräte hatten), während die Hinterfront über enge Häuserzeilen zum Burghügel mit Münster und Haus zur Mücke hinüberschaut. Die horizontale Ausdehnung dieses Hauses möchte ich von den praktischen Lebensgewohnheiten her beschreiben: im rechten Winkel zwischen ‹Läubli› und Hauptgebäude befindet sich der winzige Abort, davor Wasserhahn und Becken in einem engen Gänglein. Von hier muss das Dienstmädchen des Theologieprofessors das Waschwasser für das Ehepaar in einer Kanne durch das Esszimmer, den breiten, mit verwaschenen Sandstein belegten Hausflur und das Kinderzimmer (oder das Studierzimmer!) in das Schlafzimmer tragen und nachher das schmutzige Wasser und den Inhalt der Nachttöpfe in einem Kessel wieder den gleichen Weg zum Abort zurück. In der Senkrechte betrachtet, hat das Haus einen untern und einen oberen Keller, das Erdgeschoss mit den Bibliotheksräumen, den hauptsächlich bewohnten ersten Stock, einen unübersichtlichen, verwinkelten Estrich, in dem das Dienstmädchen sein Schlafzimmer hatte, und einen fast unzugänglichen obern Estrich.»[19]

Hans Wernle erlebte das Haus am Heuberg als Ort der «Unergründlichkeit» und der «ungemessenen Weiten». Innerhalb des Haus stellte das eigentliche Frey-Grynaeum eine fremde Welt dar:

16 Siehe dazu Staehelin, FG, S. 172–178.
17 Zu R. Stähelin siehe in diesem Band den Beitrag von A. U. Sommer.
18 Marie Liechtenhan war die Schwester des religiös-sozialen Basler Professors für Neues Testament Rudolf Liechtenhan (1875–1938) und stammte aus einer angesehenen Basler Familie.
19 Hans Wernle, Aus grauer Vorzeit, S. 1.

«Und dann gab es noch drei ganz verlassene, unbenützte Räume, mit denen es eine sagenhafte Bewandtnis hatte. Diese Leere hiess: das Frey-Grynaeum. Doch mit dieser Auskunft war im Grunde wenig anzufangen. Die Bibliothekssäle waren für mich ungefähr das, was ein moderner Architekt aus Verlegenheit einen Abstellraum nennt. Einmal im Jahr gab es eine Reinigung, einmal wurde die ‹Revision› erwartet. Dann hatte alles daraus zu verschwinden, was sich übers Jahr unbefugterweise darin angesammelt hatte. Alle fünf bis zehn Jahre verirrte sich ein fremder Besucher in diese Räume. Das war dann ein Ereignis.»[20]

In die Geräumigkeit des Hauses hinein ragte wie ein Sperrbezirk der «abgekapselte Sonderraum: die von Büchern eingeengte Studierstube» des Vaters im ersten Stock, «worin Dinge vorgingen, von denen ein Kind nicht viel verstehen konnte».[21] In diesem Haus verlebte Hans als Einzelkind eine Kindheit, die geprägt war von Einsamkeit und hohen Ansprüchen des ehrgeizigen und arbeitswütigen, ja besessenen Vaters. Sein Elternhaus erfuhr er als «Haus der Trauer, des Schreckens, der Angst. Die Menschen verschwanden in diesem riesigen Haus und ich am meisten». Auf diese bedrückende Atmosphäre reagierte Hans Wernle mit häufigen Krankheiten[22], da ihn seine Eltern von der quälenden Bedrückung und Verlorenheit nicht erlösen konnten, zumal der Vater im Anschluss an psychologische und pädagogische Überlegungen Paul Häberlins (1878–1960), davon ausging, dass in der zärtlichen Zuwendung zum Kind sexuelle Gefahren zu wittern seien.[23] Vielmehr verfolgte Paul Wernle ein «System der Abtötung: ‹Plätschern›, d.h. kalte Wassergüsse über den ganzen Leib, bei denen er in einem weiten Becken stand. ‹Müllern›, steife Turnübungen nach einem Lehrbuch, weite Spaziergänge in eiligem Schritt vor dem Morgenessen».[24]

Aus den Aufzeichnungen Hans Wernles wird ersichtlich, dass sich sowohl das Vater-Sohn-Verhältnis als auch die Beziehung der Eltern untereinander problematisch gestalteten. Der Vater war von dem unbändigen Ehrgeiz getrieben, ein Buch nach dem anderen zu schreiben, denn er pflegte den Gedanken, es könnte ja das letzte vor dem Tod sein.[25] Solchermassen rastlos projizierte er alle Wünsche, die er für sich selber nicht zu wünschen wagte, auf den einzigen Sohn. Dieser zerbrach

20 A. a. O., S. 3.
21 A. a. O., S. 2.
22 A. a. O., S. 3. Auch in seinen Aufzeichnungen «Anamnesis» beschreibt Hans Wernle seine Kindheit als Leidenszeit, in der er sich einem «furchtbaren Druck» beider Elternteile ausgesetzt gesehen habe; S. 2; 22.
23 Hans Wernle, Vorzeit, S. 3.
24 A. a. O., S. 4.
25 Hans Wernle notiert, dass sein Vater von Todesangst getrieben worden sei; Anamnesis, S. 19.

unter dem väterlichen Erwartungsdruck, und es gelang ihm lange nicht, einen eigenen Weg zu finden.

Die Erinnerungen des Sohnes lassen erkennen, dass im Hause Wernle ein ausgeprägtes Standesbewusstsein herrschte. Die Eltern waren sich des bürgerlichen Status' eines Universitätsprofessors bewusst und gaben diese Überzeugung an den Sohn weiter. Diese elitäre Einstellung geriet jedoch bei Hans Wernle gelegentlich ins Wanken. Er spielte oft mit den Kindern des Münsterpfarrers Leonhard Ragaz in dessen Pfarrhaus, da die beiden Elternhäuser in den Jahren, da Ragaz als Pfarrer in Basel wirkte, befreundet waren.[26] Bei einem Mittagessen im Pfarrhaus ereignete sich ein aufschlussreicher Vorfall: Als das Dienstmädchen die Suppe hereingebracht hatte und sich mit an den Tisch setzte, entfuhr es dem jungen Gast: «Eso Lyt ässe bi uns nit am Disch!».[27] Im Hause Wernle hatten die Dienstmädchen – Mägde genannt – in der Küche zu essen, sie wurden nur zu den Hausandachten hinzugerufen.

Später, nachdem Ragaz Professor in Zürich geworden war, zerbrach die Freundschaft, worunter Clara Ragaz, Wernles Frau Marie und der Sohn Hans litten. Für das Ende der Beziehungen waren neben politischen und theologischen Gründen[28] ausgeprägtes «Führerbewusstsein» und Eifersüchteleien Wernles[29] die Hauptursache:

> «Dass die Freundschaft meines Vaters mit Leonhard Ragaz auseinander ging … hat mich tief geschmerzt. Tief schmerzte mich aber auch die Art, wie es mir zum Bewusstsein kam. Von einem nachträglich nicht mehr bestimmbaren Augenblick an existierte der Name Ragaz einfach nicht mehr… Es gibt keine Erklärung, keine Begründung… Tiefer als die Deutschland-sympathien meines

26 Paul Wernle kannte Ragaz schon seit dessen Zeit in Chur. 1905 setzte sich Wernle dafür ein, dass der Basler Münsterpfarrer Ragaz als Nachfolger des liberalen Adolf Bolliger auf den Lehrstuhl für systematische Theologie berufen werde. Nach einer diffizilen Berufungsgeschichte wurde schliesslich gegen den Vorschlag der Fakultät, sie wünschte Rudolf Otto (1869–1937), vom Erziehungsrat der Görlitzer Johannes Wendland (1871–1947) berufen; siehe dazu Markus Mattmüller, Leonhard Ragaz und der religiöse Sozialismus. Eine Biographie, Bd. 1: Die Entwicklung der Persönlichkeit und des Werkes bis ins Jahr 1913, Zürich 1957, S. 91–93. In seiner «Autobiographie» nennt Wernle den Namen Ragaz nicht.

27 Hans Wernle, Vorzeit, S. 8.

28 Vgl. dazu «Leonhard Ragaz in einen Briefen», Bd. 1: 1887–1914, hrsg. von Christine Ragaz u. a., Zürich 1966, Briefe Nr. 122f., 130, 137f. In den Jahren 1915–1920 scheint Ragaz nicht an Wernle geschrieben zu haben, danach finden sich bis 1928 wieder einige Briefe in Wernles Nachlass.

29 In den «Aufzeichnungen» von Hans Wernle heisst es, dass die Trennung «zum Teil wohl aus Neid gegen den neuen Leitbullen der jungen Theologen» erfolgte (S. 8).

Vaters[30] und die sozial-politischen Ansichten von Ragaz trennte der Unterschied im Machtgefälle. Solange Ragaz noch Pfarrer in Basel war, protegierte mein Vater neben sich gerne einen originellen und bedeutenden Mann oder glaubte, ihn protegieren zu können oder zu müssen. Das änderte sich, sobald Ragaz selbständiger Professor war und Studenten – gerade die aufgeschlossensten – zu ihm überliefen. Mein Vater besass sich selber gegenüber ein ausgesprochenes Führerbewusstsein: er glaubte – und so und so viele Anhänger, Freunde, Mitsuchende glaubten es damals mit ihm –, dass es ihm gelungen sei, durch geschichtswissenschaftliche ‹Quellen›-kritik Wahn und Irrtum der frühen Christen zu durchschauen – ‹kleine Leute› waren nach einer Formulierung meiner Mutter die ersten Christen – und doch zugleich das Christentum in seiner Weiterentwicklung als befreiende, erlösende, weltüberwindende Macht immer sieghafter zur Geltung zu bringen. Die Ehefrauen auf beiden Seiten waren gegen diesen Bruch, aber sie blieben machtlos: «Die ‹Studierzimmer› oder die Studierköpfe – siegten.»[31]

III.

Woher kam und wer war aber dieser kreative und rastlose Wissenschaftler, der zu Lebzeiten unter seinen Fachkollegen hohes Ansehen besass und zu den führenden Professoren der Basler Theologischen Fakultät im 20. Jahrhundert zählt? Wernle wurde am 1. Mai 1872 in Zürich-Hottingen geboren und wuchs in einem pietistisch geprägten Elternhaus auf, in dem das Gedankengut württembergischer sowie schweizerischer Erweckungsfrömmigkeit Leben und Denken prägten. Der Vater, Christian Fürchtegott Wernle (1831–1885), stammte aus dem württembergischen Kirchheim unter Teck (Kreis Esslingen) und erfuhr seine religiöse Prägung durch den späteren Stuttgarter Prälaten Sixt Karl Kapff (1805–1877).[32] Er las Werke von Johann Tobias Beck (1804–1878) und beschäftigte sich mit Johann Christoph Blumhardt (1805–1880). Ferner galt sein Interesse eschatologischen Fragen und Adolf Stoeckers (1835–1909) christlich-sozialem Programm. Sein Wunsch, Pfarrer zu werden, erfüllte sich nicht, vielmehr liess er sich als Drogist und Chemiker in Aarau nieder, wo er auch das Bürgerrecht erwarb.[33]

30 Zu Paul Wernles Sympathie für Deutschland während des Ersten Weltkrieges vgl. seine publizierten Briefe an Martin Rade, in: Friedrich Wilhelm Kantzenbach, Zwischen Leonhard Ragaz und Karl Barth. Die Beurteilung des 1. Weltkrieges in den Briefen des Basler Theologen Paul Wernle an Martin Rade, in: Zeitschrift für Schweizerische Kirchengeschichte, Jg. 71 (1977), S. 393–417. Zu Rade siehe Anne Christine Nagel, Martin Rade – Theologe und Politiker des Sozialen Liberalismus. Eine politische Biographie, Gütersloh 1996.

31 Hans Wernle, Vorzeit, S. 9.

32 Zu Kapff siehe Heinrich Hermelink, Geschichte der evangelischen Kirche in Württemberg von der Reformation bis zur Gegenwart, Stuttgart/Tübingen 1949, S. 373–376; 397–408.

33 Später zog die Familie nach Zürich. Die Drogerie Wernle entwickelte sich nach dem Tod des Vaters und Begründers zur lange Zeit führenden Drogerie Zürichs, deren «Schnellglanzpulver» und «Silberputzpulver» sich grosser Beliebtheit erfreuten.

Doch übertrug er seinen Berufswunsch auf den Sohn Paul und setzte ihn damit unter solch heftigen Druck, dass dieser anlässlich des Todes des Vaters von einer Befreiung in der Erziehung sprechen konnte.[34] Der Sohn Paul erfuhr den Vater als Tyrannen im Haus[35], als «energische, starke Natur», dem die Religion das Höchste und Einzige gewesen sei: «Der Kern seines Wesens war seine Religion, nach aussen erschien er hart, ungeschmeidig, von eiserner Strenge, durch und durch deutsch.»[36] Eine Zeitlang beschäftigte sich Wernle ferner mit dem Ideal der christlichen Sündlosigkeit.[37] Seine religiöse Prägung brachte es mit sich, dass er sich vehement gegen die Theologie der schweizerischen Reformer wandte.

Diese von Bekehrung und religiöser Ergriffenheit erfüllte Persönlichkeit prägte die Kindheit Paul Wernles, die er selbst als unfrei und beengt erlebte. Der Vater wurde zudem von einem «rastlosen, unbeugsamen Fleiss» getrieben, einer Charaktereigenschaft, die sich auch als wesentliches Merkmal in der Persönlichkeit von Paul Wernle erkennen lässt.

Mit der Mutter, Louise Wernle-Ringier (1838–1918), verband Paul eine lebenslange enge Bindung. Sie, die oft an depressiven Verstimmungen litt, förderte ihren Sohn Paul mehr als die anderen drei Geschwister.[38] Louise Ringier stammte aus einer im 16. Jahrhundert in Zofingen eingebürgerten Familie, die aus Frankreich in die Schweiz eingewandert war, und der einige Berner Pfarrer entstammten.[39] Sie war die älteste Tochter des Aarauer Stadtschreibers Karl Ludwig Ringier. Ihre religiöse Prägung erhielt sie durch den Dichterpfarrer Abraham Emanuel Fröhlich (1796–1865)[40] im Sinne der schweizerischen Erweckung: «Ihrer bescheidenen innerlichen Art entsprach am besten

34 Paul Wernle, Curriculum vitae, im Nachlass Paul Wernle: II. B.d (ohne Paginierung).

35 So Hans Wernle, Aufzeichnungen, S. 15. Er schreibt über seinen Grossvater: Er war ein «unruhiger Geist, typischer ‹Erfinder› kleiner Haushaltsreinigungsmittel, ein Mann der ‹Gründerzeit›, aber ohne geschäftliche Ausdauer, machte eine ‹Bekehrung› durch (Tagebuch erhalten) und wurde danach Mitglied einer pietistischen Gemeinschaft innerhalb der offiziellen Kirche. Er machte eine ‹objektive Heirat›, d. h. mit einer frommen Jungfrau innerhalb derselben Gemeinschaft (nicht Liebesheirat)»; (ebd.).

36 Ebd.

37 Das erste publizierte Werk von Paul Wernle trägt den Titel «Der Christ und die Sünde bei Paulus», Freiburg im Breisgau/Leipzig 1897.

38 Hans Wernle spricht davon, dass die Mutter die drei Geschwister der Karriere des Sohnes Paul «geopfert» habe; Anamnesis, S. 14.

39 Siehe HBLS, Bd. 5, S. 639f.

40 Zu Fröhlich siehe HBLS, Bd. 3, S. 345.

die friedliche und fröhliche Weise der Herrnhuter, die sie in Aarau kennenlernte, und deren Versammlungen sie auch in Zürich gern besuchte».[41]

IV.

Der Wunsch des Vaters, aus dem Sohn einen Theologen zu machen, führte beinahe dazu, dass Paul Wernle sich von seinen theologischen Interessen abgewandt hätte. Als jedoch der Vater wenige Monate vor Wernles Eintritt in das Zürcher Gymnasium 1885 verstarb, erloschen die väterlichen Ansprüche und das Interesse an religiösen Fragen wurde durch die Geschichte und die alten Sprachen verdrängt, die Paul Wernle rasch und ehrgeizig lernte. Wohl durch ausgeprägtes Pflichtbewusstsein und Pedantismus verursacht, verbrachte er seine Jugend ohne Freunde und war in der Schule ein begabter, aber einsamer Aussenseiter. Im Alter von 16 Jahren entschloss er sich 1888, Theologie zu studieren. In seinen autobiographischen Aufzeichnungen hält er dazu fest: «Mein Entschluss war religiös; aus allen Notizen aus jener Zeit geht hervor, dass ich eine heilige Aufgabe übernommen hatte, die ich mit Ernst, mehr aber mit christlicher Gesinnung erfüllen wollte. Nur hatte ich mich in meinen bisherigen Studien viel zu tief in eine einseitige Verstandesrichtung hineingelebt, als dass von eigentlicher Religion überhaupt die Rede war. Es blieb bei der äusserlichen Änderung der Geistesrichtung. Wäre mir damals die Religion innerste Herzensache gewesen, ich hätte nicht so grosse Verirrungen durchzumachen gebraucht.»[42] Während der Konfirmandenzeit[43] wurde Wernle von Edmund Fröhlich (1832–1898)[44], dem Pfarrer an der St. Annakapelle in Zürich, geprägt, der ihn zu gründlichem Bibelstudium im orthodox-positiven Sinne ermunterte: «Von Jugend auf erzogen im orthodoxen Glauben hatte ich mich daran gewöhnt, in der Reformrichtung einen schlimmen Feind zu erblicken. Es war nun Zeit zu prüfen, warum diese Richtung ein so schlimmer

41 Paul Wernle, Autobiographie, S. 208.
42 Paul Wernle, Curriculum vitae.
43 Paul Wernle wurde von Fröhlich am 14. 4. 1889 in der St. Anna-Kapelle in Zürich konfirmiert. Die Konfirmationspredigt über Matthäus 8, 23–27 befindet sich im Nachlass Paul Wernles: II.B.i.
44 Zürcher Pfarrerbuch (1519–1952), hrsg. von Emanuel Dejung und Willy Wuhrmann, Zürich 1953, S. 284f.

Feind sei.»[45] Dabei unterstützte ihn der orthodoxe Nichttheologe Ulrich Stutz (1826–1895), der unter dem Titel «Der Alte und der Neue Glaube oder Christenthum und Naturalismus. An Strauss und den zürcherischen Reformern geprüft»[46] eine polemische Auseinandersetzung mit der freisinnigen Theologie und ihren Protagonisten vorgelegt hatte. Durch Stutz erkannte Wernle, «dass es sich gegenwärtig um zwei Weltanschauungen handelt, die christliche und die moderne, und dass die Reformtheologie jenseits der Kluft stehe, so gut wie Strauss, nur nicht so consequent und ehrlich wie er.»[47] Weiter beeinflussten Wernle Leopold Witte mit seiner Tholuck-Biographie[48] sowie Alexandre Vinet und Blaise Pascal.

Ersten Kontakt mit einer gemässigt kritischen Lesart der Bibel erfuhr Wernle, als er zur Konfirmation Adolf Schlatters (1852–1938) «Einleitung zur Bibel»[49] erhielt. Dessen Erkenntnisse, dass es Widersprüche in der Bibel gebe und man die Verfasser der biblischen Bücher nicht kenne, irritierten den Konfirmanden. Nach der Lektüre von Schlatter hielt Wernle fest: «Schlatter war mir gram.»[50] Ein anderer zeitgenössischer Theologe sollte Wernle schliesslich in die orthodoxe Bibelkritik einführen, und zwar der reformierte Franke Johannes Heinrich August Ebrard (1818–1888), dessen wissenschaftliches Anliegen der Apologie der historischen Grundtatsachen und der «ewigen Grundwahrheiten des Christentums» galt.[51] Doch blieb Ebrard nur ein kurzfristiger Wegbegleiter, denn schon bald traten neue Herausforderungen in den Vor-

45 Paul Wernle, Curriculum vitae. In seiner «Autobiographie» heisst es dazu: «Mein Ingrimm wandte sich vor allem gegen die Theologie der Reformer, eines Biedermann und besonders Heinrich Langs ... Die ganze Reformtheologie erschien mir als ein schwächlicher Kompromiss des Glaubens mit dem Unglauben, als eine charakterlose Halbheit, der gegenüber David Friedrich Strauss die ehrliche Konsequenz vertrat» (S. 211). Auch in seinem Curriculum vitae würdigte Wernle Strauss positiver als Lang und Biedermann; Lang nannte Wernle «das Panier des Unglaubens und Muster der Lüge».

46 Zürich 1874. Es handelt sich bei der Publikation um sieben Vorlesungen, die Stutz im Winter 1872/73 vor einem gemischten Publikum in Zürich gehalten hatte. Anlass der Vorträge war das Erscheinen von David Friedrich Straussens «Der alte und der neue Glaube. Ein Bekenntnis», Leipzig 1872, [4] 1873. Stutz wollte seinem Publikum vorführen, «dass nämlich der Neue Glaube gar nichts sei als ein versteckter Naturalismus, also kein Glaube mehr, sondern ein Abfall vom Glauben» (S. III). Stutz war Sekundarlehrer und Dozent der Geologie am eidgenössischen Polytechnikum.

47 Paul Wernle, Curriculum vitae.

48 Leonhard Witte, Das Leben D. Friedrich August Gotttreu Tholuck's, 2 Bde., Bielefeld/Leipzig 1884–1886.

49 Adolf Schlatter, Einleitung in die Bibel, Calw/Stuttgart 1889.

50 Paul Wernle, Curriculum vitae.

51 E. F. Karl Müller, J. H. A. Ebrard, in: RE[3], Bd. 5, S. 137.

dergrund, und Wernle erklärte: «Sollte mein Leben eine andre Richtung nehmen, so waren zwei Dinge nötig: Die theologischen Studien mussten sich umgestalten, die Religion musste aus dem Gebiet des Verstandes heraustreten; die Theologie musste aufhören, das Leben einseitig zu beherrschen, es musste sich im Innern eine neue Welt auftun, die Empfindung musste zu ihrem Recht kommen.»[52] Im Sommer 1889 erfolgte eine entscheidende geistige Weiterentwicklung Wernles. Veranlasst durch das liberale und stark psychologisierende «Leben Jesu» von Bernhard Weiss (1827–1918)[53], rückte er von Ebrard ab und öffnete sich freieren und kritischeren Ansichten. Wernle gab die bisher sorgsam gehütete orthodoxe Inspirationslehre auf, wandte sich der Hermeneutik Schlatters zu und rezipierte Weiss, dessen «christlich positiver Sinn» seine «religiöse Empfindung» beruhigte: durch ihn habe er gelernt, wissenschaftlich zu denken.[54] Wernle bezeichnete sich als Schüler von Weiss und machte sich dessen Auffassung von der Entstehung der Evangelien zu eigen. Denn, so erklärte Wernle, «theologisch ist mir Weiss die einzige Autorität, christlich das Muster der eventuell möglichen Verbindung von Wissen und Glauben». Als Kritiker galt er ihm als «fast unbeschreibbare Autorität».[55]

Anfang der neunziger Jahre beschrieb Wernle seinen theologischen Standpunkt folgendermassen:

> «Sowie ich nun aber an einzelnen Erzählungen Kritik üben sollte und doch sah, wie tief das Dogma der Inspiration in der Orthodoxie wurzle, fühlte ich mich unbehaglich, zumal da ich in ganz orthodoxer Umgebung verkehrte. Ich fand, dass ich, oberflächlich betrachtet, auf einem vermittelnden Standpunkt stehe, wenn ich auch in der Praxis zur Orthodoxie halte. So nannte ich mich denn positiv, aber ohne jede scharfe Trennung von der Orthodoxie. Will Orthodoxie nichts anderes sein als Christentum, heisst das orthodox: Unser Schlachtruf Christus, unser Banner Christus, unser Glaube durch und an Christus, unsre Liebe für Christus, unser Leben und Sterben Christus, unser Tun und Lassen, Wirken und Vollbringen Christus, unser Ein – und Alles Christus, dann freilich bin ich ein veritabler Orthodoxer, wie ich es vorher nie besser war.»[56]

Wernle beschäftige sich in der folgenden Zeit mit der Frage nach dem freien Willen, begann eine Untersuchung über die Wunder der Evangelien und wandte sich Isaak August Dorner (1809–1884) als seinem neuen dogmatischen Führer zu. Nach mehrmonatiger Auseinandersetzung mit Weiss ging Wernle in die Schule zweier anderer Theologen: Alexandre

52 Paul Wernle, Curriculum vitae.
53 Bernhard Weiss, Das Leben Jesu, 2 Bde., Berlin 1882. Siehe dazu Albert Schweitzer, Geschichte der Leben-Jesu-Forschung, Tübingen 9 1984, S. 239f.
54 Paul Wernle, Curriculum vitae.
55 A. a. O.
56 A. a. O.

Vinet (1797–1847) und August Tholuck (1799–1877) zogen zunehmend sein Interesse auf sich. Anhand von Vinet vertiefte sich Wernle in ekklesiologische Fragestellungen, denn ihn beeindruckte die Idee einer Église libre. Eine solche sehnte Wernle herbei, weil er als positiver Christ eine «tiefe Zerklüftung, die völlige Unhaltbarkeit der protestantischen Landeskirche» proklamierte, doch schien ihm «der rechte Zeitpunkt zum Austritt noch nicht gekommen» zu sein. Durch Vinet wurde ihm der Satz «la morale est inséparable du dogme» zur unerschütterlichen Überzeugung.

Tholuck und der schon genannte Stutz weckten schliesslich auch noch Wernles Interesse für Hegel. Der Berliner Philosoph rage «weit über der Seichtheit des Gewöhnlichen» hinaus und habe «der Speculation, wie dem Denken überhaupt die wahren Flügel angewiesen», urteilte Wernle.[57] Mit der Rezeption Hegels einhergehend lernte er aber auch Strauss' und Feuerbachs Hegelkritik kennen und nahm Eduard Zellers Einwand auf, wonach die Gedanken nicht, wie Hegel geglaubt hatte, das Wesen aller Dinge seien.[58]

Weitere wichtige Stationen seiner geistigen Entwicklung waren die Auseinandersetzungen mit seinem Geschichtslehrer Otto Markwart (1861–1919), dem Schüler und Biographen Jacob Burckhardts, dessen Betonung der Ideen der Geschichte zum Widerspruch reizte. Ferner traten die Auseinandersetzung mit dem Darwinismus und die Frage nach dem Verhältnis von christlicher und moderner Weltanschauung in den Blick.

Theologisch arbeitete Wernle weiter am Problem des Schriftprinzips. Erstaunlicherweise las er nun auch mit Gewinn Heinrich Langs (1826–1876) «Stunden der Andacht»[59], durch den ihm das freisinnige System erst recht verständlich geworden sei und durch den er für seine eigenen religiösen Anschauungen wichtige Anregungen erhalten

57 A. a. O.

58 Paul Wernle betonte seine Abneigung gegen den Hegelschen Begriff 1895, nachdem er A. E. Biedermanns «Christliche Dogmatik» gelesen hatte. Biedermann wirkte ambivalent auf ihn: «Das Werk hat mir erstaunlich imponiert durch exakte und doch grandiose Denkarbeit, die geschlossene Systematik, die Klarheit und Ehrlichkeit der Sprache. Wie hoch steht er über allem, was seitdem auf reformiertem Gebiet produziert wurde... Aber anderseits: es ist mir fremd, und es ist auch vorbei. Es ist und bleibt doch Begriffsmythologie, aus Begriffen lässt sich keine Wirklichkeit herausklauben; hier liegt der Grundfehler der Hegel'schen Richtung»; in: Max Burckhardt, Studentenbriefe aus den 1890er Jahren. Aus der Korrespondenz des Theologen Paul Wernle mit dem Historiker Paul Burckhardt, in: Gottesreich und Menschenreich. Ernst Staehelin zum 80. Geburtstag, Basel/Stuttgart 1969, S. 520f.

59 2 Bde., Winterthur 1862–1865.

habe.[60] Wernles hermeneutische Überlegungen mündeten in der Aussage: «Es könne von der Schriftautorität nur noch in einem Spiel mit täuschenden Worten gesprochen werden, wir setzen uns über die Schrift, und unsre Vernunft greife nach Willkür heraus, was ihr gut und wissenschaftlich scheine. Was die Orthodoxie unter Schriftglaube verstehe, sei gar kein Glaube, sondern ein Wissen, und was für ein Wissen? ein schlechthin unbegründetes, schlechthin unnützes, nirgends verlangtes; unser Leben könne sich nicht danach einrichten, unser Herz finde nichts daran, unsre Mitmenschen haben nichts davon.»[61] Wernle verliess damit zwar den Boden der Orthodoxie, wandte sich aber noch nicht der liberalen Theologie zu. Er verstand sich um 1890 vielmehr immer noch als positiver Theologe, der der Orthodoxie vorwarf, «nicht weniger eine Veräusserlichung des Christentums als die katholische» zu sein, «diese nach der ceremoniellen, jene nach der biblischen Seite hin; beide seien wahr und falsch; das Christentum sei weder das eine noch das andere, denn es sei Leben». Gegen Ende seiner Schulzeit beabsichtigte Wernle, Abstand zur Theologie zu gewinnen, da er augenscheinlich in eine erste theologische Krise geraten war, und er überlegte, die Theologie ganz aufzugeben. Davor bewahrte ihn aber seine Beschäftigung mit Schleiermacher, vom dem er glaubte, er könne ihn bei der Theologie halten. Die Schulzeit schloss Wernle schliesslich mit dem Wunsch ab, Theologie zu studieren, und zwar «auf dem positiven Boden der Vermittlungstheologie»: Er wollte – so sein unbescheidenes und enthusiastisches Ziel – weiter Theologie treiben und Gegensätze aufheben, um so das Christentum neu zu reformieren.

V.

Mit diesen zwar recht zufällig erworbenen und kaum wirklich verarbeiteten theologischen Vorkenntnissen immatrikulierte sich Wernle im Herbst 1891 auf Anraten Otto Markwarts an der Basler Universität, wo er noch Gelegenheit hatte, Vorlesungen bei Jacob Burckhardt (1818–1897) zu hören. Unter den Basler Theologen war es vor allem der Alttestamentler Bernhard Duhm (1847–1928), der ihn ansprach, und

60 Neben die positive Würdigung Langs traten erwartungsgemäss kritische und polemische Bemerkungen: «‹Geistreich›, das war schliesslich der Gesamteindruck, ist das Buch nach wie vor, aber um die Gabe, geistreich zu sein, beneide ich Herrn Lang nicht: Offenheit wäre mir lieber», Paul Wernle, Curriculum vitae.

61 A. a. O.

nicht etwa Hans Conrad von Orelli (1846–1912)[62], der zu den führenden Kräften der schweizerischen positiv-biblischen Richtung zählte, und «für alle rechtsstehenden Theologen die Hauptanziehungskraft in Basel» war.[63] Durch Duhm lernte Wernle das Alte Testament neu zu lesen und empfing wichtige Anregungen für die Beschäftigung mit dem Neuen Testament, das sein Forschungsschwerpunkt werden sollte.[64] Im fünften Semester wechselte Wernle nach Berlin, wo er neben anderen vor allem Heinrich von Treitschke (1834–1896) und Adolf von Harnack hörte, dessen Kolleg über «Einleitung in das Neue Testament» ihn am meisten fesselte.[65] 1894 ging Wernle nach Göttingen, wo er sich Johannes Weiss[66], William Wrede (1859–1903) und Wilhelm Bousset anschloss, dessen Verbindung von Detailarbeit und grossen Ideen er bewunderte. Ein Jahr blieb Wernle in Göttingen, bevor er in die Schweiz zurückkehrte, wo er im Frühjahr 1895 das theologische Konkordatsexamen mit hervorragendem Ergebnis ablegte.[67] Es folgten die Vorbereitungen für das Lizentiat, womit auch eine berufliche Entscheidung getroffen wurde: Wernle strebte ein akademisches Lehramt an und nicht eine Pfarrstelle.[68] Die Lizentiatenarbeit war die «Konstrastierung des eschatologischen Apostels mit dem Armensünderchristentum der Reformation bzw. der Sündenlehre nach Ritschl».[69] Mit dem Optimismus der Gründerjahre beabsichtigte er, den Gegensatz zwischen Wissenschaft und Religion aufzuheben; aus diesem Grund habilitierte er sich 1897 mit der Schrift «Der Christ und die Sünde bei Paulus».[70] Bei Jacob Burckhardt fand er dafür kein Verständnis; der wollte ihn lieber als Landpfarrer sehen, denn das sei das Beste, was man tun könne.[71] Wernle er-

62 Zur Person siehe Thomas K. Kuhn, Hans Conrad Orelli, in: BBKL, Bd. 6, Sp. 1231–1236.

63 Paul Wernle, Autobiographie, S. 213.

64 A. a. O., S. 213f.

65 Mit Harnack blieb Wernle bis 1929 verbunden, wie die Karten und Briefe Harnacks zeigen. Wernle sandte seine Publikationen dem verehrten Lehrer zu. 1895 schrieb er an Paul Burckhardt, «der eigentliche Riese ist doch Harnack, eine Stunde bei ihm ist das herrlichste Bad»; Studentenbriefe, S. 518.

66 J. Weiss (1863–1914) war Professor für Neues Testament in Göttingen, Marburg und Heidelberg. An den Basler Paul Burckhardt schrieb Wernle 1894: «Bei J. Weiss habe ich es nun besonders glücklich getroffen, da ich noch mit keinem Neutestamentler in so vielen Punkten zusammengetroffen bin»; Studentenbriefe, S. 503.

67 Siehe Prüfungstabellen, StAB: Kirchenarchiv N 3 a.

68 Wernle wurde am 19. Mai 1896 vom Antistes Arnold von Salis ordiniert; siehe den Ordinationsschein in seinem Nachlass.

69 Köhler, Paul Wernle.

70 Diese Untersuchung ist der grössere Teil der Lizentiatenarbeit. Der Teil über Paulus ist stark überarbeitet worden; siehe dazu das Vorwort S. V–IX.

71 Hans Wernle, Anamnesis, S. 26.

strebte aber eine andere theologische Existenz, denn sein wissenschaftlicher Anspruch lautete, Jesusglauben und historische Kritik zu vereinen. Dieses Interesse war während des Studiums in einer Gruppe von Studenten[72] erwacht. Dieser studentische Zirkel glaubte, den angestammten und für unentbehrlich gehaltenen christlichen Glauben – wobei nicht ganz deutlich wird, wie dieser inhaltlich zu füllen sei – mit dem modernen Weltbild des 19. Jahrhunderts, das heisst, mit seinem naturwissenschaftlichen Entwicklungsgedanken, der historischen Quellenkritik und der religionsgeschichtlichen Erforschung verbinden zu können. Wernle versuchte, diesen Anspruch in seiner Schrift «Die Anfänge unserer Religion»[73] zu realisieren.

VI.

Im Frühjahr 1897 nahm Wernle als Privatdozent für Neues Testament seine Lehrtätigkeit an der Universität Basel auf. Er befasste sich in den ersten Semestern sowohl mit den Synoptikern und der Apostelgeschichte als auch mit dem Johannesevangelium und mit den paulinischen Briefen.[74] Der junge Dozent erfuhr guten Zuspruch von Seiten der Studenten und wachsenden Respekt der Kollegen. So schlugen P.W. Schmidt[75], R. Stähelin und A. Bolliger[76] in der ersten Hälfte des Jahres 1900 den oberen Behörden vor, Wernle eine finanzielle Gratifikation zu erteilen, da dieser ökonomisch ganz von der Mutter abhängig sei.[77] Die genannten Professoren beschreiben Wernle als anregenden Dozenten, der bei den Studenten beliebt sei und auch literarisch bedeutende Leistungen vorlege. Auch eine Beförderung des jungen Dozenten zum Extraordinarius empfahl Schmidt dem Regierungsrat mit der Begründung: Wernles «literarische Leistungen kommen für die Wissenschaft in

72 Der Gruppe gehörten an: Benedikt Hartmann (1873–1955, Pfarrer in Graubünden und von 1918–1926 Leiter der Evangelischen Lehranstalt in Schiers), Albert Barth (1874–1927, Schulrektor in Basel) und der spätere Schwager Rudolf Liechtenhan; so Hans Wernle, Anamnesis, S. 16.

73 Tübingen 1901.

74 Vgl. dazu die Vorlesungsverzeichnisse der Universität Basel vom Sommersemester 1897-Wintersemester 1900/1901.

75 Paul W. Schmidt (1845–1917) lehrte seit 1876 Neues Testament in Basel und war Mitglied des Deutschen Protestantenvereins.

76 Adolf Bolliger (1854–1931) lehrte von 1891 bis 1905 als Professor der systematischen Theologie in Basel; wurde dann am Zürcher Neumünster Pfarrer; Zürcher Pfarrerbuch, S. 208f.

77 Die Schreiben der drei Professoren finden sich in den Akten der Theologischen Fakultät, StAB: Erziehungsakten Y 6.

Betracht (was von denen des Herrn Lic. Riggenbach[78] keinesfalls zu sagen ist) und seine ersten Dozenten-Erfolge sind glänzend».

Das ausführlichste Schreiben über Wernle verfasste aber der liberale Systematiker A. Bolliger am 6. Mai 1900 zuhanden der Kuratel. Dieses Dokument gehört schon in die Phase der ersten Überlegungen zur Nachfolge Rudolf Stähelins, der am 13. März 1900 verstorben war. Ob Bolliger aus eigenem Antrieb handelte oder um eine Stellungnahme gebeten worden war, kann nicht zweifelsfrei ermittelt werden. Wahrscheinlicher scheint indes die erste Möglichkeit.[79] Bolliger betonte die Breite von Wernles Lehrveranstaltungen in den zurückliegenden sieben Semestern. Dabei falle auf, dass Wernle oft mehr Studenten in seinen Veranstaltungen versammeln könne als manche Ordinarien. Das liege an seiner überdurchschnittlichen Begabung und an seinem grossen Fleiss. Diesen sehr positiven Urteilen liess Bolliger einige kritische Bemerkungen folgen. Wernle könne trotz seiner bemerkenswerten Leistungen wohl nicht als wissenschaftlicher Mann «ersten Ranges» bezeichnet werden, der neue Wege zu zeigen vermöge, denn den herrschenden Lehrmeinungen gegenüber sei er zu rezeptiv, zu wenig kritisch.[80] Oft suggeriere er seinen Hörern etwas, was er eigentlich in aller Ruhe beweisen sollte. Nach diesen kritischen Erwägungen aber präsentiert Bolliger Wernle als möglichen Nachfolger Stähelins und zählt die Bedürfnisse der Fakultät auf: Man benötige einen «Mann mit dem Charisma des Historikers … mit feinem Sensorium für die treibenden Kräfte der Geschichte». Wernle sei ein solcher Kandidat, ein Mann mit ausgezeichneten historischen Kenntnissen, der auch schon als Historiker gearbeitet habe. Ihm sei es durchaus zuzutrauen, dass er den gesamten Stoff der Kirchengeschichte bewältigen könne. Ferner besitze er

78 Eduard Riggenbach (1861–1928) war Lehrer an der Predigerschule in Basel und 1899 zum Extraordinarius für Neues Testament in Basel berufen worden. Riggenbach vertrat ein positives Christentum. Deshalb protegierte der liberale Schmidt seinen Gesinnungsgenossen Wernle. Zur Person Riggenbachs siehe Christoph Ramstein, Der Basler Neutestamentler Eduard Riggenbach-Thurneysen (1861–1927), in: Basileia – Festschrift für Eduard Buess, hrsg. von Hans Dürr und C. Ramstein, Basel 1993, S. 315–338.

79 Paul Wernle berichtet in seiner «Autobiographie» (S. 231), Bolliger habe seine Beförderung gewünscht «und sich zu ihrer Empfehlung ohne mein Wissen die Korrekturbogen meiner ‹Anfänge› direkt von Tübingen kommen» lassen. Wernle publizierte fast alle seine Monographien im Tübinger Mohr-Verlag.

80 Möglicherweise spielt Bolliger mit dieser Kritik auf Wernles Buch «Die synoptische Frage», Freiburg im Breisgau/Leipzig/Tübingen 1899, an, wo Wernle selber im Vorwort erklärt, «vorliegende Untersuchung will nichts Neues oder Überraschendes zur Lösung der synoptischen Frage bringen, sondern die vielen vorhandenen Hypothesen sichten durch Betonung der Hauptsachen und Bevorzugung des Einfachen vor dem Künstlichen und Komplizierten» (S. V).

Lehrgabe und sei dem Christentum mit «Liebe zugetan». Für ihn spreche auch, dass er in einem anderen Fach mitarbeiten könne, da die Fakultät zwei «reine Kirchengeschichtler» nicht vertrage. Problematisch sei allein, dass Wernle noch nicht über das 16.–19. Jahrhundert gelesen habe. Doch relativiert Bolliger diesen Einwand mit der Bemerkung, Wernle habe immerhin schon reformationsgeschichtliche und neuzeitliche Quellen studiert. Abschliessend verweist Bolliger auf Wernles Herkunft aus einer «positiv-pietistischen» Familie und präsentiert ihn als idealen Vermittler zwischen den theologischen Lagern. Wernle sei trotz wissenschaftlicher Theologie ein Vertrauensmann der Positiven geblieben. Aber auch Freisinnige würden bei mancher Kritik im Detail Wernles wissenschaftlichen Ansatz anerkennen. Bolliger schliesst sein Schreiben mit den pathetischen Worten, Wernle sei ein «Stück Verheissung dafür, dass der Abgrund in unserer Kirche sich füllen wird».

Als die Diskussionen über die Nachfolge Stähelins in den unterschiedlichen universitären und politischen Gremien einsetzten, wurden anstelle Wernles erst einmal ganz andere Namen gehandelt. Als Kandidaten waren Emil Egli (1848–1908)[81] aus Zürich, Fritz Barth (1856–1912)[82] aus Bern und Johannes Ficker (1861–1944)[83] aus Strassburg im Gespräch. Man beschloss, über alle drei Informationen einzuholen. Bei den weiteren Verhandlungen schied Egli auf Grund seines Alters aus. Schliesslich liefen die Empfehlungen auf Ficker hinaus und die Kuratel der Universität beschloss am 3. Mai 1900, Ficker das Ordinariat für Kirchengeschichte anzutragen und ihn, falls er dem Ruf Folge leisten wolle, den oberen Behörden vorzuschlagen.[84] Es kam jedoch nicht zu einer Berufung Fickers, der gerade erst zum ordentlichen Professor befördert worden war, und Regierungsrat Dr. H. David berichtete vor der Kuratel am 24. November: «Eine hervorragende, für uns erreichbare Kraft ist zur Zeit in Deutschland nicht vorhanden. Wir sind auf die Candidaten Barth, Bernoulli[85], Vischer[86] und Wernle angewiesen. Eine Vertei-

81 Zur Person siehe Zürcher Pfarrerbuch, S. 251.
82 Zur Person siehe Busch, Lebenslauf, S. 21f.
83 Zur Person siehe Ernst Wolf, Johannes Ficker, in: RGG³, Bd. 2, Sp. 935; siehe ferner zu den drei genannten Kandidaten die Artikel von Friedrich W. Bautz, in: BBKL, Bd. 1, Sp. 384; 1468f.; BBKL, Bd. 2, Sp. 29f.
84 Siehe Kuratel der Universität und Pädagogium 1878–1902, StAB: Protokolle T 2/4.
85 Carl Albrecht Bernoulli (1868–1937) war ein Schüler Franz Overbecks; 1895–1899 unterrichtete er als Privatdozent Kirchengeschichte.
86 Eberhard Vischer (1865–1946) wurde 1902 ausserordentlicher und 1907 ordentlicher Professor in Basel und lehrte Kirchengeschichte und Neues Testament.

lung der Professur wäre keine auf die Dauer befriedigende Lösung.»[87] In der sich anschliessenden Diskussion einigte man sich darauf, Paul Wernle anzufragen, da dieser als hervorragende Kraft galt und man ihm zutraute, er könne sich rasch in das Gebiet der Kirchengeschichte einarbeiten. Nachdem sich Wernle zu diesem Vorschlag positiv geäussert hatte, schlug das Erziehungs-Departement des Kantons Basel-Stadt dem Regierungsrat am 30. November 1900 vor, man möge Wernle mit der Vertretung des Lehrstuhls von Rudolf Stähelin betrauen. In der Begründung des Antrags wurden die Erfolge Wernles und dessen Bedeutung für die Fakultät betont. Er verfüge über die Gabe «kurz, klar und anregend darzustellen». Man wisse zwar, so die Behörde, dass der Kandidat bisher nicht als Kirchengeschichtler aufgetreten sei, doch schlage man ihn vor, «weil begründete Hoffnung vorhanden ist, dass er sich auch auf diesem Gebiet in kurzer Zeit heimisch fühlen werde, um so eher als ihm die alte Kirchengeschichte auf Grund seiner bisherigen Vorlesungen nichts Fremdes ist». Das Schreiben des Erziehungs-Departements schliesst mit dem Antrag, Wernle zum ausserordentlichen Professor der theologischen Fakulät mit Lehrauftrag für neuere Kirchengeschichte, Dogmengeschichte, Geschichte des protestantischen Lehrbegriffs und Geschichte der protestantischen Theologie zu ernennen. Als Jahresbesoldung werden 3500 Franken genannt.[88] Am 1. Dezember 1900 berief der Regierungsrat Wernle zum Extraordinarius.

Die Theologische Fakultät aber war in diesen ganzen Entscheidungsprozess nicht berücksichtigt worden. Als die Fakultät von der Berufung Kenntnis nahm, wurde auf den 7. Dezember 1900 eine Fakultätssitzung einberufen, an der die Professoren Bolliger, Franz Overbeck (1837–1905) und Privatdozent Wernle nicht teilnahmen. Letzterer war nämlich durch Dekan Wilhelm Bornemann (1858–1946)[89] nicht eingeladen worden. Als einziger Tagesordnungspunkt stand eine «Stellungnahme zu der kürzlich erfolgten Besetzung des Stähelinschen Lehrstuhls (nämlich durch den Herrn Prof. Lic. theol. P. Wernle); eventuell Antrag» zur Diskussion.[90] Bevor man auf dieses Geschäft eintrat, wurde eine Erklärung Bolligers bekannt gemacht: Er sei der Sitzung ferngeblieben, da er – so seine Begründung – durch seinen Amtseid daran gehindert werde, eine

87 Siehe Kuratel der Universität und Pädagogium 1878–1902, StAB: Protokolle T 2/4.

88 Einzelne Dozenten, StAB: Erziehungsakten Y 16.

89 Bornemann war seit 1898 ordentlicher Professor für Kirchengeschichte und Praktische Theologie in Basel. 1902 wurde er Pfarrer und 1922 Professor für Praktische Theologie in Frankfurt am Main.

90 Protokolle der Sitzungen der theologischen Fakultät 1744–1923, StAB: Universitätsarchiv O 2 a.

Stellungnahme über die Besetzung abzugeben. Anscheinend wollte er einer absehbaren Personaldebatte aus dem Weg gehen, zumal er sich schon entschieden für Wernle ausgesprochen hatte und nun auch keine Möglichkeit sah, für einen Stimmungsumschwung in der Fakultät zu sorgen. Die anwesenden Kollegen Paul Wilhelm Schmidt und Paul Böhringer[91] standen einer Berufung Wernles positiv gegenüber und kritisierten, dass Wernle nicht eingeladen worden sei. Deshalb würden sie sich bei allfälligen Abstimmungen der Stimme enthalten. Bornemann legte als Diskussionsgrundlage drei Anmerkungen vor, in denen er erstens bedauert, dass es der Kuratel nicht gelungen sei, einen kirchenhistorischen Fachmann zu gewinnen. Zweitens bittet er darum, bei der endgültigen Besetzung des kirchengeschichtlichen Lehrstuhls die eingeschlagene Richtung nicht weiter zu verfolgen. Abschliessend ersucht er die obere Behörden, in Zukunft keine Berufungen ohne Gutachten der ordentlichen theologischen Professoren auszusprechen.

Nach eingehender Diskussion einigte man sich darauf, die dritte Resolution als aussichtslos zu verwerfen. Bernhard Duhm formulierte daraufhin eine neue dreigliedrige Erklärung: Erstens moniert die Theologische Fakultät, dass sie vor der wissenschaftlichen Welt ein Vorlesungsverzeichnis zu vertreten habe, in dem die kirchen- und dogmengeschichtlichen Lehrveranstaltungen von einem «nicht fachmännisch vorbereiteten und nicht hinreichend durchgebildeten Dozenten angezeigt werden». Zweitens bittet man darum, den Lehrauftrag für Wernle gemäss seinen Vorkenntnissen zu ändern und drittens ersucht die Fakultät die Kuratel um geeignete Aushilfen für die von Stähelin vertretenen und nun verwaisten Lehrfächer. Der Dekan wird beauftragt, der Kuratel solche Dozenten zu nennen.[92]

Dieses Schreiben der Theologischen Fakultät lag der Kuratel gut zwei Wochen später in der Sitzung vom 23. Januar 1901 vor. Verstimmt reagierte die Universitätsbehörde und konstatierte: «Da sowohl das Verfahren der theol. Fakultät in dieser Angelegenheit als der Ton ihres Schreibens als unzulässig erachtet werden müssen, wird um jede weitere Diskussion abzuschneiden beschlossen…, 1. dass die Ernennung des Herrn Wernle zum Vertreter der Disziplinen der Kirchengeschichte in gesetzesgemässer Weise durch die competente Behörde, die die Verantwortung dafür tragen wird, vorgenommen worden ist. 2. dass der Ton

91 Paul Böhringer (1852–1929) lehrte in Basel als Privatdozent, wurde 1896 ausserordentlicher und 1904 ordentlicher Professor; seine Schwerpunkte waren ältere Kirchengeschichte und Symbolik; Zürcher Pfarrerbuch, S. 206.

92 Protokolle der Sitzungen der theologischen Fakultät 1744–1923, StAB: Universitätsarchiv O 2 a.

des Schreibens der Fakultät der Curatel verbietet, auf den Inhalt derselben einzugehen.»[93]

Die Auseinandersetzung fand am 4. Februar 1901 durch die Vereidigung Wernles ihr Ende. In den folgenden Jahren sollte es Wernle durch seinen Arbeitseifer rasch gelingen, seine Kritiker zu überzeugen: Er arbeitete sich in kürzester Frist in seine neuen Lehrfächer ein und wurde zu einem überaus produktiven kirchenhistorischen Autor.[94] Die ablehnende Haltung der Fakultät Wernle gegenüber hatte ja auch nicht seiner Person gegolten, sondern gründete auf der Tatsache, dass ein fachfremder Kollege die historischen Disziplinen übernehmen sollte, von dem man nicht wusste, ob und wie er dem Lehrauftrag nachzukommen im Stande sein würde. Zum anderen muss das Verhalten der Fakultät auch als trotzige Reaktion auf die Missachtung durch die politischen Behörden interpertiert werden: Man fühlte sich übergangen und in der wissenschaftlichen Ehre gekränkt. Schliesslich sollte auch das Ringen um universitäts- und kirchenpolitische Machtverhältnisse bei der Beurteilung dieser umstrittenen Berufung in Betracht gezogen werden.

Fünf Jahre nach der Berufung wurde Wernle zum ordentlichen Professor befördert und damit seine wissenschaftlichen Leistungen in Lehre und Forschung gewürdigt.[95] Bis zum Ende des Wintersemesters 1926/27 lehrte Wernle in Basel Kirchengeschichte. Er musste sich frühzeitig pensionieren lassen, da ihm die Folgen einer fortschreitenden Krankheit die Kommunikation mit den Studenten und der Aussenwelt unmöglich machten.[96] Am 11. Januar 1927 wurde sein Nachfolger Ernst Staehelin berufen. Als letztes Werk konnte er 1938 noch den ersten Band über die schweizerische Kirchengeschichte in der Helvetik in die Hände nehmen. Am 12. April 1939 verstarb Paul Wernle in Basel.

VII.

Ein Blick in das Schriftenverzeichnis Wernles zeigt, mit welch rastloser Intensität er seit seiner ersten Veröffentlichung im Jahr 1897 publiziert hat. Einige seiner Werke erlebten weite Verbreitung: so etwa sein Jesus-Buch[97], das 1917 auch als Feldausgabe für die deutschen Soldaten erschien. Ein weiteres einflussreiches Buch war die «Einführung in das

93 Kuratel der Universität und Pädagogium 1878–1902, StAB: Protokolle T 2/4.
94 Siehe dazu das Schriftenverzeichnis Wernles von Philipp Schmidt.
95 Siehe das Schreiben des Erziehungs-Departements an den Regierungsrat vom 24.2.1905, in: Einzelne Dozenten, StAB: Erziehungsakten Y 16. Am 25.2.1905 wurde die Beförderung beschlossen.
96 Siehe dazu Paul Wernle, StAB: Universitätsarchiv VIII 5, 3.
97 Jesus, Tübingen 1916, ^{2}1916.

theologische Studium», das in drei Auflagen erschien und zahlreichen Studierenden zum Einstieg ins Theologiestudium verhalf.[98] Doch Standardwerke bis auf den heutigen Tag und schier unerschöpfliche Fundgruben sind die Werke zur schweizerischen Kirchengeschichte im 18. Jahrhundert und zur Zeit der Helvetik. Auch diese Monographien harren noch – wie auch Wernles reformationsgeschichtliche Arbeiten – einer wissenschaftsgeschichtlichen Untersuchung.

Diese beeindruckende wissenschaftliche Leistung ist indes nur eine Seite des Menschen Paul Wernle. Seine andere Seite ist hingegen gekennzeichnet durch Krankheit, Einsamkeit, psychische Instabilitäten, Ängste und Verlusterfahrungen.[99] Wie schon erwähnt, erlebte Wernle in seiner Kinder- und Jugendzeit einen starken väterlichen Erwartungsdruck und eine ganz auf ihn fixierte Mutter. Das Mutter-Sohn-Verhältnis vertiefte sich, als der Vater starb und die Mutter all ihre Zuwendung ihrem Sohn Paul schenkte. Der Sohn reagierte darauf, indem er sich schon früh in wissenschaftliche Studien vergrub, um so den vom Vater übernommenen mütterlichen Erwartungen und Hoffnungen zu entsprechen. Infolgedessen fand er unter seinen gleichaltrigen Klassenkameraden keinen Anschluss. Möglicherweise ist von daher auch zu erklären, dass seine späteren Freunde ihn als menschlich schwierige Persönlichkeit erlebten. Sein Freund Paul Häberlin etwa attestierte Wernle, einem grossen und stattlichen Mann, «unbestreitbar infantile Züge».[100] Ein anderer Freund Wernles erklärte, als Mensch sei Wernle nicht viel wert gewesen.[101] Darum ist es um so erstaunlicher, dass Wernle dennoch zahlreiche Schüler um sich scharen konnte. Er vermittelte eine theologische Führungskraft, die über menschliche Schwächen hinwegsehen liess.

Den Familienmitgliedern aber war das nicht möglich. Sie erfuhren den Vater und Ehemann nicht nur als unablässig arbeitenden Wissenschaftler, sondern mussten auch mit seiner problematischen Persönlichkeit leben: So konnte Wernle «vernichtend schimpfen, grob heftig ohne Ende.»[102] Seine erste Frau reagierte darauf mit Ängstlichkeit und Unsicherheit, sie «verlor den Kopf, sah nicht weiter und brach dann in Jähzorn aus, äusserst heftig».[103] Sie resignierte vor dem Infantilismus des

98 Gert Hummel, Enzyklopädie, theologische, in: TRE, Bd. 9, S. 716–742, nennt Wernles «Einführung» das einzige Werk von Rang im ersten Drittel des 20. Jahrhunderts (S. 737).
99 1922 verstarb seine Frau Marie, 1924 heiratete Paul Wernle Marie Nussberger.
100 So Hans Wernle, Vorzeit, S. 14.
101 Hans Wernle, Anamnesis, S. 23.
102 Hans Wernle, Aufzeichnungen, S. 20.
103 Ebd.

Ehemannes. Zwischen den Eheleuten entwickelte sich trotz der offensichtlich schwierigen ehelichen Verhältnisse eine in den Augen des Sohnes zunehmend «übertriebene, kindliche, kindelige Zärtlichkeitssprache».[104] Ein weiteres Problem bildeten in der Familie Wernle die Essgewohnheiten des Vaters: Wernle identifizierte anscheinend auf Grund unverarbeiteter Erlebnisse aus seiner Jugendzeit gewisse Speisen mit dem «Moralisch-bösen». Darum durften keine Salate und manche Gemüse, die Paul Wernle in seiner Kindheit unter Prügel aufgezwungen worden waren, serviert werden. Doch noch grösseren Widerwillen erregten Käse und Speck: «Es war ein totaler Kampf gegen das Feindselig-unzumutbare, nicht eine [gestrichen: individuelle] Schwäche, die er hätte eingestehen können. Darum durfte man auch nicht, wie es für uns andere schmackhafter gewesen wäre, die Speisen von Anfang an mit Käse zubereiten und ihm ein Sonderplättchen vorlegen. Es hätte ja *ausgesehen*, als ob man für ihn besondere Umstände machen müsse. Das hätte seine Bescheidenheit verletzt. *Wir* mussten die Ausnahme bilden!»[105]

Diese erheblichen psychischen Schwierigkeiten gingen mit der oben beschriebenen Unruhe und Besessenheit einher: «Er war gejagt von einem Etwas, dem er auswich, vor dem er floh.»[106] Aus diesem Zustand konnte sich Wernle nur befreien, wenn er die Ferien in den Bündner Bergen verbrachte, und dort den Ersatz für ein nie gelebtes Leben suchte.[107] Doch waren es nicht nur die Alpen, die seinen Gemütszustand erhellten. In einer besonderen Beziehung stand Wernle zu Mina Stünzi, einer Kindergärtnerin aus Horgen, die er immer, wenn er in Zürich war, besuchte. Die beiden verband eine schwärmerische Naturliebe und Goetheverehrung, die Paul Wernle zunehmend in eine existentielle Krise geraten liessen. Er erkannte nämlich, dass die Theologie ihm keinen Halt mehr bieten könne. Ausdruck dieser Verzweiflung ist der Ausruf: «Dräck! 's gitt kai Theologie meh!»[108]

Paul Wernle hat, aus einem pietistischen Elternhaus kommend, versucht, seine familiären religiösen Wurzeln abzuschneiden, indem er sich einer gemässigt liberalen Theologen zuwandte. Anscheinend fand er dort keine geistliche Heimat und entwickelte sich zusehends vom Theologen zum Historiker. Hatte Wernle noch als Student davon ausgehen können, dass sich das Christentum stufenweise entfalte und nach Voll-

104 Hans Wernle, Anamnesis, S. 29.
105 A. a. O., S. 8, berichtet, dass der Vater als Jugendlicher manches Mal in «sexueller Not» im Übermass gegessen habe.
106 A. a. O., S. 3.
107 A. a. O., S. 15.
108 Ebd.

endung strebe – in dieser Sicht erschien die Aufklärung nicht als Endphase des Christentums, sondern als Erweiterung und Vertiefung, oder Friedrich Nietzsche als heilsame Züchtigung und Ansporn des Christentums –, so zerbricht spätestens nach Ende des Ersten Weltkrieges dieses optimistische Geschichtsbild.[109] Wernle zog sich ins Historische zurück und sammelte unermüdlich Quellen für die Darstellung des schweizerischen Pietismus. Seine Frau schrieb ihm daraufhin im Jahr 1920, er solle «‹nicht ganz in dieser heimeligen Gesellschaft aufgehen› (den pietistischen ‹alten Leutli, Häuflein, Seelen etc.›, den frommen Konventikeln), sondern müsse ‹halt in einer andern Welt stehen, wo Overbecken, Barthe etc. herumkriechen›, das heisst, sich mit den Aergernissen der Gegenwart auseinandersetzen!»[110]

Die autobiographischen Notizen von Hans Wernle lassen erkennen, dass es zwischen Vater und Sohn trotz der genannten Schwierigkeiten zu regelmässigem gedanklichen Austausch gekommen ist. Insofern bieten seine Aufzeichnungen wertvolle, wenn auch nicht unkritisch zu lesende Hinweise auf die Entwicklung Paul Wernles. So erscheint der Basler Kirchenhistoriker im Urteil seines Sohnes als «Wunschtheologe», als «profaner Historiker mit religionsgeschichtlichen und theologischen Gegenständen».[111] Inwiefern das Urteil des Sohnes dem Vater gerecht zu werden vermag, müssen weitere Forschungen erweisen.

109 Hans Wernle beschreibt seinen Vater vor dem Ersten Weltkrieg als noch «bürgerlich pietistisch»; a. a. O., S. 19. Die Niederlage Deutschlands und der Untergang des Kaiserreiches lasteten schwer auf Wernle, und es wäre zu untersuchen, welchen Einfluss das Kriegsende auf seine Theologie hatte.

110 Zitiert a. a. O., S. 19.

111 A. a. O., S. 24f.

Martin Anton Schmidt

Ein ökumenischer Theologe: Ernst Staehelin (1889–1980)*

«Die Kenntnis der Kirchengeschichte ist eins der kräftigsten Mittel zu einem gesegneten Wirken für das ‹Reich Gottes›». Diesen Satz des aus Chur stammenden, in den Vereinigten Staaten von Amerika als Kirchenhistoriker und Promotor der Zusammenarbeit unter den verschiedenen protestantischen Denominationen zu grossem Einfluss gelangten *Philipp Schaff* (1819–1893)[1] hat Ernst Staehelin im Jahr 1919 zitiert und für sich selber übernommen.[2] So in seinen Quellenforschungen zum Leben und Wirken Oekolampads, die er in drei grossen Bänden 1927, 1934 und 1939 vorlegte.[3] Im Vorwort zum dritten schreibt er, einen in

* Akademischer Vortrag, gehalten am 8. November 1989 aus Anlass der 100. Wiederkehr des Geburtstages von Ernst Staehelin (3. November 1889), erstmals erschienen in: Theologische Zeitschrift, Jg. 46 (1990), S. 339–350. Hier wird dieser Aufsatz in einer vom Autor modifizierten Fassung wiedergegeben.

1 Vgl. Ernst Staehelin, Schweizer Theologen im Dienste der reformierten Kirche in den Vereinigten Staaten, in: Schweizerische Theologische Zeitschrift, Jg. 36 (1919), S. 152ff. und 196ff.; Hans Rudolf Guggisberg, Schweizer Kirchenhistoriker zwischen Europa und Amerika. Philipp Schaff (1819–1893), in: Neue Zürcher Zeitung, Nr. 146, 25./26. Juni 1988, S. 68; Ulrich Gäbler, Philipp Schaff in Chur, 1819–1834. Herkunft, Jugend und geistiges Umfeld des späteren amerikanischen Theologen, in: Zwingliana, Jg. 18 (1989), S. 143–165; Werner Sommer, Philip Schaff (1819–1893). Apostel deutscher Theologie in Amerika, in: Stephan Leimgruber / Max Schoch (Hrsg.), Gegen die Gottesvergessenheit. Schweizer Theologen im 19. und 20. Jahrhundert, Basel / Freiburg i. B. / Wien 1990, S. 104–112.

2 Ernst Staehelin, Zum hundertsten Geburtstag von Philipp Schaff, in: KBRS, Jg. 34 (1919), S. 17–19, S. 18.

3 Ernst Staehelin, Briefe und Akten zum Leben Oekolampads, 2 Bde., Leipzig 1927 und 1934; Staehelin, Das theologische Lebenswerk Johannes Oekolampads, Leipzig 1939.

Abb. 30: Ernst Staehelin (Aufnahme: UBB).

Basel geschriebenen Satz Calvins aufnehmend: «Um nichts anderes als um die ‹gloria Dei›, um die ‹veritas Dei› und um das ‹regnum Christi› geht es auch im Lebenswerk Oekolampads. Und so dürfte eine Darstellung dieses Lebenswerkes in unseren Tagen, wo die ‹gloria Dei›, die ‹veritas Dei› und das ‹regnum Christi› in besonderer Weise umtobt sind, in hervorragendem Masse zeitgemäss sein.»[4] Er wünscht dann, dass im Zeichen dieser Wirklichkeit der göttlichen Herrlichkeit und Wahrheit und der Herrschaft Christi auch «die Arbeit stehen möge, die sich im neuen Kollegienhaus der Universität entfalten wird».[5] Er schreibt dies im Januar 1939 als Rektor der Universität, die im gleichen Jahr, noch vor Ausbruch des Zweiten Weltkrieges, ihr jetziges Kollegiengebäude beziehen wird.

4 Staehelin, Das theologische Lebenswerk, S. VII.
5 Ibd.

Das Wirken Ernst Staehelins zwischen 1919 und 1939, zwischen seinem 30. und seinem 50. Lebensjahr also und zwischen den beiden Weltkriegen, ist neben der erwähnten Forschungsarbeit durch eine Lehrtätigkeit gekennzeichnet – seit 1927 auf dem Lehrstuhl für Neuere Kirchengeschichte und Dogmengeschichte (seit 1936 auch als Lektor des Frey-Grynaeischen Institutes[6]) –, welche ihren Themen nach immer vielseitig ist und bleiben wird, insbesondere sich keineswegs mit dem Vorurteil «*Catholica non leguntur*» befreundet. Darüberhinaus bemüht sich Staehelin auch, in Vorträgen, Aufsätzen und Presseberichten seinen Mitchristen und Zeitgenossen zu erhellen, was sich in der Kirche begab, begibt und begeben soll. Am intensivsten war dieses Bemühen in den sieben Jahren 1929–1935, als Staehelin Hauptredaktor des *Kirchenblattes für die reformierte Schweiz* war. Den Jahrgang 1929 eröffnete er unter dem Titel *Was will das Kirchenblatt?* mit einem Ruf nach rückhaltloser, aber keineswegs unbestimmter Offenheit:

> «Nur wenn wir [...] der heiligen Majestät Gottes und der Grösse seines Werkes in Jesus Christus und der Dringlichkeit, mit der er in uns und durch uns wirken will, schlechthin und unbedingt offen sein möchten, sind die Voraussetzungen gegeben, unter denen eine erspriessliche Aussprache, ein fruchtbares Reden, Hören und Antworten im ‹Kirchenblatt› vor sich gehen können.»[7]

Offenheit für Gott in Jesus Christus führt zur Öffnung für Gesprächspartner, gerade auch ökumenische. Schon 1926, also noch vor seiner Zeit als Kirchenblattredaktor, würdigte Staehelin die Stockholmer Weltkirchenkonferenz von 1925 in einem nach Titel und Erscheinungsort bezeichnenden Aufsatz: *Die Reichsgottesbotschaft als Ausgangspunkt und Ziel des Stockholmer Werkes*, erschienen in der religiös-sozialen Wochenzeitung *Aufbau.*[8] 1927 folgten noch zwei Aufsätze zur selben Konferenz im *Evangelischen Gemeindeblatt* von Olten.[9] Auch über spätere Weltkirchenkonferenzen hat Staehelin für die weitere Öffentlichkeit geschrieben.[10] Sehr intensiv hat er in den drei letzten Jahren seiner

6 Staehelin, FG, S. 178–181.
7 KBRS, Jg. 85 (1929), S. 1–5, S. 2.
8 Aufbau, Jg. 7 (1926), S. 1ff. und 5ff.
9 Ernst Staehelin, Die Stockholmer Konferenz über die Pflichten der Kirche gegenüber den wirtschaftlichen und industriellen Fragen, in: Evangelisches Gemeindeblatt, Olten, Jg. 14 (1926/27), Nr. 7; Die Stockholmer Konferenz über die sozialen und sittlichen Fragen, a. a. O., Nr. 10.
10 Siehe Max Geiger, Verzeichnis der Schriften von Ernst Staehelin, in: M. G. (Hrsg.), Gottesreich und Menschenreich. Ernst Staehelin zum 80. Geburtstag, Basel / Stuttgart 1969, S. 603–633, S. 612 (1929), S. 616 (1932, 2 Titel), S. 620 (1937, 2 Titel, und 1938), S. 621 (1940, 2 Titel), S. 627 (1952, 3 Titel). Zum 2. Vatikanischen Konzil siehe a. a. O., S. 629 (1959), S. 631 (1962, 2 Titel, 1963 und 1966).

Kirchenblattredaktion, 1933–1935, Dokumente und Stimmen des deutschen Kirchenkampfes mitgeteilt.[11]

Was aber seine Beschäftigung mit der Römisch-Katholischen Kirche betrifft, so ist sie vielfältig und geht durch alle Jahrzehnte seines Wirkens. Dabei steht die Zwischenkriegszeit nicht zurück. Das ist die Zeit von Pius XI. (1922–1937), über den Staehelin später geschrieben hat: «Pius XI. schuf nicht nur dieses Fest [d. h. das ‹Fest unseres Herrn Jesu Christi des Königs› am 31. Oktober], sondern er schuf zugleich die Katholische Aktion, das heisst, er rief die ganze römisch-katholische Laienwelt auf, sich unter der Leitung des Klerus in den Dienst der Rückeroberung der Völkerwelt unter die Königsherrschaft Christi zu stellen.» So in der Schrift *Die Jesuitenfrage,* die Staehelin 1955 verfasste, als die Aufhebung des Jesuitenverbotes der Bundesverfassung heftig diskutiert wurde. Nun hatte Staehelin schon 1923 ein Buch vorgelegt, das aus einer im Sommersemester 1922 gehaltenen Vorlesung des Privatdozenten erwachsen war: *Der Jesuitenorden und die Schweiz. Geschichte ihrer Beziehungen in Vergangenheit und Gegenwart.* Nicht so sehr wollte er sich in diesen wie auch anderen Publikationen aus diesem Bereich in die kirchenpolitische Kampfarena stürzen, als vielmehr die Kirchengeschichte in den Dienst eines besseren Verständnisses einer Schweiz stellen, die seit dem 16. Jahrhundert durch die Begegnung und Auseinandersetzung zwischen Katholiken und Protestanten tief geprägt ist. Was aus solchem kirchengeschichtlichem Verständnis zu lernen und zu hoffen ist:

«Wenn […] im Protestantismus neue Erweisungen des Geistes und der Kraft lebendig würden, dann könnte es nicht anders sein, als dass die am Rand des Abgrundes hintaumelnde Menschheit auf ihn hinblicken und dem da geschauten göttlichen Wort ihre Herzen hingeben würde. Und dann wäre auch die Frage des Katholizismus gelöst: der Jesuitismus mit seinem Versuch, die Menschheit zu den transzendenten Bindungen des Mittelalters zurückzuführen, hätte dann jegliche Zugkraft verloren; […] dafür würden aber all die nach der lebendigen göttlichen

11 Ernst Staehelin, Kundgebungen zur Neugestaltung der deutschen evangelischen Kirche, in: KBRS, Jg. 89 (1933), S. 156–158, 165–169, 189–191 und 204; Staehelin, Kundgebungen aus dem Ringen der deutschen evangelischen Kirche um ihre Gestaltung, a. a. O., S. 219–222; Staehelin, Kundgebungen der deutschen evangelischen Kirche um ihr Wesen, a. a. O., S. 378–380, 393–396 und 412f., vgl. a. a. O., S. 249–252, 267f., 270f., 319, 330–333, 348f. und 367; Staehelin, Aus dem Ringen der deutschen evangelischen Kirche, a. a. O., Jg. 90 (1934), S. 11–13, 24–27, 42f., 58–60, 76, 91–93, 105–107, 123–125, 138–142, 173f., 189–191, 203, 220–223, 251–253, 268–270, 284f., 298–303, 316f., 332f., 348f., 365f., 394–396 und 412f.; a. a. O., Jg. 91 (1935), S. 92–94, 109–111, 124f., 141f., 157f., 233–235, 266–269, 334, 349f. und 411f.

Wahrheit orientierten Kräfte der grossen Schwesterkirche frei werden und mitarbeiten auf das eine grosse Ziel hin, die Vollendung der göttlichen Neuschöpfung, die herrliche ‹Freiheit der Kinder Gottes›.»[12]

Es bleibt Staehelins *Ceterum censeo,* dass es den Konfessionen nichts hilft, wenn sie Rechnungen gegeneinander aufmachen. Ein jeder muss auf seinem eigenen Weg achten, wie er seine eigenen Möglichkeiten, der Herrschaft Gottes näher zu kommen, besser verwirklichen könne. In einer Rezension zu einem Buch über die Katholische Aktion schreibt Staehelin: «Das ist alles konsequent katholisch. Ärgern wir uns nicht darüber, sondern lassen wir uns darin bestärken, das wir ebenso evangelisch sind.»[13] Und im gleichen Jahrgang des *Kirchenblattes* (1929) endet einer seiner vielen Beiträge über das Geschehen in der Katholischen Kirche – besonders, aber nicht nur, in der Schweiz – unter der Rubrik «Umschau»: Sollte das 1. Vatikanische Konzil (das ja 1870 nicht offiziell geschlossen, sondern nur vertagt worden war) erneut versammelt werden, dann «wollen wir uns davor hüten, uns in unevangelische, nicht von unserm Boden ausgehende Abwehrbewegungen hineinreissen zu lassen, wie es etwa in den Zeiten des Kulturkampfes der Fall gewesen sein mag; vielmehr wollen wir mit all unserer Macht darnach ringen, dass *unsere* Kirche mit neuer Glaubenskraft im Geist und in der Wahrheit in die Siegeswelt Jesu Christi eingewurzelt werde; dann brauchen uns auch die gewaltigsten Konzilien nicht zu schrecken!»[14]

Dies allein kann also der Sinn interkonfessioneller Auseinandersetzung sein: dass *wir* um so mehr bei *unserer* Sache bleiben, in ihr «eingewurzelt werden». Die «Siegeswelt Jesu Christi», in die wir da «eingewurzelt werden» sollen, bezeichnet Staehelin meistens als «Reich Gottes» oder als «Königsherrschaft Jesu Christi», wie am Schluss der erwähnten Schrift über die *Jesuitenfrage* von 1955:

«Allerdings darf der Protestantismus es nicht dabei bewenden lassen, zur Beseitigung der Ausnahmeartikel mitzuwirken. Vielmehr wird er sich diese Beseitigung zugleich ein Aufruf sein lassen müssen, zwar nicht ein Aufruf zum Kampf gegen den römischen Katholizismus, wohl aber ein Aufruf, mit neuer Hingabe sich in seiner Weise in den Dienst der Königsherrschaft Jesu Christi zu stellen. Das Wort von der

12 Ernst Staehelin, Der Jesuitenorden und die Schweiz. Geschichte ihrer Beziehungen in Vergangenheit und Gegenwart, Basel 1923, S. 51. Dass es im Jesuitenorden noch anderes gibt als «Jesuitismus», zeigt Staehelin in differenzierten Würdigungen verschiedener Schweizer Jesuiten bis zur Gegenwart: a. a. O., S. 50–71, 99–102 und 133–151. Vgl. auch Ernst Staehelin, Die Jesuitenfrage, Basel 1955, S. 4 und 7–9.

13 Ernst Staehelin, Rezension von R. Mäder, Katholische Aktion (Basel ^{2} 1929), in: KBRS, Jg. 85 (1929), S. 286.

14 Ernst Staehelin, Zur Versöhnung von Vatikan und Quirinal, in: KBRS, Jg. 85 (1929), S. 89–91, S. 91.

Königsherrschaft Christi ist nicht nur die Parole des Papstes Pius XI. und der Katholischen Aktion, sondern es ist auch die Parole der reformierten Reformatoren, und es ist vor allem die Parole der Heiligen Schrift.»[15]

Das war 1955. Und noch zehn Jahre später, in den «56 Thesen über das Reich Gottes», mit denen Staehelin im Schlussband seines siebenbändigen Quellenwerkes *Die Verkündigung des Reiches Gottes in der Kirche Jesu Christi*[16] den vielen Zeugnissen aus vielen Kirchen und allen Zeiten sein «eigenes Zeugnis des Herausgebers» hinzufügte, Thesen 28 und 29:

«28. Aus Nötigungen, die dem Wesen der gefallenen Schöpfung entspringen, muss sich die Kirche jedoch äussere Ordnungen und Organisationen geben. Weil aber schon in der apostolischen Botschaft die Akzente verschieden gesetzt sind, weil das Erkennen jedes ihrer Glieder noch unvollkommen ist und immer nur einen Teil der Wahrheit des Evangeliums umfasst, und weil die Verhältnisse der gefallenen Schöpfung von bestimmendem Einfluss auf die Bildung dieser Ordnungen und Organisationen sind, zerfällt die Kirche, wenn sie sich eine äussere Gestalt gibt, mit einer gewissen Notwendigkeit in einzelne Teile, in Konfessionen, Denominationen, Sekten, oder wie man diese Teilgebiete nennen will; aber keines von ihnen ist, auch in seiner reinsten Form, eine vollkommene Darstellung der wahren Kirche Jesu Christi, sondern das sehr unvollkommene Gefäss einer heiligen Sache.

29. Trotz der Unvollkommenheit des Werkzeuges der Kirche wirkt die Königsherrschaft Jesu Christi jedoch bereits in dieser gefallenen Schöpfung Grosses und Gewaltiges: erstens werden immer wieder unzählige Menschenkinder aus der Fragwürdigkeit, Sinnlosigkeit und Schuld ihres Daseins in die Gnade und den Sinn des angebrochenen Reiches Gottes hineingehoben; zweitens werden immer wieder durch das Bemühen von Gliedern der Kirche in die unheilvollen Verhältnisse der Menschheit Breschen der Gerechtigkeit und der Daseinserleichterung hineingeschlagen; drittens kommt es in der Kraft der Königsherrschaft Jesu Christi immer wieder, wenn auch mehr in aller Stille, zu Einbrüchen in das Krankheits- und Todeswesen der gefallenen Schöpfung und zu Bewahrungen von dämonischen Einflüssen.»[17]

Für wie viele und wie verschiedenartige Zeugnisse aus allen Zeiten stehen diese zusammenfassenden Thesen! «In das Reich Gottes hineingehoben werden», heisst es hier. Anderwärts gebraucht Staehelin wiederholt Ausdrücke wie: «verwurzelt werden» im Reich Gottes oder Jesu Christi, sich von diesem Reich und seinen Kräften «ergreifen lassen»

15 Staehelin, Die Jesuitenfrage, S. 60.
16 Die Verkündigung des Reiches Gottes in der Kirche Jesu Christi. Zeugnisse aus allen Jahrhunderten und allen Konfessionen, zusammengestellt von Ernst Staehelin, Bd. 1, Basel 1951. Bd. 2, 1953. Bd. 3, 1955. Bd. 4, 1957. Bd. 5, 1959. Bd. 6, 1963. Bd. 7, 1965.
17 A. a. O., Bd. 7, S. 604f.

oder von ihm «ergriffen werden», sich in seine Lebens- und Siegeswelt «einreihen», «hineinheben», «hineinstellen lassen»; – weniger oft werden aktive Wendungen wie (dieses Reich) «erfassen» oder «ergreifen» gebraucht. Denn nur als Ergriffene können wir da etwas ergreifen. Von dieser Sache ergriffen werden oder sich von ihr ergreifen lassen, das bedeutet: sich in ihren Dienst stellen (lassen). Mittels der Kirchen als noch unvollkommener Instrumente greift das Reich Gottes in unsere Todes– und Unsinnswelt. Unter den vielen äusseren kirchlichen Gestaltungen, in denen das Eingreifen des Reiches Gottes uns heute begegnet, ist die Römisch-Katholische Kirche nur eine unter mehreren, aber sicher auch eine.

Ihre Zeugnisse und Zeugen erscheinen in allen der Neuzeit gewidmeten Bänden – also 4 bis 7 – des Reichgotteswerkes. Im Band 7 sind es Pius XI. und Pius XII., Hans Urs von Balthasar, Pierre Teilhard de Chardin u. a. m. – neben Protestanten wie Blumhardt Vater und Sohn, Hermann Kutter, Leonhard Ragaz, Albert Schweitzer, Rudolf Bultmann, Karl Barth, Emil Brunner, Oscar Cullmann u. v. a., auch neben Stimmen aus den Ostkirchen sowie solchen «aus neueren Gemeinschaften der Vereinigten Staaten von Nordamerika»[18] wie Mary Baker Eddy. Wenn jede der grossen Konfessionen und Denominationen das Zeugnis vom Reich Gottes nur in einer bestimmten Unfertigkeit, Begrenztheit, Bruchstückhaftigkeit empfängt und weitergibt, warum sollen dann solche, die für uns mehr am Rande stehen – etwa als «Sekten» verstanden werden –, nicht ebenfalls nach *ihrer* Weise, diesem Zeugnis zu dienen, befragt werden? Staehelin hat sowohl nonkonforme Einzelne wie auch sogenannte Sekten immer gerne befragt und zu Worte kommen lassen, nicht zuletzt als Lektor des Frey-Grynaeischen Institutes.[19]

Das letzte Wort unter den Zeugengruppen erhalten im Schlussband des Reichgotteswerkes, Staehelins 56 Thesen vorausgehend, «Stimmen aus den ökumenischen Weltkonferenzen» von Stockholm 1925 bis New Delhi 1961 – ein immer noch sehr brauchbares Auswahlkompendium.[20] Staehelins Interesse an der ökumenischen Bewegung hörte hier nicht auf, sich zu bezeugen. J. M. Lochman schreibt im *Jahresbericht des Frey-*

18 A. a. O., Bd. 7, S. 509–562: «67. Kapitel: Führende Stimmen aus neueren Gemeinschaften der Vereinigten Staaten von Nordamerika». Neben Mary Baker Eddy sind berücksichtigt: Ellen Gould White, Charles Tate Russell und Joseph Franklin Rutherford. Ihnen und anderen Gemeinschaften gelten zahlreiche Beiträge Staehelins zwischen 1925 und 1966; siehe Geiger, Verzeichnis der Schriften, S. 609–632.

19 Vgl. Staehelin, FG, S. 178.

20 Die Verkündigung des Reiches Gottes, Bd. 7, S. 563–596 (68. Kapitel).

Grynaeischen Instituts für 1987 und 1988: «Ich selbst konnte erleben, mit welchem Interesse er an Vorbereitungen der Basler Kirchen für die Vollversammlung des ökumenischen Rates der Kirchen 1975 teilnahm.»[21]

Interesse sodann am Zweiten Vatikanischen Konzil (1962–1965) hat Staehelin nicht nur bekundet, sondern ebenso publizistisch zu vermitteln gesucht, mit Artikeln in Kirchenboten und den *Basler Nachrichten.*[22] Dazu hat er diesem Konzil auch Lehrveranstaltungen gewidmet. «Interesse», das ist hier das richtigere Wort, als es «Begeisterung» wäre. Dieses Wort wäre eher passend für Staehelins Ausblick auf das Reich Gottes. Unter dieser Voraussetzung aber kann das ökumenische Interesse nicht umfassend genug sein, kann die «Wolke von Zeugen» aus Vergangenheit nicht «vielfach und vielartig» (Hebräer 1, 1) genug sein, wenn sie unsern Weg zur Vollendung des Reiches Gottes begleitet, erhellt, ermutigt.

Sie begleitet uns weder als Stimmengewirr, an dessen Sinn wir verzweifeln müssten, noch als andauerndes Unisono, das uns eher ermüden als beflügeln könnte. Jedes kirchenhistorische Studium tut auf seine besondere Weise, was Staehelin in einer Rezension einer Geschichte des Methodismus 1929 folgendermassen beschreibt: «So führt uns schliesslich auch dieses Studium wie alles kirchenhistorische Studium dazu, dass wir auf allen Seiten all unsere Kirchentümer und Christentümer in ihrer Fragwürdigkeit erkennen und mit neuer Aufgeschlossenheit nach der Erkenntnis des Werkes Gottes, an dem wir stehen dürfen und sollen, ringen. Und das ist auch der einzige Weg, über die Trennungen der Geschichte zu neuer Einheit zu kommen.»[23]

Indem Staehelin von seinem Basler Schreibtisch aus das Leben der Ökumene beobachtete und würdigte und in seinen gelehrten Arbeiten die Geschichte der Kirche auf ihrem Weg zum Reich Gottes in ökumenischer Perspektive durchforschte, liess er gewissermassen die Ökumene zu sich nach Basel kommen. Und dazu gehört auch die ökumenische und überhaupt allen Fremden gegenüber menschlich offene Gast-

21 JbFG 1987/88. Mit Beiträgen zum Andenken an Prof. Dr. theol. Ernst Staehelin, Lektor des Frey-Grynaeischen Instituts von 1936 bis 1980, aus Anlass seines 100. Geburtstages am 3. Oktober 1989, S. 28. Die dem Jahresbericht des Lektors Jan Milič Lochman beigegebenen Beiträge zu Leben, Persönlichkeit und Werk Ernst Staehelins stammen von Frank Vischer, David Linder, Andreas Staehelin und dem Lektor.

22 Siehe oben Anm. 10.

23 Ernst Staehelin, Aus Vergangenheit und Gegenwart des Methodismus, in: KBRS, Jg. 85 (1929), S. 300f. und 406f., S. 407 (zu J. L. Nuelsen / Th. Mann / J. J. Sommer, Kurzgefasste Geschichte des Methodismus von seinen Anfängen bis zur Gegenwart, Bremen 1929).

freundschaft, die Staehelin mit seiner Gattin Meieli Staehelin-Kutter im Frey-Grynaeum ausübte.[24] Was aber die theologische Seite der Staehelinschen Ökumenik betrifft, so spielte bei ihm die Begegnung und Auseinandersetzung mit dem Römischen Katholizismus immer eine hervorragende Rolle. Hier war für ihn Ökumene in unmittelbarer Nähe, im Pfarramt zu Olten (bis 1927), später in der Leitung des Protestantisch-Kirchlichen Hilfsvereins – und, wie wir bemerkten, in seinem kirchenhistorischen Bewusstsein einer protestantisch *und* katholisch geprägten Schweiz.

Staehelins Art, den Römischen Katholizismus einerseits genau in seinen Einzelheiten ins Visier zu nehmen, dabei viele Gelegenheiten zu historischer und aktueller Gerechtigkeit und zum Abbau von Angstreaktionen wahrzunehmen, ihn anderseits in die umfassendsten ökumenischen und eschatologischen Zusammenhänge des angebrochenen und zu vollendenden Reiches Gottes eingereiht zu sehen, ist schon in der Zwischenkriegszeit sehr ausgeprägt. Die Perspektiven seiner 56 Thesen von 1965 – gefallene Schöpfung, Reich Gottes als Wiederherstellung und universelle Vollendung der Schöpfung; und dazwischen die Kirche, die vor ihrer Vollendung im Reich Gottes noch in verschiedenen unvollkommenen Gestalten stückwerkartig und doch verheissungsvoll erscheint – finden wir schon, in ähnlicher Weise ausgeführt, in einem Kirchenblattaufsatz des Jahres 1931. Und der trägt den Titel: *Wie stellen wir uns zur römisch-katholischen Kirche?* Die umfassende heilsgeschichtlich-kosmische Schau der Wege Gottes ist schon hier der Rahmen, in dem die Begegnung mit dem Katholizismus ins rechte Licht kommt, grosse Perspektiven erhält, allem Provinzialismus entrissen wird. Staehelin führt aus, dass es in Wahrheit hier nicht um diese *oder* jene Kirche gehe, sondern um die «Gemeinschaft der Heiligen». Wir haben den Sinn des Christentums unserer katholischen Mitchristen darin zu sehen, dass auch sie, mit ihrer anderen Konfession und mit dem, was diese für uns an Fragwürdigkeiten enthält, «durch Gottes Gnadenwerk in Jesus Christus mit herausgerufen und mit herausgerissen sind aus der Gottesferne und dem Wahnsinn der gefallenen Schöpfung und mithineinversetzt in den gewaltigen und herrlichen Anfang der neuen Schöpfung, dass sie mit uns hineingehören in die übergeschichtlich-universale Kirche des auferstandenen Christus.»[25] Hier also muss es sich bewähren, was es heisst, die Schuld der jetzigen kirchlichen Gespalten-

24 Vgl. Staehelin, FG, S. 180f.; Frank Vischer bzw. Jan Milič Lochman, JbFG 1987/88, S. 7 und 27.

25 Ernst Staehelin, Wie stellen wir uns zur römisch-katholischen Kirche, in: KBRS, Jg. 87 (1931), S. 85–91, S. 87.

heit gemeinsam zu tragen, aber auch die Aufgaben, die sich stellen, um aus der gemeinsamen Not heraus- und vorwärtszukommen, gemeinsam anzupacken, nämlich «darnach zu trachten, mit den übrigen geschichtlich-konfessionellen Kirchen als Teilen der übergeschichtlich-universalen Kirche in ein lebendiges Verhältnis des Nehmens und Gebens und des gemeinsamen Dienstes an der Welt zu kommen».[26] Indem wir miteinander erkennen und austauschen, was wir bei allen Verschiedenheiten gemeinsam haben, können wir von konsequenten Katholiken uns tatsächlich nur darin «bestärken lassen, dass wir ebenso (konsequent) evangelisch sind».[27] Dies konkretisiert Staehelin im Aufsatz von 1931 an den wichtigsten Punkten, die zwischen Katholiken und Protestanten kontrovers sind und die doch Gelegenheit zu Austausch und gemeinsamer Erkenntnis geben.[28] Am Römischen Katholizismus vornehmlich hat Staehelin die Grundsätze und Perspektiven kennen und üben gelernt, die auch für die Begegnung mit allen anderen Weggenossen zum Ziel des Reiches Gottes gelten.

Noch zwei Blicke in die spätere Zeit Ernst Staehelins.

1) In den sieben Bänden *Die Verkündigung des Reiches Gottes in der Kirche* kommen auch Vertreter der sogenannten Allversöhnungslehre zu Wort. Dieser Lehre hat Staehelin, als er zum dritten Mal Rektor der Basler Universität war, 1960 seine Rektoratsrede gewidmet: *Die Wiederbringung aller Dinge.* Im Neuen Testament bezeugt, aber nicht eindeutig und einhellig vertreten, in der Geschichte der Theologie sehr umstritten, hat diese Lehre «das Ziel aller Geschichte zum Gegenstand»[29], und zwar dergestalt, dass am Ende aller Erden keine Bösen und Verworfenen und nichts Böses bleiben soll, aber nicht etwa, weil alles Böse vernichtet worden ist, sondern weil alle und alles versöhnt worden ist. Staehelin erörtert die Probleme dieser Lehre sorgfältig und entscheidet sich für sie. Denn es «kann von Christus her nur ein voller

26 A. a. O., S. 86.

27 Siehe oben Anm. 13.

28 Staehelin, Wie stellen wir uns, S. 87–90: «Unfehlbares Lehramt» und «unfehlbares Lehrsystem», «Ausbau eines umfassenden Systems gesetzlicher Vorschriften für das Handeln der Menschen», «Sakramentswesen», «Mönchtum», «Zölibat des Klerus», «Katholische Aktion», «Ultramontanismus». – A. a. O., S. 87: «Wohl aber wird man [...] bei der anderen Konfession nicht mehr nur die Verirrungen sehen, sondern man wird immer mehr den Blick dafür bekommen, dass in und hinter den Verzerrungen Erkenntnisse, Wahrheiten und Wirklichkeiten der neuen Welt Gottes, der Kirche des auferstandenen Christus verborgen liegen. Und das kann uns selbst für unser eigenes Glaubensleben und für unsere eigene Konfession zum Segen werden.»

29 Ernst Staehelin, Die Wiederbringung aller Dinge. Rektoratsrede, gehalten an der Jahresfeier der Universität Basel am 18. November 1960, Basel 1960, S. 3.

Sieg Gottes über alle widergöttlichen Mächte im ganzen Bereich der Schöpfung ins Auge gefasst werden»;[30] eine teilweise Vernichtung der Schöpfung aber wäre kein voller Sieg. So also muss nach Staehelin die totale Versöhnung das letzte Ziel alles göttlichen Einigungsstrebens sein.

2) Nicht die Ökumene in allen ihren Dimensionen, wie das siebenbändige Reichgotteswerk, sondern einen Ausschnitt aus der Ökumene hat das letzte grosse Werk Staehelins zum Gegenstand: *Die Christentumsgesellschaft.*[31] Unter den hier «aus Briefen, Protokollen und Publikationen» gesammelten Texten erscheint zuletzt ein «Schlusswort» des Präsidenten des Stiftungsrates der Stiftung Deutsche Christentumsgesellschaft, Hans Bernoulli. Ich zitiere daraus etwas, das nicht nur für die Christentumsgesellschaft, sondern analog für die ganze Kirche in ihrer geschichtlichen Gemeinschaft, wie Ernst Staehelin sie sieht, gilt:

Wenn auch diese Gesellschaft ihre Begrenztheiten und Fragwürdigkeiten hat, «so stellt sie doch im Wesentlichen einen wertvollen Beitrag zur Gesamtgeschichte der Kirche Jesu Christi dar, und zwar vor allem dadurch, dass sie sich durch die Erwartung des die Welt verwandelnden Reiches Gottes zu tatkräftigem eigenen Aufrichten von Zeichen des kommenden Reiches unter den Völkern bewegen liess, zum andern aber auch dadurch, dass sie eine wahrhaft ökumenische Gemeinschaft bildete, in der Reformierte und Lutheraner, Anglikaner und Nonkonformisten, römische Katholiken und Griechisch-Orthodoxe sich aneinander freuten und miteinander arbeiteten.»[32]

30 A. a. O., S. 44. Karl Rudolf Hagenbach hatte die Apokatastasis-Lehre übrigens auch gutgeheissen; vgl. dazu im vorliegenden Band Sommers Hagenbach-Porträt.

31 Die Christentumsgesellschaft. Texte aus Briefen, Protokollen und Publikationen, ausgewählt und kommentiert von Ernst Staehelin, 2 Bde., Basel 1970 und 1974.

32 A. a. O., Bd. 2, S. 661.

Jan Milič Lochman

Bericht über das achte Lektorat

Das Frey-Grynaeum ist ein Haus, das die meisten, die es besuchen und bestimmt alle, die darin wohnen, nicht gleichgültig lassen kann. Nicht nur wegen der natürlichen Schönheit seiner Lage und Anlage mitten in der Altstadt und auch nicht bloss wegen des überwältigenden Eindrucks, den seine ehrwürdige historische Bibliothek hinterlässt. Ich denke vor allem an die geistige Atmosphäre des Hauses, wie sie durch die sieben bisherigen Lektoren, die ihnen zugewandten Kuratoren und Freunde geprägt wurde. Ist man zur Wirksamkeit in diesem Haus berufen, so wird man sich bald bewusst, dass man in ein immer noch lebendiges Erbe der Basler akademischen und kirchlichen Kultur eintritt, die trägt und verpflichtet – in das Kontinuum einer wechselvollen, doch zugleich einheitlichen Geschichte.

Den Titel dieses Buches verstehe ich als Versuch, das gemeinsame Element dieser Geschichte zu charakterisieren: *Im Spannungsfeld von Gott und Welt.* Zu dieser «Platzanweisung» würden sich wohl die meisten, wahrscheinlich alle bisherigen Lektoren bekennen, nicht unbedingt im Sinne einer notorischen «Vermittlungstheologie», sondern im theologisch unterschiedlich begründeten Bedenken, dass eine biblische Zuwendung zum Thema Gott immer zugleich Ermutigung zur Ausführung des entsprechenden irdischen Auftrags bedeutet. Dass dabei das Thema Gott in diesem Spannungsfeld bestimmend sein soll, war allen klar und wurde ihnen bereits in der Stiftungsurkunde vom 1. März 1747 ans Herz gelegt: Die zu berufenden Lektoren werden hier angesprochen als «wahrhaftig gottesfürchtig und eiferig, seine Ehre zu beförderen». Doch für kaum einen bedeutete diese Anweisung Rückzug aus kirchlicher und bürgerlicher Verantwortung. In gut reformierter Tradition galt doch: Um die Ehre Gottes wird in der Gestaltung unserer

Abb. 31: Jan Milič Lochman. Photographie 1997 (Aufnahme: Michael Greub).

menschlichen und das heisst mitmenschlichen Existenz und also im Spannungsfeld weltlicher Verhältnisse gerungen.

Mit einem so verstandenen Erbe habe ich mich von Anfang an im Frey-Grynaeum «heimisch» gefühlt. Heimisch nicht im Sinne der Herkunft: Da bin ich in der Reihe der Lektoren – mit zwei Ausnahmen waren alle gebürtige Basler – eher ein «Exote»; wohl aber im Sinne der Wahlverwandtschaft, so wie ich sie vom Erbe der Böhmischen Reformation her immer wieder in Basel entdecken und erleben durfte. Über den theologischen Hintergrund dieser Verwandtschaft habe ich in den *Jahresberichten des Frey-Grynaeischen Institutes* 1991/1992 und vor allem 1993/1994 ausführlicher berichtet. Im Rückblick auf mein Lektorat möchte ich nun andeuten, wie ich meine Aufgabe in diesem Hause zu verstehen und zu erfüllen versuchte.

Die Stiftungsurkunde des Frey-Grynaeischen Instituts zeigt klar, welche Probleme den Stifter Johann Ludwig Frey im Andenken an seinen jüngeren, verstorbenen Freund Johannes Grynaeus bewegt haben: die Sorge um Ausbildung und Ausrichtung der Studierenden. Das gestiftete Lektorat sollte das Lehrangebot der Theologischen Fakultät erweitern und vertiefen, und zwar – wie die ersten beiden formulierten Desiderata des Stifters bestimmen – durch «Erweis der Wahrheit und Göttlichkeit der Heiligen Schrift» und durch deren «genuine Auslegung». Die Stiftung war ohne Zweifel eine grossherzige Tat: Die Theologische Fakultät hatte damals bloss drei Lehrstühle; durch das Lektorat wurde faktisch eine vierte Professur begründet.

Freys Zielsetzung blieb für die ganze Geschichte des Instituts wegweisend, sie wurde jedoch durch das Anwachsen der Lehrstühle vor allem in der neueren Zeit etwas relativiert. Trotzdem boten alle Lektoren ausserhalb oder später auch innerhalb ihrer universitären Lehrverpflichtung Veranstaltungen «im Rahmen des Frey-Grynaeischen Lektorats» an. Entsprechend hielten sie sie meistens auch in den Räumen des Instituts. Rückblickend muss ich sagen, dass ich mich mit diesem Teil meiner Aufgabe relativ schwer tat und ihm auch nur im eingeschränkten Ausmass entsprach. Zum Teil hing dies mit den Raumverhältnissen zusammen. In meinen Vorlesungen und Seminaren waren die Teilnehmerzahlen höher, als dass sie von den schönen Räumen des Frey-Grynaeums hätten gefasst werden können. Dies war nur möglich bei englischen Seminaren und vor allem in den Arbeitsgemeinschaften der Doktoranden. Die wurden dann im Rahmen des Lektorats während fast meiner ganzen aktiven Zeit im Institut gehalten.

Die Arbeit mit den Doktorandinnen und Doktoranden machte mir dort viel Freude. Ich hatte im Verlauf der Zeit eine vielseitige Gruppe zu betreuen, in welcher zunächst Amerikaner überwogen, dann die Koreaner und Japaner, später in kleinerer Zahl natürlich auch Schweizer und Deutsche. Einzelne Teilnehmer kamen aus Lateinamerika, Afrika und Australien. In den Sitzungen wurde entweder über die entstehenden Dissertationen berichtet und gestritten, oder es wurden aktuelle theologische Werke behandelt, die trotz unterschiedlicher Thematik alle angingen. Lange Jahre hindurch war dies eine besonders anregende und auch für mich lehrreiche Erfahrung.

Die Dissertationsthemen waren vielseitig. Die meisten Arbeiten befassten sich mit zeitgenössischen Theologen in einem recht weiten ökumenischen Horizont. Verständlicherweise rückte das Werk meiner wegweisenden Lehrer in den Vordergrund: Josef L. Hromádka (der sich vor allem für Japaner und Koreaner als anregend erwies), Karl Barth (verschiedenen Aspekten seines monumentalen Werkes wurden fünf Dissertationen gewidmet) und Hans Joachim Iwand. Eine koreanische Monographie hat sich mit dem Lebenswerk von Leonhard Ragaz befasst. Auch der angelsächsische Raum wurde intensiv bearbeitet, so vor allem im Zusammenhang mit Reinhold Niebuhr, Thomas F. Torrance, C. S. Lewis. Im ökumenischen Kontext durfte man nicht östlich-orthodoxe Denker ignorieren: der Russe Sergius Bulgakov und Vertreter der neueren rumänisch-orthodoxen Theologie wurden vorgestellt. Die aktuelle lateinamerikanische Theologie der Befreiung zog viel Aufmerksamkeit auf sich, einmal im Anschluss an Leonardo Boff und das andere Mal in Darstellung der evangelikalen Version dieser Theologie. Auch «charismatische Erfahrung» wurde zum Thema, sowohl in anspruchsvollen pneumatologischen Texten wie auch in zeitgenössischer (sogar baslerischer) Lebenserfahrung. Mit kritischer Überprüfung der missionarischen Aktivität der Basler Mission in Kamerun hat sich eine afrikanische Monographie befasst.

Weil relativ viele meiner Studierenden mein ökumenisches Anliegen des ganzheitlichen Heilsverständnisses im Widerspruch gegen die «eindimensional» polarisierenden Tendenzen in der Ökumene im Konflikt der «Vertikalisten» (einseitig «jenseitsorientiert») und «Horizontalisten» (einseitig innerweltlich aktivistisch ausgerichtet) teilten, waren für sie unter dem Stichwort «Spirituality and Social Liberation» Denker wie Vater und Sohn Blumhardt inspirierend: Ihnen wurden koreanische und amerikanische Dissertationen gewidmet. Vergessen möchte ich nicht die erste bei mir in Basel ausgearbeitete Dissertation des Doktoranden, den ich aus New York mitgebracht habe: sie bot einen grossangelegten und auch von den Politologen hochgeschätzten Vergleich des Freiheitsverständnisses von John Locke und Karl Marx. Was die relativ spärlichen (obwohl für mich wesentlichen) ethischen Themen betrifft, ist die aktuell ausgerichtete Arbeit zur Problematik des Alters und eine dogmatisch fundierte Reflexion über «Theologie der Arbeit» zu erwähnen.

In den Doktorandenseminaren waren übrigens nicht nur «meine Doktoranden» anwesend, sondern auch manche, welche von den Kollegen betreut wurden. Auch sie halfen, die anregende, intensive und doch lockere Atmosphäre der Lehrveranstaltungen zu gestalten. Einmal im Semester haben wir nach der Arbeit bei günstigem Wetter im schönen Vorgarten des Instituts mit Familienmitgliedern der Studierenden festliche «Garden-Parties» gefeiert. Auch nach Jahren werden meine Frau und ich darauf immer wieder dankbar angesprochen. Kein Zweifel: für die beteiligten Studierenden spielte das einmalige Ambiente des Frey-Grynaeums eine wichtige Rolle. Hier leuchtete mir der gute Sinn des Lektorats bereits in seinem für mich zunächst nicht naheliegenden «lehrmässigen» Aspekt immer von neuem auf. Doch auch andere Aufgaben wurden mir im Frey-Grynaeum wesentlich.

Pax et concordia christianorum

Von Anfang an wurde das Frey-Grynaeum, das Haus der Basler Kirche und der Basler Universität, in einen ökumenischen Horizont gestellt. Bereits die Stiftungsurkunde erwähnt als seine dritte besondere Zielsetzung den Einsatz für «*den Frieden und die Eintracht der Christen*». Dieses Motiv hat mich bei der Übernahme des Lektorats besonders stark angesprochen. Ich war doch seit Jahrzehnten in den leitenden Gremien der Ökumene tätig, sowohl im Ökumenischen Rat der Kirchen (im Zentral- und Exekutivausschuss, später in der Kommission für Glauben und Kirchenverfassung) wie auch im Reformierten Weltbund (als Vorsitzender der Theologischen Abteilung). Für diese vielseitige Tätigkeit bot das Haus die besten Voraussetzungen. Bereits den Vorgängern lag die in der Stiftungsurkunde stipulierte Zielsetzung am Herzen. Vor allem mein unmittelbarer Vorgänger Ernst Staehelin hat in seinen Lehrveranstaltungen (gerade bei denjenigen, die er im Hause hielt) zielbewusst das konfessionskundliche Wissen der Studierenden gefördert und das ökumenische Engagement der Basler Kirche in der ökumenischen Bewegung unterstützt. Hier konnte ich zentral anknüpfen.

Die weltweite Ökumene stand mir auf Grund der bereits erwähnten offiziellen Verpflichtungen sowieso offen. So konnte ich im Laufe der Jahre immer wieder zu ökumenischen Sitzungen und Tagungen sowie zu akademischen Gastvorlesungen auf allen Kontinenten reisen. Über einen Ausschnitt dieser Tätigkeit orientiert der *Jahresbericht des Frey-Grynaeischen Institutes* für die Jahre 1985 und 1986. Zusätzlich erwähne ich die wichtigsten Vorlesungsreihen: Noble Lectures, Harvard University, Cambridge Mass. 1971; Zabriskie Lectures, Virginia Theological Seminary, Alexandria 1976; Hein Lectures, Seminaries of the American Lutheran Church 1978; Smyth Lectures, Columbia Theological Seminary, Decatur, GA 1980; Norton Lectures, Southern Baptist Theological Seminary, Louisville, KY 1983; Cadbury Lectures, University of Birmingham, England 1985; L. W. Anderson Lectures, Montreal, Canada 1985; Warfield Lectures, Princeton Theological Seminary, Princeton, N. J. 1985; Annual Lectures, Ormond College, Melbourne, Australia 1985; Ashida Lectures, Doshisha University, Kyoto, Japan 1985; Cunningham Lectures, University of Edinburgh, Scotland 1995; Osterhaven Lectures, Holland, MI 1997.

Es galt allerdings, die ökumenische Offenheit nicht nur durch Reisen und Gastvorträge zu bewähren, sondern selbstverständlich auch Reziprozität zu üben. Das bedeutete: das Frey-Grynaeum musste – wieder in Anknüpfung an die von meinen Vorgängern gepflegte Offenheit – als ein ökumenisch offenes Haus verfügbar werden.

Darum haben meine Frau und ich uns bemüht. Unzählige ökumenische Gruppierungen trafen sich im Haus, die schweizerischen und eben auch die internationalen. So konnte eine der Kernstudien von Glauben und Kirchenverfassung zum Thema *Die Einheit der Kirche und die Erneuerung der menschlichen Gemeinschaft*[1] in der redaktionellen Schlussphase im Hause abgeschlossen werden, wobei sich alle Teilnehmer durch die Atmosphäre des Hauses stark beeindruckt zeigten. Dies waren «offizielle Gremien». Daneben kamen immer wieder auch spontan Gruppen und Einzelne als ökumenische Gäste, amerikanische, koreanische, nach 1989 dann vor allem tschechische und andere osteuropäische, für welche das Frey-Grynaeum fast zu einer «Pilgerstätte» wurde.

«Frieden und Eintracht der Christen» zu fördern ist allerdings nicht nur eine «kosmopolitische» Aufgabe. Sie ist «am eigenen Ort» zu pflegen, also in Basel. Mit den Christen aus Freikirchen hatte ich bereits in Prag gute Beziehungen: ihre Theologen studierten doch bei mir an der Comenius-Fakultät. So war es relativ leicht, etwa mit den Methodisten, Mennoniten und den Chrischona-Mitgliedern in Kontakt zu treten. Neu und beglückend gestaltete sich das Verhältnis zu den römisch-katholischen Christen. Nie werde ich vergessen, dass einer der ersten ökumenischen Besucher, der zur Planung gemeinsamer ökumenischer Anlässe im Hause erschien, Bischof Anton Hänggi war, der spätere Ehrendoktor unserer Universität, der dem von ihm gewählten Wahlspruch *ut unum sint* treu und ernst entsprach. Dass ich dann wiederholt zu Predigten und Vorträgen in den römisch-katholischen Pfarreien eingeladen wurde, ja dass ich jahrelang in der römisch-katholischen Aeneas-Silvius-Stiftung mitarbeiten konnte, war für mich, «ein hussitisch erzogenes Kind», eine fröhliche Überraschung.

All diese Kontakte wären freilich nur Fragmente der einem Frey-Grynaeischen Lektor aufgetragenen Aufgabe, wenn sie nicht auch seine eigentliche, das heisst theologische Arbeit mitgeprägt hätten. So habe ich das jedenfalls verstanden, bereichert durch gemeinsame Lehrveranstaltungen mit den katholischen Kollegen in Basel und Luzern. Das hat dann einige meiner vor und während des Lektorats verfassten

1 Faith and Order Paper Nr. 151, Genf 1990.

Bücher geprägt. Mein Hauptaugenmerk galt dabei den ökumenisch zentralen Glaubenstexten: dem Unser Vater, dem Apostolischen Glaubensbekenntnis und den Zehn Geboten. Das sind alle Christen ansprechende Texte. Sie im Bezug auf die brennenden Fragen der Zeit auszulegen, ist eine ökumenisch zentrale Aufgabe. Alle entsprechenden Bücher sind in einer Reihe von Übersetzungen in anderen Sprachen erschienen. Ökumenisch war es beachtenswert und erfreulich, dass sie in einigen Ländern wie in Italien, Spanien und Frankreich von katholischen Verlagen veröffentlicht wurden. Das ermutigte mich und bekräftigte meine Überzeugung: Nur aus dem uns alle tragenden Fundament der gemeinsamen Texte (allen voran natürlich der biblischen, dann aber auch der dogmatischen und katechetischen) ist *pax et concordia christianorum* verlässlich und zuversichtlich zu fördern.

Basilea

Das Frey-Grynaeum ist ein unverwechselbares *Basler* Haus. Kein Wunder, dass vielen Menschen, welchen die kulturell-geistliche Ausstrahlung der Stadt am Herzen liegt, immer wieder gerade dieses Haus einfällt, wenn sie vor der Aufgabe stehen, interessierten Stadtbesuchern ein «typisch baslerisches Gelehrtenheim» vorzuführen. Die Verbundenheit mit ihrer *polis* haben wohl alle bisherigen Lektoren auf die eine oder andere Weise bewiesen. Besonders gilt dies – neben den beiden Stiftern – von Karl Rudolf Hagenbach, dem treuen, langjährigen, von der breiten Öffentlichkeit der Stadt hochgeschätzten Lehrer der Universität, aber auch, wie ich selber erfahren durfte, von Ernst Staehelin und von seiner sozial engagierten Frau Meieli, geborene Kutter, die dafür sorgte, dass das Frey-Grynaeum in gefährlichen Zeiten für jüdische und andere Flüchtlinge zum offenen Haus wurde. Staehelin widmete nicht nur den Hauptteil seiner wissenschaftlichen Arbeit der Basler Kirchengeschichte, sondern stellte sich auch der Basler Kirche und besonders der Basler Universität in der Übernahme der leitenden Ämter (dreimal als Rektor!) unermüdlich zur Verfügung.

Auch für mich wurde die (bereits bestehende) Verankerung in der Basler *polis* im Frey-Grynaeum nachhaltig vertieft. Immer wieder lese ich gerne im Münstersaal des Bischofshofes die Verse von Johann Jakob Grynaeus:

O Basel, du berühmte Stadt
Gross Gnad dir Gott verliehen hat
Ein Gottes Gmein, ein weisen Rat
ein hohe Schul, drey gross Gutthat!

Dem stimme ich zu – und man könnte noch andere «Gutthaten Gottes» hinzufügen (und den real existierenden Zustand der drei Genannten – vor allem den Zustand der Kirche und der politischen Struktur – gut baslerisch auch mit leichter Skepsis hinterfragen). Die beiden Erstgenannten blieben mir dennoch wichtig. Gerne habe ich in fast allen Basler Kirchgemeinden gepredigt oder Vorträge gehalten und lange Jahre in den gewählten Gremien mitgearbeitet. Und es war mir eine Freude, auch andere Gruppierungen der Stadt begrüssen zu dürfen – etwa Genossenschaftler, Zünfte oder Sportsfreunde...

Auf die «dritte Gutthat» (der auch gerade das Frey-Grynaeum besonders zugewandt ist) möchte ich ausführlicher eingehen: die *universitas.* Ich halte es für ein besonderes Privileg, dass ich in Basel eine relativ intakte Gestalt der klassischen europäischen Universität vorfand. Ich weiss wohl, dass Theologie auch ausserhalb des universitären Rahmens existieren kann. Meine Hochschulen in Prag and New York waren keine Universitäten. Der Heimatboden der Theologie ist die Kirche, nicht eine staatliche Institution. Das «Standbein» der Theologie steht in der Kirche, im Hause der Wissenschaften nur ihr «Spielbein». Doch dieses Spiel, das Spiel der dialogischen Wahrheitssuche in Auseinandersetzung mit anderen Wissenschaften – der Grundgedanke der abendländischen Universität – ist eine zutiefst beglückende und befreiende menschliche Möglichkeit. Für die Theologie – aber auch umgekehrt: für das Haus der Wissenschaften. Denn die Präsenz der Theologie weist darauf hin, dass es im wissenschaftlichen Bemühen um mehr geht als um Broterwerb und berechenbaren Nutzen, in der Universität um mehr als um eine Anstalt zur Züchtung von tüchtigen Fachleuten, nämlich um eine Gemeinschaft im Dienst an der vielschichtigen, zuletzt jedoch gemeinsam verpflichtenden *Wahrheit.*

Vor allem in der Zeit meines Rektorates habe ich immer wieder über die Botschaft unseres Rektoratssiegels nachgedacht. Ein offenes Buch, mit den vier lateinischen Wörtern: *pie – iuste – sobrie – sapienter.* Ich habe bei verschiedenen Gelegenheiten versucht, den Sinn dieses Siegels aktualisierend zu interpretieren. Im Zusammenhang mit dem Frey-Grynaeum möchte ich auf einen wesentlichen Zug besonders hinweisen: Das Buch auf dem Siegel wird durch eine Hand von oben, durch Gottes Hand gehalten. Das verstehe ich so: die Universität ist von ihrem Ursprung her – und auf ihre bleibende Zielsetzung hin – keine Schöpfung der Willkür, keine leere Konvention, die jederzeit nach der Stimmung der Zeit administrativ oder politisch manipulierbar wäre. Sie hat ihre geistigen Wurzeln und sie hat ihre historisch gewachsene Gestalt. Sicher, sie will und sie soll weiter wachsen, darf nicht im Überlieferten erstarren und verdorren. Doch sie will und soll wachsen aus dem

UNIVERSITÄT BASEL
REKTORAT

Abb. 32: Das alte Basler Rektoratssiegel, vor Einführung des Winterhilfe-Designlogos «Uni Basel»: «pie, iuste, *sobrie* et sapienter.»

Ursprung und auf das hier verheissene Ziel der uns überlegenen Wahrheit hin. Sie hat ihren Auftrag und ihre Verheissung *coram Deo,* vor Gott; also ihren nicht erst heute und nicht erst gestern, sondern *sub specie aeternitatis* begründeten Auftrag.

Dies gilt letzten Endes *mutatis mutandis* auch für unsere *polis.* Basel spielte in der europäischen Freiheitsgeschichte keine unbedeutende Rolle. Bereits im Mittelalter wurde am Basler Konzil (auf Initiative der Hussiten) die Frage nach der Freiheit der Verkündigung nachdrücklich gestellt. In Basel wurde am Anfang der Neuzeit um wahres Verständnis des *liberum arbitrium* hart gerungen. Von hier aus kamen Initiativen zum solidarischen Verständnis der Freiheit im missionarischen Aufbruch zu Menschen auf anderen Kontinenten, in Vorstössen der sozial engagierten Pietisten und religiösen Sozialisten. Aus dieser Stadt rief mit Karl Barth eine «Schweizer Stimme» in gefährlicher Zeit zum geistigen und politischen Widerstand gegen Systeme der Freiheitsunterdrückung auf – nicht nur in der Schweiz, sondern auch in Teilnahme am Geschick anderer europäischer Völker. Allerdings, in unserer Zeit, wurde gerade unter uns dramatisch spürbar, dass Freiheit – etwa der Wirtschaft, der wir viel verdanken – nur dann wirklich verantwortbar ist, wenn sie nicht eindimensional, in einseitiger Ausrichtung auf Eigeninteressen, sondern eidgenössisch, d.h. eingebunden in die Gesamtinteressen der Gesellschaft und der Natur praktiziert wird.

Ernst Staehelin verdanke ich den Hinweis auf die folgenden Worte unseres Reformators Johannes Oekolampad: «So soll die Stadt Basel [Basilea] ihren Namen haben von keinem irdischen König [Basileus]:

denn keinem solchen ist sie untertan; sondern von Jesus Christus soll sie wahrhaftig heissen, die Stadt des grossen Königs, dem alle Ehre sei».[2]

Man missverstehe diese Sätze nicht im Sinne eines schwärmerisch-christokratischen Programms. Oekolampad weiss, wovon er spricht: von Basel, der Stadt mit menschlich-allzumenschlichen Verhältnissen, von keinem Neuen Jerusalem. Aber er nimmt die Stadt beim Wort: *Basilea* – keinem irdischen König untertan. Eine Stadt mit freiheitlichem Erbe. Doch dieses Erbe verpflichtet, die Freiheit nicht bloss für sich, sondern – das impliziert der Hinweis auf den «grossen König, Jesus Christus» – in der Solidarität, mitmenschlich und mitgeschöpflich, zu bewähren.

Das anmutige Haus auf dem Heuberg, das niemanden gleichgültig lassen will, ist ein stiller Zeuge dieses Erbes und damit der geistigen Identität seiner Stadt.

2 Das Buch der Basler Reformation. Zu ihrem vierhundertjährigen Jubiläum im Namen der evangelischen Kirchen von Stadt und Landschaft Basel hrsg. von Ernst Staehelin, Basel 1929, S. 111f.

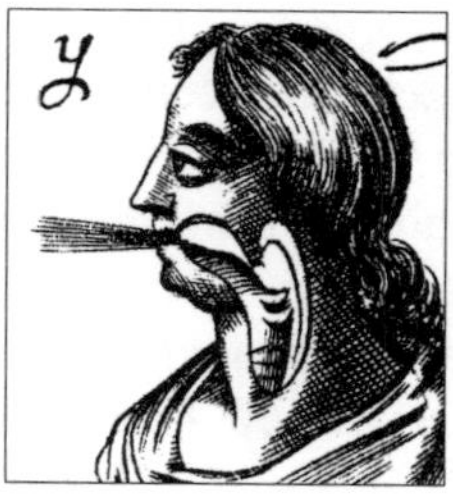

Sieben Briefe aus der Korrespondenz von Theodor Zwinger

Nach Vorarbeiten von Studentinnen und Studenten

herausgegeben von Martin Steinmann

Als Johann Wernhard Herzog im Jahre 1809 dem Frey-Grynaeischen Institut, zu dessen Kuratoren er gehörte, die Zwinger'schen Korrespondenzen schenkte, ahnte er wohl nicht, dass das einst der kostbarste Besitz des Instituts sein werde. In der Tat wurden die Papiere lange wenig beachtet, da sie nicht aus der Zeit von Erasmus, Oekolampad und Hans Holbein stammen. Erst in den letzten Jahrzehnten hat das Interesse daran zugenommen[1], und erschöpft ist der Schatz noch lange nicht. Uns interessiert hier allein die Korrespondenz von Theodor Zwinger.

Theodor Zwinger (1533–1588) war der Sohn eines aus Bischofszell nach Basel eingewanderten Kürschners und einer Tochter des aus Strassburg stammenden Malers Hans Herbster. Die 1538 verwitwete Mutter heiratete in zweiter Ehe den als Professor und Pfarrer tätigen Humanisten Konrad Wolfhart (Lycosthenes). Seine Studien schloss Zwinger 1559 in Padua mit der Promotion zum Doktor der Medizin ab, und nach Basel zurückgekehrt, wurde er als Arzt tätig. Eine gute Heirat machte ihn finanziell unabhängig. Seine meisterliche Beherrschung der alten Sprachen und seine breiten Kenntnisse in den Wissenschaften befähigten ihn, Professuren für Griechisch und Ethik zu versehen, bevor

1 Die wichtigsten Publikationen sind: Johannes Karcher, Theodor Zwinger und seine Zeitgenossen, Basel 1956. – Antonio Rotondò, Studi e ricerche di storia ereticale italiana del cinquecento, Torino 1974, passim. – Carlos Gilly, Zwischen Erfahrung und Spekulation. Theodor Zwinger und die religiöse und kulturelle Krise seiner Zeit, in: Basler Zeitschrift für Geschichte und Altertumskunde, Bd. 77 (1977), S. 57–137 und Bd. 79 (1979), S. 125–223. – Alfred Berchtold, Bâle et l'Europe, vol. 2, Lausanne 1990, S. 655–680.

er 1580 den ihm angemessenen Lehrstuhl für theoretische Medizin erhielt. Zwinger war von gewinnendem Wesen, hilfsbereit gegen Arme (es hiess, seine Praxis habe ihn mehr gekostet als eingebracht), von weitgespannten Interessen und tolerant gegenüber vielerlei Meinungen. Man kann darin die Verwandtschaft mit seinem Onkel, dem Buchdrucker Johannes Oporinus, erkennen. Von diesem hat er auch Beziehungen zu manchen auswärtigen Gelehrten übernommen; weitere ergaben sich durch den guten Ruf der Basler medizinischen Fakultät.

In Basel waren im 16. Jahrhundert zwei Hauptrichtungen des medizinischen Fortschritts symbolisch präsent: Paracelsus hatte eine (nicht eben glückliche) Professur an der Universität innegehabt, Andreas Vesalius 1543 sein epochales Buch über die Anatomie des Menschen publiziert. Mit beiden hatte der Onkel Oporinus in engem Kontakt gestanden, als Famulus von Paracelsus und Verleger von Vesal. In der zweiten Hälfte des Jahrhunderts zogen nun Theodor Zwinger als Theoretiker und Felix Platter als Praktiker Medizinstudenten von weit her an, und Zwinger pflegte mit Kollegen und Schülern eine dichte Korrespondenz, die von Frankreich bis Polen und von Norditalien bis England reichte.

Zwinger nahm die neuesten Tendenzen der Wissenschaft auf. Noch als reifer Mann entdeckte er für sich die Bedeutung von Paracelsus, den er früher abgelehnt hatte, und beschäftigte sich mit alchemistischen Prozessen. Dabei war er, anders als manche Zeitgenossen, aller Polemik abgeneigt und hielt lieber mit seinen Ansichten zurück oder liess sie tatsächlich in der Schwebe, so dass er mit seinen Kollegen nicht in Streit geriet und grosses Ansehen genoss.

Zwingers Korrespondenz ist ebenso umfangreich wie unübersichtlich, denn in den Bänden des Frey-Grynaeums sind die an ihn gerichteten Briefe mit Schreiben an andere Adressaten vermischt. Zudem ist anzunehmen, dass in auswärtigen Bibliotheken nicht wenige Briefe von Zwinger erhalten sind, galt er doch schon zu seiner Zeit als namhafter Gelehrter. Diese verstreuten Briefe hat noch niemand gesammelt. Auf jeden Fall dürfte sich die Korrespondenz auf weit über tausend Stücke belaufen. Längst nicht alles davon verdient die Publikation, aber eine breite Auswahl sollte ediert werden. Denn Zwinger ist nicht nur als Korrespondent in Basel an die Stelle von Bonifacius Amerbach getreten, seine Briefe belegen auch die Verbindung vom Basler Humanismus zum 17. Jahrhundert. An diese Aufgabe möchten die folgenden sieben Briefe erinnern.

Die hier vorgelegte Publikation ist aus einer einstündigen Leseübung an der Basler Universität im Wintersemester 1996/7 hervorgegangen. Mitgewirkt haben die Damen und Herren S. Brandt, U. Dill, L.M. Kansy,

L.M. Koziel, M. Mattmüller und B.C. Pfenninger. Sie alle haben ihren Anteil am hier vorgelegten Ergebnis. Dem Anlass entsprechend sind die erklärenden Anmerkungen ganz knapp, manches wird der Leser wohl überhaupt vermissen; wir bitten ihn um Verständnis. Endredaktion und Verantwortung liegen bei mir.

Martin Steinmann

I.
G II 13a, 100
An die Eltern, d. h. den Stiefvater Conrad Lycosthenes und Christina geb. Herbster, [1548 Sept.][2]

Im Alter von 15 Jahren brannte Theodor Zwinger nach Lyon durch. Unterwegs schrieb er an seine Eltern eine lange Rechtfertigung. Dieser Brief, der früheste von Zwinger bekannte, ist in der Amerbach-Korrespondenz erhalten geblieben.

Das ich awegs zogen bin, lieber vatter und mů̊ter, acht ich, ir nemmends für übel und (wie auch billich) gantz schwerlich uff, das ich so unghorsamm sye. Wenn ir aber die sach recht betrachten wend, werdend ir mir lichtlich moͤgen verzihen. Dann vil ursach hand mich darzů̊ betrachtend verursacht. Dann wir sehend, das mann hütt zů̊ tag uff keinem nütt hatt, keinen nütt schetzt, inn verachtet und vexiert[3], welcher nitt gwandlet[4] ist, dann er ist grad, wie ein unnbachens brott.

So derhalben imm also ist, ist es doch nitt als daran gelegen, dz einer seltzamme[5] land, seltzamme sitten, und geberden, brüch, und mißbrüch aller voͤlcker erfare, wiewol das auch wißhayt und verstand bringt, das aber ist die aller groͤste erfarnuß, da einer armů̊t liden, und ummentumlet[6] mů̊ß werden, dardurch er dann mhe[7] lernet inn einem iar, dann wann er schon sunst dry da ußen were, mitt großem kosten siner elteren.

Also hab ich auch docht[8], und mir fürgenommen auch zů̊ wandlen, und das mitt keinem uwerem kosten, sunder wo ander erneret werden, da will ich (mitt gottes hilf) auch under kon[9]. Dann was moͤcht mich das helfen, wz moͤcht ich darzů̊ erfaren, wann ir mich schon gan Straßburg mitt üwerem großen kosten gschickt hetten? Nütt überall[10], dann so ich

2 Druck (gekürzt und modernisiert) in: Paul Kölner, Anno Dazumal, Basel 1929, S. 416–418.
3 neckt.
4 gewandert.
5 merkwürdige.
6 umhergeworfen.
7 mehr.
8 gedacht.
9 unterkommen.
10 überhaupt.

denn disch[11] schon hett ghan, lernet ich eben als vil, als wann ich grad daheymen bliben wer. Exempla existunt domestica[12].

Derhalben hab ich mir fürgenommen in Franckrich gan Legion[13] zů ziehen, dann da selbst hatt mann auch arm knaben, die da singen, und mögen singen auch unnangnummen[14], wie ichs dann uß anderen verstanden hab, die hierußer[15] kommen sind. Daselbst mag ich auch die frantzösisch sprach lernen, welche wie nutz sy syge, acht ich, ir wißends baß, weder ichs aber üch erzellen kan.

Darzů daselbst mag ich auch das bapstumb recht lernen erkennen, dann min fürnemmen ist das (so mir [uns]er gott so vil gnaden gibt) dz ich will ein predicant und lehrer Christi werden. Wie möcht ich dann deß herren wortt recht verkündigen, wann ich nitt könt die irrsål[16] anzeygen, das mann sich darfor hůtet? Dann keiner mag wißen gantz klårlich waß das liecht sige, er hab denn vorhin auch die finsternuß beschauwet.

Darumb so ietz zů zit, nütt mhe demm Evangelio widerstråbe, dann das Bapstumb, ists fürwar amm meisten von nöten, das einer deß selbigen schalckheyt[17] wiße, sunst wird er grad darvon reden, wie ein blinder von denn farben. Derhalben welcher nun ein diener Christi, ia auch ein glöubiger Christ will sin, oder werden (das ich dann mir auch gentzlich nach üwerem wolgfallen fürgesetz[18] hab) můß er nitt allein das liecht, sunder auch die irrsäl lernen erkennen, das er andere darvor warnen, und sich darvor auch hůten könne und möge. Dann deß Bapstumbs lehrer und verkerer sind also listig, bschib[19], und glißneriß, das sy lichtlich einen der umb ir boßheyt nütt wißte, betriegen möchten. Derhalben semlichs[20] zů erfaren, bin ich inn Franckrich gen Legion zogen, da ich dann auch mag lichtlich heruß zů üch bottschaft han, durch denn Gryfen[21] denn bůchtrucker.

Darzů ist ietz gůter frid darinnen auch, so hie ußen nitt dann krieg und widerwertigkeyt ist, wiewol mich das gar keins wegs nitt darzů verursachet hatt, das ich wandlete. Laß es aber sin, das auch etwas daran were, das doch nitt ist, wann dann der keyser die Eidgnoßschaft bezwung, wer es dann jamer ann minen elteren und fründen, und sy an mir solten

11 Kost und Logis.
12 Dafür gibt es daheim Beispiele.
13 Lyon.
14 unwillkommen; hier vielleicht: nicht zu einer Familie der Stadt gehörig.
15 von dort hierher.
16 Irrtümer.
17 Bosheit.
18 vorgenommen.
19 verdreht.
20 solches.
21 Sebastian Gryphius aus Reutlingen (1493–1556), einer der bedeutendsten Buchdrucker in Lyon.

muͤßen sehen und erleben? Dann so er den Schwaben nütt verschont hatt, vil minder wurd er uns gnedig sein[22].

Wann ich dann schon ietzunder wandle, mag ich mich dennocht lichtlich gegen minem vatterland entschuldigen, dann wenn ich schon hieblibe, und dann krieg (das doch gott w[...]len, so moͤcht ich min vatterland mitt minem lib gar nütt helfen, darumb ist es fil weger[23], ich zühe ietz dahin, und erfare und lerne, das ich hernach nitt allein minem gschlecht, sunder auch dem gantzen vatterland, und fürbaß Christo, loblich, ehrlich, und nutzlich syge.

Von deren dingen wegen bin ich bewegt worden zů wandlen. Wann ich dan schon ein handtwerck glernet hette, hett ich auch muͤßen darvon, und mitt groͤßer gschwår, dann aber ietz, dann dummendum[24] welcher ein studiosus ist findt allwegen by glerten lüten hilf und niderlag[25]. Derhalben so ich hett muͤßen wandlen, so ich ein handtwerck koͤnte, warumb woltt ichs dann ietz nitt auch thůn, so ich studiere? So mann doch hütt zů tag, uff keim nütt hatt, er heige dann etwas erfaren.

Das ich aber üch nütt darvon gseit hab, soll üch nitt beschweren, dann es ist uß keiner boßheyt beschehen, sunder das ich gfoͤrchtet hab, ir laßent mich nitt ziehen, so doch min hertz niener zů alle zit baß[26] glustet hatt, dann zů wandlen. Vor etlichen iaren, da die schůlen noch nitt als gůt, als doch ietz, warend, sind die aller glertesten arme schůler und studiosi gwesen, warumb woltt mann dann nitt auch semlichs von denn itzigen armen hoffen, so die artes[27] also sind ufgangen? Semmliche hoffnung [verso] von mir üch auch zů han verhoff ich[28].

So ich aber gnůg erfaren han armůt liden und andere ding, dardurch einer eim anderen armen gsellenn dester baß glauben mag (wie dann auch min vetter Oporinus, und doctor Willißouwer[29], der mich etlicher maß auch verwandt ist) und darnach (mitt gottes gnad und hilf) wider heym kumm, wirtt üch min abscheid nimmen duren[30], und dann erst so legend denn kosten ann mich, denn ir ietzund wolten ußgeben, so ich gar iung, denn selben nitt wol anlegen koͤnd, wann ich dann schon ietz nitt vil erfar (das ich dann nitt hoff, dann armůt lert vil ding, doch die

22 Im Schmalkaldischen Krieg hatte Karl V. gesiegt und war daran, das Augsburger Interim mit Gewalt durchzusetzen. Im August 1548 hatte sich z. B. Konstanz beugen müssen.
23 besser.
24 überall.
25 Unterkommen.
26 mehr.
27 die Wissenschaften.
28 Ich hoffe, dass Ihr auch von mir diese Hoffnung habt.
29 Nicht identifiziert.
30 leidtun.

selben ehrlich) so mag ich doch das thůn, on üweren schweren kosten. Min schůlmeister Thomas Platter[31] und andere mehr sagend zů mir: wann witt wandlen. Dann sy erkennends wol, das es ietz fast zitt ist. Derhalben so nemmends nitt schwerlich uff min abscheid, sunder denckend von erfarnuß wegen mich sin aweg zogen, und das ich etwan dannen her demm bapstumb widerfechten moͤge, so ich sin schalckheyt erfar, und auch anderen armen glauben, und barmhertzigkeyt ůben, die dann Christus heftig befolhen hatt. Nitt mehr dann gott sige mitt üch, und bitten inn, das er mir min fürnemmen fürderen well, zů siner ehr, wolstand miner elteren und deß nechsten bestatten[32]. Darzů bitt ich üch, versorgind mir mine bůcher wol, die ich in zeynen[33] glaßen hab, das mir keins genummen werd. Bsegnind mir denn großvatter, die großmůter, und die anderen fründ alle.

Als bald ich mag bottschaft han von Legion durch denn Gryfen, der demm Oporino dick schribt und buͤcher schickt, will ich üch (so gott so vil gnad gibt) von minem stand vollkommenlich schriben.

Uwer williger und lieber son Theodorus Zwingger

Die wandrung ist geschähen uff zinstag vor Michahely[34].

II.
Frey-Gryn. Mscr. II 4, Nr. 353
Von Zwingers Medizinstudenten, s.d.

Dieses Schreiben lässt sich nicht datieren, auch sein Verfasser bleibt unbekannt.

S. Etsi sane non parum felices videamur, clarissime d. Doctor Theodore, quibus Dei Opt. Max. beneficio datum sit, te professore medices eximio et praeceptore nostro maxime venerando iucundissime frui, est tamen quod impugnat felicitatem qualemcumque illam nosque admodum perturbat, quia praeclarissima tua ὑπονήματα, quae dictando soles proponere, nunquam ita assequi possumus calamo nostro quantumvis festinantissimo, quin moleste iacturam patiamur quarumdam vocum, celeritate quadam dictationis (pace tua id dixerimus) elapsarum, licet inde ab initio summam scriptionis operam celeritati hactenus impenderimus. At quia hac multum inferiores sumus, et nobis ipsis haudquaquam novi-

31 Thomas Platter hat seine eigene erlebnis- und entbehrungsreiche Wanderzeit in der bekannten Autobiographie geschildert.
32 Nutzen.
33 Körben.
34 Diese Notiz stammt wohl nicht von Zwinger.

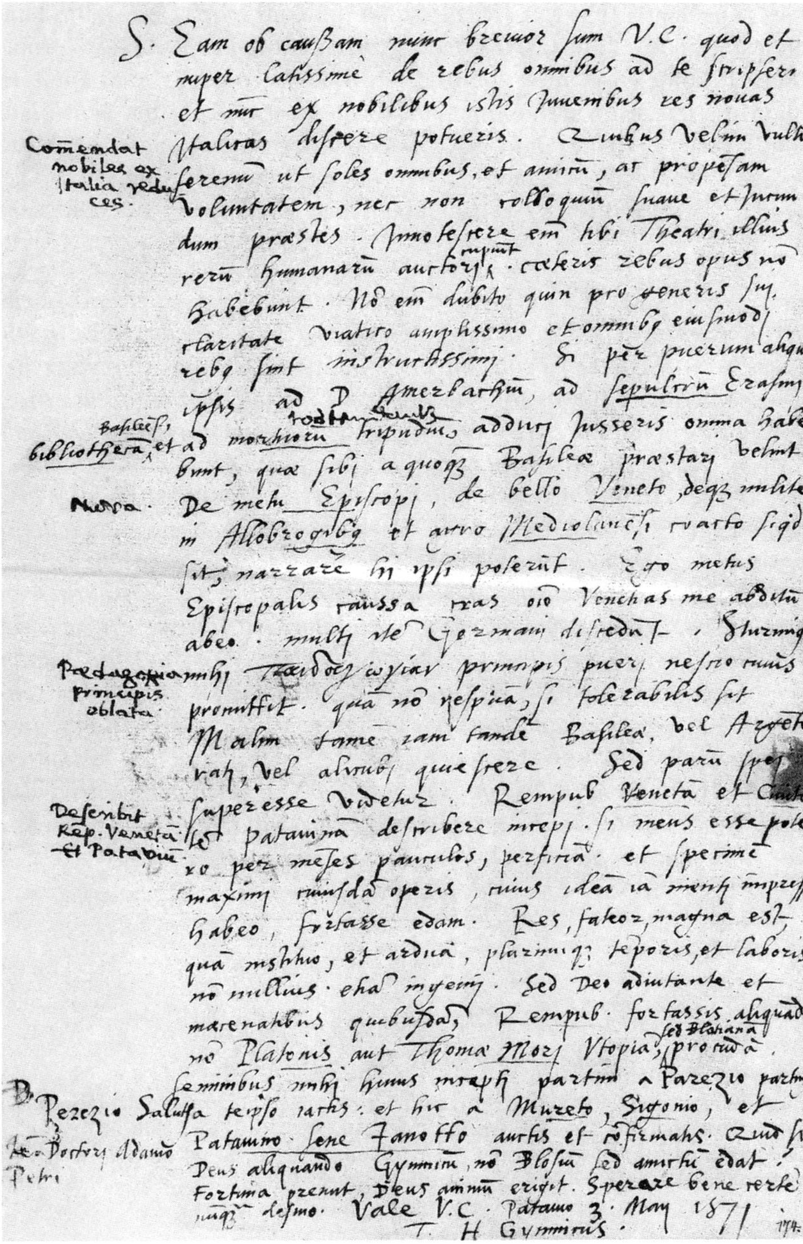

Abb. 33: Brief von Hugo Blotius an Theodor Zwinger vom 3. Mai 1571 (Frey-Gryn. Mscr. II 8, Nr. 174; UBB).

mus satisfacere, tuae vero virtuti, quae quidem magna est, nulla hinc molestia sit acces[s]ura, si illa dederit, aut lentiore aut attractiore prolationis ratione, ea propter maiorem in modum rogamus humanitatem tuam, ne non istum in modum, tam sua quam nostra posthac causa, sibi similis esse velit. Hoc confidenter dato, et studii nostri quantuluscunque cursus constabit, et aliquando in te optime promerebit. Vale.

Auditores Aesculapidaei, tuae Magnificentiae deditissimi

Sei gegrüsst. Obschon wir nicht wenig vom Glück begünstigt sind, hochberühmter Herr Doktor Theodor, dass wir durch die Gnade Gottes in Dir einen hervorragenden Professor der Medizin und unseren hochverehrten Lehrer haben dürfen, so ist da doch etwas, das dieses unser Glück trübt und uns ziemlich stört: Wir können nämlich Deinen grossartigen Belehrungen, welche Du im Diktat vorzubringen pflegst, niemals auch mit fliegender Feder so folgen, dass wir nicht zu unserem Leidwesen einige Worte verlieren, weil sie durch die Hast Deines Vortrages (verzeih die Freiheit) uns entgehen. Dabei haben wir uns doch beim Nachschreiben von Anfang an ganz auf die Geschwindigkeit konzentriert. Aber weil wir darin weit im Hintertreffen bleiben und mit dem Resultat keineswegs zufrieden sein können, Deinen Qualitäten jedoch, die wirklich gross sind, auch dann kein Eintrag geschieht, wenn Du beim Lehren langsamer oder konzentrierter vorträgst, deshalb bitten wir inständig um Dein Verständnis, dass Du um Deiner und unseretwillen nicht auf diese Weise künftig fortfahren wollest. Wenn dieser Punkt im gegenseitigen Vertrauen geregelt ist, wird unser bescheidenes Studium seinen sicheren Lauf nehmen und dereinst Dir Ehre machen. Leb wohl.

Die Studenten der Heilkunst, Deiner Magnifizenz ergebenst.

III.
Frey-Gryn. Mscr. II 8, Nr. 174
Von Hugo Blotius, Padua 1571 Mai 3

Hugo Blotius aus Delft (1533–1608) hatte sich als junger Gelehrter 1568/69 in Basel immatrikuliert, dann lehrte er ein Semester lang in Strassburg Ethik. 1570 ging er als Präzeptor Ludwigs v. Hutten nach Italien. 1575 wurde er zum kaiserlichen Hofbibliothekar in Wien, 1576 zudem zum Professor der Rhetorik an der dortigen Universität ernannt, später konvertierte er zum Katholizismus.

S. Eam ob causam nunc brevior sum, V[ir] c[larissime], quod et nuper latissime de rebus omnibus ad te scripserim et nunc ex nobilibus istis iuvenibus res novas Italicas discere potueris. Quibus velim vultum serenum ut soles omnibus, et amicum, ac propensam voluntatem, nec non colloquium suave et iucundum praestes. Innotescere enim tibi theatri illius rerum humanarum auctori cupiunt[35], caeteris rebus opus non habebunt. Non enim dubito quin pro generis sui claritate viatico amplissimo et omnibus eiusmodi rebus sint instructissimi. Si per puerum aliquem ipsis ad D. Amerbachium, ad sepulcrum Erasmi, ad bibliothecam Basileensem et ad mortuorum tripudium adduci iusseris, omnia habebunt, quae sibi a quoquam Basileae praestari velint.

De metu episcopi[36], de bello Veneto, deque milite in Allobrogibus et agro Mediolanensi coacto siquid sit[37], narrare hi ipsi poterunt. Ego metus episcopalis caussa cras omnino Venetias me abditum abeo. Multi item Germani discedunt. Sturmius[38] mihi παιδαγωγίαν principis pueri nescio cuius[39] promittit, quam non respuam, si tolerabilis sit. Malim tamen iam tandem Basileae vel Argentorati vel alicubi quiescere. Sed parum spei superesse videtur.

Rempub. Venetam et civitatem Patavinam describere incepi[40]. Si meus esse potero per menses pauculos, perficiam et specimen maximi cuiusdam operis, cuius ideam iam menti impressam habeo, fortasse edam. Res, fateor, magna est, quam instituo, et ardua, plurimique temporis et laboris non nullius etiam ingenii. Sed Deo adiuvante et maecenatibus quibusdam, rempub. fortassis aliquando non Platonis aut Thomae Mori Utopiam, sed Blotianam procudam seminibus mihi huius incepti partim a Parezio[41] partim te ipso iactis, et hic a Mureto, Sigonio, et Patavino sene Janotto[42] auctis et confirmatis. Quid si deus aliquando Gymnicum,

35 Zwingers «Theatrum vitae humanae» war 1565 erschienen, 1571 kam die 2. Auflage heraus.

36 1570 war Niccolò Ormaneto, ein führender Kopf der Gegenreformation, Bischof von Padua geworden.

37 Wenig später, am 20. Mai, schlossen der Papst, Spanien, Venedig, Savoyen, Genua und die Johanniter die Heilige Liga, welche im Oktober die Seeschlacht von Lepanto gegen die Türken gewinnen sollte. Die Verhandlungen um den Vertrag waren bis zuletzt durch schwere Spannungen zwischen Venedig und Spanien gefährdet.

38 Johann Sturm (1507–1589), Rektor der Strassburger Akademie.

39 Ungefähr 1572 übernahm Blotius in Italien als Präzeptor die Söhne des kaiserlichen Feldhauptmanns Lazarus von Schwendi, der im Elsass lebte, und des ungarischen Kanzlers Bisthius.

40 Das Werk ist nicht zustande gekommen. Man kann sich aber fragen, ob Zwinger durch diesen Plan zu seiner Methodus apodemica (erschienen Basel 1587) angeregt worden sei; jedenfalls behandelt er darin S. 253–318 Padua.

41 Vielleicht der am Ende des Briefes wieder genannte Marco Perez.

42 Wohl Marco Antonio Muret (1526–1585), ein Gelehrter aus Frankreich, der sich damals aber hauptsächlich in Rom aufgehalten hat; Carlo Sigonio (1524–1584), Professor der Rhetorik in Padua; Tommaso Giannotti (gestorben 1577), Philologe.

non Blosium sed amictum[43] edat? Fortuna premit, Deus animum erigit. Sperare bene certe numquam desino. Vale V.C. Patavio 3. Maii 1571.

T[uus] H. Gymnicus[44]

D. Perezio[45] salutem, item Doctori Adamo Petri[46].

Gruss. Deshalb halte ich mich nun kurz, hoher Herr, weil ich kürzlich ganz breit über alles Dir geschrieben habe und weil Du nun von diesen jungen Herren die italienischen Neuigkeiten erfahren kannst. Begegne ihnen bitte heiter und als Freund, wie Du es mit jedermann hältst, sei ihnen behilflich und gewähre ihnen gute, angenehme Gespräche. Sie möchten nämlich Dich als den Autor des «Schauplatz des menschlichen Lebens» kennenlernen, sonst brauchen sie nichts. Ich zweifle nämlich nicht daran, dass sie als vornehme Leute mit Reisegeld und sonst allem Nötigen reichlich versehen sind. Wenn Du dafür sorgst, dass ein Junge sie zu Doktor Amerbach, zum Grab des Erasmus, auf die Bibliothek und zum Totentanz geleitet, so haben sie alles, was sie in Basel überhaupt von jemand begehren.

Von der Furcht vor dem Bischof, dem venezianischen Krieg und den Soldaten, die sich in Savoyen und um Mailand sammeln, können die Überbringer dieses Briefes selber berichten. Ich will aus Angst vor dem Bischof morgen wegziehen und mich in Venedig in Sicherheit bringen. Auch viele Deutsche verlassen die Stadt. Sturm verspricht mir eine Stelle als Lehrer und Begleiter irgend eines Fürstenknaben, und ich werde sie nicht zurückweisen, wenn sie erträglich ist. Lieber möchte ich aber endlich in Basel, in Strassburg oder sonstwo zur Ruhe kommen. Aber darauf scheint wenig Hoffnung zu bleiben.

Ich habe begonnen, die Republik Venedig und die Stadt Padua zu beschreiben, und wenn ich wenige Monate für mich arbeiten kann, werde ich fertig und kann vielleicht eine Probe von dem gewaltigen Werk herausgeben, dessen Plan mir schon vor Augen schwebt. Zugegeben, es ist eine grosse Sache, die ich unternehme, sie ist schwierig und verlangt sehr viel Zeit und Arbeit, auch einiges an Scharfsinn. Aber mit Gottes Hilfe werde ich vielleicht einen Staat hervorbringen, nicht den Platonischen noch den utopischen des Thomas Morus, sondern einen Blotianischen,

43 Wortspiel: Blotius bringt seinen Namen in Zusammenhang mit deutsch *bloss* und griechisch *gymnos*; beides bedeutet nackt.

44 Vgl. die vorangehende Anmerkung.

45 Marco Perez (1527–1572), Grosskaufmann aus Antwerpen, war 1568 vor der Glaubensverfolgung nach Basel ausgewichen und engagierte sich im Widerstand gegen Spanien. Blotius lieferte ihm Nachrichten aus Italien.

46 Adam Henric-Petri (1543–1586), Professor der Jurisprudenz und 1584 Stadtschreiber.

und den Anstoss dazu verdanke ich teils Parezius, teils Dir selber, und hier werde ich von Muretus, Sigonius und dem alten Paduaner Janotto darin gefördert und bestärkt. Wie wäre es, wenn Gott dereinst einen Gymnicus, und zwar nicht bloss, sondern mit der Toga bekleidet schüfe? Die Hoffnung jedenfalls gebe ich nicht auf. Sei gegrüsst, hoher Herr. Padua, den 3. Mai 1571.

Dein H. Gymnicus

Grüsse an Herrn Perez und auch an Dr. Adam Petri.

IV.
Frey-Gryn II 27, Nr. 61
Von Agostino Doni, 1580 März 9[47]

Der Arzt Agostino Doni aus Cosenza in Kalabrien kam schon früh mit der Inquisition in Konflikt und musste schliesslich Italien verlassen. 1579 kam er nach Basel und doktorierte anfangs 1580, konnte sich aber weder dort noch in Genf dauerhaft etablieren. 1581 musste er aus konfessionellen Gründen überstürzt abreisen und gelangte schliesslich nach Krakau in Polen. Dort verlieren sich 1583 seine Spuren.

D[omine] D[octor] clariss[ime] et excellentiss[ime]

Mitto tibi librum primum[48], nondum quidem satis elaboratum, sed ita informatum, ut ferri possit. Breve est opus, ut vides, itaque te diutius non retardabit a studiis tuis. Sed ante quam legere incipias, oportet ponere affectionem omnem, qua forte teneris erga nostros maiores; sic enim aequius iudicaris. Ad quod etiam multum proderit, non cogitare librum esse meum, hominis tam abiecti. Rogo te ex animo legas attentius, idque tecum constituas, monere me syncere vere et amice omnium quorum videbor monendus. Sic enim sum homo, qui, tantum abest, ut moleste feram castigationes amicorum prudentiorum vel in scriptis vel etiam in moribus meis, ut potius eis habeam gratiam ingentem, existimans non posse accipere ab ipsis beneficium maius, aut nobilius. Tam libenter accipio monita cordata, quam libere de scriptis cuiusque iudico: minime omnium laboro φιλαυτία, veritatem unam colo. Eo autem magis exopto tuam in iudicando et monendo libertatem, quia ego te uti decrevi non modo Aristarcho et iudice, sed etiam consiliario. Primum enim deliberabimus, dignine sint libri qui exeant, tum, vel si maxime digni sint, an e re mea sit, exire illos, saepe enim (ut nosti) consilia alioqui pulcherrima atque honestissima impedire potest conditio temporum. Oportebat explicasse voces quasdam et loquutiones, quibus ego utor nove, sic mihi

47 Gedruckt bei Rotondò, Studi e ricerche, S. 532f.
48 1581 erschienen in Basel bei Hieronymus Froben *De natura hominis libri duo.*

ferente re, sed ea te virum tantum non retardabunt. Ego pergo describere secundum non paullo prolixiorem.

Nunc agam tecum per literas unum, quod coram forsan non auderem. Vellem mihi prospectum velles unum ex pileis tuis sericeis, quibus non uteris iam, sed vereor, ne ipse non sis accepturus pretium; et ego, vel si ipse contenderes, numquam accipiam aliter. Nolim autem novum plane sed semitritum, modo ne sit nimis parvus. Hic vendunt tam caro, ut in novo coëmundo hoc tempore non possim ferre sumptum. Cur sit indecens commutare utensilia? Sed dices: Quaenam tibi cupido incessit incedendi sericatus, si non philosopho, tamen sic habito? Credas mihi, vir humanissime, ego per me essem contentus pileo ex lacerna; quid enim id refert? Sed respicio tempora, quibus populus eos honorat, eos putat doctos Doctores, quos videt bene indutos, ratiocinaturque: Hic bene indutus, ergo doctus, non ille quidem inepte, sed non usquequaque vere. Decere etiam videtur Doctorem novum[49], qui captet populi gratiam, cum quo lucrum vult facere. Sed hoc ita tibi expositum existimes velim, ut credas me neque velle tibi incommodare ulla in re, neque te facere quidquam quod non sis libenter facturus. Ego constitui, die dominico finem facere huius quasi deportationis. Cupio iam vos visere. Vale et si mereri videor, me ama. VII Id. Martias. 80 ex aedibus Calderini[50].

Excellentiae et virtutis tuae observantiss[imus]

Aug. Donius

Librum (si me amas) tecum habebis et servabis, neque cuiquam ostendes: consulto enim est opus.

Berühmter und hervorragender Herr,
Ich schicke Dir das erste Buch, welches zwar noch nicht genügend durchgearbeitet, aber doch so weit formuliert ist, dass es angehen mag. Es ist ein kurzes Werk, wie Du siehst, und wird dich also nicht zu lange von Deinen Studien abhalten. Doch bevor Du es zu lesen beginnst, solltest Du alle Verehrung beiseitelegen, welche Du etwa zu unseren Alten hegen magst. So wirst Du zu einem ausgewogeneren Urteil kommen; und dazu wird auch viel beitragen, wenn Du nicht daran denkst, dass das Buch von mir ist, einem so verächtlichen Menschen. Ich bitte Dich sehr, lies genau und mit der Absicht, mir aufrichtig, ehrlich und als Freund alles zu sagen, was

49 Doni hatte eben am 2. Februar promoviert.
50 Die Calderini waren reiche Mailänder Kaufleute, die in Basel schon lange eine Niederlassung hatten. Der Zusammenhang scheint aber darauf hinzudeuten, dass Doni den vorliegenden Brief nicht in Basel geschrieben hat.

dazu zu sagen ist. Denn so bin ich geartet, dass ich meinen Freunden, welche besser Bescheid wissen, den Tadel an meinen Schriften oder auch meinem Verhalten keineswegs übelnehme, sondern ihnen dafür sehr dankbar bin und meine, sie könnten mir keinen grösseren und besseren Dienst erweisen. Ebenso gern nehme ich freundschaftliche Kritik an, wie ich selber über die Schriften aller anderen mir ein Urteil bilde. An Eigenliebe leide ich zuletzt, mir geht es allein um die Wahrheit. Und umso mehr liegt mir an Deinem freimütigen Urteil und Deiner Kritik, weil ich Dich nicht nur als Aristarch und Kritiker, sondern auch als meinen Berater erwählt habe. Zuerst wollen wir nämlich überlegen, ob meine Bücher die Publikation verdienen, dann aber, auch wenn sie noch so gut sind, ob es in meinem Interesse sei, dass sie erscheinen. Du weisst ja, wie oft den schönsten und achtenswertesten Absichten die Zeitumstände entgegenstehen. – Ich müsste noch gewisse Wörter und Ausdrücke erklären, welche ich neu eingeführt habe, weil der Gang meiner Darlegungen es erforderte, aber einen so sachkundigen Mann wie Dich werden sie nicht aufhalten. Inzwischen arbeite ich an der Niederschrift des zweiten, nicht wenig umfangreicheren Teils.

Nun komme ich in meinem Brief zu einem Punkt, den ich mündlich zu berühren mich vielleicht nicht getraut hätte. Ich möchte, dass Du mir einen von Deinen Seidenhüten gäbest, welche Du nicht mehr trägst; doch fürchte ich, dass Du dafür keinen Preis annehmen würdest, und ich würde ihn anders nicht annehmen, auch wenn Du mich dazu drängen wolltest. Ich möchte aber durchaus keinen neuen, sondern einen halb abgetragenen, wenn er nur nicht zu klein ist. Hier sind sie so teuer, dass ich mir zur Zeit einen neuen nicht leisten kann. Warum sollte es anstössig sein, Gebrauchsgegenstände auszutauschen? Doch Du wirst einwenden: Was für eine Begierde treibt Dich, dass Du in Seide wandeln willst; denn bist Du auch vielleicht kein Philosoph, so hält man Dich doch dafür. Glaube mir, lieber Herr, ich für mich wäre zufrieden mit einem Filzhut, denn was kommt es darauf an? Aber ich richte mich nach der jetzigen Zeit, in der die Leute denjenigen ehren, den für einen gelehrten Doktor halten, den sie gut angezogen sehen. Sie denken: Der ist gut angezogen, also gelehrt. Das ist zwar nicht ganz abwegig, aber auch nicht ganz richtig. Und es gehört sich auch für einen neuen Doktor, der bei den Leuten ankommen und sein Geld verdienen will. Aber glaube mir, ich will Dir mit diesen Ausführungen keineswegs lästig fallen, und Du sollst auch nichts tun, was Du nicht gerne tust. – Ich habe mich entschlossen, am Sonntag diese Verbannung, um es so zu sagen, zu beenden. Ich habe Sehnsucht, Euch zu sehen, und wenn ich es verdiene, so hab mich gern. Am 9. März 80 aus dem Haus des Calderini.

Deiner Erhabenheit und Grösse ergebener Agostino Doni.

Bitte behalte das Buch bei Dir, verwahre es wohl und zeige es niemand. Vorsicht ist angebracht.

V.
Frey-Gryn. Mscr. II 28, Nr. 232
Von Thomas Moffett, London 1581 Juli 18

Thomas Moffett[51] (1553–1604) hatte in Cambridge Medizin studiert. Anschliessend unternahm er lange Reisen in Europa und wurde zum Anhänger der paracelsischen Medizin. In Basel immatrikulierte er sich 1577/78 und promovierte 1579 zum Doktor. Nach seiner Rückkehr praktizierte er in London und verkehrte am Hof. Bekannt wurde er auch durch seine entomologischen Forschungen; unter anderem bearbeitete er ein einschlägiges Manuskript von Konrad Gessner.

Tho. Moufetus Theo. Zuingero suo χάριν καὶ εἰρήνην.

Hem: ita enim fortasse convenit post tam diuturnum silentium ordiri, acsi loqui dedidicissem, vel pituita aliquantulum molestior vocis mihi meatus occlusisset. Pudet me profecto pigetque tantae intermissionis. Sed quid facias hoc rerum statu, incredibili ad omnia pene momenta expectatione, suspensus videndi ex intervallo Zolkerum Argentinensem[52], tuamque recipiendi illius opera epistolam? Quinetiam divina misericordia eam mihi praxeos frequentiam suppeditavit, ut nonnunquam vel hoc litterarum officium colere indiligentius, vel non diligere meipsum familiamque necligere necessum sit.

Quum autem te nostrae εὐπραξίας studiosissimum esse non dubitem, immo sciam, intelligas (subministrante praxi pecunias) me aedes chemiae sacras fere ad tuum exemplar aedificasse, quas etiam perpolire ausus sum. In illis balneum habeo non amplius quam quatuor vasorum capax, praeter otiosum Henricum[53], quae omnia ex opere figulino constant optime affabre facto, ut neque propter iuncturarum hiatum ignis eruptionem, aut Henrici asperitatem carbonibus impedimentum timeamus. Sane hac mea inventione tantopere delectantur chymistae, ut me in hac palaestra fere regulum proclament faciantque quodam modo superbiorem.

Caeterum cum haec ex tuo ingenio veluti per canales quosdam diduxerim (fuisti enim mihi loco thesauri) ut tibi gratias laudemque omnem attribuant author sum: absque quo fuisset tam ego chymicae disciplinae inscius, quam omnis methodi ignarus perstitissem. Quare non possum

51 Die Schreibung seines Namens variiert.
52 Georg Zolcher aus Strassburg besorgte die Briefe zwischen London und Basel.
53 Henricus otiosus, Athanor, ist eine Vorrichtung, welche dem Feuer selbsttätig Kohlen zuführt.

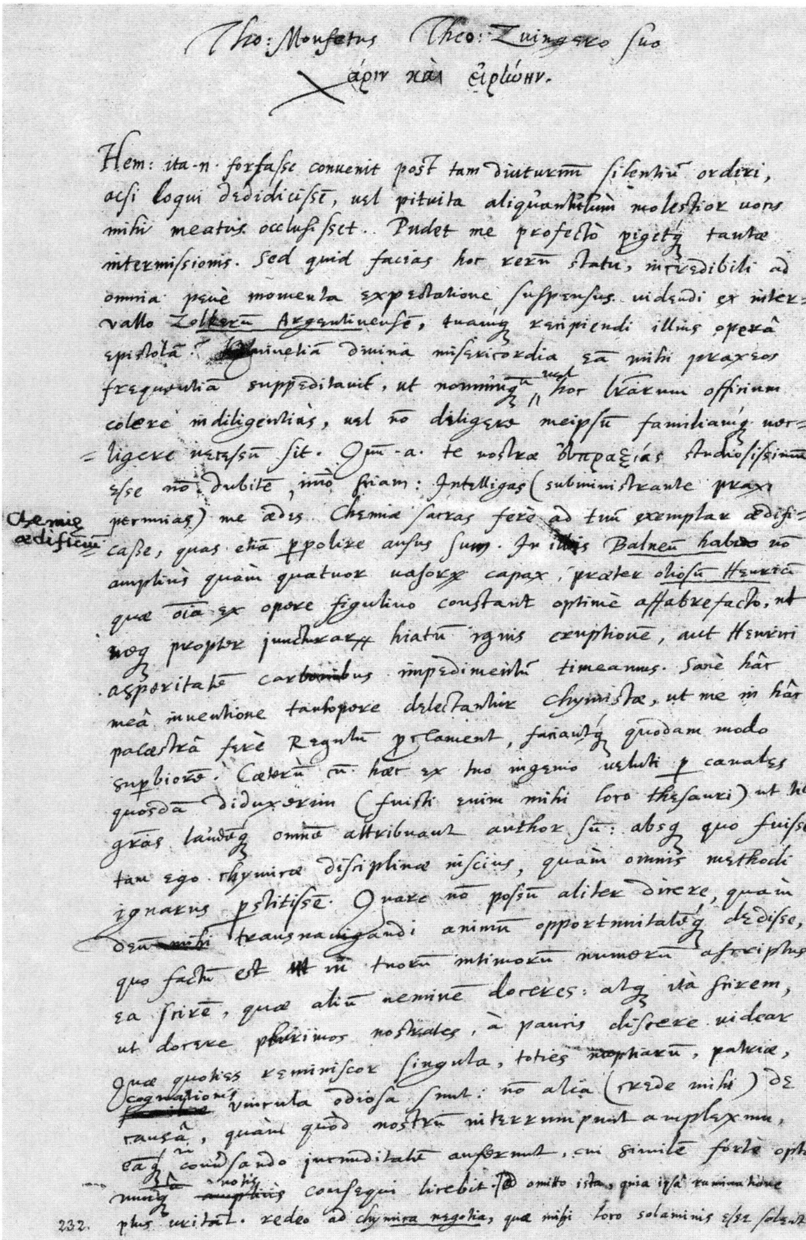
Tho: Moufetus Theo: Zuinggero suo
χάριν καὶ εἰρήνην.

Hem: ita-n[e] forfasse conuenit post tam diuturnum silentium ordiri, acsi loqui dedidicisset, uel pituita aliquantulum molestior uocis mihi meatus occlusisset. Pudet me profecto pigetque tantae intermissionis. Sed quid facias hoc rerum statu, incredibili ad omnia pene momenta expectatione suspensus.

Abb. 34: Brief von Thomas Moffett an Theodor Zwinger vom 18. Juli 1581 (Frey-Gryn. Mscr. II 28, Nr. 232; UBB).

aliter dicere, quam deum mihi transnavigandi animum opportunitatemque dedisse, quo factum est ut in tuorum intimorum numerum ascriptus ea scirem, quae alium neminem doceres: atque ita scirem, ut docere plurimos nostrates, a paucis discere videar. Quae quoties reminiscor singula, toties nuptiarum, patriae, cognationis vincula odiosa sunt: non alia (crede mihi) de causa, quam quod nostrum interrumpunt amplexum, eamque in conversando iucunditatem auferunt, cui similem forte optar[e] nunquam votis consequi licebit. Sed omitto ista, quia ipsa ruminatione plus uritant. Redeo ad chymica negotia, quae mihi loco solaminis esse solent.

[1v] Serpentem (id quod Francofurti decreveram) Veneream confeci ad formam Kekianae vehementer bellam; tantae utilitatis, ut diurne ultra viginti uncias olei depuratissimi ex lb. VIII vel VIIII caryophyllorum extraham tantae expeditionis, ut absque omni digestione id fiat. Mirum fateberis organum, et ad chymicos usus aurum contra non charum. Nullus medicus eo carere debet, qui aromatum seminumve calidiorum oleis delectatur.

Turpetum minerale[54] Duporti[55] fraudis suspicione non caret: nam post 7^{am} vel octavam dosim πτυελίζειν ποιεῖ. An quia Mercurius satis non figebatur? Equidem rem magnae operae esse perspicio constantissime figere Mercurium, licet aliis nostris chymicis quiddam ex facillimis videatur.

Chrysomastigis[56] rubicundum illud oleum iam nunc extrahere conor, ad exemplar Isaacini processus. Si quid rari in eo vel in alio quocumque negotio contigerit, eius [...] tibi decimas habeto. Absit enim me aliquando agris illis sterilibus vel ingratis comparari meo merito posse, qui diligenti cultori et domino liberalissimo nil reddunt. Quin potius id genus hominum agrorumve imitabor, qui se sua liberalitate exiccant, turpe esse rati non reddere aliquid iis, quorum opera et sumptibus ipsimet viguerunt. Isaaci mineralia Candisius ad te misit eiusdem translationis cum nostra. Id quia solenniter attestatus cessavi ego Noctuas Athenas.

Turnerus[57] (quo viro nihil in urbe hac nostra fidelius video aut sanctius) medicorum omnium [...]tiis medicinam cum laude factitat, id quod tibi iucundissimum fore nuncium certo scio. Talerus[58] antiquum obtinet,

54 Basisches schwefelsaures Quecksilberoxyd, eine damals neue Verbindung.
55 François Duport (1549–1624).
56 «Gelber Mastix», ein Harz.
57 Peter Turner (1542–1614), Arzt am St. Bartholomew's Hospital in London, hatte sich in Basel, schon als Dr. med., 1570/71 unter dem Rektorat von Felix Platter immatrikuliert.
58 Richard Taylor, in Basel immatrikuliert 1571/72.

et chemiam studiosissime defendendo, turpissime dehonestat. Theophrastum fere in deorum ordinem accenset, Galenum vero diabolo peiorem dicit. Ego vero hoc utor temperamento: utrumque oberrantem vitupero, et vicissim amplector recte sentientem. Immo quod erraverant id humanitatis nomine excuso, maloque veritatis eorum serius imitator, quam errorum inhumanus censor videri.

A domino Francisco Draco (quem ab Indis rediisse scripseram)[59] rara quaedam consecutus sum, quae tu etiam in nundinis accipies. Rei bene gestae ἔργῳ eques reginae ipsius manu factus atque ore proclamatus est. [2r] Sequenti Michaele eo rursus enavigare cogitat, ampliori classe instructus.

Antonius nuperrimus Lusitaniae rex regno suo eiectus ab Hispano[60]. Idem superioribus quaerendi auxilii causa huc venit. Regina vero hominis prudentiam sic laudat, ut similem se vidisse palam deneget, quod multum facit ad regis aestimationem.

πτωχοτυράννου ἀδελφὸς[61] σὺν πρεσβευταὶς hic adfuit, et non adfuit[62]. Nam si revera adfuit, tamen δυσπροσωπότατος ἀνθρώπων οὐκ ἐτόλμησε φαινοπροσωπεῖν, ne larvatorum ritu nobis terrificus potius diabolus, quam homo aspectu dignus videretur. Nec desunt tamen, qui illud adhuc negotium omnibus modis urgent, non dicam quam iniustis, quam falsis, quam impiis. Hoc ego solum legatorum adventu effectum video: τὸ τῆς ἔριδος μῆλον inter duos potentissimos comites (totius regni quasi cardines) cecidisse, de quo uterque strenuissime concertat. Contentionis causam hanc ferunt: Sussexiae comes[63] (qui principi a cameris est) pseudocatholicis favens reginae ad nuptias cum Gallo consummandas author fuit. Obstitit Leicestriae comes[64] (quem unum populus amat colitque) hasque commemoratas nuptias reginae, populo, reli-

59 Francis Drake war am 26. September 1580 mit ungeheuren Reichtümern von seiner Weltumsegelung zurückgekehrt und am 4. April 1581 an Bord seines Schiffes, der «Golden Hind», von der Königin geadelt worden. Seine nächste Expedition, als Kommandant einer englischen Flotte gegen Spanien, kam erst im Herbst 1585 zustande.

60 Don Antonio war einer von mehreren Prätendenten auf den portugiesischen Thron, welchen König Philipp II. als mächtigster Bewerber besetzt hielt.

61 Königin Elisabeth hatte ernsthaft im Sinn gehabt, François duc d'Alençon, einen Bruder König Heinrichs III. von Frankreich, zu heiraten und dadurch eine englisch-französische Liga gegen Spanien zu begründen. Im Sommer 1581 war der Plan am Widerstand in ihrem Land praktisch gescheitert, doch versuchte die Diplomatie das Bündnis zu retten und führte deshalb die Verhandlungen weiter.

62 François war im August 1579 incognito nach England gekommen und das Tagesgespräch gewesen.

63 Lord Thomas Radcliffe.

64 Lord Robert Dudley.

gioni infaustissimas fore pronunciavit. Reginae, quia constricto et corrugato propter aetatem utero (iam enim fere 50. annum accedit) in primo partu morituram esse pie et probabiliter metuit. Ab eius autem vita nostrae quoque vitae certitudinem pendere asseveravit, et propterea non esse temere quocumque specioso praetextu periclitandam. Populo, quia Gallum nobis praeficere perinde est, ac ranis ciconiam ac lupum ovibus, ac innocentibus columbis accipitrem. Religioni denique, quia sub eius alis, qui iam in antris degunt papistae, non solum quotidie magis magisque gliscere, sed regnare quodammodo inciperent, novamque idololatriam instaurare. Nescio quis litibus exitus futurus sit: hoc unum scio, aegerrime temperari ab armis, reginamque ipsam ad has componendas dividias vix satis esse.

Platerum plurimum indignari mihi accepi, quod eius de chymicis opinionem nimis esse humilem asseverarim. Sed non contendam de nomine, quamvis alio vocari non oportuit.

Bene et feliciter vale. Datae Londino 15 Kal. Sextilis. 1581.

D. Aragosio[65], Hotomanno[66], collegis et praesertim Platero[67], Baucineto[68], Jo. Wernero Hubero[69], primigno tuo Lucae, filiis suavissimis, Platerae uxorique tuae foeminis spectatissimis, Grynaeo pientissimo[70], Goochaeo[71] amicissimo salutem.

Thomas Moffet seinem Theodor Zwinger Liebe und Frieden.
«Hem»; so sollte ich vielleicht nach so langem Schweigen einsetzen, als hätte ich das Sprechen lange verlernt, oder ein etwas allzu lästiger Schleim würde mir die Kehle blockieren. Der lange Unterbruch ist mir unangenehm und leid. Doch was willst Du unter diesen Umständen, wenn du in unglaublicher Spannung jeden Augenblick den Zolcher aus Strassburg erwartest, welcher Deine Briefe bringen soll? Zudem hat mir die Gnade Gottes einen solchen Betrieb in der Praxis geschenkt, dass ich nicht selten die Korrespondenz lässig zu versehen oder aber von mir selbst abzusehen und die Meinen zu vernachlässigen gezwungen bin.

65 Guillaume Arragosi (1513–1610) von Toulouse war Leibarzt des französischen Königs und des Kaisers gewesen. Er kam als Glaubensflüchtling nach Basel, immatrikulierte sich 1576/7 unter dem Rektorat Felix Platters und beschäftigte sich vor allem mit Alchemie.
66 Der berühmte französische Jurist François Hotman (1524–1590) lebte damals als Glaubensflüchtling und freier Gelehrter in Basel.
67 Felix Platter.
68 Der Arzt Guilelmus Baucinetus aus Orléans hatte sich 1578 in Basel immatrikuliert und promovierte 1584.
69 Der Arzt Johann Wernhard Huber (1555–1587).
70 Johann Jakob Grynaeus (1540–1617), Professor der Theologie.
71 Der Mediziner Thomas Gooche hatte sich 1580 in Basel immatrikuliert.

Doch da ich sicher bin, dass Dir unser Wohlergehen nicht gleichgültig ist, sondern sehr am Herzen liegt, so wisse: Aus dem Ertrag meiner Praxis habe ich ein chemisches Laboratorium etwa nach Deinem Vorbild gebaut und habe mich getraut, es auch luxuriös auszustatten. Darin habe ich ein Bad, welches nicht mehr als vier Gefässe aufnehmen kann, nebst einem Faulen Heinzen. All das besteht aus Keramik und ist sehr sorgfältig gemacht, sodass man im Heinrich weder wegen offener Fugen einen Ausbruch des Feuers, noch wegen der rauhen Wände eine Stockung der Kohlen befürchten muss. Und wahrhaftig sind die Chemiker von meiner Erfindung so entzückt, dass sie mich auf diesem Gebiet fast zu einem Häuptling proklamieren und mich gewissermassen hochmütig machen.

Weil ich übrigens dies aus Deiner Kunst gleichsam durch Kanäle abgeleitet habe (denn Du bist sozusagen meine Fundgrube gewesen), so habe ich sie dazu gebracht, dass sie allen Dank und alles Lob Dir geben. Denn ohne Dich hätte ich keine Ahnung von Chemie und wäre in aller Methode ein Ignorant geblieben. Deshalb kann ich nichts anderes sagen, als dass Gott mir Mut und Gelegenheit zur Reise übers Meer gegeben hat, wodurch ich zu Deinem Vertrauten geworden bin und gelernt habe, was Du keinen anderen gelehrt hättest; und zwar so gelernt habe, dass ich viele der Unseren belehren, von wenigen belehrt werden kann. Sooft ich mir all das bewusst mache, werden mir die Fesseln von Ehe, Heimat und Verwandtschaft lästig; aus keinem anderen Grund, glaube mir, als weil sie uns die Umarmung und den Genuss an unseren Gesprächen rauben, Gesprächen, wie sie uns vielleicht nie mehr zuteil werden. Aber ich will davon schweigen, denn schon die Erinnerung daran schmerzt mich wieder. Ich komme zu den chemischen Experimenten zurück, die mir zum Trost dienen.

Wie in Frankfurt beschlossen, habe ich eine Venusschlange[72] *in der Gestalt einer Kekiana*[73] *gemacht, sehr schön. Sie ist so leistungsfähig, dass sie im Tag über 20 Unzen ganz reines Oel aus acht oder neun Pfund Nelken auszieht, so wirkungsvoll, dass das ohne jede Digestion geschieht. Du wirst gestehen, dass das ein wunderbares Instrument ist und zu chemischen Zwecken kaum mit Gold aufzuwiegen. Kein Arzt darf es entbehren, der an Aromen oder Ölen von hitzigen Samen interessiert ist.*

Das mineralische Turpeth von Duport ist vom Verdacht eines Betrugs nicht frei, denn nach der siebten oder achten Verabreichung erzeugt es viel Speichel. Vielleicht, weil der Merkur[74] *nicht genügend fixiert worden ist? Ich stelle nämlich fest, dass es grossen Aufwand erfordert, den Merkur*

72 Oder: eine Schlange aus Kupfer.
73 Vielleicht «in der Art von Keck»; einen Alchemisten Keck habe ich allerdings nicht finden können.
74 Das Element Quecksilber.

wirklich stabil zu fixieren, obwohl es anderen von unseren Chemikern ein Kinderspiel zu sein scheint.

Ich versuche jetzt, jenes rote Öl aus dem Goldmastix zu extrahieren. Und wie beim Isaacinischen Prozess sollst Du, wenn dort oder bei einer anderen Prozedur etwas Rares herauskommt, Deinen Zehnten erhalten. Es sei nämlich fern, dass man mich einst wegen meiner Schuld mit jenen unfruchtbaren Äckern vergleichen könne, welche ihrem sorgsamen Bauern und freigebigen Herrn nichts eintragen. Eher will ich diejenige Art von Herren und Äckern zum Vorbild nehmen, welche sich durch ihren reichen Ertrag erschöpfen, weil es ihnen schändlich scheint, denen nichts zu geben, durch deren Mühe und Aufwand sie hochgekommen sind. Die Mineralien Isaacs hat Cavendish Dir geschickt, in der selben Sendung wie ich. Weil er das feierlich versichert hat, habe ich aufgehört, Eulen nach Athen zu tragen.

Turner (ich sehe hier in unserer Stadt keinen treueren oder ehrlicheren Menschen) [...] übt die Medizin löblich aus; ich weiss, dass Du Dich über diese Nachricht freuen wirst. Taylor geniesst viel Ansehen, er verteidigt die Chemie eifrig und entehrt sie dabei aufs schändlichste. Den Paracelsus erhebt er beinahe zu den Göttern und sagt andererseits, Galen sei schlimmer als der Teufel. Ich aber folge diesem Mittelweg: Beide tadle ich, wenn sie irren, und andererseits folge ich ihnen, wenn sie Recht haben. Jedoch dass sie geirrt haben, das entschuldige ich, weil sie ja Menschen sind, und will lieber ein ernsthafter Nachfolger ihrer Wahrheiten sein als ein unmenschlicher Kritiker ihrer Irrtümer.

Von Herrn Francis Drake (der, wie ich geschrieben habe, aus den Indien zurückgekehrt ist) habe ich einige Raritäten bekommen, welche Du ebenfalls an der Messe erhalten wirst. Wegen seiner erfolgreichen Taten ist er von der Königin eigenhändig zum Ritter geschlagen und proklamiert worden. Am kommenden Michaelstag will er wieder dorthin ausfahren, mit einer grösseren Flotte ausgerüstet.

Antonio, der letzte König von Portugal, welcher vom Spanier aus seinem Reich vertrieben worden ist, ist letzthin ebenfalls hierher gekommen, um Hilfe zu suchen. Die Königin aber lobt die Weisheit des Mannes derart, dass sie sagt, sie habe einen vergleichbaren nie gesehen, und das trägt viel zur Hochachtung vor dem König bei.

Der Bruder des Bettelkönigs mit seinen Priestern war hier und doch nicht hier. Denn wenn er tatsächlich hier gewesen ist, hat der hässlichste aller Menschen doch nicht gewagt, sein Gesicht zu zeigen, um nicht nach der Art der Maskierten uns eher wie ein schrecklicher Teufel als wie ein Mensch zu erscheinen, den anzusehen lohnt. Und doch fehlt es nicht an Leuten, welche dieses Geschäft auf jede Weise betreiben, ich will nicht sagen wie unrecht, hinterhältig und gottlos. Das allein sehe ich durch die

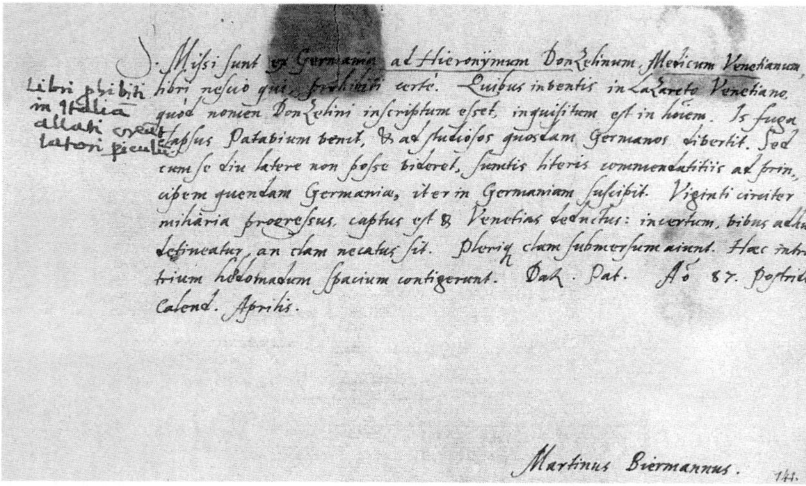

Libri prohibiti in Italia allati creant latori periculum

Missi sunt ex Germania ad Hieronymum Donzelinum, Medicum Venetianum, libri nescio qui, prohibiti certe. Quibus inventis in Lazareto Venetiano, quod nomen Donzelini inscriptum esset, inquisitum est in hominem. Is fuga lapsus Patavium venit, & ad studiosos quosdam Germanos divertit. Sed cum se diu latere non posse videret, sumtis literis commendatitiis ad principem quendam Germaniae, iter in Germaniam suscipit. Viginti circiter miliaria progressus, captus est & Venetias deductus: incertum, vivus adhuc detineatur, an clam necatus sit. Plerique clam submersum aiunt. Haec intra trium hebdomadum spacium contigerunt. Dat. Pat. Ao 87. postridie Calend. Aprilis.

Martinus Biermannus. 141.

Abb. 35: Brief von Martin Biermann an Theodor Zwinger vom 2. April 1587 (Frey-Gryn. Mscr. II, Nr. 141; UBB).

Ankunft der Gesandten bewirkt: Dass der Apfel des Streites zwischen die beiden mächtigsten Herzöge (gleichsam die Angelpunkte des ganzen Reiches) gefallen ist und beide mit höchster Anstrengung darum kämpfen. Man sagt, der Grund des Streites sei der folgende: Der Earl von Sussex (welcher der Fürstin Kämmerer ist) ist den falschen Katholiken günstig gesinnt und hat die Königin dazu bewogen, die Hochzeit mit dem Franzosen zu vollziehen. Der Earl von Leicester (den allein das Volk liebt und ehrt) stellte sich dagegen und hat geäussert, die erwähnte Hochzeit sei für die Königin, das Volk und den Glauben äusserst verhängnisvoll. Für die Königin, weil er aufrichtig und mit allem Grund fürchtet, dass sie mit ihrer geschrumpften und verrunzelten Gebährmutter (sie geht nämlich schon fast in ihr fünfzigstes Jahr) bei der ersten Geburt sterben wird. Von ihrem Leben aber hänge, wie er versichert, auch die Sicherheit des unseren ab, und deshalb dürfe man es nicht unter einem noch so schönen Vorwand aufs Spiel setzen. Für das Volk, weil einen Franzosen über uns zu setzen ungefähr so ist wie über die Frösche den Storch, den Wolf über die Schafe und über die unschuldigen Tauben den Falken. Für den Glauben schliesslich, weil unter seinen Flügeln die Papisten, welche schon in ihren Löchern lauern, nicht nur täglich weiter sich hervorwagen, sondern gewissermassen zu regieren und eine neue Götzenverehrung einzurichten beginnen würden. Ich weiss nicht, wie der Kampf ausgehen wird; das allein weiss ich, dass man sich mit Mühe von den Waffen zurückhält und die Königin selber kaum vermag, diese Parteiungen zu schlichten.

Platter ist, wie ich höre, sehr aufgebracht, weil ich behauptet hätte, er habe von den Chemikern eine zu geringe Meinung. Doch will ich über eine Bezeichnung nicht streiten, obwohl ich ihn nicht anders nennen durfte.

Leb wohl und glücklich. Gegeben in London am 18. Juli 1581.

Die Herren Aragosi, Hotman, die Kollegen und vor allem Platter, Bauhin, Johann Werner Huber, Deinen Ältesten Lukas, die lieben Söhne, die Platterin und Deine verehrte Frau, den frommen Grynaeus und den lieben Gooche lasse ich grüssen.

VI.
Frey-Gryn. Mscr. II 8, Nr. 141
Von Martin Biermann, Padua 1587 April 2

Martin Biermann aus Aschersleben hatte sich 1584 in Basel als Student der Medizin immatrikuliert. Nach seiner Italienreise hat er hier 1588 auch doktoriert, dann wurde er Professor der Medizin in Helmstedt.

S. Missi sunt ex Germania ad Hieronymum Donzelinum medicum Venetianum[75] libri, nescio qui, prohibiti certe. Quibus inventis in Lazareto Venetiano, quod nomen Donzelini inscriptum esset, inquisitum est in hominem. Is fuga elapsus Patavium venit, et ad studiosos quosdam Germanos divertit. Sed cum se diu latere non posse videret, sumtis literis commendatitiis ad principem quendam Germaniae, iter in Germaniam suscipit. Viginti circiter miliaria progressus, captus est et Venetias deductus: incertum, vivus adhuc detineatur, an clam necatus sit. Plerique clam submersum aiunt[76]. Haec intra trium hebdomadum spacium contigerunt. Datum Pat[avii] anno 87 postridie Calend. Aprilis.

Martinus Biermannus

Gruss. Aus Deutschland sind an Girolamo Donzellini, Arzt in Venedig, Bücher geschickt worden; was für welche, weiss ich nicht, verboten waren sie ganz gewiss. Man fand sie im venezianischen Spital, und weil sie mit Donzellinis Namen angeschrieben waren, wurde die Inquisition gegen

75 Der namhafte Arzt Girolamo Donzellini, geboren um 1513, war schon früh mit evangelischen Lehren in Berührung und mit der Inquisition in Konflikt geraten. 1575 hat er in Venedig seine Irrtümer widerrufen und wurde zu lebenslangem Gefängnis verurteilt, 1577 aber auf Anweisung aus Rom freigelassen. Er korrespondierte mit Zwinger und hatte auch Kontakt zu dem Drucker Pietro Perna.

76 Diese Information sollte sich als richtig erweisen.

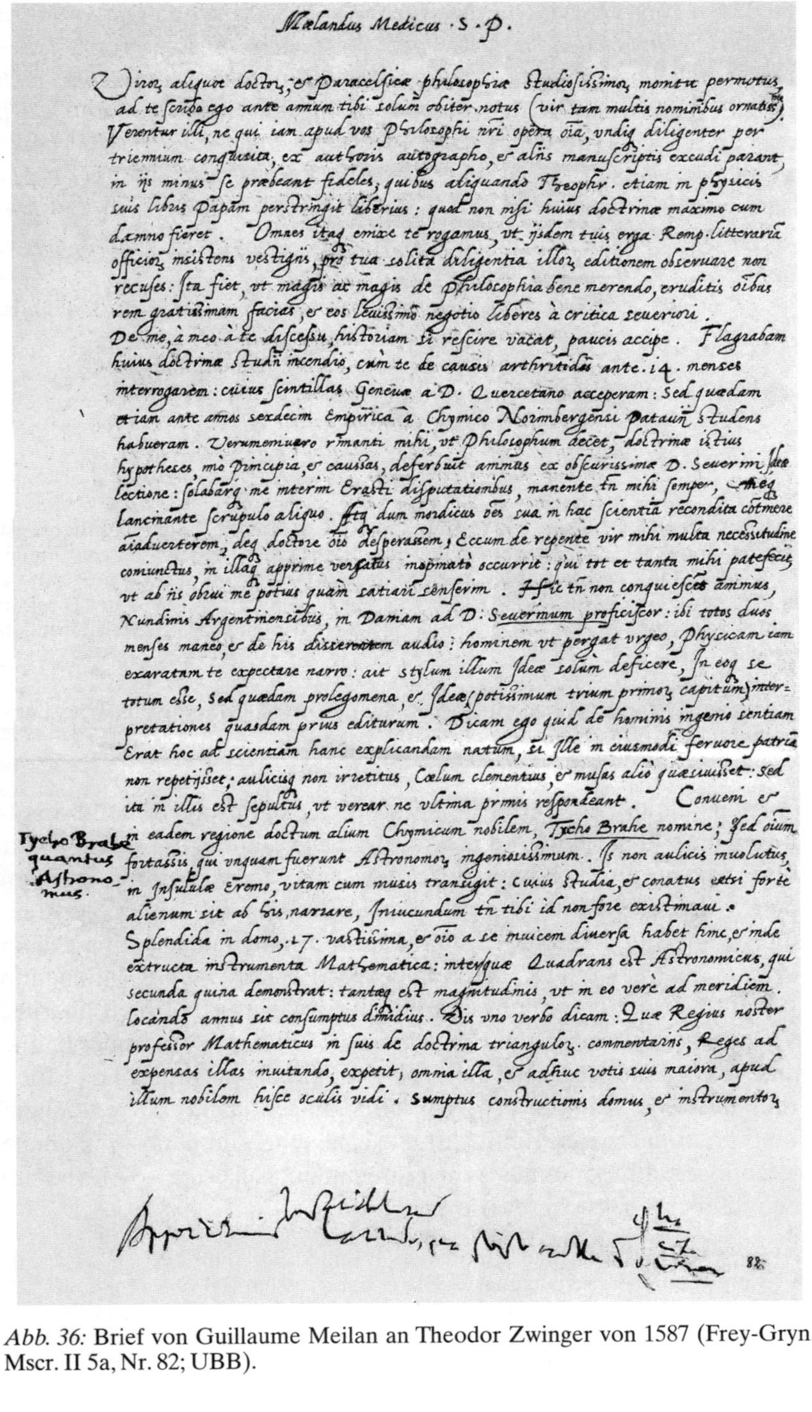

Mælandus Medicus · S · P.

Virorum aliquot doctorum, et Paracelsicæ philosophiæ studiosissimorum, monitu permotus, ad te scribo ego ante annum tibi solum obiter notus (vir tam multis nominibus ornatissime). Verentur illi, ne qui iam apud vos Philosophi nostri opera omnia, undique diligenter per triennium conquisita, ex authoris autographo, et aliis manuscriptis excudi parant, in iis minus se præbeant fideles, quibus aliquando Theophr. etiam in physicis suis libris Papam perstringit liberius: quod non nisi huius doctrinæ maximo cum damno fieret. Omnes itaque enixe te rogamus, ut iisdem tuis erga Remp. litterariam officiorum insistens vestigiis, pro tua solita diligentia illorum editionem observare non recuses: ita fiet, ut magis ac magis de Philosophia bene merendo, eruditis omnibus rem gratissimam facias, et eos levissimo negotio liberes à critica severiori.

De me, à meo à te discessu historiam si rescire vacat, paucis accipe. Flagrabam huius doctrinæ studii incendio, cum te de causis arthritidis ante 14. menses interrogarem: cuius scintillas Genevæ a D. Quercetano acceperam: Sed quædam etiam ante annos sexdecim Empirica a Chymico Norimbergensi Patavii studens habueram. Verumenimvero rimanti mihi, ut Philosophum decet, doctrinæ istius hypotheses, imò principia, et caussas, deferbuit animus ex obscurissima D. Severini Ideæ lectione: solabarque me interim Erasti disputationibus, manente tamen mihi semper, lancinante scrupulo aliquo. Ita dum mordicus omnes sua in hac scientia recondita continere animadverterem, deque doctore omnino desperassem, Eccum de repente vir mihi multa necessitudine coniunctus, in illaque apprime versatus inopinatò occurrit: qui tot et tanta mihi patefecit, ut ab iis obrui me potius quam satiari senserim. His tamen non conquiescet animus, Nundinis Argentinensibus, in Daniam ad D. Severinum proficiscor: ibi totos duos menses maneo, et de his disserentem audio: hominem ut pergat urgeo, Physicam iam exaratam te expectare narro: ait stylum illum Ideæ solum deficere, In eoque se totum esse, Sed quædam prolegomena, et Ideæ (potissimum trium primorum capitum) interpretationes quasdam prius editurum. Dicam ego quid de hominis ingenio sentiam Erat hoc ad scientiam hanc explicandam natum, si Ille in eiusmodi fervore patriam non repetiisset, aulicisque non irretitus, Cœlum clementius, et musas alio quæsivisset: sed ita in illis est sepultus, ut verear ne ultima primis respondeant. Conveni et in eadem regione doctum alium Chymicum nobilem, Tycho Brahe nomine, sed omnium fortassis qui unquam fuerunt Astronomorum ingeniosissimum. Is non aulicis involutus, in Insululæ eremo, vitam cum musis transigit: cuius studia, et conatus etsi forte alienum sit ab his narrare, iniucundum tamen tibi id non fore existimavi.

Tycho Brahe quantus Astronomus.

Splendida in domo, 17. vastissima, et omnino a se invicem diversa habet hinc, et inde extructa instrumenta Mathematica: interque quæ Quadrans est Astronomicus, qui secunda quina demonstrat: tantæque est magnitudinis, ut in eo verè ad meridiem locando annus sit consumptus dimidius. His uno verbo dicam: Quæ Regius noster professor Mathematicus in suis de doctrina triangulorum commentariis, Reges ad expensas illas invitando, expetit, omnia illa, et adhuc votis suis maiora, apud illum nobilem hisce seculis vidi. Sumptus constructionis domus, et instrumentorum

82.

Abb. 36: Brief von Guillaume Meilan an Theodor Zwinger von 1587 (Frey-Gryn. Mscr. II 5a, Nr. 82; UBB).

den Mann tätig. Der entzog sich durch die Flucht nach Padua und hielt sich dort bei deutschen Studenten auf. Als er aber sah, dass er nicht lange verborgen bleiben könne, beschaffte er sich Empfehlungsbriefe an einen gewissen deutschen Fürsten und brach nach Deutschland auf. Etwa zwanzig Meilen weit kam er, dann wurde er gefangen und nach Venedig zurückgebracht. Man weiss nicht, ob er im Kerker noch lebt oder heimlich umgebracht worden ist. Die meisten sagen, er sei insgeheim ertränkt worden. All das hat sich innert drei Wochen zugetragen. Padua, den 2. April 87.

Martin Biermann

VII.
Frey-Gryn. Mscr. II 5a, Nr. 82
Von Guillaume Meilan, Sennis (?) in der Pfalz o.D.
[Sommer/Herbst 1587]

Nach der plausiblen Angabe von C. Gilly[77] ist der Verfasser des Briefs wohl der sonst nicht näher bekannte Guillaume Meilan aus Orléans, Arzt des Fürsten von Condé, der am 24.1.1585 in Genf aufgenommen wurde (Léon Gautier, La médecine à Genève jusqu'à la fin du XVIIIme siècle, Genève 1906, S. 428). Dass der Brief an Zwinger gerichtet ist, scheint aus inhaltlichen und bibliothekarischen Gründen gesichert.

Cla[rissimo Domino Theodoro Zwingero][78] Maelandus medicus S[alutem] P[lurimam]

Virorum aliquot doctorum et paracelsicae philosophiae studiosissimorum monitu permotus ad te scribo ego ante annum tibi solum obiter notus, vir tam multis nominibus ornatissime. Verentur illi ne qui iam apud vos philosophi nostri opera omnia, undique diligenter per triennium conquisita, ex authoris autographo et aliis manuscriptis excudi parant[79], in iis minus se praebeant fideles, quibus aliquando Theophr[astus] etiam in physicis suis libris papam perstringit liberius; quod non nisi huius doctrinae maximo cum damno fieret. Omnes itaque enixe te rogamus, ut iisdem tuis erga remp[ublicam] litterariam officiorum insistens vestigiis, pro tua solita diligentia illorum editionem observare non recuses. Ita fiet, ut magis ac magis de philosophia bene merendo eruditis omnibus rem gratissimam facias, et eos levissimo negotio liberes a critica severiori.

77 Zwischen Erfahrung und Spekulation, 1. Teil, S. 135, Anm. 201.
78 Anrede durch Beschädigung des Blatts zum grössten Teil verloren.
79 Es handelt sich um die erste Gesamtausgabe der Schriften des Paracelsus, die von dem Katholiken Johannes Huser besorgt wurde und 1589–91 bei Conrad Waldkirch in Basel erschien.

De me a meo a te discessu historiam si rescire vacat, paucis accipe. Flagrabam huius doctrinae studii incendio, cum te de causis arthritidis ante 14 menses interrogarem; cuius scintillas Genevae a D[omino] Quercetano[80] acceperam. Sed quaedam etiam ante annos sexdecim[!] empirica a chymico Norimbergensi Patavii studens habueram. Verumeni[m]vero rimanti mihi, ut philosophum decet, doctrinae istius hypotheses, imo principia et caussas, deferbuit animus ex obscurissimae D[omini] Severini Ideae lectione, solabarque me interim Erasti disputationibus[81], manente tamen mihi semper meque lancinante scrupulo aliquo. Atque dum mordicus omnes sua in hac scientia recondita continere animadverterem deque doctore omnino desperassem, eccum de repente vir mihi multa necessitudine coniunctus in illaque apprime versatus inopinato occurrit; qui tot et tanta mihi patefecit, ut ab iis obrui me potius quam satiari senserim. Hic tamen non conquiescens animus, nundinis Argentinensibus in Daniam ad D[ominum] Severinum[82] proficiscor. Ibi totos duos menses maneo, et de his disserentem audio; hominem ut pergat urgeo, Physicam iam exaratam te expectare narro. Ait stylum illum Ideae solum deficere, in eoque se totum esse, sed quaedam prolegomena, et Ideae (potissimum trium primorum capitum) interpretationes quasdam prius editurum. Dicam ego quid de hominis ingenio sentiam. Erat hoc ad scientiam hanc explicandam natum, si ille in eiusmodi fervore patriam non repetiisset, aulicisque non irretitus, coelum clementius et musas alio quaesivisset; sed ita in illis est sepultus, ut verear ne ultima primis respondeant.

Conveni et in eadem regione doctum alium chymicum nobilem, Tycho Brahe nomine[83], sed omnium fortassis qui unquam fuerunt astronomorum ingeniosissimum. Is non aulicis involutus, in insululae eremo, vitam cum musis transigit. Cuius studia et conatus, etsi forte alienum sit ab his, narrare, iniucundum tamen tibi id non fore existimavi.

Splendida in domo 17 vastissima et omnino a se invicem diversa habet hinc et inde extructa instrumenta mathematica. Inter quae quadrans est astronomicus, qui secunda quina demonstrat, tantaeque est magnitudi-

80 Der französische Mediziner Joseph Du Chesne, Sieur de la Violette (1546–1609) hatte 1575 bei Zwinger in Basel promoviert und lebte seither in Genf, ab 1596 als Leibarzt von Henrich IV. in Paris (Gautier, a. a. O.).

81 Sowohl Petrus Severinus, Idea medicinae philosophicae ..., Basileae (S. Henricpetri) 1571, als auch Thomas Erastus, Disputationes de nova Philippi Paracelsi medicina ..., Basileae (P. Perna) 1572/3, gehören zu den ersten Versuchen, die paracelsische Lehre systematisch darzustellen.

82 Severinus (Peder Soerensen, 1542–1602) war seit 1571 königlich dänischer Leibarzt.

83 Im Rand von der Hand des Bibliothekars Conrad Pfister (1576–1636): «Tycho Brahe quantus Astronomus.»

nis, ut in eo vere ad meridiem locando annus sit consumptus dimidius[84]. Vis uno verbo dicam: Quae regius noster professor mathematicus in suis de doctrina triangulorum commentariis[85], reges ad expensas illas invitando, expetit, omnia illa, et adhuc votis suis maiora, apud illum nobilem hisce oculis vidi. Sumptus constructionis domus et instrumentorum[86] [verso] ad Tallerorum 36 000 rediisse aiebat[87]. Instrumentis versandis 7 vel 8 studiosi sunt diu et noctu iam multos annos assidui, quorum ille praeest observationibus. Huius astronomica erant parata commentaria: carta, figurae et tabulae sculptae, praelum apud se; typographum solum expectabat[88]. Proculdubio caeteros omnes antiquos et neotericos astronomos (etsi ille semper Copernicum suspiciat) meo iudicio obscurabit. Nam cum Ptolemeus veritatem mathematicam, Copernicus physicam violaverint, Tycho unus circulis solum 36[89] utramque servat inviolatam.

Faxit Deus, ut in philosophia naturali heroicus talis aliquis animus, de quo praedicit Paracelsus, tandem praesto nobis adsit. Quam me taedeat praeteritae vitae, in falsis maiori imo quasi dicam omni parte Aristotelis et Galeni hypothesibus consumptae, non credas. At saltem quod reliquum [v]itae superest, Deo dante valedictis aulis huic studio impendere, mihi ratum [e]st. Et ut Thyco[!] ille decimo aetatis suae anno, ut ab eo accepi, totam coeli fac[ie]m noverat, sic eius fere aetatis filium meum, missis immortalibus tot sophista[rum] disputationibus, ad ignem naturae penetralia investigare volo ut Deo ann[uen]te incipiat. Tu quid in his noris et velis scio; quod ut possis, vitam tibi praecor longissimam. Quaeso ante exercitus in Galliam nostram profectionem aliquid litte-

84 Der Mauerquadrant in Tychos Schloss Uraniborg auf der Insel Hven wurde 1582/3 installiert. Er hatte einen Radius von 2 m und Skalenstriche für je 1/6 Bogenminute. Die hier erwähnten 5'' bedeuten eine Ablesegenauigkeit von 1/20 mm ! In Wirklichkeit erreichte Tycho mit seinen Instrumenten eine Beobachtungsgenauigkeit von etwa 20'' (Victor E. Thoren, The Lord of Uraniborg, Cambridge 1990, S. 163–165 und 191).

85 Es handelt sich möglicherweise um Maurice Bressieu, Metrices Astronomicae Libri IV, Parisiis 1581; der Verfasser war Professor der Mathematik am Pariser Collège Royal.

86 Am Fuss der Vorderseite ein unleserlicher Vermerk des Empfängers (?).

87 Die Beträge, die Tycho aus seinem eigenen Landbesitz und königlichen Subventionen finanzierte, sind enorm: Zeitweise verschlangen sie 1% des dänischen Staatshaushalts. Das Jahreseinkommen eines dänischen Universitätsprofessors betrug zwischen 100 und 300 Taler (Thoren, a. a. O., S. 188–189).

88 Tychos Hauptwerk, «De mundi aetherei recentioribus phaenomenis», wurde im Frühling 1587 abgeschlossen und Anfang 1588 ausgeliefert (Thoren, a. a. O., S. 258–259).

89 Die «Kreise» definieren die Epizykloidenbahnen der Himmelskörper in Tychos System, das einen Kompromiss zwischen dem ptolemäischen und dem kopernikanischen darstellt.

rarum a te accipiam, ut quid de Bavarinis illis sentias intelligam[90]. Has D[omino] D[octori] Lobetio Argentinae perferendas curabis, qui eas Sennis Palatinatus[91] ubi dego mihi reddendas praebebit tabellario. Bene vale.
[Paraphe]
D[ominum] D[octorem] Platerum plurimum a me salutari exoptarim.

Dem hochberühmten [Herrn Theodor Zwinger] Meilan, Arzt, mit herzlichen Grüssen.

In Auftrag einiger Gelehrter, die sich sehr um die paracelsische Philosophie bemühen, schreibe ich Ihnen, unter so vielen Titeln hochgeachteter Herr, obwohl ich Ihnen erst seit einem Jahr nebenbei bekannt bin. Diese befürchten, diejenigen, die bei Euch die sämtlichen Werke unseres Philosophen, während dreier Jahre von überallher mit Mühe zusammengesucht, aus den Autographen des Autors und anderen Manuskripten zum Druck vorbereiten, könnten sich da als nicht recht zuverlässig erweisen, wo unser Theophrast einmal, auch in seinen naturwissenschaftlichen Büchern, etwas zu freimütig auf den Papst zu sprechen kommt; dies würde aber seiner Lehre grossen Schaden zufügen. Wir bitten Sie deshalb alle inständig, den Fussstapfen Ihrer bisherigen Verdienste um die wissenschaftliche Öffentlichkeit zu folgen und mit Ihrer gewohnten Sorgfalt jener Edition auf die Finger zu schauen. So können Sie sich immer weiter um die Philosophie verdient machen, etwas leisten, was allen Gebildeten zugute kommt, und sie mit geringer Mühe einer gar zu strengen Kritik entheben.

Wenn Sie die Geschichte hören mögen, wie es mir ergangen ist, seit ich Sie verlassen habe, hier ein paar Worte über mich. Als ich Sie vor vierzehn Monaten über die Ursachen der Gicht ausfragte, brannte ich vor Eifer, diese Lehre zu studieren; ich hatte in Genf bei Herrn Quercetanus Feuer gefangen, aber manches hatte ich schon vor sechzehn Jahren als Student in Padua von einem Nürnberger Alchemisten gehört. Als ich mir nun aber, wie es sich für einen Wissenschafter gehört, die Hypothesen der Lehre – ja deren Ursprünge und Grundlagen – zusammenreimte, kühlte sich mein Geist bei der Lektüre der höchst unklaren Idee von Herrn Severinus wie-

90 Es handelt sich wohl um die deutschen Truppen, die im achten (und letzten) französischen Religionskrieg zur Unterstützung der Hugenotten von Osten nach Frankreich einfielen und am 26.10.1587 bei Vimory (im Dept. Loiret südlich von Paris) von Henri de Guise zurückgeschlagen wurden. Ob die «Bavarini» Teilnehmer jenes Feldzugs waren, ist nicht mehr zu eruieren.

91 Der Ortsname konnte nicht nachgewiesen werden. Sens im französischen Departement Yonne liegt zwar an einer möglichen Route des Heeres, ist aber mit der Angabe «Palatinatus» kaum vereinbar.

der ab; ich tröstete mich inzwischen mit Erastus' Disputationen, aber doch blieb mir stets ein quälender Zweifel. Als ich nun merkte, dass alle in dieser Wissenschaft ihr Eigenes verbissen festhalten, und daran verzweifelte, einen Lehrer zu finden, da läuft mir plötzlich und unverhofft ein enger Freund über den Weg, der sich darin sehr gut auskennt; und der erklärt mir so vieles, dass ich mich davon eher verschüttet als gesättigt fühle. Auch damit kommt mein Geist nicht zur Ruhe; von der Strassburger Messe reise ich nach Dänemark zu Herrn Severinus, bleibe dort zwei volle Monate und höre ihn darüber vortragen. Ich dränge den Mann fortzufahren, erzähle ihm, dass Sie auf seine schon zu Ende geschriebene Physik warten; er sagt, dass bloss jener Stil der «Idee» fehle; er sei ganz damit beschäftigt, aber er müsse zuerst noch einige Vorbemerkungen und Erklärungen der «Idee» (vor allem der ersten drei Kapitel) herausgeben. Ich will Ihnen sagen, was ich von den Fähigkeiten des Menschen halte. Er war gewiss zur Erklärung jener Wissenschaft geboren; wenn er bloss nicht in diesen unsicheren Zeiten in seine Heimat zurückgegangen wäre, wenn er sich nicht von den Höflingen hätte einfangen lassen, sondern woanders ein milderes Klima und die Musen gesucht hätte: aber jetzt ist er so darin vergraben, dass ich fürchte, das Ende [seiner Arbeit] werde dem Anfang entsprechen.

In derselben Gegend bin ich auch einem andern gelehrten Alchemisten von Adel begegnet, der Tycho Brahe heisst; er ist aber zudem der vielleicht genialste aller Astronomen, die es jemals gegeben hat. Er verbringt sein Leben, unverwickelt in Hofangelegenheiten, auf einem einsamen Inselchen mit den Musen, und auch wenn es eigentlich nicht hierher gehört, von seinen Studien und Anstrengungen zu erzählen, wird es Ihnen, meine ich, doch vielleicht nicht unangenehm sein.

In seinem prächtigen Haus hat er hier und dort siebzehn riesengrosse und ganz verschiedene Instrumente aufgestellt: darunter findet sich ein astronomischer Quadrant, welcher je fünf Sekunden anzeigt und so gross ist, dass man ein halbes Jahr gebraucht hat, um ihn richtig nach Süden auszurichten. Um es mit einem Wort zu sagen: Was unser königlicher Mathematikprofessor in seinem Lehrbuch der Trigonometrie fordert, die Könige zur Finanzierung einladend, das alles und noch mehr, als er sich wünschen konnte, habe ich bei jenem vornehmen Mann mit eigenen Augen gesehen. Er sagt, der Aufwand für den Bau seines Hauses und die Instrumente habe sich auf 36 000 Taler belaufen. Mit der Bedienung der Instrumente sind schon seit vielen Jahren sieben oder acht Studenten Tag und Nacht beschäftigt, und er leitet ihre Beobachtungen. Seine astronomischen Kommentare waren gerade druckfertig, das Papier, die geschnittenen Figuren und Tabellen, die Presse vor Ort; er wartete nur noch auf den Setzer. Meiner Ansicht nach wird er ohne Zweifel alle andern Astro-

nomen, die alten und die neueren, überstrahlen (auch wenn er selber immer noch zu Copernicus aufschaut). Denn während Ptolemäus der mathematischen, Copernicus der physikalischen Wahrheit Gewalt antut, lässt Tycho als einziger, mit bloss 36 Kreisen, beide unversehrt.

Gebe Gott, dass in der Naturforschung endlich der gewisse Heldengeist uns beistehe, den Paracelsus voraussagt. Wie mich mein vergangenes Leben reut, das ich zum grössten Teil, ja fast gänzlich mit den falschen Annahmen des Aristoteles und des Galen verschwendet habe, ist nicht zu glauben; aber ich bin entschlossen, den Hörsälen Valet zu geben und wenigstens den Rest von Leben, der mir mit Gottes Hilfe noch bleibt, diesem Studium zu widmen. Und ebenso wie jener Tycho schon als Zehnjähriger (habe ich von ihm gehört) das ganze Gesicht des Himmels kannte, so wünsche ich mir für meinen etwa gleichaltrigen Sohn, dass er all die unsterblichen Streitereien der Sophisten hinter sich lässt und, so Gott will, mit Leidenschaft die Geheimnisse der Natur zu erforschen beginnt. Was Sie von diesen Dingen wissen und wollen, weiss ich; damit Sie es auch erreichen, wünsche ich Ihnen ein sehr langes Leben. Bitte lassen Sie brieflich von sich hören, bevor das Heer in unser Frankreich aufbricht, damit ich erfahre, was Sie von jenen kleinen Bayern halten. Sie können Ihre Briefe zu Herrn Dr. Lobet in Strassburg bringen lassen, der sie dann dem Kurier nach Sennis in der Pfalz übergibt, wo ich mich aufhalte. Leben Sie wohl.

Ich würde mich freuen, wenn Sie Herrn Dr. Platter von mir grüssen könnten.

Werner A. Sommer

John Wilkins (1614–1672): Glanz und Herrlichkeit einer Theologie in der Defensive

Alte Bibliotheken sind Glücksfälle – selbst wenn sie bloss noch in Form eines Kataloges bestehen. Sie ermöglichen einen Gang in die Geschichte, jenseits von aller – durchaus erlaubten – musealen Romantik und Faszination, einen unmittelbaren Blick in vergangene Zeiten. Und wenn – wie im Falle des Frey-Grynaeums – die Bücherbestände (wiewohl teilweise ausgelagert) noch erhalten sind, gestatten sie manchen prächtigen Fund – sei er nun bibliophiler oder wissenschaftsgeschichtlicher Art. Manch gestrige Grösse oder längst vergessenes Lebenswerk mag so – für kurze Zeit wenigstens – ins Licht der Gegenwart rücken.

Bei der Durchsicht der alten Bestände des Frey-Grynaeums fallen die Werkgruppen zweier zu ihrer Zeit hervorragender Gelehrten auf: die des Jesuiten *Athanasius Kircher* (1601–1680) und die des anglikanischen Bischofs *John Wilkins* (1614–1672). Beide gehören zu den letzten Vertretern der allseits hoch gebildeten und auf allen Tätigkeitsgebieten Ausgezeichnetes leistenden Universalgelehrten des ausgehenden Barockzeitalters. Beide waren Sprachwissenschafter; beide beschäftigten sich an vorderster Front mit den Naturwissenschaften; beide waren Theologen, beide praktizierende Kirchenglieder.[1] Beider Werk hier vorzustellen, würde den Rahmen dieses Aufsatzes sprengen. Beschränken wir uns also auf den unbekannteren: John Wilkins.

1 Zu beider Linguistik-Theorie siehe Umberto Eco, Die Suche nach der verlorenen Sprache, München 1994, passim.

Borges schreibt über ihn: «Er besass glückhafte Neugierden im Überfluss: Ihn interessierten Theologie, Kryptographie, Musik, die Herstellung durchsichtiger Bienenkörbe, die Bahn eines unbekannten Planeten, die Möglichkeit einer Reise zum Mond, die Möglichkeit und die Prinzipien einer Weltsprache.»

Es wäre nun interessant, Näheres über die Gründe der Anschaffung der beiden Werkgruppen im Frey-Grynaeum zu erfahren. Vorläufig wissen wir nichts Genaueres darüber. Doch scheint sich der Themenkreis der von Johann Ludwig Frey und Johannes Grynaeus vertretenen «vernünftigen Orthodoxie» mit der enzyklopädischen Weite eines Kircher und Wilkins weitgehend zu decken.

Unser Beitrag möchte den laut Borges zu Unrecht vergessenen[2] Wilkins nicht rehabilitieren (lässt sich Theologie überhaupt rehabilitieren?), aber doch für kurze Zeit wenigstens dem Vergessen entreissen. Vielleicht erfüllen wir so auch posthum ein Anliegen Johann Ludwig Freys; denn es scheint, als ob Frey den Artikel über Wilkins in Jakob Christoph Iselins *Neu-vermehrtem Historisch- und Geographischen Allgemeinen Lexicon* von 1726 selber verfasst hat.[3] Vermutlich hat Frey – was Wilkins Beziehung zu den Latitudinariern betrifft – eine gewisse Seelenverwandschaft verspürt, trat er doch 1722 für die Abschaffung der hochorthodoxen *Formula Consensus Ecclesiarum Helveticarum* von 1675 ein und unterstützte 1723 gar ein Gutachten, das dem Basler Rat empfahl, den Pietisten gegenüber Milde walten zu lassen.[4]

Das Leben des John Wilkins

1614 als Sohn eines kenntnisreichen und technisch begabten Oxforder Goldschmiedes geboren, pflegte John Wilkins seine von Vaterseite geerbte mathematische und naturwissenschaftliche Begabung zeitlebens. Er studierte in Oxford und wurde 1637 Vikar in seinem Geburtsort Fawsley (Northamptonshire). Diese Stelle verliess er bald, um private Kaplanstellen zu versehen, die ihm mehr Zeit zu seinen wissenschaftlichen Studien liessen. Die neuaufkommende Naturwissenschaft faszinierte ihn, und so publizierte er bereits 1638 sein erstes Werk, *The*

2 Jorge Luis Borges, Die analytische Sprache von John Wilkins, in: J. L. B., Inquisitionen – Essays 1941–1952, Frankfurt am Main 1992, S. 113–117: «Ich habe festgestellt, dass die vierzehnte Ausgabe der *Encyclopaedia Britannica* den Artikel über John Wilkins unterdrückt.» [S. 113]

3 Bd. 4, S. 898f. (in der neuen Auflage von 1747). Zu Freys Beschäftigung mit englischer Literatur siehe im vorliegenden Band den Aufsatz von Suzanne de Roche.

4 Siehe oben A. U. Sommers Frey-Porträt.

Discovery of a World in the Moon, wo er die Bewohnbarkeit des Mondes behauptete. Selbst den Flug zum Mond und den Aufbau einer menschlichen Kolonie schliesst er für künftige Generationen nicht aus [London 1638, S. 208]! Und weiter: «That tis probable there may be inhabitants in this other world, but of what kinde they are is uncertaine» [S. 187]. Doch schliesse dies die Annahme eines einzigen Schöpfergottes («the unity of the first mover») nicht aus [S. 27].

Der Weg der Argumentation in diesem kleinen Büchlein – ein Beiziehen von antiken und biblischen Autoren, verbunden mit modernen naturwissenschaftlichen Erkenntnissen – wird sich auch in den späteren Schriften Wilkins wiederfinden. So im nächsten Buch von 1640, *A Discourse concerning an new Planet*, worin er aufzeigt, dass die Erde ein Planet sei. 1648 erscheint ein weiteres naturwissenschaftliches Werk aus seiner Feder: *Mathematical Magick, or the Wonders that may be performed by Mechanical Geometry*.[5]

Seit 1645 ist Wilkins Mitglied und Promotor einer sich wöchentlich in London versammelnden Gelehrtengruppe, die sich der Förderung der Naturwissenschaften verschrieben hatte (Robert Boyle nannte sie das «Invisible College»). Aus diesem Kern sollte dann später die Royal Society entstehen.

Die Zeiten in England waren bewegt. 1637 begannen die Unruhen im presbyterianischen Schottland gegen die Kirchenpolitik Karls I. Das «Kurze Parlament» (April bis Mai 1640) und das «Lange Parlament» (1640 bis 1653) machten mit puritanischer (presbyterianischer) Mehrheit erfolgreich Opposition gegen den König. 1642 bricht die Revolution aus. Der independente Oliver Cromwell übernimmt mit seiner eigenen Truppe bald die Führung. 1649 wird nach der Hinrichtung des Königs England Republik und 1653 Cromwell Lord-Protektor. Er stirbt am 3. September 1658. Die folgenden Wirren enden mit der Restauration der Stuarts 1660. Karl II. (1660–1685) erneuert 1662 die Uniformitätsakte. Somit ist die Alleinherrschaft der Episkopalkirche in England wieder hergestellt.

Mitten in all diesen Ereignissen bewegte sich das geistige Leben. Theologie – schon immer auch Apologie – wurde zur politischen Argumentation beigezogen. John Milton zum Beispiel – Independenter und Verfasser des 1667 erschienenen *Paradise Lost* – ist 1649 bis 1660 Staatssekretär für «fremde Sprachen». Und auch John Wilkins kann und will sich dem politischen Geschehen trotz aller wissenschaftlichen Arbeit nicht entziehen. Seine Sympathien sind auf der Seite des Parlaments und von Cromwells Schwester, die er 1656 heiratet. 1643 ist er beteiligt an

5 Das Frey-Grynaeum besitzt (besass) keines dieser Werke.

der «Solemn League and Covenant», dem Vertragswerk der Westminster Synode mit den schottischen Presbyterianern, das die Vollendung der Reformation «nach Gottes Wort und dem Beispiel der vorzüglichsten reformierten Kirchen» für England und Irland vorsieht. Es ist der Versuch, prebyterianische Lehre, Kirchenzucht und Politik auf den britischen Inseln durchzusetzen. Das Ganze gibt sich der Monarchie und «des Königs gerechter Macht gegenüber» loyal, will aber trotzdem «die Rechte und Privilegien des Parlaments erhalten». Der rasche Aufstieg Cromwells bringt dann allerdings abrupt das Ende der «Covenanters». 1662 wird das Vertragswerk offiziell vom englischen und vom schottischen Parlament aufgehoben.

1646 nach der Flucht des Königs aus Oxford wird Cromwell Kanzler der dortigen Universität. Die royalistischen Vorsteher der Colleges werden abgelöst. Und so wird 1648 John Wilkins Warden des Wadham College. Hier, in den Räumen des erst 1612 gegründeten College, lebt das «Invisible College» aus London wieder auf. Weitere Männer stossen dazu, und so versammeln sich in Wilkins Räumen regelmässig die wissenschaftlich Engagierten (darunter Christopher Wren, Robert Boyle und John Locke). 1659 wird Wilkins Master des grossen und prächtigen Trinity College in Cambridge, verliert aber schon bald mit der Restauration von 1660 diese Stelle wieder. Es folgen nun kirchliche Ämter in Middlesex und London; 1663 wird er Dekan von Ripon, 1668 gar Bischof von Chester (sein voller Titel: «the Right Reverend The Lord-Bishop of Chester»).[6] In dieser Funktion tritt er auch für Toleranz den schwer verfolgten Dissenters gegenüber ein. Überhaupt ist – wie William Lloyds Leichenrede vom 12. Dezember 1672 bezeugt – Toleranz ein wesentliches Merkmal von Wilkins gewesen. Der deutsche Übersetzer und Kommentator dieser Rede, Johann Henrich Tiling, fügt in einer Anmerkung hinzu: «Es war eine ungemeine Edelmüthigkeit, dass er seine Verwandschaft mit Cromwel [sic!] zum Schutz deren, welche dieser äusserst hassete [sc. die Royalisten], anwandte».[7] Doch trotz aller kirchlicher Kar-

6 Sein Schwiegersohn John Tillotson (1630–1694) wird unter Wilhelm III. 1691 Erzbischof von Canterbury. Tillotson war auch ein herausragender Vertreter des Latitudinarismus Cambridger Prägung, der durch die Erneuerung des Platonismus die Theologie gegen den aufkommenden Materialismus stärken wollte. (Jakob Christoph Beck hatte die Werke des Erzbischofs beispielsweise in seiner *Synopsis institutionum universae theologiae* von 1765 den Studenten zur Lektüre empfohlen). Tillotson war der Herausgeber von Wilkins posthumem Werk *Of the Principles and Duties of Natural Religion* von 1678. Wilkins scheint, wenn man Freys Artikel in Iselins *Lexicon* Glauben schenken darf, selber Latitudinarier gewesen zu sein.

7 William Lloyd, Leichenrede, bey Beerdigung des Hochwürdigen und in Gott andächtigen Herren, Hr. Johan [sc. Wilkins!], weil. Bischofs zu Chester. Übersetzt und kommentiert von Johann Henrich Tiling, Bremen 1750, S. 52 (UBB, FG A VI 200 b).

riere (er scheint ein guter Organisator gewesen zu sein) blieb Wilkins Hauptinteresse die Förderung von Wissenschaft und Philosophie. Als Karl II. am 15. Juli 1662 die Royal Society, die königliche Akademie der Wissenschaften, bestätigt, wird Wilkins zu deren erstem Sekretär gewählt. Zehn Jahre später, 1672, stirbt er in London «an Steinschmerzen».[8]

Physikotheologie oder: Vom lumen naturae erleuchtete Apologetik

Es waren – wie gesagt – bewegte Zeiten in England. Und es ist faszinierend zu sehen, mit welcher Selbstverständlichkeit (und Kompetenz!) Theologen an vorderster wissenschaftlicher und politischer Front mitwirkten. Es gab gleich mehrere neuralgische Punkte im geistigen und sozialen Gefüge der britischen Inseln:

- Der Siegeszug der Naturwissenschaften (insbesondere der Mathematik, Physik, Chemie, Ökonomie und Astronomie).
- Das Aufkommen eines materialistischen Skeptizismus und dessen pantheistischen Gegenpols in der Philosophie.
- Die Konfrontation mit dem Islam und andern Religionen im Zuge der imperialen Ausbreitung.
- Die innerchristliche Auseinandersetzung um die wahre Religion zwischen Anglikanern, Katholiken, Presbyterianern, Independenten und Dissenters.
- Die politische (und letztlich auch religiöse) Frage nach der richtigen Staatsform (1653 scheitert das *Parlament der Heiligen*, das schwärmerisch bewegt eine theokratische Staatsform einzuführen versucht hat).

Die Herausforderungen waren gross; und ihnen stellte sich eine Reihe grosser Köpfe mit theologischer, geistes- und naturwissenschaftlicher Kompetenz. Sie werden unter dem Begriff der *Physikotheologie* zusammengefasst; zu ihnen gehören Samuel Parker, Isaac Newton, Robert Boyle, John Wilkins und viele andere.[9] Häufig – so auch John Wilkins – sind es Verfechter einer ausgeprägten natürlichen Theologie.

8 Zur Biographie vgl. neben Lloyd / Tiling und dem mutmasslich von Frey herrührenden Artikel in Iselins *Lexicon:* The Oxford Dictionnary of the Christian Church, ed. by F.L. Cross, London 1958, S. 1459ff. (dort auch weiterführende Literatur). – The New International Dictionnary of the Christian Church, ed. by J. D. Douglas, Exeter 1974, S. 1047.

9 Eine grössere Namensliste und eine knappe Zusammenfassung der physikotheologischen Ideen gibt Wolfgang Philipp, Das Zeitalter der Aufklärung, Bremen 1963, S. LVIIIff.

Bei der Lektüre dieser Texte wird immer wieder deutlich, dass zum Beispiel auch Kant von dieser physikotheologischen Richtung geprägt ist. Vieles liest sich wie ein «vorkantischer Kantianismus»! Sodann waren die Physikotheologen apologetisch motiviert: Es ging ihnen um den Erweis des Geistes und der Kraft des christlichen Gottes; eines Gottes, an dessen Existenz vernunftmässig nicht zu zweifeln sei. Die Gottesbeweise werden logisch, physikalisch und moralisch geführt, Schriftbeweise als Argumentationshilfen beigezogen: Zitate aus der Bibel – nicht weil die Bibel Offenbarung wäre, sondern weil (wie damals angenommen) sie das älteste menschliche Dokument sei (die Argumentation ist archäologisch!) – stehen gleichwertig – weil ebenfalls alt – neben Zitaten antiker Autoren. Als Beispiel sei Wilkins posthumes Werk etwas näher betrachtet:

Of the Principles and Duties of Natural Religion –
Zwey Bücher von den Grundsätzen und Pflichten
der natürlichen Religion.

Die englische Ausgabe liegt im Frey-Grynaeum in der 5. Auflage von 1704 vor; die deutsche Übersetzung ist auf das Jahr 1750 datiert. In beider Anhang findet sich William Lloyds Leichenrede vom 12. Dezember 1672. Herausgegeben wurde das Werk posthum 1678 von Wilkins' Schwiegersohn John Tillotson.

Wie schon der deutsche Titel anzeigt, zerfällt das Werk in zwei Teile: der erste bringt die Prolegomena (Kapitel I–III) und vier Beweise, dass die natürliche Religion vernunftsgemäss sei (Kapitel IV–VII), eine Gotteslehre (Kapitel VIII–XI) und eine Diskussion der Pflichten der Religion Gott, seinem Gesetze und seinem Willen gegenüber (Kapitel XII–XVII).

Der zweite, wesentlich kürzere Teil führt eine Art moralischen Gottesbeweises, indem nämlich gezeigt wird, «wie die Religion unsere Glückseligkeit befördere» [dt. Ausgabe von 1750, S. 321[10]] (Kapitel I–VIII). Das Abschlusskapitel (IX) fasst das ganze Unternehmen nochmals zusammen.

In den Prolegomena untersucht Wilkins die Art und Weise, wie ein Urteil zustande kommt. Der Meinung oder Wahrscheinlichkeit stellt er drei Arten von Gewissheiten (Wissenschaften) gegenüber: die *physikalische* (der Beweis der Sinne: er ist der höchste, dessen die menschliche Natur fähig ist: ich sehe etwas, «das die oder die Farbe und Figur hat»), die *mathematische* (zum Beispiel das Ganze ist grösser als sein Teil) und zuletzt die *moralische* (zum Beispiel «Vernunft und der allgemeine Vor-

10 UBB, FG A VI 200 b.

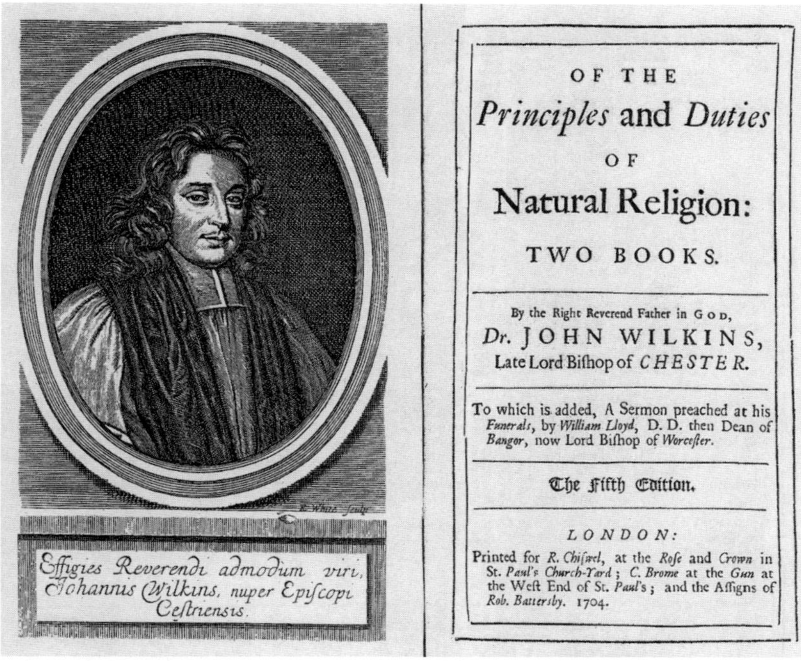

OF THE
Principles and *Duties*
OF
Natural Religion:
TWO BOOKS.

By the Right Reverend Father in GOD,
Dr. JOHN WILKINS,
Late Lord Biſhop of *CHESTER.*

To which is added, A Sermon preached at his *Funerals*, by *William Lloyd*, D. D. then Dean of *Bangor*, now Lord Biſhop of *Worceſter*.

The Fifth Edition.

LONDON:
Printed for *R. Chiſwel*, at the *Roſe* and *Crown* in St. *Paul's Church-Yard*; *C. Brome* at the *Gun* at the Weſt End of St. *Paul's*; and the Aſſigns of *Rob. Battersby*. 1704.

Abb. 37: Frontispizkupfer und Titelblatt der von John Tillotson postum herausgegebenen *Principles and Duties of Natural Religion*, in der 5. Auflage von 1704 (FG H VI 86; UBB).

theil derer, die in einer Gesellschaft leben, erfordern, dass man Verträge halte, keine Unschuldigen beleidige etc.»). Dann untersucht Wilkins in Form mathematischer Diskussionen eine Reihe von «natürlichen Grundwahrheiten», die sich aus der These herleiten: «Ein jedes Ding hat von Natur einen Trieb sich selbst zu erhalten, und sein Wohlseyn zu befördern.» Sittliche Grundwahrheiten will er aus der Rangfolge in der Vortrefflichkeiten der Geschöpfe ableiten (Mensch rangiert vor dem Tier; das Lebendige ist besser als das Leblose usw.).

Der eigentlich systematische Teil gliedert sich in zwei Abschnitte: die Gottesbeweise und die Gotteslehre.

Der erste Gottesbeweis erfolgt aus der allgemeinen Übereinstimmung der Völker an allen Orten und zu allen Zeiten [S. 43] – mit Zitaten aus antiken Schriftstellern. Er stellt auch fest, dass es «eigentliche Atheisten nie gegeben hat» [S. 51]! Der zweite Gottesbeweis schliesst von der Anfänglichkeit der Welt auf einen Urheber. Der dritte: die Schönheit der Welt und die Ordnung der Geschöpfe «nöthiget uns ein herrliches und ewiges Wesen zu erkennen, welches würdig ist, von allen

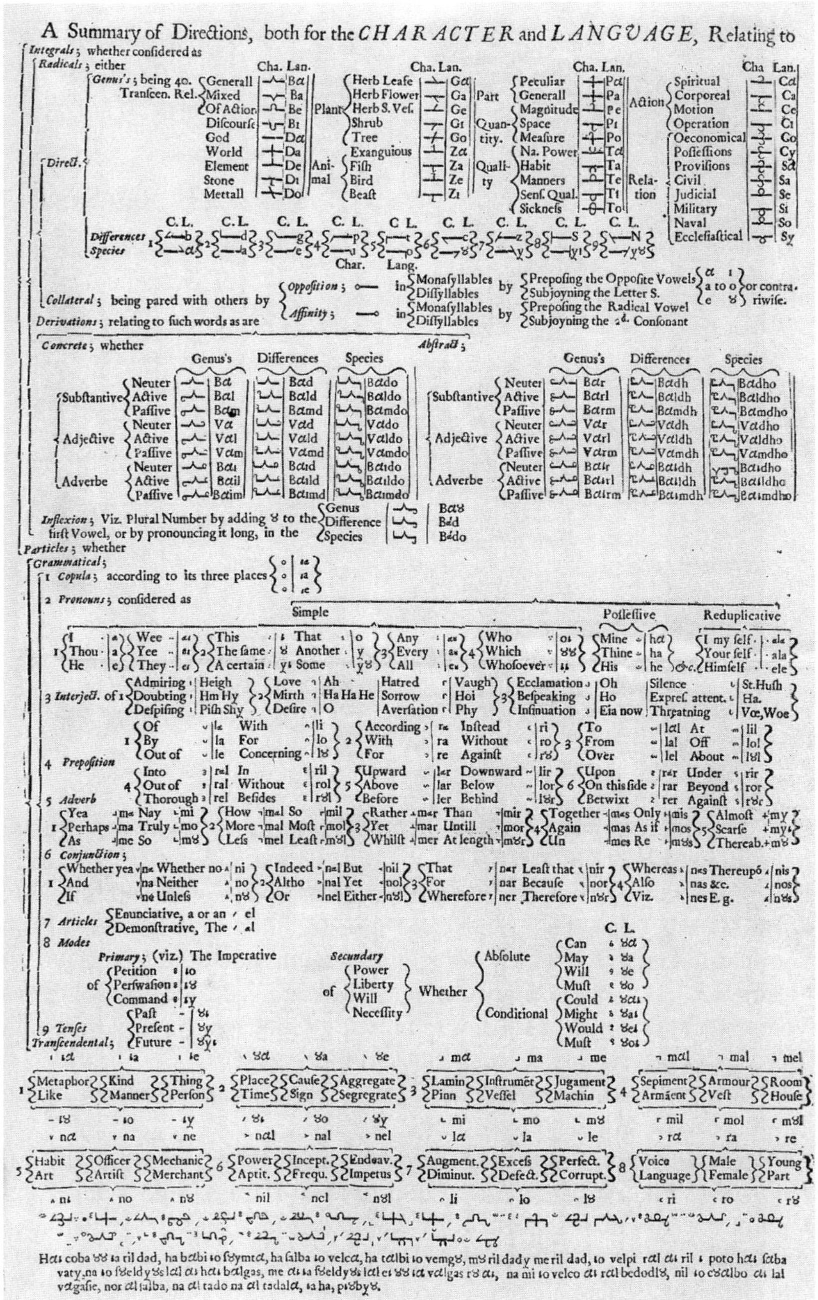

Abb. 38: Tafel aus Wilkins' *Essay,* die logische Neuordnung der Welt betreffend.

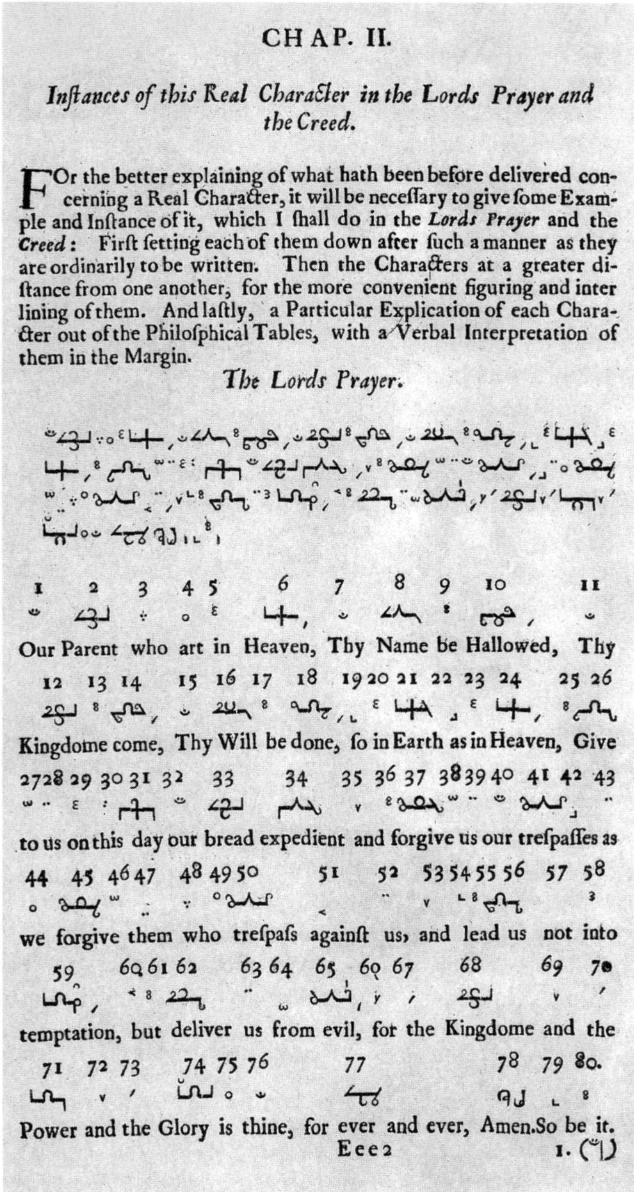

CHAP. II.

Inſtances of this Real Character in the Lords Prayer and the Creed.

FOr the better explaining of what hath been before delivered concerning a Real Character, it will be neceſſary to give ſome Example and Inſtance of it, which I ſhall do in the *Lords Prayer* and the *Creed*: Firſt ſetting each of them down after ſuch a manner as they are ordinarily to be written. Then the Characters at a greater diſtance from one another, for the more convenient figuring and interlining of them. And laſtly, a Particular Explication of each Character out of the Philoſphical Tables, with a Verbal Interpretation of them in the Margin.

The Lords Prayer.

1 2 3 4 5 6 7 8 9 10 11
Our Parent who art in Heaven, Thy Name be Hallowed, Thy
12 13 14 15 16 17 18 19 20 21 22 23 24 25 26
Kingdome come, Thy Will be done, ſo in Earth as in Heaven, Give
27 28 29 30 31 32 33 34 35 36 37 38 39 40 41 42 43
to us on this day our bread expedient and forgive us our treſpaſſes as
44 45 46 47 48 49 50 51 52 53 54 55 56 57 58
we forgive them who treſpaſs againſt us, and lead us not into
59 60 61 62 63 64 65 66 67 68 69 70
temptation, but deliver us from evil, for the Kingdome and the
71 72 73 74 75 76 77 78 79 80.
Power and the Glory is thine, for ever and ever, Amen. So be it.

Eee 2

Abb. 39: Das Unservater in Wilkins ‹Newspeak› (*Essay*, S. 395).

Menschen bewundert und angebetet zu werden» [S. 90].[11] Der vierte Beweis bringt die alten *loci* der *providentia* und des *concursus divinus* (von der Vorsehung und Regierung Gottes) aufs Tapet. Die Gotteslehre behandelt die Eigenschaften Gottes, der die erste Ursache aller Dinge und ein Wesen ausgestattet mit allen Vollkommenheiten (wie Allmacht, Unendlichkeit, Gerechtigkeit usw.) ist [S. 114 ff.].

All diese Erkenntnisse fordern eine Reaktion des Menschen: «Von den Pflichten der Religion». Ihnen ist der dritte Hauptteil des ersten Buches gewidmet [S. 198–320]. Er will zeigen, dass die «Grundsätze der natürlichen Religion vernunftmässig und glaubwürdig» sind.

Das zweite Buch will dann aufweisen, wie rechter, vernunftgemässer Glaube die Glückseligkeit des Menschen befördere: die Gesundheit, die Sicherheit und Ruhe, die äusserliche Wohlfahrt, den «fröhlichen Genuss der äusserlichen Güter», Ehre und Ruhm, das innere Wohlsein, den Frieden und die Ruhe der Seele. Schliesslich führt uns dies alles zur «zukünftigen Seligkeit, die allerwichtigste Sache von der Welt» [S. 427].

John Wilkins unternimmt in seinem Werk den Versuch, die natürliche Religion als vernünftig darzustellen. Gleichzeitig ordnet er ihr höchste Plausibilität zu [S. 430]. Es ist ein Unterfangen, dessen Gelehrtheit und Engagement uns Nachgeborenen Bewunderung abverlangt. Die Beweiskraft der Thesen und Sätze wird emphatisch behauptet, mit Zitaten aus biblischen und antiken Schriften untermauert, Naturwissenschaftliches als Hilfe beigezogen. Der Leser soll überzeugt werden.

Und doch: die Fülle des Materials, die Emphase der Darstellung – verstecken sie nicht einen zumindest leisen Zweifel? Ist nicht das ganze grosse Werk weniger aus pädagogischen Motiven entstanden als vielmehr aus dem Bedürfnis, sich selber zu überzeugen?[12]

Die Welt mag die vollkommenste aller denkbaren Welten sein und Gott der allmächtige und gerechte Herr dieser Welt – aber selbst dann wird jedermann zugeben, dass die Welt nicht ideal ist und das Leiden zum Leben des Menschen gehört. Wilkins selber hat dies eingesehen

11 Diese Sätze auf deutsch sind 1750 erschienen. Nur fünf Jahre später bringt das Erdbeben von Lissabon (kann man nach Lissabon/Auschwitz noch Theologie treiben?!) diese Art von Gottesbeweisen in Verruf. Vgl. auch die in Basel 1672 bei Emanuel König erschienenen *Gottseligen Gedancken über die Zierliche Ordnung die bey der Fürsehung und Regierung Gottes in allen unverhofften und beschwärlichen Zufällen zu verspüren ist. Allen betrübten Hertzen / sonderlich zu diesen schwierigen und trübseligen Zeiten überauß trostlich / nutzlich und erbaulich. Ursprünglich von Herrn Johann Wilkins H. Schrift Doctorn in Englischer Sprach beschrieben. Anjetzo aber Durch Johann Zollikoffer / Dienern der Kirchen zu Herisau in das Hochteutsche mit allem Fleiß übersetzt* (UBB, FG G VIII 58).

12 Ist der Kampf gegen den eigenen Zweifel das Grundmotiv aller Theologie? – Diese psychoanalytische Frage sei zumindest als Anmerkung erlaubt; denn auch diese Motivation wäre wohl nicht die schlechteste (und vielleicht die ehrlichste).

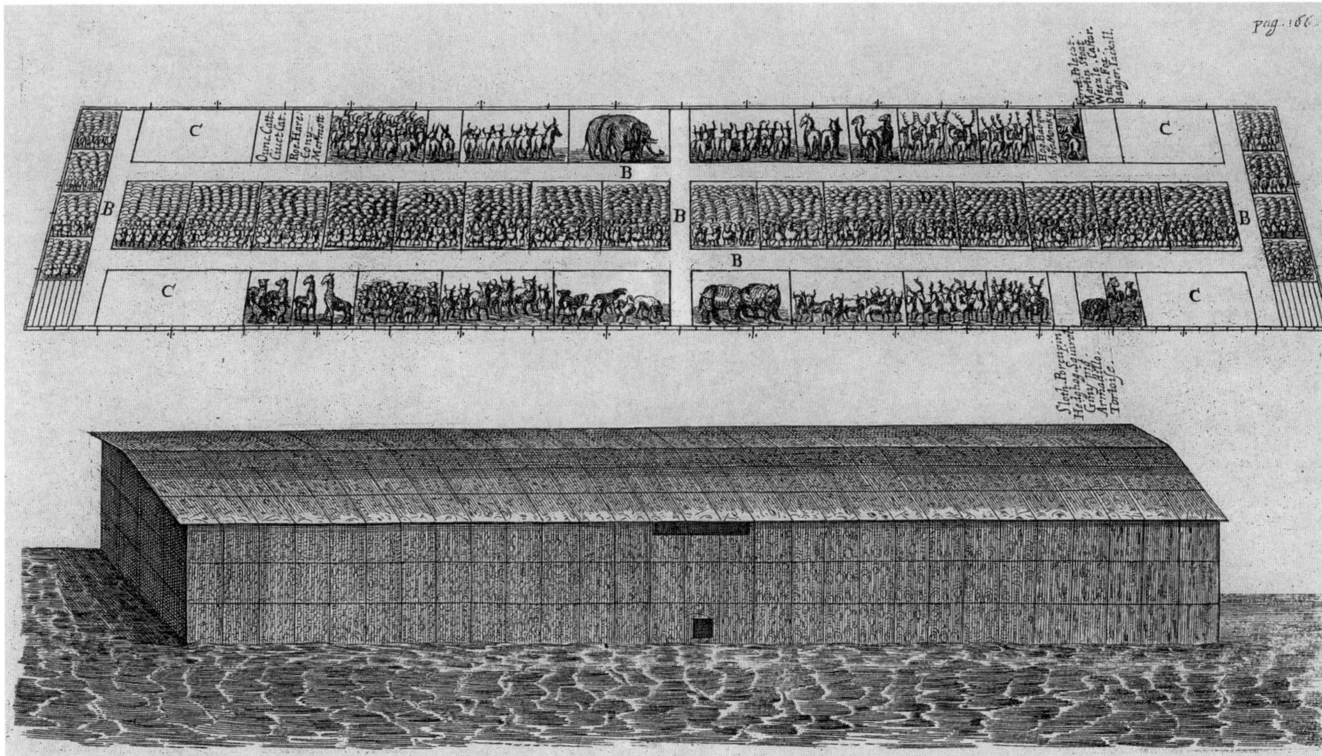

Abb. 40: Die Arche Noah nach Wilkinscher Vorstellung (*Essay,* S. 166).

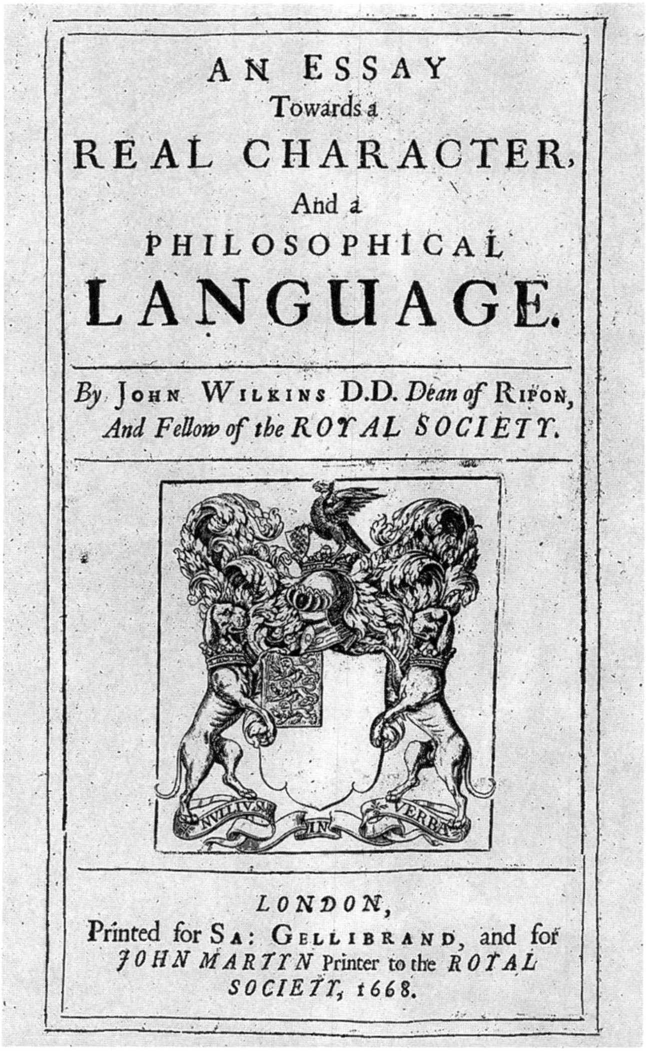
AN ESSAY
Towards a
REAL CHARACTER,
And a
PHILOSOPHICAL
LANGUAGE.
By JOHN WILKINS D.D. Dean of RIPON,
And Fellow of the ROYAL SOCIETY.
NVLLIVS IN VERBA
LONDON,
Printed for SA: GELLIBRAND, and for
JOHN MARTYN Printer to the ROYAL
SOCIETY, 1668.

Abb. 41: Titelblatt von John Wilkins' *Essay towards a Real Character* von 1668 (FG J II 19).

und ein langes Kapitel über den leidenden Gehorsam des Menschen in sein Buch eingefügt [S. 267–320]. Anschauungsmaterial haben ihm die zeitgenössischen Ereignisse genügend geliefert.

Möglich, dass Wilkins aber gespürt hat, dass die theologische Argumentation letztlich auf wackeligen Füssen steht. Das Weltgebäude droht auseinanderzufallen, die Menschheit sich aufzulösen. Und so versucht er in einer gewaltigen Umarmung das Auseinanderstrebende zusammenzuhalten. Einerseits mit seinem systematischen Hauptwerk über die natürliche Religion, anderseits in der Form einer neuen Sprach- und Weltschöpfung: im – während des 17. Jahrhunderts nicht nur von ihm unternommenen – Versuch, eine universell benützbare philosophische Sprache zu entwerfen. In seinem 1668 erschienenen *Essay toward a Real Character and a Philosophical Language* (Grossquart, Umfang von 600 Seiten) gelingt ihm der für seine Zeit wohl vollständigste Entwurf einer Kunstsprache mit dazugehöriger Schrift.[13] Umberto Eco gibt in seiner *Suche nach der vollkommenen Sprache* eine längere Einführung, ohne ganz verbergen zu können, dass das Wilkinsche System sehr schwer zu verstehen ist.[14] Eco fragt sich zum Schluss seiner Ausführungen, ob das linguistische Werk Wilkins der Versuch war, eine Art Hypertext zu konstruieren, eine innere Vernetzung der Begriffe. Dies könnte auch heissen, – und so erscheinen mir die Bemühungen um eine Weltsprache – dass hier der Versuch unternommen wurde, die Disparatheit und Kontingenz dieser Welt, die sich vielleicht primär in der Tatsache der verschiedenen Sprachen erweist, zu überwinden. Der Wilkinsche Hypertext als Versicherung gegen das Auseinanderbrechen der Welt?

Ist Wilkins letztlich gescheitert? Sein theologisches und naturwissenschaftliches Werk ist in Vergessenheit geraten, seine Sprachtheorie eine Anmerkung in linguistischen Werken geworden, seine Biographie aus der *Encyclopaedia Britannica* verschwunden.

Ist er gescheitert? – Oder ist nicht viel mehr jede Theologie per se zum Scheitern verurteilt, weil sie sich in der conditio humana (und das heisst eben: unangemessen) ihrem Gegenstande nähert? Doch gilt das nicht auch für die Naturwissenschaften – wenn auch unter etwas anderen Vorzeichen?

John Wilkins ist Historie – in Theologie, Sprach- und Naturwissenschaft. Doch er ist einer der Riesen, auf deren Schultern wir Zwerge stehen, um weiter zu sehen.

13 FG J II 19.

14 Robert Boyle scheint der einzige zu sein, der es in der Wilkinschen Kunstsprache zu einer gewissen Fertigkeit gebracht hat. Doch auch Leibniz urteilt günstig über Wilkins Essay. Ein Zeitgenosse, der im Kommentar zu Wilkins Leichenrede zitiert wird [S. 35ff.] meint: «Des Herrn Wilkins *lingua philosophica* ist künstlicher als alle andere Sprache; und ich wollte eher deutsch / slavonisch / arabisch / malaisch / otaribisch und lateinisch lernen / mit welchen 6 Sprachen man die ganze Welt durchkommen kann / als allein diese des D. Wilkins. Denn es ist eine unendliche *multitudo* darin, und hat solche zu erlernen noch niemand die Probe gethan als der Herr Boyle / welcher doch selbst bekennet / dass sie sehr schwer sey/ so grosses *ingenium* er auch hatte.» Doch habe der hier Zitierte genügend zu verstehen gegeben, dass diese Sprache «die Geburt eines Geistes von ausserordentlich grossem Umfang sey».

Suzanne de Roche

Die Anglica der Frey-Grynaeischen Bibliothek: Ein Beitrag zur Rezeption englischer Literatur im Basel des 18. Jahrhunderts

Bei einem Blick in den Katalog, den Johann Ludwig Frey (1682–1759) von seiner umfangreichen Bibliothek angelegt hat[1], überrascht der stattliche Bestand an englischen Büchern. Rund ein Drittel davon ist ausserhalb des theologischen Bereiches anzusiedeln und präsentiert sich als vielfältige Sammlung von historischen, philologischen, philosophischen sowie literarischen Werken – und solchen mit geradezu populärem Unterhaltungswert. Die Frage nach Bedeutung und Funktion dieser «Fremdlinge» drängt sich auf.

Obwohl die Frey-Grynaeische Bibliothek bereits des öfteren gewürdigt worden ist, sind ihre Bestände bisher nicht im einzelnen erschlossen. Ernst Staehelin nennt den Grund dafür beim Namen: «Es ist leider nicht möglich, auf die von Frey hinterlassene Bibliothek näher einzugehen; sonst müsste eine ganze Wissenschaftsgeschichte des 16., 17. und beginnenden 18. Jahrhunderts geschrieben werden.»[2] Ohne nun ein solches Unterfangen in Angriff nehmen zu wollen, soll hier mit einer näheren Betrachtung der englischen Sammlung ein Schritt in diese Richtung versucht werden, wobei der Schwerpunkt auf der Belletristik liegt. Die Recherchen an der Universitätsbibliothek Basel, wo ein Grossteil der Frey-Grynaeischen Bibliothek heute untergebracht ist, haben einiges ans Licht gebracht – vieles liegt aber noch immer im Dunkel der unterirdischen Magazine. Die vorliegende kleine Studie versteht sich als Anregung für weitere und umfangreichere Untersuchungen.

1 Zum Katalog vgl. unten Fussnote 16.
2 Staehelin, FG, S. 127.

Englische Einflüsse auf dem europäischen Kontinent[3]

Noch vor Voltaires *Letters Concerning the English Nation* (1733), die weitherum für Gesprächsstoff sorgen und in Frankreich unverzüglich verboten werden, publiziert der Berner Patrizier Beat Ludwig von Muralt im Jahre 1725 eine Gegenüberstellung des hochkultivierten absolutistischen Frankreich, das seit Louis XIV. die geistige und politische Vorherrschaft in der Welt beansprucht, mit dem unabhängigen, unkonventionellen England, welches im Zuge der «Glorious Revolution» 1688/89 zum System einer sich gegenseitig kontrollierenden Regierung durch König und Parlament gefunden hat. In diesen *Lettres sur les Anglais et les Français*, die auf breites Interesse und kontroverse Reaktionen stossen, spricht sich der Verfasser klar zugunsten der englischen Kultur aus. Jahrelang findet von Muralt keinen Verleger für seine Briefe, bis sie endlich in Holland anonym erscheinen können. Dies lässt darauf schliessen, dass es zu dieser Zeit in der Schweiz zumindest noch als ungewöhnlich gilt, englische Verhältnisse als beispielhaft herauszu-

3 Die folgenden Ausführungen basieren im wesentlichen auf folgenden Werken: Edgar Bonjour, Die Universität Basel von den Anfängen bis zur Gegenwart. 1460–1960, Basel 1960, bes. S. 286–335. – Bernhard Fabian, Selecta Anglicana. Buchgeschichtliche Studien zur Aufnahme der englischen Literatur in Deutschland im achtzehnten Jahrhundert, Wiesbaden 1994. – Otto Funke, Die Schweiz und die englische Literatur. Ein Vortrag, Bern 1937. – Dustin Griffin, Regaining Paradise. Milton and the Eigteenth Century, Cambridge 1986. – Thomas Grütter, Johannes von Müllers Begegnung mit England. Ein Beitrag zur Geschichte der Anglophilie im späten 18. Jahrhundert, Basel / Stuttgart 1967. – Karl Rudolf Hagenbach, Jakob Sarasin und seine Freunde, in: Beiträge zur vaterländischen Geschichte, hrsg. von der historischen Gesellschaft zu Basel, Bd. 4 (1850), S. 1–103. – Ulrich Im Hof, Aufklärung in der Schweiz, Bern 1970. – Ulrich Im Hof, Das gesellige Jahrhundert. Gesellschaft und Gesellschaften im Zeitalter der Aufklärung, München 1982. – Ian Ousby (Ed.), The Cambridge Guide to Literature in English, Rev. ed. Cambridge 1992. – Lawrence Marsden Price, Die Aufnahme englischer Literatur in Deutschland 1500–1960. Ins Deutsche übertragen von Maxwell E. Knight, Bern / München 1961. – Propyläen Geschichte der Literatur. Literatur und Gesellschaft der westlichen Welt. Gesamtplanung und Redaktion: Erika Wischer, Bd. 4: Aufklärung und Romantik, Berlin u. a. 1981. – Heide N. Rohloff, Klassizismus und beginnende Romantik, geistesgeschichtlicher Wandel und kultursoziologische Entwicklung im 18. Jahrhundert in England, Hannover 1971. – Andrew Sanders, The Short Oxford History of English Literature, Oxford 1994. – Andreas Staehelin, Die Basler Universität im 18. Jahrhundert, in: ders., Geschichte der Universität Basel 1632–1818, Teil 2, Basel 1957, S. 451–501. – Staehelin, FG. – Klaus Peter Steiger, Die Geschichte der Shakespeare-Rezeption, Stuttgart u. a. 1987. – Gustav Steiner, Eine Basler Büchersammlung aus dem 18. Jahrhundert, in: Basler Zeitschrift für Geschichte und Altertumskunde, Bd. 23 (1925), S. 179–224. – Hans Werthmüller, Tausend Jahre Literatur in Basel, Basel / Boston / Stuttgart 1980. – Carl Wieland, Einiges aus dem Leben zu Basel während des achtzehnten Jahrhunderts, in: Basler Jahrbuch 1890, S. 170–218.

stellen. Das Werk, das auf eigenen Beobachtungen während eines Englandaufenthalts basiert, vermag jedoch auf dem Kontinent eine Bresche für die politisch-kulturellen Besonderheiten der bisher wenig beachteten Inselbewohner zu schlagen. Das Prinzip des «Common Sense», des gesunden Menschenverstandes, das von Muralt als hervorragende Eigenschaft der Engländer darstellt, scheint gerade in der Schweiz jener Zeit einem starken Bedürfnis entgegenzukommen. In Frankreich macht sich die Opposition den wachsenden Einfluss Englands zunutze, allen voran die grossen Generalisten Montesquieu und, in populärerer Weise, Voltaire. Auch eines der charakteristischsten Universalwerke des 18. Jahrhunderts, der Diderot-D'Alembertsche *Dictionnaire raisonné des sciences, des arts et des métiers*, kurz *Encyclopédie*, ist aus der Übersetzung der bereits 1728 erschienenen englischen Enzyklopädie von Chambers entstanden.

England ist dem übrigen Europa – mit der Ausnahme von Holland, das sich ebenfalls schon früh freiheitlich orientiert – in aufklärerischer Hinsicht um einiges voraus. Bereits im 17. Jahrhundert sind starke Tendenzen zu einer rationalistischen Neupositionierung in verschiedenen Bereichen auszumachen, die in einer produktiven Wechselwirkung stehen. Die bahnbrechenden Erkenntnisse in den Naturwissenschaften um die Jahrhundertwende sind die Triebfedern für eine neue, aufgeklärte Philosophie. 1687 stellt Isaac Newton ein neues System der theoretischen Mechanik vor, das aus dem Kraft-, dem Wirkungs- und dem Gravitationsgesetz besteht. Damit wird er einerseits wegweisend für führende Naturwissenschafter wie Albrecht von Haller (1708–1777) und die Basler Mathematiker aus der Familie Bernoulli sowie Leonhard Euler, andererseits trägt sein mechanistisches Weltbild entscheidend dazu bei, das Gefüge des kirchlichen Glaubens der christlichen Konfessionen in seinen Grundfesten zu erschüttern. John Locke (1632–1704) sucht zwar profanes Wissen mit dem Glauben zu verbinden, wirkt damit aber letztlich ebenfalls gegen das traditionelle Christentum. Auch die vernunftbetonten kosmopolitischen Staatstheorien Lockes finden mit der Unterstützung Montesquieus ein grosses Echo auf dem Kontinent, wo sich wachsendes Unbehagen gegenüber absolutistischen Regierungsformen bemerkbar macht. Politisch schlagen sich diese Veränderungen nieder in der «Glorious Revolution», die eine offizielle Verankerung von bürgerlichen Rechten nach sich zieht. Die anglikanische Kirche, Mittelpunkt des geistigen Lebens in England, setzt 1689 mit dem «Toleration Act» der kleinlichen protestantischen Orthodoxie ein Ende. Künftig soll protestantischen Nonkonformisten die freie Ausübung ihrer Gottesdienste erlaubt sein. Die Wirkung dieser Entspannung auf das Festland, wo die Hugenotten bereits ähnlich tolerante Auffassungen vertreten, bleibt nicht aus. In der Ökonomie ist es schliesslich Adam Smith (1723–1790), der mit seiner Kritik am bestehenden System der Monopole und Privilegien sowie der Forderung nach freiem Handel auf offene Ohren stösst. Allgemein ist für diese Zeit in ganz Europa eine Tendenz zu generalistischen Konzepten zu konstatieren. Wissenschafter betätigen sich in der Regel auf verschiedenen Gebieten, und man sucht anspruchsvolle Themen aller Art in einer entspannten, aufgelockerten und verständlichen Form zu behandeln, oft verbunden mit dem Bemühen, neue Erkenntnisse womöglich zur Verbesserung der Lebensqualität in die Praxis umzusetzen.

Die zeitgenössische englische Belletristik findet zunächst vor allem durch Joseph Addisons und Richard Steeles moralisierende Wochenschriften Verbreitung (v. a. *Tatler,* April 1709 bis Januar 1711; *Spectator,* März 1711 bis Dezember 1712 und nochmals 1714; *Guardian,* März 1713 bis Oktober 1713), die in ganz Europa einen beachtlichen Leserkreis und unzählige Nachahmer finden. Sie sind geprägt von einer Philosophie des guten Geschmacks und des gesunden Menschenverstandes im Sinne eines Locke oder Shaftesbury, lehnen zwar den Atheismus ab, betrachten aber Gott rationalistisch und verkünden die Ideale von Menschlichkeit und der ursprünglichen Gleichheit der Menschen. Daneben beschäftigen sie sich mit praktischen Alltags- und Erziehungsfragen, Problemen der Wissenschaften und der schönen Künste und bemühen sich ausdrücklich auch um eine weibliche Leserschaft. Der *Tatler* und der *Guardian* enthalten ausserdem auch durchaus kritische Kommentare zur aktuellen Politik, weshalb der *Guardian* unter Steeles Federführung zeitweilig in Konflikt mit Jonathan Swifts konservativem *Examiner* gerät. Addison gilt lange als Meister der Prosa, während neben Gray, Thomson und später Young vor allem Pope als vorbildlicher Dichter in Mode kommt. Daneben finden die neuen Varianten des Romans Beachtung, so Swifts Satiren, die Briefromane Richardsons, Fieldings direkte Appelle an die Leserschaft und schliesslich Sternes brillantes Spiel mit den Möglichkeiten der narrativen Form.

Addisons begeisterte Artikel über Milton führen zu einer zweiten Welle englischen Einflusses im Bereich der schönen Literatur, die im wesentlichen von Autoren aus den vorhergehenden Jahrhunderten geprägt ist. Neben Milton sind dies Bunyan, Butler, Spenser und Sidney, später im Zuge der Vorromantik und des Sturm und Drang der legendäre Ossian und als eigentliche Kultfigur Shakespeare, dessen dramatische Form die vorherrschende französische Überlieferung weitgehend ablöst. Die Entdeckung Shakespeares im deutschsprachigen Raum wird hauptsächlich Lessing zugeschrieben, der in seinem 17. Literaturbrief der klassischen Regelpoetik als erste Priorität die Intention entgegensetzt: «Auch nach den Mustern der Alten die Sache zu entscheiden, ist Shakespeare ein weit grösserer tragischer Dichter als Corneille; obgleich dieser die Alten sehr wohl, und jener fast gar nicht gekannt hat. Corneille kömmt ihnen in der mechanischen Einrichtung, und Shakespeare in dem Wesentlichen näher. Der Engländer erreicht den Zweck der Tragödie fast immer, so sonderbare und ihm eigene Wege er auch wählet; und der Franzose erreicht ihn fast niemals, ob er gleich die gebahnten Wege der Alten betritt.»[4]

Englische Einflüsse in Zürich und Basel

In der deutschsprachigen Schweiz setzt man sich vor allem im bürgerlichen Milieu des republikanischen Zürich eingehend mit der englischen Literatur auseinander. Davon zeugen beispielsweise Johann Jakob Bodmers Übersetzungen aus dem Englischen, vornehmlich von Miltons *Paradise Lost* (1732 und 1742), die dem Engländer zu grosser Anerkennung im gesamten deutschsprachigen Raum verhelfen, sowie die berühmte «Literaturfehde», in deren Verlauf Bodmer und sein Schüler Breitinger – mit einigen Anklängen an die englische Satire – noch vor Lessing mit spitzer Feder gegen die klassisch-französischen Richtlinien des Leipziger Literaturpapstes Gottsched polemisieren.

Basel scheint sich an dieser Kontroverse nicht öffentlich beteiligt zu haben. Das gesellschaftliche Leben steht hier aufgrund seiner politischen und wirtschaftlichen Verbindungen, der Zuwanderung von Glaubensflüchtlingen und der Gründung einer französischen evangelischen Gemeinde stark unter dem Einfluss des Nachbarlands Frankreich. Wer als Basler zu dieser Zeit etwas auf seine Bildung hält, beherrscht das Französische in der Regel mindestens so gut wie das Schriftdeutsche. Es gibt aber auch hier einige Pioniere, die sich um die Verbreitung der englischen Literatur verdient machen. Ein wichtiger Teil des geistig-kulturellen Lebens im 18. Jahrhundert spielt sich in den vielfältigen kleinen und grossen Gesellschaften ab, die wie ein dichtes Netz ganz Europa überziehen. Bedenkt man, dass in der föderalistisch strukturierten Schweiz, die keine gesamtschweizerische Akademie oder Sozietät aufzuweisen hat, die Gesellschaftsgründungen in den einzelnen Städten auf private Initiativen einflussreicher Bürger zurückgehen, so können solche individuellen Vorlieben zumindest auf lokaler Ebene durchaus ihre Wirkung haben. Oft sind die führenden Köpfe des politischen und kulturellen Lebens an mehreren, auch überregionalen Sozietäten beteiligt

4 Gotthold Ephraim Lessing, 17. Literaturbrief (16. Februar 1759), in: Werke, hrsg. von Herbert G. Göpfert, Bd. 5, München 1973, S. 72.

und verschaffen sich auf diese Weise im geselligen Gedankenaustausch Gehör. Zu nennen wäre hier etwa die Basler «Freie Gesellschaft, auch «Société des Belles Lettres» geheissen (1746), eine Vereinigung literarisch interessierter Studenten verschiedener Fakultäten, die es mit Bodmers Vorliebe für die Engländer halten. Viele von ihnen werden später in der Helvetischen Gesellschaft aktiv, darunter Isaak Iselin (1728–1782), der für die ganze Schweiz eine wichtige aufklärerische Rolle spielt. Auch der Gründer der «Basler Deutschen Gesellschaft», Johann Jakob Spreng (1699–1768), der als erster Germanistikprofessor der Universität Basel nebenher noch aus dem Englischen übersetzt, ist Mitglied in mehreren Gesellschaften. Ob die seit 1767 belegte «Société Littéraire de Bâle», die sich unter der Leitung des ersten Lektors am Frey-Grynaeum, Jakob Christoph Beck (1711–1785), einmal wöchentlich in der dortigen Bibliothek versammelt, aus einer der beiden anderen Gesellschaften hervorgeht, ist nicht festzustellen.[5]

Die eigenen Gedichte des Badener Schriftstellers Karl Friedrich Drollinger (1703–1742), der lange Jahre das Baden-Durlachische Archiv in Basel betreut, orientieren sich noch vorwiegend an Gottscheds konventionellen Vorschriften. Drollinger beschäftigt sich jedoch immer eingehender mit den englischen Vorbildern, insbesondere mit Milton und Pope. Er soll es auch gewesen sein, der Haller mit den wichtigen Vertretern der englischen Belletristik überhaupt erst bekannt machte und den Wissenschafter damit anregte, sich wieder vermehrt der Poesie zuzuwenden.[6] Nach einer Reise durch die Schweizer Berge schreibt Haller in Basel das berühmte Lehrgedicht *Die Alpen* (1732). Dieses wird neben Rousseaus *Nouvelle Héloïse* seinerseits das Naturbild und den Freiheitsbegriff der englischen Vorromantik nachhaltig prägen, die parallel zum deutschen Sturm und Drang im ausklingenden 18. Jahrhundert eine Lösung von den rationalistischen Prämissen der ersten Zeit bedeutet. Später wird Haller ein grosser Bewunderer Richardsons, dem er seine Verehrung in Briefen zum Ausdruck bringt, und in einer Abhandlung über den Briefroman *Clarissa* verteidigt er grundsätzlich den Roman des Mittelstandes.[7] Im Freundeskreis des Seidenbandfabrikanten Jakob Sarasin (1742–1802), dem auch die Zürcher Breitinger, Lavater und Gessner angehören, kommt des öfteren englische Literatur zur Sprache. Dass das Shakespeare'sche Genie nicht überall mit hel-

5 Vgl. Staehelin, Geschichte der Universität Basel, S. 499f. Zu Becks Engagement im gelehrten Basler Vereinswesen siehe im vorliegenden Band den Aufsatz von Frank A. Faessler.

6 Werthmüller, Tausend Jahre, S. 214.

7 Erstmals publiziert in: Bibliothèque raisonnée XLII (1749), S. 325ff. (zitiert nach Price, Die Aufnahme englischer Literatur, S. 171).

ler Begeisterung aufgenommen wird, kann Sarasins Bericht seiner Zürcherreise im Oktober 1779 entnommen werden: «Abends ein Besuch bei Gessner. Dieser war sehr offen und redete viel über die deutsche Litteratur und schmähte wider das ewige Shakespearisiren unsrer deutschen Genies; er sagte, die Deutschen zäumen das Pferd beim Schwanze auf, weil sie witzig zu sein anfingen, ehe die Litteratur eine stehende Form erlangt hätte.»[8]

Einen beachtlichen Beitrag zur Verbreitung der englischen Literatur leistet schliesslich gegen Ende des Jahrhunderts der Buchhändler und Verleger Johann Jakob Thurneysen (1754–1803)[9], indem er nach und nach fast 200 qualitativ hochstehende Reprints wichtiger englischer Werke in Geschichte, Philosophie und Belletristik als Kollektion im handlichen Oktavformat herausbringt. Mit Hilfe eines Partners in Gotha vertreibt der Basler, der sein Handwerk bei keinem Geringeren als Breitkopf in Leipzig gelernt hat, seine Drucke auch in Deutschland mit grossem Erfolg.

Den intensivsten Kontakt mit England pflegen jedoch neben den naturwissenschaftlichen hauptsächlich theologische Kreise, die seit der Reformation traditionell im Austausch mit England stehen. Samuel Werenfels etwa (1657–1740), einer der ersten Vertreter der «vernünftigen Orthodoxie» in der Schweiz, unterhält rege Beziehungen mit England. Sein Schüler Johann Ludwig Frey benützt für seine Bibelauslegungen englische Kommentare, und Jakob Christoph Beck empfiehlt seinen Studenten Locke, Tillotson, Clarke und Doddridge zur Lektüre. Simon Grynaeus (1725–1799), entfernt verwandt mit beiden Begründern des Frey-Grynaeums und von 1765 bis 1799 Inspektor des Instituts, entspricht der Familientradition in seinen Neigungen sowohl zur Theologie als auch zur englischen Literatur und Sprache. Seine Übersetzertätigkeit beginnt mit der englischen Streitliteratur um den Deismus, dehnt sich aber vor allem unter Bodmers Einfluss auf die Belletristik aus. Allerdings stossen Grynaeus' deutsche Übertragungen von Miltons *Paradise Regained* und Shakespeares *Romeo und Juliet* bei den massgeblichen Autoritäten auf massive Ablehnung.[10]

Bei alldem darf nicht unerwähnt bleiben, dass die Beschäftigung mit der schönen Literatur noch weitgehend einer kleinen Gruppe von

8 Hagenbach, Jakob Sarasin, S. 32.

9 Zu diesem ausführlich: Martin Germann, Johann Jakob Thurneysen der Jüngere 1754–1803. Verleger, Buchdrucker und Buchhändler in Basel. Ein Beitrag zur Geschichte der Spätaufklärung in Basel und zur Geschichte des Eindringens der englischen und französischen Aufklärung im deutschen Sprachgebiet am Ende des 18. Jahrhunderts, Basel / Stuttgart 1973 (Diss. phil. Basel 1973).

10 Ausführlich: Hans Küry, Simon Grynäus von Basel 1725–1799. Der erste deutsche Übersetzer von Shakespeares Romeo und Julia, Diss. phil. Basel 1935.

Gebildeten vorbehalten ist. In den mittleren und niederen Schichten wird kaum gelesen, allenfalls noch die eine oder andere Erbauungsschrift. Zwar soll diesem Zustand Ende der achtziger Jahre mit der Gründung der Lesegesellschaft abgeholfen werden, ihre Wirkung beschränkt sich aber anfänglich ebenfalls auf einen engen Kreis. So bleibt die Literatur vorerst ein Privileg der Bildungsschicht.

Als Universitätsprofessor und Spross einer angesehenen Familie ist Johann Ludwig Frey ein Vertreter dieser privilegierten Schicht. Beziehungen zu England und Irland sowie ein ausgeprägter Hang zur Bibliophilie sind in seiner Familie eine Tradition, die vor allem auf den Urgrossvater väterlicherseits, Johann Jakob Frey (1606–1636), zurückgeht. Dieser verbrachte mehrere Jahre seines kurzen Lebens in England, Irland und verschiedenen europäischen Ländern des Kontinents und legte mit seinen Anschaffungen den Grundstock für die Sammlung von englischen Büchern, die heute zur Bibliothek des Frey-Grynaeums gehören. Der Bestand an englischen Titeln ist für eine theologisch-historische Fachbibliothek des 18. Jahrhunderts, die überdies schwerpunktmässig orientalistisch ausgerichtet ist[11], ungewöhnlich hoch, so dass es sich lohnt, einen genaueren Blick darauf zu werfen. Freilich war die Bibliothek auch nach der Gründung des Instituts – der offenbar englische Vorbilder Pate gestanden haben[12] – auf ausdrücklichen Wunsch Freys nicht öffentlich zugänglich, man wird also nicht auf breite Wirkung seiner Sammlung schliessen dürfen. Immerhin genoss die Familie Frey, seit 1501 mit dem Basler Bürgerrecht ausgestattet, über Generationen beträchtliches Ansehen, und im grösseren Bekanntenkreis wird die eine oder andere Diskussion ihre Früchte getragen haben.

Das wissenschaftliche Prestige der Basler Universität ist zu dieser Zeit mangels Unterstützung von seiten der politisch massgeblichen Oberschicht gering. Sie hat mit Ausnahme der berühmten Mathematiker keine internationalen Kapazitäten zu stellen, und überdies kommt der «Wettsteinhandel» dem Ruf der theologischen Fakultät nicht gerade zugute.[13] Trotz alldem pflegt Frey natürlich wissenschaftliche Kontakte und fördert als Hochschullehrer für Geschichte und Theologie seine

11 Siehe dazu den Beitrag von Kim Sitzler im vorliegenden Band.

12 Vgl. Staehelin, FG, S. 72 und S. 116, ferner Sommers Abriss der Institutsgeschichte im vorliegenden Band.

13 «Wettsteinhandel» bezeichnet den Streit der Theologischen Fakultät mit dem international bekannten Basler Textkritiker Johann Jakob Wettstein (1693–1754), u.a. Mitglied der «Royal Society of London» und der Berliner Akademie, an dem Johann Ludwig Frey beteiligt war. Wettstein war der «vernünftigen Orthodoxie» zu modern, weshalb die Fakultät ihn bei Lehrstuhlbesetzungen wiederholt übergangen hat. Siehe dazu die Darstellung Freys im vorliegenden Band.

Studenten auch auf privater Basis. Als Herausgeber einer Neuauflage des *Thesaurus ecclesiasticus* von Johann Caspar Schweizer korrespondiert er mit Breitinger, der sich ja sehr stark für die englische Sache engagiert hat. Auch von dem Zürcher könnte er einige Anregungen erhalten haben.[14] Ausserdem beteiligt sich Frey – wie übrigens auch Drollinger – an der Basler Ausgabe des *Allgemeinen Historischen Lexicon*, dem er einige neue Artikel über Persönlichkeiten der englischen Geschichte beifügt.[15] Es ist ihm also eine gewisse, wenn auch lokal beschränkte Wirkung nicht abzusprechen.

Die englischen Bestände der Frey-Grynaeischen Bibliothek
Überblick

Die Bibliothek, die Johann Ludwig Frey hinterlassen hat, setzt sich gemäss seinem letzten eigenhändig angelegten Katalog folgendermassen zusammen:[16]

Folianten: ca. 700 Werke, z.T. mehrbändig; aufgeteilt in 4 Abteilungen
- Libri theologici et orient[ales]
- [Libri] philos[ophici], philol[ogici et] histor[ici] miscellanei
- [Libri] Belgico idiomate scripti
- [Libri] Anglico idiomate exarati

Quartbände: ca. 1800 Werke, z.T. mehrbändig; aufgeteilt in 5 Abteilungen
- [Libri] theologici, Philol[ogiae] et Histor[iae] S[acrae]
- [Libri] theol[ogici] orient[ales]
- [Libri] philol[ogici], philos[ophici et] histor[ici] miscellan[ei]
- [Libri] Anglici
- [Libri] Belgico idiom[ate] exarati

14 Ein Brief Breitingers ist im Nachlass Freys erhalten (UBB, FG Mscr. VI 5). Englische Belange kommen darin allerdings nicht zur Sprache.

15 Vgl. Staehelin, FG, S. 53.

16 Vgl. Staehelin, FG, S. 126f. und S. 194. Ca. 1758, kurz vor seinem Tod, legte Frey einen neuen Katalog seiner Bibliothek an. Die folgenden Ausführungen basieren auf einer Abschrift dieses Katalogs mit Verifikation und Nachträgen von J. C. Beck aus dem Jahre 1763 (UBB, FG Mscr. X 6). Daraus wurden die englischen Bücher exzerpiert und aufgrund ihrer Titel grob thematisch geordnet. Ein Grossteil der Bücher steht im geschlossenen Magazin der UBB unter der allgemeinen Signatur Fr.-Gryn. Die Zahlen für den Gesamtumfang der Bibliothek liefert Staehelin, FG, S. 126f.

Oktavbände: ca. 2500 Werke; aufgeteilt in 5 Abteilungen (s. Quartbände)
Duodezbände: ca. 1000 Werke; aufgeteilt in 3 Abteilungen
- [Libri] theol[ogici], orient[ales et] eccles[iastici]
- [Libri] miscell[anei]
- [Libri] Anglic[i]

Die Manuskripte, die Frey nicht mehr hatte auflisten können, wurden von Jakob Christoph Beck in einem Anhang ergänzt.[17]

Von den rund 700 Titeln der Abteilung «Folianten» sind etwa 100 in englischer Sprache; bei den 1800 Titeln in Quart sind es 120, von den 2500 im Oktavformat 470 und von den 1000 in Duodez rund 70. Insgesamt sind also von 6000 Titeln 760 englisch, was sich auf immerhin rund 13% beläuft – ein beachtlicher Prozentsatz, wenn man mit der Bibliothek der Lesegesellschaft (gegr. 1787) vergleicht, deren Auftrag in der Förderung der Lektüre auf breiter Basis besteht. Obwohl diese zu einer Zeit ins Leben gerufen wurde, da die englische Kultur auf dem Festland bereits besser bekannt war als bei der Gründung des Frey-Grynaeums, weist ihr Katalog von 1811 bei insgesamt 169 Seiten aufgelisteter Bücher gerade mal eine Seite englischer Titel auf (8 Werke, vorwiegend historischen Inhalts).[18] Dies entspricht kaum mehr als 0.5%. Der Hauptanteil an fremdsprachiger Literatur stammt hier eindeutig aus dem französischen Bereich.

Zu Freys Katalog ist weiter zu bemerken, dass die englischen Bücher als einzige konsequent in einer jeweils eigenen Abteilung aufgeführt werden, während etwa die Orientalia, die ja einen eigentlichen Schwerpunkt bilden, mit den übrigen theologischen Titeln zusammengefasst sind. Nach diesem Prinzip hätten auch die englischen Theologica, die mit rund 520 Titeln den Grossteil der englischen Bücher ausmachen, in diese Abteilung gehört. Die übrigen 240 Titel hätten dann zum Beispiel unter Miscellanea ihren Platz gefunden. Dies deutet auf eine Sonderstellung der Anglica, sei es nun, weil sie Frey im Gegensatz zu den lateinischen, französischen und deutschen Werken fremder waren – oder weil sie ihm besonders am Herzen lagen.

Neben dem Gros der theologischen und kirchengeschichtlichen Werke sind die Themen recht breit gefächert. Die historische Richtung ist sowohl generell als auch speziell mit englischer und irischer Geschichte repräsentiert sowie mit kultur-, sozialhistorischen und politischen Arbeiten. Als besondere Rarität sei hier lediglich Raleighs

17 Vgl. Staehelin, FG, S. 127 und 182ff.

18 Vgl. Daniel Speich, Une Société de lecture à la fin du XVIIIe et au début du XIXe siècle. La «Allgemeine Lesegesellschaft» de Bâle 1787–1832, Thèse, Bâle 1975, S. 166ff.

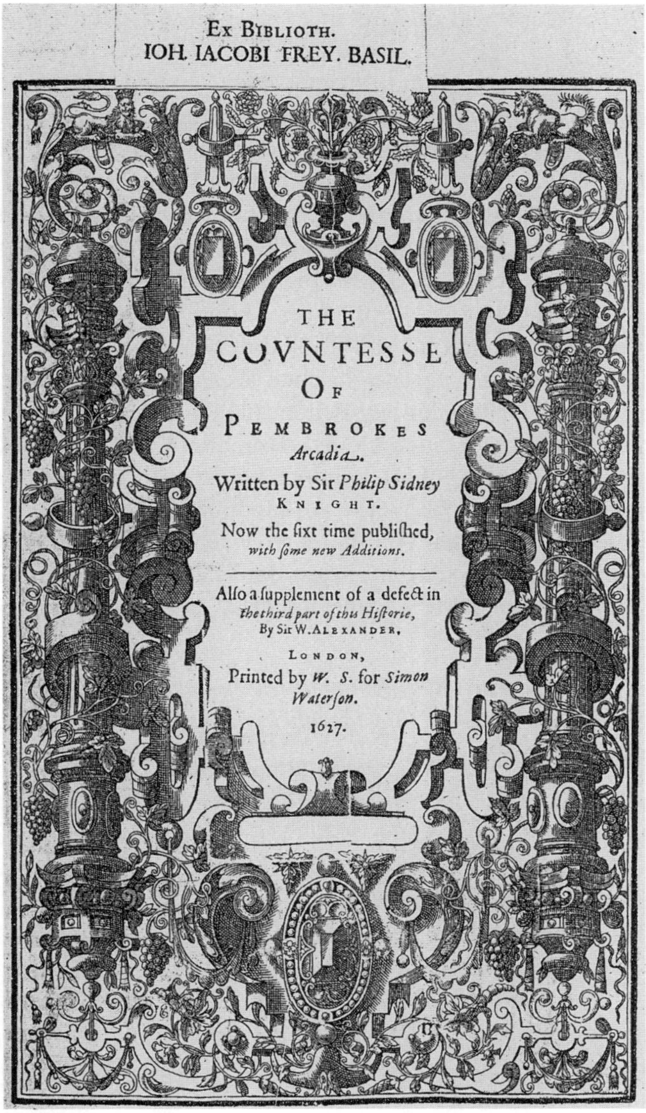

Abb. 42: Titelblatt von Philip Sidneys *The Countesse of Pembrokes Arcadia* in der 6. Auflage von 1627 mit dem Exlibris des älteren Johann Jacob Frey (FG N II 28; UBB).

History of the World von 1614 mit ihren exquisiten Kartengravüren hervorgehoben. Ein weiterer grösserer Teil besteht aus Reiseberichten sowie Biographien und Memoiren von Gelehrten und historischen Figuren, während naturwissenschaftliche und auch musikalische Abhandlungen nur vereinzelt zu finden sind. Prominent vertreten sind hingegen die Philosophen, namentlich Bacon, Thomas More, Locke und Berkeley mit mehreren Titeln. Allerlei Leitgedanken aus dem Alltagsleben runden das Bild ab. Einige einzelne Bücher schliesslich lassen sich kaum in einen Kontext bringen. Als Beispiel sei John Guillim, *A display of Heraldrie* (1632) genannt, ein prächtiger Folioband zur Wappenkunde aus Urgrossvater Johann Jakob Freys Hinterlassenschaft.

Die historischen und philosophischen Werke sowie die Miscellanea machen rund ein Drittel der englischen Bücher aus, die 25 literarischen Titel ergeben nur noch einen kleinen Bruchteil (3%). Bei der Zweckbestimmung der Bibliothek ist es jedoch keineswegs selbstverständlich, dass überhaupt literarische Werke vorhanden sind. Umso mehr Bedeutung fällt jedem einzelnen von ihnen zu. Bücher stellen zu dieser Zeit noch einen gewissen Luxus dar, so dass der Erwerb eines Exemplars auf echtes Interesse des Käufers schliessen lässt.

Die literarischen Werke in englischer Sprache[19] *16. und 17. Jahrhundert*

Einige wichtige Werke aus der Elisabethanischen Zeit sind vorhanden: ein Band mit Sidneys *The Countesse of Pembrokes Arcadia, Defense of Poesie* und Sonetten (Ausgabe 1627[20]), *Certaine Learned and Elegant Workes of the Right Honorable Fulke Lord Brooke*[21] (1633), eine einbändige Spenser-Ausgabe mit *Fairie Queen* und *The Shepheards Calendar* (1617) und nebst den *Poetic Works* von Samuel Daniel (1623) auch seine *History of England*. Die in Dichterkreisen vielbeachteten Übertragungen von Ovids Metamorphosen und dem ersten Buch von Vergils Aeneis (1632) und die *Relation of a Journey in the Turkish Empire* (1632) repräsentieren George Sandys' Werk. Mit Butlers *Hudibras* in zwei Bänden (Ausgabe 1744) ist die anti-puritanische Verssatire vertreten. Ein eigentlicher Schwerpunkt liegt bei Milton: Nebst zwei bio-

19 Die im folgenden aufgeführten Werke wurden alle in der UBB in Augenschein genommen.

20 Die Angaben in Klammern bezeichnen im folgenden die Ausgaben in Freys Bibliothek, nicht die Ersterscheinungsjahre der Werke.

21 Sir Fulke Greville, first Baron Brooke (1554–1628).

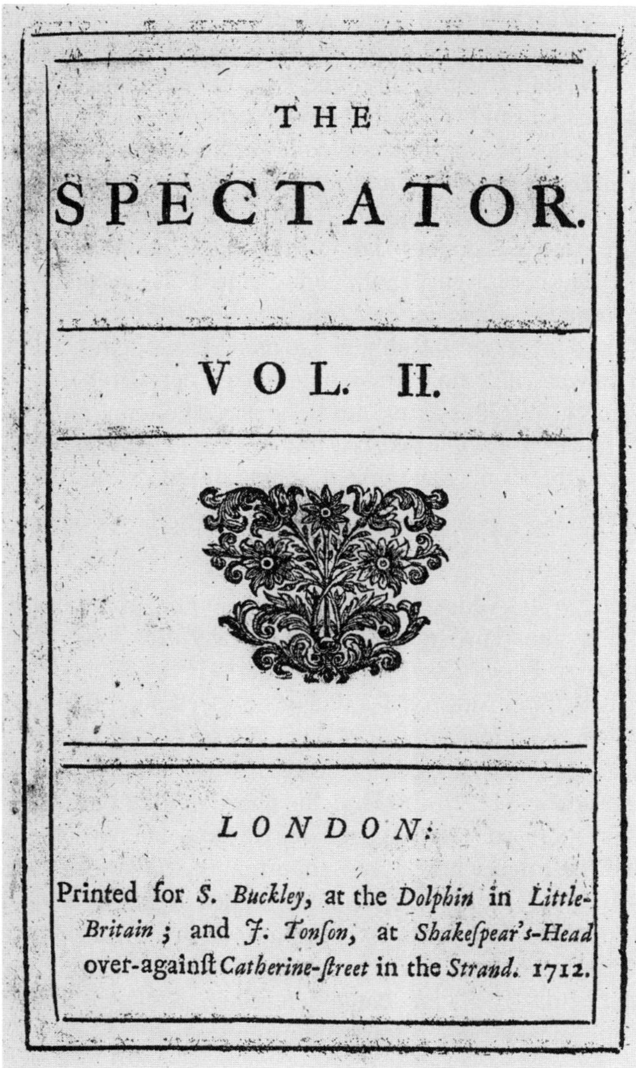

THE

SPECTATOR.

VOL. II.

LONDON:

Printed for *S. Buckley*, at the *Dolphin* in *Little-Britain*; and *J. Tonſon*, at *Shakeſpear's-Head* over-againſt *Catherine-ſtreet* in the *Strand*. 1712.

Abb. 43: Titelblatt des *Spectator* von 1712 aus Johann Ludwig Freys Bibliothek (FG O IV 24; UBB).

graphischen Darstellungen seines Schaffens, drei lateinischen und einer kleineren englischen Abhandlung (*Remotion of Hirelings out of the Church* 1659) sind *Paradise Lost* und *Paradise Regained* in je zwei Ausgaben aus den Jahren 1711/13 und 1759[22] vorhanden, dazu kommt Simon Grynaeus' deutsche Übersetzung von *Paradise Regained, Samson* und anderen Gedichten, die ebenfalls mit einer kurzen Lebensbeschreibung eingeleitet wird. Die Krönung dieser Sammlung von früheren Werken, die grösstenteils aus Johann Jakob Freys Erbe stammen[23], stellt aber zweifellos die überaus gut erhaltenene zweite Folioausgabe von Shakespeares *Comedies, Histories and Tragedies* von 1632 dar.

Etwas aus dem seriösen Rahmen – so man Shakespeare in diesen Rahmen stellen will – fällt ein Oktavbändchen mit dem Titel *Merry drollery. Jovial poems* (1691), das amüsante Lebensweisheiten vom *Praise of Ale* über *The Power of Money* bis *How to Get a Child without help of a Man* zum besten gibt. Es mag zu einigen Spekulationen verleiten.

18. Jahrhundert

Abgesehen von Addisons Schilderung einer Italienreise, seiner Abhandlung über *Ancient and Modern Learning* sowie Warburtons Kommentar zu Popes *Essay on Man* sind in Freys Katalog keine Einzelwerke geläufiger Autoren des 18. Jahrhunderts aufgeführt. Das Bändchen *Travels and adventures of E. Brown Esq.* (1739) kann nicht ohne Vorbehalt zur Belletristik gezählt werden, obwohl ein Vorwort des Herausgebers sowie der Stil des Berichts eher auf eine Fiktion schliessen lassen. Bemerkenswert ist hingegen der Bestand an englischen Wochenschriften des erfolgreichen Herausgeberteams Addison und Steele. Der *Tatler* (4 Bde., 1713), an dem anfänglich auch Jonathan Swift beteiligt war und sein Nachfolgeblatt *The Spectator* (8 Bde., 1712–1715), zu dessen Beiträgern Pope gehörte, sind vollständig vorhanden, ebenso der *Guardian* (2 Bde., 1747), an dem neben seinem Kollegen John Gay wiederum Pope substantielle Mitarbeit leistete.

22 Diese Ausgabe ist nicht in Freys Katalog aufgeführt. Ein handschriftlicher Eintrag auf dem Vorsatz von *Paradise Lost* identifiziert sie als Geschenk eines Jean Rodolphe Bartenschlag «établi à Londres» aus dem Jahr 1773 – vermutlich an Jakob Christoph Beck. Der Handelsmann Johann Rudolf Bartenschlag hatte 1762 Freys Liegenschaft am Leonhardsgraben gekauft; mit der Hälfte des Erlöses erwarben die Inspektoren des Frey-Grynaeums die heutige Institutsgebäulichkeit am Heuberg (Staehelin, FG, S. 129).

23 Mit Ausnahme der Ausgaben von Milton und Butler sind die oben beschriebenen Werke mit Johann Jakob Freys Exlibris versehen.

Nachschlagewerke zur englischen Sprache

Zu erwähnen wäre schliesslich noch ein ansehnlicher Apparat an Nachschlagewerken und Kompendien, der auf aktive Auseinandersetzung mit der englischen Sprache schliessen lässt. So sind mehrere Wörterbücher vorhanden (englisch-deutsch, englisch-lateinisch und englisch-französisch), eine englische Grammatik und verschiedenste Anleitungen zum guten Stil. Einige Kataloge von Bibliotheken und Büchereien gehören ebenfalls zum Inventar.

Benutzerspuren

Einige Bände der Wochenschriften *Tatler* und *Spectator* sind mit handschriftlichen Unterstreichungen, thematischen Querverweisen, Ergänzungen und interlinearen Übersetzungen einzelner Wörter versehen – ein Hinweis, dass sie intensiv benutzt worden sind. Einzelne Titel im *General Catalogue of Books printed in England since 1666* (1680) sind mit Bleistift markiert.[24] Die restlichen Bücher weisen keine Eintragungen auf und sind meist nahezu perfekt erhalten. Offenbar sind sie äusserst sorgfältig behandelt worden, was auch eine Bemerkung Johann Ludwig Freys zum Gebrauch der Bibliothek in der Stiftungsurkunde des Frey-Grynaeums von 1747 bestätigt: «diese Biblioth[ec] hab zwar lange Jahr durch mit vieler Arbeit und für meine Armuth unsäglichen Kösten ausz allen Landen gesamlet, aber eigentlich nur zu meinem Privatusu, nicht für das Publicum; soll derowegen in gutem Stand erhalten und die Bücher nicht ausgeliehen werden.»[25]

Die englische Bibliothek des Frey-Grynaeums: Universalbildung eines Aufklärers – oder Zeitvertreib eines Orthodoxen?

Nach den englischen Beständen der Bibliothek zu schliessen, gingen die Interessen ihrer Besitzer weit über den theologischen Bereich hinaus. Zwei Angehörige der Familie Frey haben ihre Zusammensetzung entscheidend geprägt: Johann Jakob (1606–1636) und sein Urenkel Johann Ludwig (1682–1759), der mit dem Geld seines Freundes Johannes Grynaeus (1705–1744) das Frey-Grynaeische Institut vor nunmehr 250 Jahren begründete. Die wenigen literarischen Werke, die mit Hilfe ihrer Exlibris eindeutig als Johann Jakobs Erbe identifiziert werden können, lassen Kenntnis der wichtigsten Autoren sowie einige Offenheit ver-

24 Dieser Foliant steht heute noch im Frey-Grynaeum unter der Signatur R I 1^{b}.
25 Zitiert nach Staehelin, FG, S. 118f.

muten. Mit Spenser, Sidney und Samuel Daniel sind schon damals anerkannte Autoren und ein Spektrum geläufiger Genres der Renaissance vertreten. George Sandys' Reiseberichte aus der Zeit der Restauration fanden grosse Beachtung, und seine Übersetzungen aus dem Lateinischen galten als Vorbild für junge Dichter. Der Erwerb einer Gesamtausgabe von Shakespeares Dramen in einer Zeit, da sich deren Rezeption vor allem dadurch auszeichnete, dass sich Scharen von Kritikern und Nachfolgern bemüssigt fühlten, ihre «ungeschliffene» Sprache zu «verbessern», kann indessen als ausgesprochen ungewöhnlich angesehen werden und zeugt von sicherem Gespür für literarische Grösse. Zu seiner Bedeutung als weithin verehrtem Idol gelangte Shakespeare bekanntlich erst im Zuge der Vorromantik und des deutschen Sturm und Drang.[26]

Aufgrund ihrer Erscheinungsjahre sind die älteren Ausgaben von *Paradise Lost* und *Paradise Regained* von Johann Ludwig Frey akquiriert worden. Milton behandelt darin zwar biblische Themenkreise, zumindest *Paradise Lost* ist jedoch alles andere als konventionell zu nennen. Vor allem die dramatischen Schilderungen von Satans Sturz, mit dem das Epos einsetzt, und der anschliessenden höllischen Ratsversammlung, die zahlreichen Kontrastwirkungen und die Beschreibung des Paradieses aus der Perspektive des Höllenfürsten haben zu höchst kontroversen Beurteilungen geführt. William Blake hat in Satan den eigentlichen Helden des Epos gesehen: «The reason Milton wrote in fetters when he wrote of Angels & God, and at liberty when of Devils & Hell, is because he was a true Poet and of the devils party without knowing it»[27], was sicherlich nicht im Sinne Miltons war – und wohl auch nicht des Basler Bucherwerbers. Ferner stellt Butlers *Hudibras*, der aller Wahrscheinlichkeit nach ebenfalls eine Anschaffung Johann Ludwigs ist, wohl die schneidendste und derbste Verspottung des Puritanismus aus der Sicht eines Zeitgenossen dar. Frey scheint also auch keine Berührungsängste mit deftiger Sprache und deutlichen Aussagen gehabt zu haben. Die moralischen Wochenschriften, die den Grossteil seiner Investitionen im Bereich der englischen Literatur ausmachen und mindestens teilweise eingehend durchgearbeitet sind, deuten auf Anteilnahme am aktuellen kulturellen, politischen und literarischen Geschehen in England, und dies auf einer populären Basis. Die Nach-

26 Vgl. Steiger, Die Geschichte der Shakespeare-Rezeption, S. 45ff.

27 «Milton war befangen, wenn er von Engeln und Gott erzählte, und entfesselt bei Teufeln und Hölle, weil er ein wirklicher Dichter war, ein Parteigänger des Teufels, ohne es zu wissen.» William Blake, Marriage of Heaven and Hell, in: The Complete Poetry and Prose of William Blake, ed. D. V. Erdman, New York 1988, S. 35.

richten aus den englischen Coffee Houses des *Tatler* wie die Essays im *Spectator* und im *Guardian* sind ganz bewusst im allgemeinverständlichen Stil gehalten, um ein möglichst breites Publikum anzusprechen. Dass die klassizistische Dichtung eines Dryden oder Popes «wit» und «judgement» nicht vertreten sind, dass Bunyans *Pilgrim's Progress* fehlt, Werke, die man bei einem «vernünftigen Orthodoxen» vom Schlage Johann Ludwig Freys eigentlich vermuten würde – all dies bestärkt den Eindruck, dass er bei der Auswahl der englischen Belletristik das *delectare* dem *prodesse* vorgezogen hat.

Wo es darum geht, die Grenzen dieses Faibles für Unterhaltungslektüre auszuloten, ist die Tatsache aufschlussreich, dass in der Sammlung das Genre des Romans gänzlich fehlt, der im 18. Jahrhundert vielfältige Formen zu entwickeln begann. Hier befand sich der Theologe wohl im Konsens mit der allgemein verbreiteten Meinung der akademisch Gebildeten. Der gesellschaftliche Durchbruch dieser literarischen Gattung vollzog sich erst im Laufe des 19. Jahrhunderts, und noch Jane Austen sah sich genötigt, in ihren Romanen den Roman als Genre gegen die geheuchelte Verachtung der Elite zu verteidigen – die, wie Austen stichelt, dem sogenannten Laster ja doch heimlich fröne.[28]

Alles in allem widerspiegelt die englische Bibliothek des Frey-Grynaeums ganz im Sinne der «vernünftigen» Aufklärer eine Tendenz zur Universalität sowie ein gewisses Interesse an innovativem Schrifttum und an gehobener Unterhaltung. Es ist anzunehmen, dass Johann Ludwig Frey auch die Bücher seines Urgrossvaters zumindest teilweise gelesen hat. Jedenfalls war ihm die englische Kultur offensichtlich ein Anliegen, einerseits aufgrund einer Familientradition, andererseits als «Nebenprodukt» seiner professionellen Beschäftigung mit den englischen Theologen. Beispielsweise hatte sich Frey aus Begeisterung darangesetzt, ein umfassendes Werk des Cambridger Platonikers Ralph Cudworth, eines Hauptgegners von Hobbes' Naturalismus, aus dem Englischen ins Lateinische (!) zu übersetzen. Er sah sich aber gezwungen, diesen Plan wieder aufzugeben, weil ihm ein anderer zuvorgekommen war.[29] Dies scheint bezeichnend für Freys Beziehung zur englischen Kultur und Literatur, so weit sie sich heute nachvollziehen lässt: Er selber hat sich wohl eingehend damit beschäftigt, teilweise auch in durch-

28 Vgl. Jane Austen, Northanger Abbey and Persuasion, London / New York / Toronto 1971, S. 32f.

29 Vgl. Staehelin, FG, S. 56. Es handelt sich um *True Intellectual System of the Universe, wherein All the Reason and the Philosophy of Atheism is confuted* (1678). Das Frontispizkupfer dieses Werks, das die «theistischen» und den «atheistischen» antiken Philosophen zeigt, ist im vorliegenden Band bei Dagmar Fenners Aufsatz über die Unsterblichkeit des Sokrates abgebildet.

aus unkonventioneller Art. Der Beitrag jedoch, den er zur Verbreitung solcher Kenntnisse geleistet hat, geht aufgrund seines eigenen Status und demjenigen der Basler Universität zu dieser Zeit über einen sehr engen lokalen Rahmen vermutlich kaum hinaus. Für heutige Freunde der englischen Kultur und Literatur ist seine Bibliothek aber allemal eine Fundgrube, die manchen bibliophilen Leckerbissen zu bieten hat und überdies einigen Einblick in die Lektüre eines «vernünftigen Orthodoxen» gewährt, die nicht unmittelbar in seinen professionellen Bereich gehört.

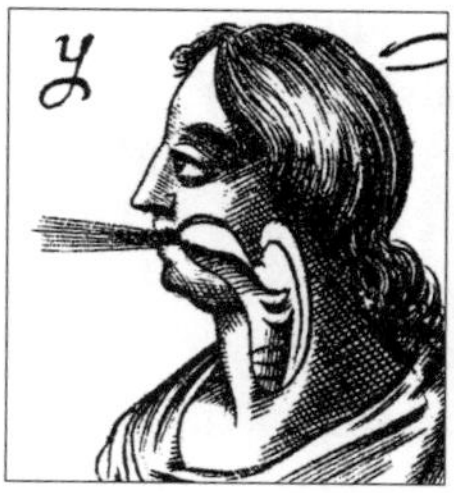

Kim Sitzler

Dignitas Arabicae: Johann Ludwig Frey, ein Typus der orthodox-protestantischen Arabistik*

Der heilige Thomas sah kaum Verwerfliches darin, Araber zu zitieren. Philosophie, Astronomie, Astrologie und Medizin hatten die griechische Antike in arabischen Landen überlebt und sind dort erwachsen geworden. Die arabischen Schriften bildeten nunmehr, im christlichen Mittelalter, den (vermeintlichen) Zugang zum verlorenen Erbe. Das Verständnis dieser Texte setzte kein Verständnis der arabischen Sprache voraus. Nicht sie war es, die interessierte, sondern der Inhalt der Texte. Die Bereitstellung der Schriften auf lateinisch konnte man getrost einem – arabischen, meist jüdischen – Übersetzer anvertrauen.

Anders verhielt es sich in theologischen Belangen. Die sarazenische Häresie inspirierte sich nicht von den (in dieser Hinsicht selbst suspekten) Griechen, und sie war politisch alles andere als harmlos. Vielmehr war sie eine irrationale Ideologie (cf. Petrus Alfonsi, Dialogus V[1]), welche den Anhängern Muḥammads die Ungeheuerlichkeit eines Weltreiches ermöglichte. Die Texte des 12. Jahrhunderts über den Islam gehen nach dem klassischen Muster der Refutationsliteratur vor: rational zu beweisen, dass es sich um eine Häresie handelt.[2]

*Ich danke Dr. Gudrun Schubert (Basel) für ihre wertvollen Hinweise und die Zeit, die sie mir zur Verfügung gestellt hat. Ebenso danke ich Herrn Prof. Baber Johansen (Paris) für seine Kritik.

1 Petrus Alfonsi konvertierte im Jahr 1106 vom Judentum zum Christentum. Er übersetzte al-Ḫwārizmī und lehrte Astronomie. Cf. Pedro Alfonso, Diálogo contra los Judíos, Zaragoza 1996 und darin das Vorwort von John Tolan.

2 Über die arabischen Einflüsse im mitterlalterlichen Denken, auch – kaschiert – in theologischen Dingen, cf. Alain de Libera, Penser au Moyen Âge, Paris 1991.

Im Verlauf des zwölften Jahrhunderts wurde die Gefährlichkeit des «Mahometismus» mehr als nur ein politischer Gemeinplatz. Dessen innere Rationalität wurde erkannt, und gerade das war es, was störte: Apostasiepotential für die Christen.[3] Die Sensibilisierung für dieses Problem war anfangs des 14. Jahrhunderts soweit fortgeschritten, dass die Bestrebungen Ramón Llulls (ca. 1233–1315) auf dem Konzil von Vienne (1311/12) ihren Ausdruck fanden: Die Lehre der arabischen Sprache und damit die Möglichkeit des Studiums der orientalischen Häresie sollten an den Universitäten institutionalisiert werden.[4]

Es ist hier nicht der Ort, die Geschichte der europäischen Orientalistik zu den Anfängen zurückzuverfolgen. Da aber die Geschichte der Arabistik noch nicht geschrieben ist[5], scheint es uns angebracht, einige Schlüsselsituationen in Erinnerung zu rufen. Wir werden uns in der Hauptsache auf Autoren stützen, welche auf die frühe Basler Arabistik einen – direkten oder indirekten – Einfluss ausgeübt haben. (Zur Veranschaulichung werden den bibliographischen Angaben die entsprechenden Signaturen der Bibliothek des Frey-Grynaeums [FG] beigegeben.)

Wenn sich auch in Spanien ein Dialog mit der arabisch-muslimischen Welt, insofern sie Philosophie und Wissenschaften bedeutete, vorbereitet hatte, so war es doch eine andere Sorge, die der Beschäftigung mit der arabischen Sprache zu ihrer Institutionalisierung verhalf. Versuche, dauerhafte Zentren zur Erlernung der Sprachen der Ungläubigen einzurichten, hat Europa trotz der päpstlichen Approbation von 1311/12

3 Petrus Venerabilis kannte die Refutation Alfonsis, befand sie aber angesichts der inneren Rationalität des Islams für zu schwach. Cf. John Tolan, Petrus Alfonsi and his Medieval Readers, Gainseville 1993.

4 Cf. etwa Alain de Libera, Penser, S. 117ff. Peter Kirsten fasst dann auch schon 1608 zusammen: «[...] *in Concilio Viennensi, in Gallia Lugdunensi, circa annum Christi 1308, praeside Clemente V. Pontifice*, Inter caeteros sancitum est, ut in Academijs Romana, Parisiensi, Oxoniensi, Bononensi, & Salmantica, in singulis, sint duo Professores linguae Hebraicae, Arabicae, & Chaldeae». Er bemerkt, dass aus Gründen der «Knappheit an gelehrten Männern» diese Vorgabe nicht erfüllt wurde. Peter Kirsten, Grammatices Arabicae Liber I, Breslae anno DoMIne ChrIsto VenI (= 1608), S. 8.

5 Es sind eingehende, punktuelle Studien vorhanden, so zuletzt: Hartmut Bobzin, Der Koran im Zeitalter der Reformation, Beirut 1995 (= Beiruter Texte und Studien 42), in welcher der Autor vor allem auf Luther, Widmanstetter und Postel eingeht und damit auf die Islamrezeption und ihren pro- und kontrareformatorischen Gebrauch. Noch immer informativ ist Johann Fück, Die arabischen Studien in Europa bis in den Anfang des 20. Jahrhunderts, Leipzig 1955.

erst gegen Ende des 16. Jahrhunderts gesehen[6], zu einem Zeitpunkt also, als das Osmanische Reich sich in einer Expansionsphase befand, welche vom christlichen Europa mit Besorgnis beobachtet wurde. Angesichts der gescheiterten Kreuzzüge und der scheinbar unbesiegbaren militärischen Macht der Osmanen hatte die Mission auch mit im Blick, dass die zukünftigen Weltenherrscher zwar Türken sein könnten, aber wenn, dann doch hoffentlich zum Christentum konvertierte. Die Widerlegung des Korans und die Mission der Muslime war eine Angelegenheit des christlichen Weltenheils geworden.[7]

Die missionarische Tätigkeit, welche in der Folge sich vor allem von Rom her entwickelte, war aber keineswegs nur auf Muslime beschränkt. Vielmehr war die Wahrheit der «universalen Religion», des Katholizismus, auch den orientalischen Christen rational zu beweisen; um diesen Beweis in den geeigneten Sprachen zu exportieren und ihn gleichzeitig mit einer Widerlegung der konkurrierenden Religionen zu stärken, war die Kenntnis fremder Sprachen, in unserem Falle des Arabischen, erforderlich.[8]

Die katholischen Zentren, Rom und Paris im speziellen, spielten demzufolge eine herausragende Rolle in der Promotion des Arabischstudiums[9] und dies nicht in der Nachfolge der berühmten toledanischen Übersetzer, sondern aufgrund religiöser und politischer Überlegungen. Zwar spielte der «toledanische Geist» durch die Übersetzungen aus dem Arabischen im späten Mittelalter an der Universität eine herausragende Rolle, was schon nur die Polemiken gegen die Averroisten zeigen, die in den Pariser Indizierungen von 1270 und 1277 einen Höhepunkt erreichten. Aber die Beschäftigung mit der arabischen Sprache

6 Guillaume Postel war von 1538 bis 1543 Professor für orientalische Sprachen am Collège de France in Paris, das aber erst seit 1587 ohne Unterbruch Arabisch-Lehrer vorzuweisen hat; das Maroniten-Kolleg in Rom wurde 1584 gegründet.

7 Ich verdanke diesen Hinweis dem Vortrag Cornell Fleischers, den er am 14. Mai 1997 im Seminar Baber Johansens an der Ecole des Hautes Etudes en Sciences Sociales in Paris gehalten hat.

8 Die Franziskaner waren seit dem 13. Jahrhundert im Orient tätig. Die eigentliche Mission begann aber erst gegen Mitte des 15. Jahrhunderts. Cf. Georg Graf, Geschichte der christlichen arabischen Literatur, Bd. 4, Città del Vaticano 1950, S. 169ff.
Nach dem Maroniten-Kolleg wurde, ebenfalls in Rom, 1627 das Collegium Urbanum der Propaganda-Kongregation durch Papst Urban VIII. gegründet. Auch letzteres war den «élèves originaires des pays infidèles ou hérétiques» gewidmet. (Cf. P. Pierre Raphael, Le rôle du Collège maronite romain dans l'orientalisme aux XVIIe et XVIIIe siècles, Beyrouth 1950).

9 Die Franziskaner unterrichteten ihre Missionare teilweise auch im Orient in Arabisch. Cf. Graf, Geschichte der christlichen arabischen Literatur.

selbst war eher eine späte Reaktion darauf als eine Weiterführung des Gedankens.

Schon hier treffen wir demnach auf eine Doppelstruktur, der wir noch im 18. Jahrhundert begegnen werden: Das Fremde wird insofern zum (wissenschaftlichen) Objekt, als es dem Eigeninteresse potentiell oder real entgegenläuft, wie dies der Fall des Islams und der Ostchristen in ihrem Verhältnis zum Katholizismus veranschaulicht. Andernfalls wird es zum Eigenen uminterpretiert und institutionell marginalisiert; dies zeigt die Einverleibung der arabischen (und jüdischen) Philosophie, die wie natürlich durch Übersetzungen ihren Weg in die europäische Geistesgeschichte gefunden hat, so dass das arabische Element nur noch vom aufmerksamen Zensor wahrgenommen wurde. Das Studium des Arabischen wäre in diesem – profan-wissenschaftlichen – Zusammenhang nicht zu rechtfertigen gewesen.[10]

Erst zu Beginn des 17. Jahrhunderts zeichnet sich eine Wende aus dem missionarischen Privileg des Arabischstudiums ab. Thomas Erpenius (1584–1624)[11], unbestrittene Autorität, wird Professor an der Universität Leiden. Noch ist zwar die Zeit Reiskes nicht gekommen, der in seiner Lebensbeschreibung sagen konnte: «Ich lernte diese Sprachen in der Absicht, die Geschichte, Beredsamkeit und Dichtkunst des Volkes, welches ehedem sie sprach, daraus kennen zu lernen».[12] Eindeutig zeichnet sich aber eine Hinwendung zum Objekt «Orient» ab, das seine Wurzeln ausserhalb christlicher Heilsbedenken hat; der éloge auf die arabische Gelehrsamkeit und die Emotion über die vermutete Fülle arabischer

10 Die Rechtfertigung aus dem Studium der medizinischen arabischen Texte wurde aus verständlichen Gründen beargwöhnt, denn die neoplatonische Medizin der Renaissance konnte in Verbindung mit dem Arabischen nur zu leicht in kabbalistischer Häresie enden. Cf. den «Fall» Pico della Mirandola (1463–1494) und dessen Bekannten Johannes Reuchlin (1455–1522). Die Verbindung von christlicher Orientalistik mit der Kabbala sollte in Guillaume Postel (cf. oben, Fn. 6) ihren Höhepunkt, aber keineswegs ihr Ende finden. Cf. Bobzin, Der Koran, und Gershom Scholem, z.B. «Alchemie und Kabbala», in: ders., Judaica 4, Frankfurt am Main 1984.

11 Thomas Erpenius wird 1613 ausserordentlicher und 1618 ordentlicher Professor für Arabisch und orientalische Sprachen an der Universität Leiden, nachdem er arabistische Kontakte in England und in Frankreich geknüpft hatte und auf seiner «Grand Tour» auch durch Basel und Heidelberg kam. Er starb 1624 an der Pest. Cf. J. Brugman, Arabic Scholarship, in: Th. H. Lusingh Scheurleer et al., Leiden University in the Seventeenth Century, Leiden 1975, S. 203ff. und Album Scholasticum Academiae Lugduno-Batavae MDLXXV–MCMXL, Samengesteld door C. A. Siegenbeek van Heukelom-Lamme, Leiden 1941, S. 46.

12 Leipzig 1783, S. 13.

Manuskripte («[...] quaeritis ubi latent tanta librorum Arabicorum copia, cum adeo pauci reperiantur? Apud Arabes latent, auditores, maxime in Mauretania»[13]) übertönt die «Muhammedana Superstitio», die auch bei ihm noch nicht im Rahmen einer allumfassenden Toleranz gesehen wird. Erpenius ist es, welcher der Leidener Universität einen Ruf im Studium des Arabischen sichert, der sich, mit Unterbrüchen, über Jahrhunderte halten sollte.[14] Er ist es auch, der für eine Loslösung des Arabischstudiums von demjenigen des Hebräischen kämpft[15] und einen Katalog der Nützlichkeit des Arabischstudiums aufstellt, an dessen erster Stelle wohl die Theologen stehen, welche es unter anderem zum «impia Muhammedanorum doctrina examinari, aut utiliter confutari» brauchen. Dies darf aber als Konvention gelten, umso mehr, als die nachfolgend angesprochenen Kategorien der Mediziner, Juristen, Philologen, Mathematiker, Historiker, Geographen und Poeten einen weit grösseren Platz einnehmen. Erpenius' Interesse an der Aufklärung über die arabische Kultur ist deutlich.[16] Sein Ausruf: «Historias habent, bone Deus, quam multas! quam exactas! & fideles!»[17] war aber noch weit davon entfernt, eine breite Wirkung zu haben. Erpenius' Besuch bei Buxtorf in Basel[18] hat jedenfalls das Studium des Arabischen der folgenden Generationen am Rheinknie nicht nachhaltig beeinflusst.

13 Thomae Erpenii Orationes tres de linguarum Ebraeae atque Arabice dignitate, Leidae, 1621, S. 35 [FG A VIII 56].

14 «Ich sollte, ich musste Leyden sehen. [...] Meiner Reise nach Leyden, und dem Durste, die dortigen Manuscripte zu durchwühlen, opferte ich alle Aussichten meines künftigen Glückes auf» schrieb Reiske gegen Ende des 18. Jahrhunderts. A. a. O., S. 11.

15 Der Meinung, «difficilem esse hanc linguam [das Arabische], atque adeo necesse esse, ut qui feliciter eam discere velit, ante calleat Ebraeam.», entgegnet Erpenius: «Errant, errant, amici mei, & gravem nobilissimae linguae injuriam faciunt.» Oratio secunda, a. a. O., S. 88.

16 An die Adresse der Studenten der Medizin sagt er etwa: «[...] beneficio melius frui poteritis Nobilissimorum Medicorum Avicennae, Mesuae, Rasis, & aliorum & scriptis, quorum latinae versiones, quae in vestris sunt manibus, (mihi credite) ut auctores earum ipsis scriptibus meritissimo dici possint summam fecisse injuriam.» A. a. O., S. 79.

17 A. a. O., S. 58.

18 Es handelt sich um Johann Buxtorf den Älteren (1564–1624), der sich mit seinen «Grammaticae chaldaicae et syriacae libri tres», Basileae 1615 in christlich-kabbalistischen Kreisen einen Namen gemacht hat. Er stand auch, wie Erpenius, mit Isaac Casaubon in Paris in Verbindung (cf. den Brief an ihn in: Johanni Buxtorfi Catalecta Philologica-theologica, Basileae 1707).

Die Idee, das Arabische sei ein Dialekt des Hebräischen[19], gegen die Erpenius das Arabischstudium hat emanzipieren wollen, liegt an der Basis der dezidiert «protestantischen Orientalistik» und ist die Bedingung ihrer Möglichkeit. Im Gegensatz zur «katholischen Orientalistik», die wir oben skizziert haben, geht es ihr nicht in erster Linie darum, eine Häresie anzuprangern oder zu missionieren, sondern darum, zu einem exakteren Verständnis des Alten Testaments zu gelangen. War die katholische Art, sich mit dem Arabischen zu beschäftigen, mit dem «Orient» immerhin dadurch verknüpft, dass die dort herrschenden theologischen Irrtümer real bekämpft werden mussten, und Missionare in islamische Länder entsandt wurden (sowie, als Nebeneffekt, mit den zahlreichen arabischen Stipendiaten, die in Rom oder in Paris in katholischer Theologie und Latein ausgebildet wurden[20]), fehlte dem protestantischen Pendant das Objekt «Orient» ganz. Das Arabische war zuerst Hilfsmittel, dem Wortsinn der Grundlage des christlichen Abendlandes auf die Spur zu kommen. Erpenius war eine Ausnahme in der orientalistischen Landschaft des 17. Jahrhunderts und mit ihm, später, sein Nachfolger Jakob Golius (1596–1667)[21] und in Oxford Edward Pococke (1604–1691).[22]

Diese Skizze zeigt, dass in der Entstehungszeit des Arabischstudiums seit der europäischen Renaissance zwei verschiedene, in gewissem Sinne gegensätzliche Kriterien denkbar waren, das Studium der orientalischen Sprachen zu institutionalisieren: zum einen die Expansion des Christentums und dessen Bindung an den Katholizismus, zum anderen die

19 Oft wurde das Arabische als Tochter des Hebräischen beschrieben, so schon bei Postel (cf. Bobzin, Der Koran, passim). Das Wort «dialectos» ist in diesem Sinn, und nicht im Unterschied zu «Sprache» zu verstehen.

20 Cf. zum Beispiel, Raphael, Le rôle, S. 68, passim.

21 Jakob Golius übernahm den Lehrstuhl für Arabisch im Jahr 1625 und fügt diesem vier Jahre später denjenigen der Mathematik hinzu. Er hatte zuvor zwei Jahre in Marokko und eineinhalb Jahre in Aleppo als Kanzlist des Konsulats zugebracht. (Brugman, Arabic Scholarship, S. 208).

22 Simon Ockley beklagt sich in: Die Geschichte der Sarazenen, Leipzig und Altona 1745, S. 43ff. [The History of the Saracens, London 1718: FG M IV 12], dass Pococke für die Orientalistik hätte werden können, was Erasmus, Scaliger und Casaubon für das Studium des Griechischen waren, wenn er nicht gezwungen gewesen wäre, sein Genie für andere Dinge einzusetzen. Dabei hat er wohl an die als «London-Polyglott» bekannt gewordene mehrsprachige Bibel Brian Waltons gedacht und an die Beiträge Pocockes an die protestantische Missionsliteratur, wie seine Übersetzungen von Hugo Grotius und anglikanischer Populärtheologie ins Arabische. Cf. dazu Graf, Geschichte der christlichen arabischen Literatur, S. 276ff.

Rückbesinnung auf das urchristliche Fundament im Geist des Protestantismus. Die Referenz auf die heiligen Texte des Christentums sind, mögen sie auch teilweise Konvention sein, gängiger Bestandteil der «orientalistischen Literatur». Zu Beginn des 18. Jahrhunderts finden wir sie noch bei Relandus[23] sowie beim Vikar und späteren offiziellen Übersetzer Whitehalls für diplomatische Schreiben[24] Simon Ockley, der seine neue Übersetzung des philosophischen Werks Ibn Ṭufayls «The Improvement of Human Reason. Exhibited in the Life of Hai Ebn Yokdhan. Written in Arabick above 500 Years ago» nicht ohne Widerlegung des theologisch anstössigen Grundprinzips des Werkes drucken lässt.[25] Dass es sich bei diesen Stellen häufig um gesellschaftlich notwendige Rechtfertigungen eines jungen Faches handelt, geht daraus hervor, dass sie regelmässig zwar in den öffentlichen Antrittsreden an prominenter Stelle auftauchen, in den späteren Werken aber seltener werden oder zumindest ihre dominante Position verlieren.[26]

Der Basler Theologe Johann Ludwig Frey[27] war ein typischer Vertreter der orthodox-protestantischen «Orientalistik». Für Basel war der Beginn der Arabistik die konsequente Weiterführung der Hebraistik,

23 «Ut a rebus divinis ducamus exordium, animadvertite, Auditores, quanta lux oriatur intelligentiae Sacrarum literarum a lingua Persica.» Adriani Relandi oratio pro lingua persica et cognatis literis orientalibus, Trajecti ad Rhenum [= Utrecht] 1701.

24 A.J. Arberry, Oriental Essays, London 1960, S. 36.

25 London 1708. [FG J VI 7] Im «Appendix» versichert Ockley, er habe die Übersetzung zu Unterhaltungszwecken geschrieben. Er kann es aber nicht verantworten, diejenigen Passagen, welche Wasser auf die Mühle der «Enthusiasts» (womit er die Quietisten meint) sind, unwiderlegt zu lassen. Dazu gehört vorneweg die Irrmeinung des Autors, man könne, wie der Protagonist des Textes, zu prophetischem Wissen gelangen, ohne auf andere Menschen, geschweige denn auf die Religion zurückzugreifen (S. 192).

26 So finden wir in der Einleitung zur Arabisch-Grammatik des religiös inspirierten Arztes Peter Kirsten zwar einen langen Passus, wo er sich darüber beklagt, dass die europäischen Theologen das Buch des «Mahumed» nicht auf Arabisch lesen und es dann widerlegen können (Kirsten, Grammaticae, S. 6). Auch der mitgedruckte Übungstext, das Matthäus- Evangelium, welches er auf rund 140 Seiten zurückübersetzt, lässt kaum Zweifel an der Religiosität des Autors. Sein eigentliches Bedürfnis und der Grund, weshalb er Arabisch gelernt hat, ist aber die Medizin. «Qui Medicus, bonus fieri vult practicus, bonus necesse sit Avicennista» (S. 3). Dazu muss man die arabischen Werke im Original lesen, weil Gerhard von Cremona Avicenna «non sine vitae hominum periculo» übersetzt hat. (S. 7)
In Golius' monumentalem «Lexicon Arabico-Latinum», Lugduni Batavorum 1653 [FG A I 40], fällt jede Referenz auf das Christentum weg.

27 Zu Freys Biographie cf. den entsprechenden Artikel von Andreas Urs Sommer in diesem Band.

einer Disziplin, die ideologisch unverdächtig war und schon seit der Renaissance in Sebastian Münster und später in Johann Buxtorf dem Älteren ihre grossen Vertreter vorweisen konnte. Der Druck des «Basler/Zürcher-Korans» (1542/43) [FG E II 16] und die damit verbundenen Polemiken[28] waren eher eine merkwürdige Ausnahme als der Beginn einer Auseinandersetzung mit dem Islam.[29] Das «studium linguarum orientalium» war im Selbstverständnis der Basler Theologen nicht in erster Linie mit fremden Kulturen und Religionen verbunden (dieser Aspekt war eher eine ärgerliche Nebensache, die der «Arabicae dignitas» aber keinen Abbruch tat), sondern eine akademische Etappe, welche einer theologischen Karriere im Sinne der biblischen Textanalyse förderlich sein konnte.[30] Einige Theologen des 17. und des 18. Jahrhunderts hatten denn auch nicht das Glück, bis zum Ordinariat der Theologie aufzusteigen und blieben, nolens volens, auf der Stufe eines Professors der orientalischen Sprachen.[31] Es ist auch im Falle Freys zu beobachten, dass die letzte seiner Publikationen, die sich im weiten Sinne mit dem Orient beschäftigen, eine These zur Bewerbung für eine freigewordene Geschichtsprofessur aus dem Jahre 1706 ist, also aus seinem 24. Altersjahr stammt.[32] Später finden sich noch Briefe vom Abbé de Longuerue, die sich bis 1709 mit arabischen Themen befassen und ein Brief aus dem Jahre 1719 von einem Theologiestudenten.[33]

Das Umfangreichste, was Johann Ludwig Frey an Materialien zur Arabistik hinterlassen hat, ist eine rund hundert Seiten starke Übersetzung der Timur-Legende Ibn ʿArabšahs ins Lateinische.[34] Dazu ist zweierlei zu sagen: zum einen ist es wohl zur Hauptsache eine Übersetzung seines Arabisch-Lehrers während des Paris-Aufenthaltes, des Abbé de

28 Cf. Bobzin, Der Koran, passim.

29 Zumal die Mängel der zum Zeitpunkt des Drucks schon über vierhundertjährigen Übersetzung schon sehr bald ihren Gebrauch einschränkte. Noch Frey moniert in seiner «Disputatio Philologica-Theologica in qua Mohammedis de Jesu Christo Sententia expenditur», Basileae [1703], dass sie «a Christianis contra Mohammedanos usurpatam» wurde. S. A1.

30 Zum Studium des Arabischen äussert sich Frey wie folgt: «[...] ego, sacris his studiis didactus». Zuallererst ist das Studium der arabischen Sprache heilig. Dass damit «Mohammedis deliria» erforscht werden können, ist nicht der Hauptzweck. Ibd.

31 Auf den finanziellen Aspekt, dass namentlich eine Professur in Theologie weit besser bezahlt wurde als die Professuren etwa der Geschichte und des Griechischen, hat mich Frank A. Faessler hingewiesen.

32 Disputatio historica De Cyro, Monarchiae Persicae auctore [...], Basileae 1706.

33 UBB FG Mscr. III 18, fol. 13.

34 UBB FG Mscr. VI 9, fol. 95–201.

Longuerue (1652–1733)[35], der ihm noch am 13. Februar 1708 aus Paris schreibt: «Comme jay traduit l'histoire de tamerlan jusquâ la page 120 et qu'il vous manque 16 pages outre la traduction du poème sur sa vie Je vous promets de copier ce qui vous manque avec mes corrections de Texte [...]»[36], und zum anderen wissen wir von Reiske, dass «[b]ekannt ist [...], dass Jacobus Golius es [die «Historia Tamerlanis»[37]] schon vor 140 Jahren, bloss arabisch, edirt, und in der Vorrede gesagt hat, dass es der Probierstein sey, ob einer arabisch könne, oder nicht.»[38] Wir haben es in der Timurübersetzung also mit einem Übungstext zu tun, zumal in Freys Bibliothek auch die Übersetzung Vattiers von 1658 steht[39], welche er in seinen Notizen zitiert.[40]

Nach seinem Aufenthalt in Paris änderte Frey den Plan, nach Utrecht zu reisen und ging stattdessen nach Leiden. Die Bibliothek der Universität Leiden war durch Golius und durch den holländischen Residenten in Konstantinopel, Levinus Warner, in den Besitz grosser Bestände von arabischen Handschriften gelangt.[41] Der Lehrstuhl Golius' hatte seit dessen Tod an Geltung eingebüsst[42], und es war gerade in Utrecht, wo eine neue Generation von Orientalisten sich abzeichnete.

35 Louis Dufour de Longuerue, Abt der Abteien von Sept Fontaines und Jard, hat sich in die Diskussion um die Veränderlichkeit der hebräischen Sprache zu Wort gemeldet. Er beweist mit Hilfe der Bibel und antiker Autoritäten, dass die Version Origenes' falsch ist, wonach Esdras neue Buchstaben ins Hebräische eingeführt haben soll. Solches hätte Heiligkeit der mosaischen Überlieferung in Frage gestellt. «Dissertation sur la question si Esdras a inventé de nouveaux Caractères Hébreux», in: Recueil de pièces intéressantes pour servir à l'Histoire de France. Et autres morceaux de Littératures trouvés dans les papiers de M. l'Abbé de Longuerue, Genève 1769.

36 UBB FG Mscr. III 17, fol. 111.

37 Historia Tamerlanis Arabice. Ahmedis Arabsiadae Vitae & rerum gestarum Timuri, qui vulgo Tamerlanes dicitur Historia, Lugduni Batavorum 1636 [FG A V 60].

38 Reiske, a. a. O., S. 13.

39 Pierre Vattier, L'Histoire du grand Tamerlan, Paris 1658 [FG M III 28].

40 UBB FG Mscr. VI 9, fol. 293.

41 Die Leidener Bibliothek hatte schon Johann Jacob Buxtorf, Freys Lehrer, angezogen und einen weiteren Basler, Hieronymus Harder (1645–1704), der sich in Konstantinopel niederlassen sollte. Harder war von 1669 bis 1670 Lektor und ausserordentlicher Professor für Arabisch und orientalische Sprachen an der Universität Leiden. Album Scholasticum, S. 63.

42 Nach Harders Gastspiel wurde die Professur der orientalischen Sprachen erst 1710 mit J. Heyman wieder besetzt. Ab 1720 erhielt der Hebräisch-Lektor C. Schaaf ein Extraordinariat in orientalischen Sprachen, aber erst mit Albert Schultens gewann der Lehrstuhl wieder internationale Bedeutung. Album Scholasticum, S. 192ff.

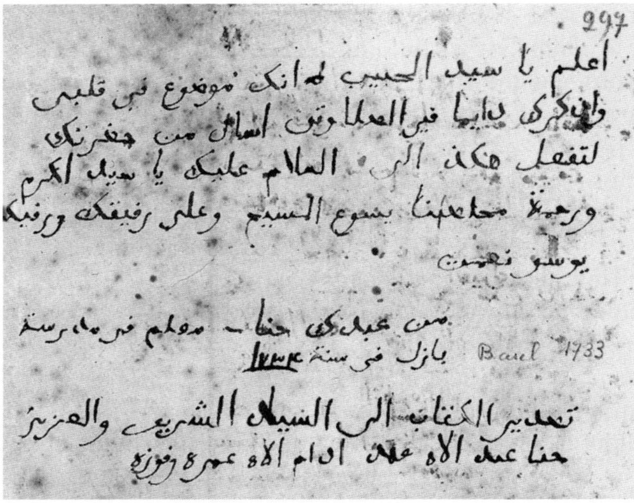

Abb. 44: Entwurf eines Briefes von Johann Ludwig Frey an Yuḥannā ʿAbdallah Fahd von 1733 (FG Mscr. VI 9, fol. 297r; UBB).

Adrian Relandus (1676–1718) lehrte dort ab 1699[43] und zählte Albert Schultens (1686–1750) zu seinen Schülern. Vor allem Schultens setzte sich von seinen Vorgängern der ersten Hälfte des 17. Jahrhunderts insofern ab, als er sich der «sacra philologia» entschlossen zuwendete. Zwar hält er an der Emanzipations-Doktrin, die Erpenius und Golius eingeführt hatten, fest, wonach das Arabische kein Dialekt des Hebräischen sei. Schultens folgt darin der Ansicht, dass die vorsintflutliche Ursprache verschwand und die Nachkommen Hebers[44] darauf sich in hebräisch-,

43 Relandus fügt der «sacra philologia» noch das Persische hinzu, welches für das Verständnis einiger Abschnitte der heiligen Schrift unerlässlich sei. Sein Interesse geht aber über die kritische Bibel-Lektüre hinaus, indem er darauf aufmerksam macht, dass die Propaganda des christlichen Glaubens unter den persischen «infideles» nicht genug betrieben wird. Zudem beruft er sich auf die in Persien lebenden armenischen Christen, welche «summo rei nostrae detrimento» durch die in Schiraz wirkenden Jesuiten an die «religio Pontifica» angebunden würden. Relandus, Oratio, a. a. O., S. 13ff. Relandus fasst selbst auf Seite 16 zusammen: «Videtis, opinor, Auditores, quem usum haec lingua [das Persische] habeat, cum ad interpretationem Scripturarum, tum ad cognitionem religionis Mohammedicae, & fidei Christianae promotionem». Relandus schrieb dagegen an, dass die «religio Mohamedica» lächerlich gemacht und ihr in Europa Dinge angedichtet werden, «quae [Mohammedanis] nunquam in mente venerunt». Er machte sie zum Thema seines wohl einflussreichsten Buches: Adrianus Relandus, De religione Mohammedica, Ultrajecti ad Rhenum [= Utrecht] 1709 [FG A VII 64].

44 Cf. 1. Mose 10, 21ff.

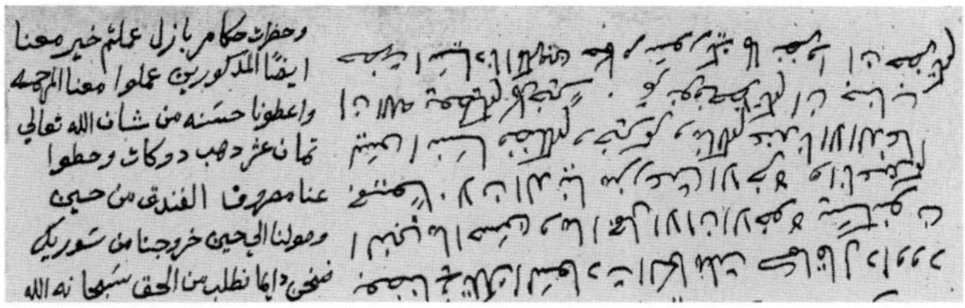

Abb. 45: Brief von Yuḥannā ʿAbdallah Fahd an Johann Ludwig Frey und Johannes Grynaeus von 1734 (FG Mscr. III 17, fol. 130r; UBB).

aramäisch- und arabischsprechende Stämme aufgeteilt haben. Das Arabische ist demnach die «Gemella Soror» des Hebräischen[45], die später geborene zwar, doch, bekräftigt Schultens, «Sororem Minorem Matri, in [...] plurimis, similiorem esse quam Majorem.» Als solche ist sie für das Erlernen des Hebräischen unerlässlich.[46] Sein Werk ist für die Arabistik der protestantischen Orthodoxie der ersten Hälfte des 18. Jahrhunderts symptomatisch: Einerseits betont es die Eigenständigkeit und die «Würde» des Arabischen und wehrt sich gegen «jene Ansicht, dass die arabische Sprache als viel jünger als die hebräische Sprache und das hebräische Volk angesehen wird, und sie eben deshalb ein Dialekt und Sprössling der hebräischen Mutter sei, der sich aber von der mütterlichen Reinheit entartet habe.» «Nihil alienus, nihil dissimilius.»[47] Andererseits entfernt er sich, im Gegensatz zu Relandus, deutlich von dem Bestreben seiner Vorgänger der Leidener Spätrenaissance, sich dem Objekt «Orient» anzunähern. Sein umfangreichster Beitrag zu dieser «neuen Orientalistik» sind die «Animadversiones Philologicae et Criticae ad varia loca Veteris Testamenti. In quibus, ope praecipue Linguae Arabicae, multa ab Interpretibus nondum satis intellecta illustrantur, quam plurimas etiam nove explicanda modeste proponuntur»[48], worin er unter Zuhilfenahme arabischer Autoren den hebräischen Text auf über fünfhundert Seiten kritisch auf Übersetzungsmöglichkeiten durch-

45 Alberti Schultens Oratio prima de Linguae Arabicae [...] puritate, Franequerae 1739, S. 13.

46 Albert Schultens, Vetus et regia via Hebraïzandi asserta contra novam et metaphysicam hodiernam, Lugduni Batavorum 1788, S. 53. (Frey kannte die Ausgabe Leidae 1738 [FG A IV 70]). Das Werk ist in eine Antwort auf Schultens' Kritiker, welche dem Gebrauch des Arabischen im Hebräischstudium die Göttlichkeit des Hebräischen entgegenhalten, welches nur aus sich selbst zu verstehen sei. Aus dem Bedürfnis heraus, seinen Standpunkt klärend darzulegen, entsteht ein sprachtheoretisches Werk, welches Auskunft über das Sprachbild des 18. Jahrhunderts liefert.

47 Alberti Schultens Oratio, S. 14. [Übersetzung von mir.]

48 Amstelaedami 1709 [FG VI 130].

leuchtet. In dem Masse, in welchem sich das Arabische als eigenständig manifestiert, wird es, mit umso grösserer Berechtigung, zur «Magd der Theologie».

Der Pariser Abt scheint letztlich die einzige Bezugsperson Freys «in arabicis» gewesen zu sein, wenn man von der Episode aus dem Jahre 1734, als zwei melchitische Christen aus Syrien auf ihrer europäischen «fund-raising tour» in Basel mit Frey und Johannes Grynäus zusammentrafen, absieht.[49] Es geht aus seinen Unterlagen nicht hervor, ob er während seines Pariser Aufenthaltes Kontakt zu den damaligen Arabisch-Lehrern am Collège de France oder am Armenier-Kolleg im Lycée Louis-le-Grand gesucht hat.[50] Angesichts der Tatsache, dass Paris zwar nicht die in der wissenschaftlichen Arabistik führende Stadt Europas war, aber doch aus religiösen und politischen Gründen dem Arabischstudium eine Vorrangstellung einräumte, ist dies nur damit zu erklären, dass Frey seine Berufung nicht in der Arabistik sah. In die gleiche Richtung deutet das Fehlen jeden Kontaktes mit dem «Collegium orientale theologicum» in Halle, dessen Gründer August Hermann Francke (1663–1727) und vor allem dessen Nachfolger Johann Heinrich Callenberg (1694–1760) sich um die protestantische Mission verdient gemacht hatten.[51]

Aus den spärlichen Unterlagen ist kaum zu eruieren, ob Frey Arabisch unterrichtet hat. Neben dem Hinweis, dass der Basler Senat ihm im Jahre 1705 (im Alter von 23 Jahren), nach der Rückkehr von seinem «iter», «linguas orientales, hebraeam, Arabicam, Syram, Persicam &c. docere jussit»[52], und den Vorlesungsverzeichnissen von 1706/7 bis 1711/12, laut welchen Frey «studiosam iuventutem docet Catechetica Orientaliumque linguarum amatores Arabica, Samaritana etc.»[53], weist einzig ein

49 Cf. die Briefe Fahds UBB FG Mscr. III 17, fol. 130–133. Ein Entwurf zu einem arabischen Antwortbrief Freys befindet sich in UBB FG Mscr. VI 9 fol. 295–297. Er datiert aus dem Jahr 1733. Die Identität der beiden Reisenden, Yuḥannā ʿAbdallah Fahd und Yūsuf Niʿmatullah, haben wir nicht klären können. (Die Begebenheit ist Peter Ochs, Geschichte der Stadt und Landschaft Basel, Band VIII, Basel 1822, eine Fussnote wert: S. 8, Fussnote 4).

50 Zur Zeit seines Paris-Aufenthalts lehrte am Collège de France unter anderen François Petis de la Croix (1692–1714), der zuvor ausgedehnte Reisen in den Orient unternommen hatte und zahlreiche Manuskripte nach Paris brachte. Dessen französische Version des Tamerlan-Stoffes, Histoire de Timur-bec, al. Tamerlan, par Cherefeddin Ali, Paris 1722, befindet sich in der Freyschen Bibliothek [FG M VI 5/6].

51 Callenberg gab unter anderem in Zusammenarbeit mit dem Damaszener Salomon Negri den kleinen Katechismus Luthers und Auszüge aus den Übersetzungen Pocockes heraus. Cf. Graf, Geschichte der christlichen arabischen Literatur.

52 Athenae Rauricae, Bd.1, S. 63.

53 Zitiert nach Staehelin, FG, S. 34.

undatierter Brief Buxtorfs [UBB FG Mscr. III 18, fol. 13] darauf hin: «Cum filius meus magno desiderio flageret fruendi privata tua institutione in LL. orientalibus, patere quaeso ut ex Te quaeram, utrum quotidie horam ei impendere tibi vacaret [...]». Um welche Sprachen es sich dabei gehandelt hat, ist daraus allerdings nicht zu ersehen.

Noch im selben Jahr, 1705, bewarb sich Frey (erfolglos) um die vakante Basler Professur des Griechischen mit seiner «Dissertatio philologica de conjugendo studio linguarum orientis cum studio graeco»[54], die zur Hauptsache aus einer Reihe hebräischer Etymologien griechischer Wörter besteht, womit er zeigen will, dass «Textum Graecum ad Hebraicum [...] corrigere»[55] ein etymologisches Verfahren sei, das den griechischen Texten eine neue Sinnebene verleihen könnte. Interessant ist am Titel, dass Frey anstatt der üblicheren Bezeichnung «linguae orientales» «linguae orientis» setzt. Das Hebräische (und das Arabische in den zwei Fällen, in welchen er eine arabische Etymologie griechischer Wörter herleitet) wird demnach als Sprache «des Orients» gesehen, womit dem Orient in metaphorischer Weise eine Stimme gegeben wird (die allerdings eher hebräisch als arabisch zu sein scheint). Seit 1706 unterrichtete Frey also als Erster an der Universität Basel «orientalische Sprachen» (gleichzeitig beschäftigte ihn ein Lehrauftrag in Katechese); trotz einer erneuten Bewerbung für einen Lehrstuhl im Jahre 1706[56] änderte sich seine akademische Situation erst 1711, als er Ordinarius für Geschichte und Extraordinarius für Theologie wurde.[57] Ab 1737 lehrte er als Ordinarius für das Alte Testament[58] und dürfte endgültig seine Beschäftigung mit dem Arabischen niedergelegt haben. In Freys Nachlass findet sich eine Liste der «Neglecta Studiosorum Theologiae»[59], die nachträglich auf «ca. 1731/32» datiert ist. Auf ihr wurden die Absenzen seiner Studenten summiert, und zwar nach Fächern geordnet. Eine Rubrik «Arabisch» oder «Orientalische Sprachen» gibt es darauf nicht, und die Spalte «Lectiones Hebraicae» wird zusammengefasst mit «non fuerunt habitae».

Wie hat Frey sich seine Kenntnisse der Arabischen Sprache angeeignet? Aus den handschriftlichen Materialien geht hervor, dass er sich früh für die arabische Sprache interessiert hat. So finden wir einen auf 1694, auf sein zwölftes Lebensjahr datierten Eintrag «Ex Arab. Vers. Joh. Ludo-

54 Basileae 1705, unpaginiert.
55 Punkt XVIII.
56 Cf. Fussnote 31.
57 Athenae Rauricae, Bd. 1, S. 63.
58 Ibd.
59 UBB FG Mscr. VI 8, fol. 124.

vici Frey»[60] Es handelt sich dabei um einige Zeilen des von Golius auf Arabisch herausgegebenen «Šaḏrat al-adab min kalām al-ʿarab», das Sentenzen ʿAlī b. Abī Ṭālibs in alphabetischer Reihenfolge auflistet.[61]

Zweifellos hatte er schon früh Zugang zu der Buxtorfschen Bibliothek, welche 1705 an die Universität ging. Ausser der Timurlegende hat er sich später, allerdings immer in sehr kurzen Stücken, anderen arabischen Schriften zugewandt.[62]

Mangels eines Lehrers hat Frey sich das Arabische wohl über grosse Strecken autodidaktisch aneignen müssen. Inwieweit Buxtorf ihm hat helfen können, bleibt im Dunkeln.[63] Dass es aber kein leichter Weg war, lässt sich daraus ersehen, dass Frey sich sogar des Onomasticums des Basler Reisenden, Alchemisten, Astrologen und Mediziners Thurneisser[64] bediente und dessen Rechtschreibung kritisierte. Thurneissers abenteuerliche etymologische Erklärungen zu «unbekannten» Wörtern stützen sich in der Hauptsache auf Avicenna und Paracelsus, aber auch Albertus Magnus und Galen werden zitiert. Bemerkenswerterweise lässt Thurneisser die fremdsprachigen Einträge in der jeweiligen Originalsprache drucken, so dass wir unter anderem eine grosse Zahl Wörter auf arabisch gedruckt finden.

Freys Beschäftigung mit der islamischen Theologie findet ihren Höhepunkt mit seinem kirchlichen Examen von 1703. Er trat mit seiner «Disputatio Philologica-Theologica in qua Mohammedis de Jesu Christo Sententia expenditur»[65] an. Im ersten der beiden Kapitel handelt Frey von der Konzeption und der Geburt Christi. Er stellt fest, dass Muḥammad in der Darstellung der biblischen Geschichte ein «crasissimus

60 UBB FG Mscr. VI 9, fol. 205.

61 Lugduni Batavorum 1629 [UBB FG A VI 55]

62 Er hat einige Sprichwörter aus der Grammatik Erpenius' ins Lateinische übersetzt [UBB FG Mscr. VI, 9, fol. 224–232], ein «Carmen Abul Ola» [a. a. O., fol. 233], dann Auszüge aus dem Neuen Testament (in der arabischen Version von Erpenius) «Transtuli hac ex Arabico N. Testament. Th. Erpenii. an. 1706. d. Novembr.» [a. a. O., fol. 236–238], wozu er den «Codex Arab. Kirstenii» gebraucht, womit wohl die in den «Grammatices Arabicae» mitgedruckten Bibelstellen gemeint sind (cf. oben, Fn. 4). Es folgen zwei Seiten aus «Mohamed Ebn Soliman Husuli» (lies Ǧuzūlī): «Dalāʾil al-ḫayrāt wa-šawāriq al-anwār fi ḏikr aṣ-ṣalāt ʿalā an-nabī» [a. a. O., fol. 240–241], dann dreissig Seiten Varianten zu Ibn Šaddad (Tārīḫ as-Sulṭān ṣalāḥ ad-Dīn) mit dem Vermerk «Cod. nostri ms.» [a. a. O., fol. 242–285]. Bei Letzerem soll es sich um eine Handschrift aus dem Nachlass Hieronymus Harders handeln (cf. Staehelin, FG, S. 55).

63 Frey erwähnt Buxtorf als seinen Lehrer in Hebräisch, Chaldäisch und Talmudisch. Frey, Disputatio Philologica-Theologica, S. A1r.

64 Leonhart Thurneisser zum Thurm, Onomasticum und Interpretatio, Berlin 1583.

65 Basileae [1703].

[...] error de Parentibus Mariae»[66] unterlaufen sei, als er nämlich Maria, die Schwester Mosis und Aarons, mit der Jungfrau verwechselt habe. Trotz dieses «kindischen Fehlers» hielt Muḥammad Jesus in hohen Ehren; dieser Schachzug ermöglichte es ihm, Christus die Ankunft seiner eigenen, Muḥammads Prophetie in den Mund zu legen. Daraus schliesst Frey, dass, obwohl in der Frage nach der Ausserordentlichkeit der Geburt Christi letztlich Muḥammads Auffassung der christlichen ähnlich sei: «Quicquid de tota re sit, id saltem ex doctrina Mohammedis licet erronea patet».[67] Im zweiten Kapitel der kurzen Schrift geht Frey die Frage nach der Göttlichkeit Christi an. Da in der Konsequenz deren Leugnung durch Muḥammad im Polytheismus-Vorwurf endet, ist Frey besonders aufgebracht und setzt zu einem Gegenbeweis an, in welchem er sich nicht scheut, Ibn al-Aṯīrs Arabischkenntnisse anzuzweifeln.[68] Nachdem Frey die Fehler aufgezeigt hat, schliesst er: «satis pelluceat crassa adversarii ignorantia».[69]

Noch vor Freys kirchlicher Examens-Schrift finden wir ein – ungedrucktes – Beispiel des wissenschaftlichen Gebrauchs der arabischen Sprache, welches für Freys Interesse bezeichnender sein dürfte: 1702 hielt Frey drei Lektionen über den Tod Josuas.[70] Darin bedient er sich des Arabischen und des Syrischen, um Stellen aus dem Alten Testament zu klären. In den späteren erhaltenen Vorlesungsnotizen und Skripten verzichtet Frey fast ganz auf arabische Etymologien.

Mit Ausnahme des Briefes von Frey an seine syrischen Besucher finden wir nach 1706 ausser Bucherwerbungen keine datierten Eintragungen zu arabischen Themen mehr. Es ist keineswegs so, dass diese Zurückhaltung materiell bedingt gewesen wäre. Neben den stetig zunehmenden Manuskriptsammlungen waren bis zum Anfang des 18. Jahrhunderts eine stattliche Zahl arabischer Texte ediert und gedruckt worden. Das Wissen um den Islam und die Kenntnis der islamischen Theologie sowie der arabischen Philosophie und Geschichte war durchaus zugänglich, wie dies Johann Heinrich Hottinger[71], den Frey dank dem Wid-

66 A. a. O.
67 S. C1v.
68 S. C4vff.
69 S. E1r.
70 Die Datierung stammt von Staehelin, FG, S. 20. Das Manuskript befindet sich in UBB FG Mscr. VI, 8, fol. 2–18.
71 Der Zürcher Johann Heinrich Hottinger war Professor in Heidelberg, wo sich ein Teil der orientalischen Bibliothek Postels befand. Er steuerte zu der – seltenen – protestantischen Missionsliteratur das Kuriosum der arabischen Übersetzung der Helvetischen Konfession bei. Cf. Graf, Geschichte der christlichen arabischen Literatur, S. 277.

mungsexemplar in der Buxtorfschen Bibliothek gekannt hat, deutlich macht. Das Prestige seiner «Historia orientalis»[72] reichte bis zum «Dictionnaire» Bayles, dem er als einer der Hauptinformanten zum Artikel «Mahomet»[73] dient und darüber hinaus zu Diderots «Encyclopédie», deren Artikel über die «Arabes» sich Brucker[74] bedient, der wiederum Hottinger einen Grossteil seiner Information schuldet. Schon vor Hottinger hatte Buxtorf der Ältere, im Jahre 1629 die Epistolae und die «Moreh neboukim» Maimonides' herausgegeben, nachdem schon im sechzehnten Jahrhundert Sebastian Münster die «Logica» und die «Aphorismi» ediert hatte. Maimonides war für die islamische Dogmengeschichte eine Quelle erster Güte.

Abschliessend lässt sich sagen, dass die Frühzeit der «Basler Arabistik» von rein christlich-theologischen Interessen geleitet war. Dies erstaunt nicht angesichts der Tatsache, dass selbst die holländische Arabistik, welche grosse philologische Vorarbeit geleistet hatte, sich in der ersten Hälfte des 18. Jahrhunderts in ähnlicher Weise entwickelte.

Das Verdienst Freys, erstmals die arabische Sprache an der Basler Universität zum Thema zu machen, wird zwar nicht durch ein Interesse am «Orient» gestützt, dafür aber durch seine Sammlertätigkeit übertroffen. Die Bibliothek Freys, wie er sie dem Frey-Grynäischen Institut hinterlassen hat, weist einen ziemlich genauen Querschnitt dessen aus, was damals über den arabischen Orient hat gewusst werden können.[75] Dass er selbst daraus nur spärlich geschöpft hat, muss wohl auch mit dem Basler Zeitgeist des 18. Jahrhunderts erklärt werden – das Arabische war hier noch nicht reif, an die Öffentlichkeit zu geraten. Der Passus in der Stiftungsurkunde des Frey-Grynaeums jedenfalls, wonach der Lektor unter anderem die der «Theologia [...] dienenden [...] Sprachen, alß Latina, Graeca et Orientalibus» unterrichten solle, hat sich in der Praxis schon sehr bald gegenüber einer veränderten Auffassung der «orientalischen Sprachen» als obsolet herausgestellt. Das Studium des Arabischen hatte seine theologische Rechtfertigung verloren.

72 Tiguri 1651 (die Ausgabe Freys [FG D IV 31] Tiguri 1660).

73 Pierre Bayle, Dictionnaire historique, Amsterdam 1730, Art. Mahomet [FG J I 4–7].

74 Jacob Brucker, Historia Critica Philosophiae, Lipsiae 1742–1767 [FG O I 15–20].

75 Dies gilt für gedruckt vorliegende Werke. Die Handschriftensammlung Freys bestand nur aus sehr wenigen Exemplaren.

Fritz Nagel

Der Basler Mathematiker Jacob Hermann im Briefwechsel mit Johann Ludwig Frey

Der Mathematiker und Physiker Jacob Hermann (1678–1733) ist – obwohl zu seiner Zeit eines der prominentesten Mitglieder der Basler Mathematikerschule der Bernoulli – einer weiteren wissenschaftlichen Öffentlichkeit relativ unbekannt geblieben. Sein Leben und Werk findet erst in neuerer Zeit wieder Interesse. Insbesondere wird seine Pionierrolle bei der Einführung und Verbreitung der Leibnizschen Mathematik in Italien neu untersucht.[1] Eine Gesamtwürdigung von Hermanns wissenschaftlichem Werk steht jedoch noch aus.[2] Ein Hindernis für eine solche Gesamtschau ist dabei insbesondere die Tatsache, dass es Hermann nicht vergönnt war, seine zahlreichen Aufsätze in den Fachzeitschriften jener Zeit in einer *Opera omnia*-Ausgabe zu vereinen. Eine Edition der Hauptschriften ist erst im Rahmen der Bernoulli-Edition vorgesehen. Das gleiche gilt für seinen Briefwechsel, von dem bisher nur

1 André Robinet, L'Empire Leibnizien. La conquête de la chaire de mathématiques de l'université de Padoue. Jacob Hermann et Nicolas Bernoulli (1707–1719), Trieste 1991; Silvia Roero, Hermann Promoter of the Leibnizian Calculus in Italy, in: Leibniz und Europa, VI. Internationaler Leibniz-Kongress, Hannover 1994, S. 641–648.

2 Zu Hermanns Leben und Werk vgl. Die Matrikel der Universität Basel, Bd. 4, Basel 1975 (zukünftig abgekürzt als Matrikel Basel 4), Nr. 1491, oder NDB, Bd. 8, Berlin 1969, S. 658–659. Die gedruckten Werke und die erhaltenen Manuskripte sind zusammengestellt in: Fritz Nagel, A Catalog of the Works of Jacob Hermann, in: Historia Mathematica, Bd. 18 (1991), S. 36–54. Hermanns Werke werden im folgenden mit den dort verwendeten Opuszahlen (Na.) zitiert.

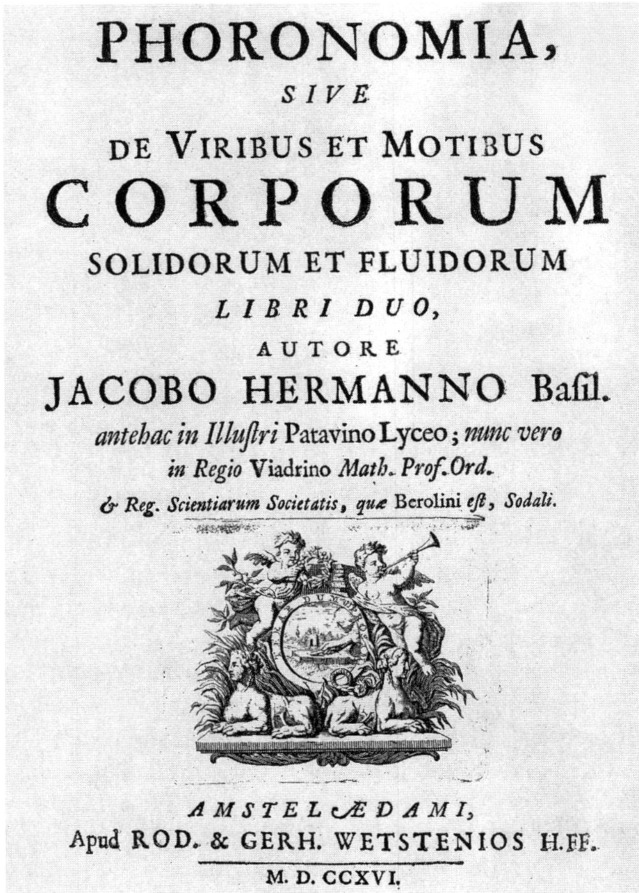

PHORONOMIA,
SIVE
DE VIRIBUS ET MOTIBUS
CORPORUM
SOLIDORUM ET FLUIDORUM
LIBRI DUO,
AUTORE
JACOBO HERMANNO Basil.
antehac in Illustri Patavino Lyceo; *nunc vero*
in Regio Viadrino *Math. Prof. Ord.*
& Reg. Scientiarum Societatis, quæ Berolini *est, Sodali.*

AMSTELÆDAMI,
Apud ROD. & GERH. WETSTENIOS H.FF.
M. D. CCXVI.

Abb. 46a & b: Titelblatt und Frontispizkupfer von Jakob Hermanns Hauptwerk *Phoronomia* aus dem Jahr 1716 (FG J III 15).

derjenige mit Leibniz in der Edition von C. I. Gerhardt zugänglich war.[3] Erst in jüngster Zeit wurden in Italien auch Teile seines übrigen Briefwechsels publiziert.[4] Der Blick in den Briefwechsel Hermanns mit Johann Ludwig Frey gibt daher jetzt die erwünschte Gelegenheit, einige

3 C. I. Gerhardt, Leibnizens mathematische Schriften, Bd. 4, Halle 1859, S. 253–413.

4 Silvia Mazzone / Silvia Roero, Guido Grandi – Jacob Hermann. Il Carteggio, Firenze 1992. Ein Repertorium aller erhaltenen Korrespondenzen Hermanns ist vom Schreibenden im Rahmen eines Forschungsprojektes des Schweizerischen Nationalfonds erstellt worden und in der Forschungsstelle Basel der Bernoulli-Edition benutzbar.

Stationen aus Hermanns wissenschaftlicher Laufbahn in Erinnerung zu rufen und zugleich den geistigen Horizont zu umreissen, in dem sich zwei junge Basler Theologen an der Wende vom 17. zum 18. Jahrhundert bewegten, und innerhalb dessen die sich neu etablierenden modernen mathematischen Naturwissenschaften erste Akzente setzen.

Auf die Existenz des Briefwechsels von Hermann mit Johann Jacob Frey hat bereits Ernst Staehelin 1947 hingewiesen[5], doch blieb dieser Briefwechsel auch seither unbeachtet. Es sind davon lediglich 8 Briefe von Hermann und 1 Brief von Frey erhalten; 2 Briefe lassen sich aus den erhaltenen Texten erschliessen. Der Briefwechsel beginnt im Jahre 1706 und endet im Jahr 1727. Bis 1710 ist von Hermann jeweils ein Brief pro

5 Staehelin, FG, S. 36.

Jahr erhalten, 1711 sind es zwei Briefe. Danach folgen 16 Jahre ohne Austausch und erst aus dem Jahr 1727 liegt wieder ein Brief (der letzte) von Hermann an Frey vor. Alle Briefe sind in lateinischer Sprache geschrieben. Selbst wenn man die verlorenen Briefe einbezieht, ist der Briefaustausch zwischen Hermann und Frey also nie sehr dicht gewesen.

Die Schreiben Hermanns sind als Abfertigungen, das heisst in Form der originalen versandten Briefe, erhalten. Von den Schreiben Freys ist uns lediglich der Text eines einzigen Briefes in Form eines Entwurfes überliefert. Zum Briefwechsel hinzuzurechnen sind allenfalls noch einige kurze Billetts von German Hermann, die dieser kurz nach dem Tod seines Bruders an Frey gerichtet hat, und bei denen es um den Verkauf von Büchern, insbesondere von geschlossenen Jahrgängen der *Acta eruditorum* samt Supplementbänden aus Jacobs Nachlass geht. Alle Briefmanuskripte befinden sich im Nachlass Freys in der Bibliothek des Frey-Grynaeischen Instituts.[6]

Jacob Hermann wurde am 16. Juli 1678 in Basel als erstes Kind des damaligen Konrektors am Gymnasium German Hermann und seiner Ehefrau Katharina, Tochter des Pfarrers zu St. Leonhard, Theodor Richard, geboren. Die Familie Hermann stammt aus Pfalz-Zweibrücken, und erst der Grossvater Jacobs hatte 1642 das Basler Bürgerrecht erworben. Während des Grundstudiums an der Artistenfakultät wurde Jacob Hermanns Begabung für die Mathematik offenbar. Er wurde Schüler und Mitarbeiter von Jacob Bernoulli (1654–1705), der seit 1687 als Professor für Mathematik in Basel wirkte. 1696 erwirbt Hermann den Grad eines Magister artium mit der Verteidigung der dritten jener berühmten Reihendissertationen seines Meisters.[7] Wie dieser studierte Hermann nun im Hauptfach Theologie vor allem bei Peter Werenfels, unter dem er 1700 seine theologische Dissertation[8] verteidigte. Im folgenden Jahr legte Hermann dann das Examen als Kandidat des Ministeriums ab und war damit berechtigt, sich um ein Pfarramt zu bewerben.

Es ist einleuchtend, den Beginn von Hermanns Freundschaft mit dem vier Jahre jüngeren Johann Ludwig Frey in dieser Zeit des gemeinsamen Theologiestudiums in Basel zu suchen. Wie Frey unternahm auch Hermann nach Abschluss seiner Studien eine Bildungsreise, die ihn nicht nur nach den Niederlanden und nach Frankreich, sondern auch

6 UB Basel FG Mscr. III 17, Nr. 145–152 (Hermann an Frey) und FG Mscr. VI 4, Nr. 108 (Frey an Hermann).

7 Die von Hermann verteidigte Dissertation (Na. 001) ist ediert in: Die Werke von Jacob Bernoulli, Bd. 4 (Reihentheorie), Basel 1993, S. 85–106.

8 Dissertatio theologica in qua ostenditur homini nihil magis curae esse debere quam Religionem Christianam (Na. 003).

nach England führte. Hermann begegnete dabei in Groningen Johann Bernoulli, traf in Paris Nicolas Malebranche, den Marquis de l'Hôpital, Giovanni Domenico Cassini, Charles René Reyneau, Joseph Saurin und Pierre Varignon, in England Abraham de Moivre, nicht aber, wie er gehofft hatte, Isaac Newton. Diese Begegnungen mit den führenden Mathematikern und Naturwissenschaftern der besuchten Länder zeigen deutlich, dass sich der Schwerpunkt der wissenschaftlichen Interessen Hermanns endgültig zur Mathematik hin verschoben hat. Hermann konnte auf dieser Reise bereits eine Publikation vorweisen, die sich für ihn zum Entréebillet bei den genannten Spitzenkräften der kontinentalen Mathematik erwies. Es ist seine 1700 erschienene *Responsio*[9], in der er im Auftrag seines Mentors Jacob Bernoulli die Leibnizsche Differentialrechnung gegen die Angriffe des niederländischen Arztes und Physikers Bernard Nieuwentijt (1654–1718) verteidigt. Mit seiner *Responsio* gewann Hermann insbesondere die für seine Karriere entscheidende Protektion von Leibniz und – was fast noch erstaunlicher ist – auch diejenige von Johann Bernoulli, der mit Hermanns Mentor, das heisst mit seinem eigenen Bruder Jacob, damals bereits seit längerem heftig und unversöhnlich zerstritten war.

Als Jacob Bernoulli 1705 starb, kehrte Johann Bernoulli aus Groningen nach Basel zurück und übernahm den Lehrstuhl des Bruders, den er bis zu seinem Tod 1748 innehatte. Da dieser Lehrstuhl in der Vaterstadt für Hermann somit versperrt war, bemühte er sich im Jahr 1706 – allerdings vergeblich – wenigstens um den Lehrstuhl für Eloquenz. Diese Bewerbung ist zugleich der Anlass für den ersten erhaltenen Brief Hermanns an seinen *amicus honoratissimus* Johann Ludwig Frey. Am 7. Oktober 1706, vier Tage vor der öffentlichen Disputation, bittet Hermann Frey dringend, ihm seine Überlegungen zu seiner Dissertation mitzuteilen und bei der öffentlichen Verteidigung mitzuwirken, für die sich bis dahin noch nicht genügend Opponenten eingefunden haben. Über die Mitwirkung von Frey an der öffentlichen Disputation ist uns leider nichts bekannt. Die gedruckte Dissertation nennt lediglich Daniel Wolleb[10] als Respondenten.

Als Hermann seinen nächsten Brief an Frey richtete, hatte sich seine berufliche Situation bereits entscheidend geändert. Durch geschickte diplomatische Manöver war es Leibniz und Johann Bernoulli gelungen, Hermann den Lehrstuhl für Mathematik an der Universität Padua zu

9 Responsio ad Clarissimi Viri Bernhardi Nieuwentiit Considerationes Secundas circa calculi differentialis principia, Basileae 1700 (Na. 002).

10 Specimen de requisitis ad veram eloquentiam (Na. 010). Zu Wolleb vgl. Matrikel Basel 4, Nr. 2135.

verschaffen und damit die neue Infinitesimalrechnung in Italien nicht nur personell, sondern erstmals auch institutionell zu verankern. Hermann hatte zwar länger gezögert, als protestantischer Pfarrkandidat den Lehrstuhl Galileis zu übernehmen, doch hatte ihn schliesslich unter anderem Johann Scheuchzer überzeugt, dass man in Venetien auch durch Mathematik Gott dienen könne.

Am 9. August 1707 kam Hermann schliesslich in Padua an und konnte am 22. Oktober über seine ersten Eindrücke an Frey nach Basel berichten. Die Reise war durch Gespräche mit gebildeten Gefährten verkürzt worden, die erste Zeit nach der Ankunft mit offiziellen Verpflichtungen und Besuchen angefüllt gewesen. Fast alle Professoren – es sind 54, wenn alle Lehrstühle besetzt sind – weilen noch in den Ferien. Hermann wird seine Antrittsvorlesung demgemäss erst Ende November halten, wenn das Semester wieder begonnen hat.[11] Als ersten Kollegen hat Hermann den in Toulon geborenen Theologen und Dominikanerpater Hyacinthe Serry besucht. Er ist ein Kenner der Kirchengeschichte, Gegner der Jesuiten und Anhänger der Jansenisten. Hermanns Gönner und Gastgeber in Padua ist der Philosoph Fardella[12], der als einziger über die neuere Philosophie liest, während alle übrigen fast einhellig der aristotelischen anhängen. Man könne sich kaum vorstellen, welche Mühe es Fardella gekostet habe, hier als erster die Prinzipien einer soliden philosophischen Methode einzuführen. Trotz all dieser Schwierigkeiten sei ihm dies gelungen, und er habe dabei immerhin den Beifall derjenigen gefunden, welche den wohlgegründeten Wissenschaften anhingen. Hermanns hier geäusserte positive Meinung über das Eindringen der cartesianisch geprägten neueren Philosophie in eine der Hochburgen des Aristotelismus deckt sich völlig mit Freys eigenen Ansichten, die sich zum Beispiel bereits in seiner Magisterarbeit *De natura mentis humanae* von 1699 widerspiegeln, und zeigt, dass die Basler Hochschule an der Wende vom 17. zum 18. Jahrhundert den Einflüssen der modernen Philosophie aus Frankreich wesentlich offener gegenüberstand als die italienischen Universitäten alten Stils. Der Brief schliesst mit einem Gruss an den gemeinsamen Freund Theodor Burckhardt.[13]

Auf Hermanns ersten Brief aus Padua antwortet Frey am 15. Februar 1708. Durch Hermann – so Frey – werden die mathematischen Wissenschaften sowie der Ruhm Paduas und Basels, das ihn hoffentlich bald

11 Die Vorlesung *De matheseos praestantia praesertim de novissimae analyseos usibus,* (Na. 103 und 104) fand am 27. November 1707 statt.

12 Über Michel Angelo Fardella (1650–1718), von 1694 bis 1709 Professor der Philosophie in Padua, und seine Beziehung zu Hermann vgl. Robinet, L'Empire Leibnizien, S. 4ff.

13 Über Theodor Burckhardt vgl. Matrikel Basel 4, Nr. 1602.

zurückhaben wird, vermehrt. Frey bittet Hermann, ihm die arabisch-lateinische Koranausgabe von Maracci[14] zu besorgen, die andernorts schwer zu bekommen ist. Da einige Freunde aus Belgien ebenfalls darum gebeten haben, soll Hermann zwei Exemplare besorgen und diese den Kaufleuten, die ihm Freys Brief gebracht haben, übergeben. Von jenen wird er auch den Kaufpreis erhalten, falls er es nicht vorzieht, dass Frey das Geld in Basel an Hermanns Vater zahlt. In Padua gibt es sicher viele rabbinische und orientalistische Literatur. Frey interessiert sich besonders für Bartoloccis *Bibliotheca Rabbinica* und für Abrabanels hebräischen Kommentar zum Pentateuch.[15] Da Frey vermutet, dass Hermann Neuigkeiten über offene Pfarrstellen in Basel, über die Personen, die danach trachten, und deren Machenschaften sowie vom tragischen Schicksal des Nicolas Fatio schon von anderen, besonders vom gemeinsamen Freund Bringolf[16], erfahren hat, schweigt er hier darüber.

Hermanns Antwort datiert vom 10. März 1708. Er hat am Tag zuvor von zwei Kaufleuten aus Bassano den Brief Freys erhalten. Er freut sich, dass Frey gesund ist, und hofft, dass der Freund eines Tages einen Lehrstuhl in der Heimat erhält. Die beiden Exemplare des *Alcoran*, die *Bibliotheca Bartoloccii* und Abrabanels *Commentarius in Pentateuchium* wird er besorgen.[17] Frey soll auf der nächsten Frankfurter Messe vom Buchhändler Wettstein ein Exemplar von Newtons *Optik* mit dem angehängten Traktat über die Kurven dritter Ordnung besorgen.[18] Hermanns Vater wird in Basel die Rechnung dafür begleichen. Er bittet, Samuel Bringolf zu grüssen. Wie Frey richtig vermutet hat, weiss Hermann bereits vom Vater, dass in Basel innerhalb von vierzehn Tagen drei Pfarrer gestorben sind, was wohl grosse Intrigen hinsichtlich der Nachfolge auslösen wird. Vom Vater hat er auch vom Schicksal Nicolas Fatios erfahren. Wieder gilt ein Gruss dem Freund Theodor Burckhardt.

14 Alcorani textus universus ex correctionibus Arabum exemplaribus summa fide atque pulcherrimis characteribus descriptus … in latinum translatus his omnibus praemissus est Prodromus totum priorem tomum implens auctore Ludovico Marraccio, 2 vol., Patavii 1698.

15 Giulio Bartolocci, Bibliotheca magna rabbinica de scriptis hebraicis, ordine alphabetico hebraice et latine digestis, 4 vol., Romae 1675–1693; Isaac Abrabanel, Commentarius in Pentateuchum Mosis, Venezia 1579. Die zweite Auflage erschien erst 1710 in Hannover.

16 Über Samuel Bringolf vgl. Matrikel Basel 4, Nr. 1536.

17 Beide Exemplare finden sich heute in der Bibliothek des Frey-Grynaeums (FG A II 49 und FG A II 39).

18 Es handelt sich entweder um: Isaac Newton, Optics or a Treatise of the reflections, refractions, inflections and colours of the light; also two treatises of the species and magnitude of curvilinear figures, London 1704, oder um: Isaac Newton, Optice: sive de reflexionibus, refractionibus, inflexionibus & Coloribus Lucis Libri tres …, Latine rediddit Samuel Clarke, … Londini 1706.

Der nächste Brief Hermanns vom 24. August 1709 antwortet auf ein Schreiben von Frey vom 8. Oktober 1708, dessen Verlust besonders zu bedauern ist. Frey hatte nämlich darin offensichtlich einen ausführlichen Bericht über die Affäre Nicolas Fatio geliefert. Was den Antwortbrief Hermanns daher besonders interessant macht, ist nicht seine Bestätigung des Erhalts von Newtons *Optik* oder sein Bedauern über den Tod von Theodor Zwinger. Es ist vielmehr Hermanns Stellungnahme zur Fatio-Affäre.[19]

Der in Basel geborene Genfer Nicolas Fatio de Duillier hatte sich als Mathematiker und Naturwissenschafter einen Namen gemacht, in England das Vertrauen von Isaac Newton gewonnen und sich vom Cartesianer der Cassini-Schule zum glühenden Newtonianer gewandelt. Er verfocht mit ungewöhnlicher Schärfe die Prioritätsansprüche der Engländer gegenüber Leibniz hinsichtlich der Erfindung des Infinitesimalkalküls und löste damit den Prioritätstreits aus, der die Mathematiker Europas ein Jahrzehnt und mehr beschäftigen sollte. In England geriet Fatio, immerhin Mitglied der Royal Society, in den Kreis der sogenannten Camisarden. Diese aus den Cevennen stammende prophetische Sekte, deren Anhänger in England im Exil lebten, verkündete unter anderem in Publikationen und Strassenpredigten, woran sich auch Fatio beteiligte, das nahe Weltende. Zusammen mit anderen Sektenmitgliedern wurde Fatio angeklagt, verurteilt und musste am 2. Dezember 1707 in London am Pranger stehen.

Einen ausführlichen Bericht über diese Affäre hatte Hermann zuerst von Frey erhalten und danach in den *Nouvelles de la République des Lettres*[20] gelesen. Fatio, der immhin mit seinem Mentor Jacob Bernoulli in Briefwechsel gestanden hatte[21], tut Hermann leid. Doch – so meint er – hätte sich Fatio viel Ungemach ersparen können, wenn er sich von den neuen französischen Propheten ferngehalten hätte und bei der Mathematik geblieben wäre, in der er so grossen Fortschritt gemacht hat. Er hätte so seinem eigenen Renommée und vor allem dem der Mathematik mehr genutzt. Hermann befürchtet insbesondere, dass viele Zeitgenossen die Ursache von Fatios Abirrungen der Mathematik zuschreiben

19 Über Nicolas Fatio de Duillier und die hier diskutierte Affäre vgl. Fritz Nagel in: Der Briefwechsel von Jacob Bernoulli, Basel 1993, S. 29–37.

20 Bei den *Nouvelles de la République des Lettres* handelt es sich um eine von Jacques Bernard in Amsterdam herausgegebene, monatlich erscheinende Zeitschrift. Einige Bände finden sich in der Bibliothek des Frey-Grynaeums (UB Basel FG R X 154).

21 Diese Korrespondenz ist ediert in: Der Briefwechsel von Jacob Bernoulli, hrsg. von A. Weil, mit Beiträgen von C. Truesdell und F. Nagel, Basel 1993, S. 161–200.

werden, so wie viele fälschlich glauben, dass der Atheismus des Spinoza von den mathematischen und philosophischen Wissenschaften komme. Angesichts dessen findet Hermann das Urteil der Londoner Richter gegen die Visionäre und ihren Publizisten Nicolas Fatio nicht allzu streng. Wenn Hermann hier die Gefahr anspricht, als moderner Mathematiker und Naturwissenschafter der Häresie verdächtigt zu werden, so hat er sicher den Fall seines Mentors Johann Bernoulli in Erinnerung, dem gerade dies von orthodoxer Seite in Groningen vorgeworfen worden war. Der Theologe Paul Hulsius hatte Johann Bernoulli nämlich beschuldigt, mit seiner Lehre vom permanenten Stoffwechsel im menschlichen Körper und der physikalischen Erklärung dieses Phänomens auf cartesianischer Grundlage den Glauben an die fleischliche Auferstehung zu untergraben, und ihn in die Nähe des Spinozismus gerückt.[22]

Über Freys Meinung zur Affäre Fatio sind wir leider nicht unterrichtet. Ein Brief Hermanns ist erst wieder vom 1. Februar 1710 erhalten, in dem ausdrücklich das lange Schweigen Freys beklagt wird. Hermann gratuliert zur Wahl von Freys Vater zum Basler Ratsherrn, dankt nochmals für Newtons *Optik* und grüsst Verwandte und Freunde. Er spricht den inhaltlichen Unterschied zwischen seinen öffentlichen Vorlesungen und seinen Collegia privata in Padua an. In ersteren behandelt er die klassischen Stoffe der Mathematik und Physik, in letzteren vermittelt er die Grundlagen der modernen Analysis, das heisst der Leibnizschen Differential- und Integralrechung. Erstmals ist nun im Briefwechsel auch von Hermanns Opus magnum, der *Phoronomia*, die Rede. Neben der zeitraubenden Lehrtätigkeit widmet sich Hermann nämlich ganz dem Versuch, die Mechanik der Flüssigkeiten aus den ersten Prinzipien, das heisst aus den (Newtonschen) Axiomen der Physik herzuleiten. Seine Absicht ist es, im kommenden Sommer darüber ein Buch zu publizieren.

Von diesem Buchprojekt ist auch im nächsten Brief Hermanns aus dem Jahr 1711 die Rede. Die zeitliche Einordnung dieses undatierten Schreibens ist möglich, weil Hermann darin Frey zu seiner neuen Pfarrstelle in Kleinhüningen gratuliert, auf die dieser 1710 gewählt worden ist. Hermann betrachtet zwar Frey für diese Stelle als überqualifiziert, hofft aber auf baldige Remedur. Seine *Phoronomia* möchte er im nächsten Monat abschliessen und zum Druck geben.[23] Mit seinem Brief reagiert Hermann auf einen verlorenen Brief Freys, in dem ihm der Freund

22 Von ähnlichen Vorwürfen der Zürcher Orthodoxie ist auch ausführlich im (unpublizierten) Briefwechsel von Johann Jacob Scheuchzer mit Johann Bernoulli die Rede.

23 Die *Phoronomia* wird (Na.022) jedoch erst 1715 fertiggestellt.

angekündigt hatte, sich einige Zeit auf mathematische Studien zu werfen. Offenbar hatte Frey ihn um Rat hinsichtlich in Aussicht genommener Lehrbücher gefragt und speziell Reyneaus *Analysis demonstrata* sowie Newtons *Arithmetica universalis* angesprochen.[24] Beide – im übrigen sehr anspruchvollen – Werke hat Hermann, wie er schreibt, selbst durchgearbeitet. Reyneau hat ihm sein Buch als Geschenk übersandt. Inzwischen hat Hermann das Exemplar seinem Freund und ehemaligen Kollegen Fardella geschenkt, der es nach Barcelona mitgenommen hat, wo er jetzt als Theologe und Mathematiker für den spanischen König Karl III. wirkt. Newtons *Arithmetica universalis* hat er von einem gemeinsamen Freund erhalten. Zur Zeit ist er vollständig mit dem Verfassen seines Buchs über die Mechanik der Flüssigkeiten beschäftigt.

Der letzte Brief aus Padua ist vom 17. Oktober 1711 datiert. Hermann hat, als er vom Aufenthalt auf dem Land in die Stadt zurückkehrte, aus einem Brief seiner Eltern erfahren, dass Frey, nachdem er am 4. August zum Doktor der Theologie promoviert worden war, schon am 15. September zum ordentlichen Professor der Geschichte und zum ausserordentlichen Professor der Theologie ernannt worden ist. Er gratuliert zu dieser in der Geschichte der Basler Universität einmaligen Aufeinanderfolge akademischer Weihen herzlich. Zugleich kann er aber auch eine entscheidende Veränderung in seiner eigenen beruflichen Laufbahn ankündigen. Vor acht Monaten hat er nämlich wieder durch Vermittlung von Leibniz einen Ruf auf den Lehrstuhl für Mathematik an der Universität Frankfurt an der Oder erhalten und angenommen. Wegen der Abwesenheit des preussischen Königs und seines Premierministers ist aber das Berufungsverfahren noch nicht abgeschlossen. Hermann ahnte damals wohl noch nicht, dass noch zwei Jahre verstreichen sollten, bis er seine Lehrtätigkeit in Frankfurt an der Oder und das heisst endlich im erwünschten Umfeld einer preussischen und damit nicht katholischen, sondern protestantischen Universität aufnehmen kann.

Es ist ausserordentlich zu beklagen, dass aus der zwölfjährigen Frankfurter Zeit Hermanns keine Briefe an Frey erhalten sind, wahrscheinlich auch nicht gewechselt wurden. Gerade über diese Schaffensperiode Hermanns wären wir gerne besser informiert. In diese Zeit fallen nämlich einige der bedeutenden Veröffentlichungen Hermanns, so

24 P. Charles René Reyneau, Analyse démontrée, ou la Méthode de resoudre les problèmes des mathématiques ... expliquée et démontrée dans le premier volume et appliquée dans le second..., par un prètre de l'Oratoire, Paris 1708; Isaac Newton, Arithmetica universalis, sive de compositione et resolutione arithmetica liber, Cantabrigiae 1707.

zum Beispiel zum Trajektorienproblem, zu isoperimetrischen Problemen, zum umstrittenen inversen Problem der Zentralkräfte, zur Erklärung der Gravitation und der Schwingungen von Saiten sowie zur Bewegung von Körpern mit Reibungswiderstand (Na. 023 – Na. 035). Insbesondere ist 1716 Hermanns Hauptwerk, die *Phoronomia*, allerdings in Amsterdam bei Wettstein erschienen. Hermann hat dieses Buch wohl später auch Johann Ludwig Frey geschenkt, denn in der Bibliothek des Frey-Grynaeums findet sich ein Exemplar der *Phoronomia.*[25]

Das Leibniz und den übrigen Mitgliedern der brandenburgischen Sozietät der Wissenschaften gewidmete Werk stellt den ersten Versuch dar, eine umfassende mathematische Beschreibung der physikalischen Phänomene, namentlich der Mechanik und der Hydrodynamik, auf Grundlage der Newtonschen Axiome, aber in der mathematischen Sprache des Leibnizschen Calculus zu geben. Dem Werk war allerdings der verdiente Erfolg nur zum Teil beschieden, ist es doch schon nach Meinung der Zeitgenossen ausserordentlich schwer verständlich geschrieben. Bald erscheinende flüssiger lesbare Werke – deren Reihe in den klassischen Arbeiten eines anderen Bernoulli-Schülers, nämlich Leonhard Eulers, ihre Krönung findet – haben daher Hermanns Werk den Rang abgelaufen. Immerhin machte die *Phoronomia* ihren Autor so bekannt, dass der nächste Schritt auf Hermanns Karriereleiter diesmal auch ohne die Protektion Leibnizens erfolgen konnte. 1725 wird Hermann nämlich an die neugegründete Akademie von St. Petersburg berufen. Von allen Mitgliedern der Akademie erhielt Hermann das zweithöchste Gehalt, er durfte beim Besuch der Zarin eine der offiziellen Ansprache halten, wurde von der Monarchin zum Handkuss zugelassen und empfing eine goldene Gedenkmünze.

Von all dem ist im einzigen Brief Hermanns an Frey aus St. Petersburg vom 1. August 1727 nicht die Rede. Der Briefkontakt der beiden Basler, die sich höchstens bei Hermanns einzigem Aufenthalt in der Vaterstadt im Sommer 1713 anlässlich der Reise von Padua nach Frankfurt an der Oder nochmals persönlich begegnet sind, scheint lange unterbrochen gewesen zu sein. Doch hat Hermann aus Briefen seines Vaters entnommen, dass Frey ihn trotz seiner zwanzigjährigen Abwesenheit von Basel nicht vergessen hat. Hermann hatte sich nämlich um den Basler Lehrstuhl für Physik beworben und im Auswahlverfahren untern anderem auch Freys Stimme erhalten, so dass er immerhin bis ins Ternar gelangt war. Er dankt Frey für diesen Vertrauensbeweis und hofft, ihm dereinst ebenfalls nützlich sein zu können.

25 FG J III 15.

Hermann berichtet weiter, dass er gesund und munter in Hausgemeinschaft mit seinem Kollegen Georg Bernhard Bülffinger (1693–1750) lebt, der fast sein einziger Freund sei. Das Verhältnis zu seinem Landsmann Daniel Bernoulli scheint demzufolge weniger herzlich gewesen zu sein. Der andere Basler, Daniels älterer Bruder Nicolaus II Bernoulli, war bereits im Jahr zuvor im Alter von 31 Jahren unerwartet in St. Petersburg verstorben. Mit Interesse vernehmen wir hier auch von einem Plan Hermanns zu einem *Systema Analyseos infinitorum*, offenbar einer systematischen Darstellung der Grundlagen und Regeln der Infinitesimalrechnung, zu dem Hermann neben seinen Beiträgen für die Akademiesitzungen Material sammelt. Zusätzlich ist Hermann von höchster Stelle noch mit einer weiteren Arbeit betraut worden, mit der er nun schon länger sehr beschäftigt ist. Diese hier im Brief an Frey nicht näher spezifizierte Aufgabe ist die Abfassung eines mathematisch-naturwissenschaftlichen Lehrbuchs für den Unterricht des Zarewitsch. Dieser *Abrégé des Mathématiques*[26], zu dem auch Delisle einen Band beisteuerte, erschien in einer französischen und eine russischen Fassung 1728 in St. Petersburg. Von der akademieeigenen Druckerei, die von Deutschen betrieben wird, erhofft sich Hermann auch das baldige Erscheinen der *Commentarii Petropolitani*, für die er bereits einige Beiträge vorbereit hat.

Nach diesem einzigen Brief aus St. Petersburg können wir nichts mehr über den Gedankenaustausch zwischen Hermann und Frey berichten. Hermann verliess St. Petersburg zusammen mit Bülffinger im Januar 1731 und kam zehnwöchiger Reise in Basel an, wo mit einer Antrittsrede *De evidentia et certitudine principiorum philosophiae moralis* den Lehrstuhl für Ethik übernahm und damit zum Universitätskollegen von Frey wurde. Ein Briefwechsel zwischen den beiden in Basel lebenden Kollegen ist nicht anzunehmen oder scheint mindestens nicht überliefert. Im übrigen war Jacob Hermann in seiner Vaterstadt nur noch eine knappe Zeitspanne vergönnt. Bereits am 11. Juni 1733 starb er nach kurzer Krankheit. Der Nachlass des Unverheirateten fiel an seinen Bruder German, der wegen des Verkaufs der Bibliothek unter anderem auch mit Euler in St. Petersburg korrespondierte. Wie einige Billetts German Hermanns im Nachlass Frey beweisen[27], hat offensichtlich auch Johann

26 Hermann hat den ersten und den dritten Band dieses *Abrégé des Mathématiques pour l'Usage de sa Majesté Imperiale de toutes les Russies*, St. Petersburg 1728, verfasst. Der erste Band behandelt die Arithmetik, die Geometrie und die Trigonometrie, der dritte die Fortificationslehre, während es im zweiten Band Delisles um Astronomie und Geographie geht.

27 Die Billette German Hermanns an Frey tragen die Signatur FG Mscr. VI 6, Abt. III, Nr. 19–22.

Abb. 47: Tintenfass aus dem Nachlass von Johann Ludwig Frey mit der Punze des Basler Zinngiessers Johann Jakob Grynaeus (1697–1753) (FG; Aufnahme: Historisches Museum Basel, 1947).

Ludwig Frey an den Büchern Interesse gezeigt und eine Serie von Bänden der *Acta Eruditorum* erworben. Wie der Briefwechsel zwischen Hermann und Frey begonnen hatte, so endet er nun auch: mit der Diskussion um Bücher.

Blicken wir nun auf den Briefwechsel zwischen Jacob Hermann und Johann Ludwig Frey als Ganzes zurück, so fällt es schwer, ein befriedigendes Résumé zu ziehen. Von persönlichen Dingen ist kaum die Rede, und auch berufliche Probleme werden nur von aussen berührt. Was bleibt, sind Informationen über die Lebensstationen Hermanns und Freys, eine Stellungnahme Hermanns zur Affäre Nicolas Fatio, einige Informationen über die Entstehung von Hermanns Hauptwerk, der *Phoronomia*, und schliesslich die Möglichkeit, die Provenienz einiger Bücher aus der Bibliothek Freys aufzuklären. Doch konnten wir ernsthaft mehr erwarten? Die Briefwechsel auch anderer Wissenschafter jener Zeit – selbst wenn diese auf dem gleichen Fachgebiete eng zusammenarbeiten – enthalten oft nicht mehr. Im Fall von Hermann und Frey kommt noch hinzu, dass die Interessengebiete und die Forschungsschwerpunkte der beiden Basler Theologen im Lauf ihrer Karriere so unterschiedlich geworden waren, dass nur noch wenige Berührungspunkte blieben. Immerhin fügt die Korrespondenz

Hermann-Frey einige Steinchen in das bunte Mosaik ein, das die *république des lettres* am Beginn des 18. Jahrhunderts auf der Landkarte des geistigen Europas darstellt und in dem Basel – weniger durch seine Theologen, denn durch seine Mathematiker – zu einem nicht-marginalen Ort von spezifischem Charakter zwischen Padua und St. Petersburg geworden ist.

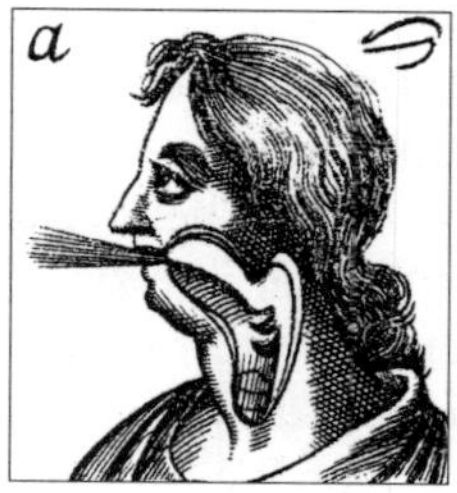

Frank A. Faessler

Jakob Christoph Beck: Schweizergeschichtler wider Willen?

1. Einleitung

Jakob Christoph Beck blieb der Nachwelt wohl eher als Theologe denn als Profanhistoriker in Erinnerung. Seine Bekanntheit im 18. Jahrhundert verdankt er vorrangig seinem Jahrzehnte währenden Wirken als Professor der Theologie und Lektor des Frey-Grynaeums.[1] Seine Tätigkeit als Professor der Geschichte beschränkte sich auf die Jahre 1737 bis 1744, die den Beginn seiner akademischen Karriere markieren. Trotzdem beschäftigte sich Beck auch später mit Geschichte, insbesondere mit derjenigen des «Vaterlandes», die er «allezeit zur Nebenabsicht gehabt» hatte.[2] Die Anzahl seiner schweizergeschichtlichen Werke ist gering; dennoch gibt es mehrere Gründe, den Schweizergeschichtler Beck (falls sich dieser Begriff tatsächlich treffend verwenden lässt) einer eingehenderen Analyse zu unterziehen. Beck war der erste Basler Geschichtsprofessor, der Vorlesungen in Schweizergeschichte hielt, und er verfasste das erste schweizergeschichtliche Lehrbuch für den universitären Gebrauch. Seine bildungspolitischen Reformbemühungen zielten unter anderem auch auf die Einführung eines Lehrstuhls für vaterländische Geschichte ab. Vielleicht eher überrascht bei Beck das

1 Für eine biographische Einführung, welche die wichtigsten Daten aus Becks Leben enthält, vgl. Die Korrespondenz des Basler Professors Jakob Christoph Beck 1711–1785. Bearbeitet von Ernst Staehelin, Basel 1968, S. 9–15. Beck als Theologen behandelt A. U. Sommer im vorliegenden Band.

2 Beck im Vorwort zu: Neuen Europäischen Staats- und Reisengeographie worinnen die Eidsgenossenschaft oder der gesammte Schweizerische Freystaat, imgleichen ganz Italien oder Wälschland ausführlich vorgestellet werden. Dresden / Leipzig 1762.

Fehlen eines sich spätestens ab Jahrhundertmitte ‹epidemisch› ausbreitenden Patriotismus als Motivation, Schweizergeschichte zu lehren und als Studienfach im universitären Lehrbetrieb zu verankern. Zu klären ist die Frage, ob Beck bloss zufällig bei der Schweizergeschichte gelandet ist – denn «Hauptabsicht» war ihm zweifellos die Theologie – oder ob seinem Interesse an der Schweizergeschichte ein säkulares Postulat der Aufklärung zugrunde lag, dasjenige nach sittlicher Bildung des Staatsbürgers und Schaffung von Weltorientierung durch Beschäftigung mit der eigenen Vergangenheit.

2. Becks Werdegang zum Schweizergeschichtler

Selbstzeugnisse Becks sind äusserst spärlich, eine Autobiographie existiert nicht und auch seine Briefe haben selten expliziten Selbstzeugnischarakter.[3] Welche Umstände und Prägungen zu Becks historischem Interesse geführt haben, ist deshalb nur teilweise eruierbar. Von grosser Bedeutung war aber bestimmt sein Pate Jakob Christoph Iselin (1681–1737), der ihm Freund und Lehrer zugleich war[4] und ihn vom Spätsommer 1735 bis zum April 1737 beherbergte.[5] Iselin war vor seinem Aufstieg in die Theologische Fakultät Professor der Geschichte in Marburg (1704–1706) und Basel (1706–1711) und beschäftigte sich auch später mit Lokal- und Schweizergeschichte.[6] Augenfällig sind die Parallelen in Iselins und Becks Werdegang. Wie Iselin wurde auch Beck nach wenigen Jahren auf der Geschichtsprofessur zum Professor «Locorum communium et controversiarum Theologicarum» gewählt, und wie vor ihm Iselin, hatte auch Beck die Stelle des Bibliothekars der Universitätsbibliothek inne.

Am 14. September 1737 wurde Beck durch Loswahl zum Professor der Geschichte erkoren, die wissenschaftliche Qualifikation war – Becks Glück – nicht ausschlaggebend, denn unter den 7 Mitbewerbern[7] befand

3 Von Beck haben sich übrigens weder ein Porträt noch ein gedruckter Nekrolog erhalten.

4 In einem Brief vom 18. April 1737 an Johann Jakob Breitinger schreibt Beck über den Tod Iselins: «Ego praeprimis Patrem lustricum, Adgnatum atque Patronum, Praeceptorem item incomparabilem amisi.» Beck Korrespondenz, S. 122.

5 A. a. O., S. 67. Beck wohnte vom Spätsommer 1735 bis zum April 1737 bei seinem Paten.

6 Als Herausgeber des *Baselischen neu vermehrten Historischen und Geographischen Allgemeinen Lexicons* (4 Bde., 1726/27, [2]1728/29), nachfolgend als *Basler Lexikon* zitiert, bleibt Jakob Christoph Iselin in Erinnerung.

7 Siehe Brief Becks an Melchior Hurter vom 19. Juni 1737, in: Beck Korrespondenz, S. 125.

sich auch Johann Rudolf Iselin (1705–1779), der zu diesem Zeitpunkt bereits zwei historische Publikationen vorweisen konnte.[8] Von 1737 bis 1744 unterrichtete Beck Universalgeschichte und ab 1739 auch vaterländische Geschichte vom Altertum bis zur Reformation.[9] Bereits 1744 wurde seine Lehrtätigkeit in Profangeschichte durch die Wahl zum Professor der Theologie beendet. Seine historischen Arbeiten kamen dadurch aber nicht ebenfalls zu einem Ende.

3. Das bildungspolitische Engagement

Als Beck an der Artistenfakultät neben den althergebrachten Fächern des Triviums und des Quadriviums auch Geschichte studierte, war der Lehrstuhl der Geschichte zwar über 60 Jahre alt[10], doch Schweizergeschichte wurde von den jeweiligen Lehrstuhlinhabern nicht unterrichtet, ja zuweilen drückten sie sich überhaupt vor ihren profangeschichtlichen Vorlesungen.[11] Beck hielt als erster Geschichtsprofessor regelmässig Vorlesungen zur Schweizergeschichte und nahm auch Prüfungen dazu ab.[12] 1734 wurde erstmals der Wunsch nach Vorlesungen in Schweizergeschichte schriftlich kundgetan. Johann Rudolf Iselin regte in einem Memoriale zuhanden der Dreizehnerherren die Einrichtung einer Professur für «vatterländische Historie» an.[13] Iselin schwebte eine Art staatsbürgerlicher Unterricht zum Nutzen einer breiteren – auch nicht akademischen – Öffentlichkeit vor; die Vorlesungen sollten deshalb in «Teutscher Sprach» gehalten werden. Auch Beck selbst forderte 1737 die Einrichtung einer Professur *Historiae Patriae*, seine Beweggründe

8 Johann Rudolf Iselin, Historischer und politischer Versuch von dem Durchzuge der Kayserlichen und Spanischen Armée, Zürich 1732 und Aegidii Tschudii Chronicon Helveticum, hrsg. von Johann Rudolf Iselin, 2 Bde., Basel 1734–1736.

9 Siehe Edgar Bonjour, Die Einführung der Allgemeinen und Schweizer Geschichte an der Universität Basel, in: Schweizerische Zeitschrift für Geschichte, Bd. 10 (1960), Heft 1, S. 51.

10 1659 wurde der Lehrstuhl Organi Aristotelici in denjenigen der Geschichte umgewandelt. A. a. O., S. 45.

11 Wie etwa Johann Ludwig Frey, der neben seiner Geschichtsprofessur ein theologisches Extraordinariat innehatte. Vgl. Staehelin, FG, S. 39–44. Seine Publikationstätigkeit auf historischem Gebiet darf mit Recht dürftig genannt werden; trotz 25 Jahren als Geschichtsprofessor bleibt wenig mehr als seine Mitarbeit an Iselins *Basler Lexikon* aufzuführen.

12 Beispielsweise Emanuel Faeschens *Dissertatio De Usu Historiae Helveticae* zur Erlangung eines Magister Artium am 23. Januar 1742, in: Dissertationes philosophicae 1741–1744, UBB Ki. Ar. HIII 45.

13 Memoriale Herrn Doctoris Iselins, Praepositi superioris Collegii wegen anrichtung einer Profession der vatterländischen Historie. Vor meinen gn. Herren den XIII verlesen den 13. May 1734. StAB, Erziehungsakten CC10.

aber waren andere.[14] Der dramatische «Zerfall unserer hiesigen Universität» sei neben wachsender Konkurrenz der «neuren in sonderheit [...] erst seit 1700 angerichteten Universitäten» und dem «hohen Preiss der Collegien und Kösten» auch dem Fehlen einer Professur *Historiae Patriae* zuzuschreiben. Es sollte deshalb «zu gelegener Zeit [...] ein Professor Historiae Patriae erwehlt werden.»[15] Dass die Vorlesungen auf deutsch gehalten werden sollten, forderte Beck nicht. Seine Beweggründe waren vornehmlich pragmatischer Natur; Eigeninteresse wie möglicherweise bei Iselin (der sich ja selbst 1737 für die Geschichtsprofessur bewarb) lag keines vor. Auf das kurze Intermezzo schweizergeschichtlicher Vorlesungen durch Beck folgten Geschichtsprofessoren, die nur wenige oder überhaupt keine schweizergeschichtlichen Vorlesungen hielten.[16] Überraschen mag dies im Falle Johann Heinrich Bruckers (1725–1754), der mit der Edition der *Scriptores rerum Basilensium minores* (Bd. I, Basel 1752) sein lokalhistorisches Interesse und Können bewies. Zwar hielt Johann Jakob Spreng (1699–1768), ausserordentlicher Professor für deutsche Poesie und Beredsamkeit, von 1754 bis 1756 eine sich über mehrere Semester hinziehende Vorlesung in deutscher Sprache über den Ursprung Basels, doch verursachte seine polemische Ablehnung der Vita des heiligen Fridolins bei den katholischen Eidgenossen eine derart empörte Reaktion, dass der Basler Rat das aus den Lectiones hervorgehende Werk *Abhandlungen von dem Ursprunge und Alterthum der mehren und mindern Stadt Basel, wie auch der raurachischen und baselischen Kirche* (Basel 1756) konfiszieren liess.[17] Dieser Zwischenfall dürfte der Etablierung der Schweizergeschichte an der Universität Basel kaum Vorschub geleistet haben. Andere Interessengruppen nahmen sich indessen dem Anliegen der vaterländischen Geschichte mit grossem Enthusiasmus an: die Patrioten um die 1761 in Schinznach gegründete *Helvetische Gesellschaft*

14 Unvorgreifliche Gedanken wie etwann mehrere Studierende hieher gezogen werden könnten. FG Mscr. VII, 24, fol. 131–136. Das Manuskript ist nicht datiert, aus dem enthaltenen «Schema feriarum» kann aber ein Entstehungsdatum um den Zeitpunkt von Becks Antritt seiner Professur 1737 angenommen werden.

15 A. a. O., fol. 132r–133v.

16 Johann Rudolf Thurneysen (Lehrstuhlinhaber von 1744–1747), Johann Heinrich Brucker (von 1747–1754) und Heinrich Gernler (von 1754–1764) hielten keine schweizergeschichtlichen Vorlesungen. Vgl. Bonjour, Die Einführung, S. 52 und 55.

17 A. a. O., S. 54–55. Aus den Vorlesungen gingen die *Abhandlungen von dem Ursprunge und Alterthum der mehren und mindern Stadt Basel, wie auch der raurachischen und baselischen Kirche* (Basel 1756) hervor. Zu Becks Rolle im Skandal, siehe den Artikel von A. U. Sommer im vorliegenden Band, Fussnote 6.

sahen es als ihre Pflicht an, den aufgeklärten Bürger mit der eigenen› Geschichte vertraut zu machen. Einer ihrer Wortführer und Mitbegründer, Isaak Iselin (1728–1782) forderte schon 1757 in seinen *Unvorgreiflichen Gedanken über die Verbesserung der B...schen Hohen Schule* die Einrichtung eines Lehrstuhls für Schweizergeschichte. Beck kommentierte Iselins Vorschläge zustimmend[18] und plädierte 1759 in seiner *Summarischen Zusammenziehung aller Vorschlägen zu Verbesserung der allhiesigen Universitet u. Vermehrung der Studierenden* erneut für die Einführung einer Professur «Historiae Helveticae et Juris publici Helvet.»[19] Becks Einsatz für die Reform des Basler Bildungssystems (auf Ebene der Schulen und der Universität) ist beachtlich[20], und die Bemühungen um die Etablierung der Schweizergeschichte stellen bloss einen Aspekt dieses Engagements dar. Die Bemühungen des hochangesehenen Theologieprofessors werden bestimmt dazu beigetragen haben, dass die Schweizergeschichte 72 Jahre nach Einrichtung eines Lehrstuhls für vaterländische Geschichte am Zürcher Carolinum[21] ab 1785 ihren festen Platz im Lehrauftrag des Geschichtsprofessors bekam.

4. Becks Historikerkollegen und -schüler

Die Basler Historiker beschäftigten sich in der ersten Hälfte des 18. Jahrhunderts vor allem mit der Edition alter lokal- und schweizergeschichtlicher Chroniken und Quellen. Nach einem Jahrhundert ohne nennenswertes Werk eines Basler Historikers, setzte auch in Basel eine intensive Erforschung der Schweizergeschichte ein.[22] Johann Rudolf von Waldkirch (1678–1757), Professor für Staatsrecht, verfasste eine

18 Anmerkungen über eine unlängst gedruckte Schrift, under der Überschrift: ‹Unvorgreifliche Gedanken über die Verbesserung der b...schen Hohen Schule›. FG Mscr. VII, 24, fol. 91–105.

19 FG Mscr. VII, 24, fol. 91–105, 99v. Becks Forderung, Jus publici in den Lehrauftrag zu integrieren, kann durchaus ein Zugeständnis an die patriotische Forderung nach Staatskunde als Nationalerziehung für den aufgeklärten Bürger sein. Vgl. Bonjour, Die Einführung, S. 52ff.

20 Mit Isaak Iselin und Johann Rudolf Thurneysen arbeitete Beck zwischen 1760 und 1764 an einer umfassenden Schulreform, die 1766 als «Der Stadt Basel Schulordnung» zum Gesetz erhoben wurde. Insgesamt sind 4 Becksche Manuskripte zur Schulreform erhalten. Vgl. Beck Korrespondenz, S. 35–36.

21 Siehe Ernst Wessendorf, Geschichtsschreibung für Volk und Schulen in der alten Eidgenossenschaft. Ein Beitrag zur Geschichte der schweizerischen Historiographie im 18. Jahrhundert, Basel / Stuttgart 1962, S. 200.

22 Richard Feller / Edgar Bonjour, Geschichtsschreibung der Schweiz, Basel 1962, S. 425–432. Für Bonjour und Feller beginnt damit die wissenschaftliche Geschichtsschreibung in Basel; eine Auffassung, die mir ohne Begründung selbst nicht eben wissenschaftlich scheint, denn das Primat einer späteren Definition kann für einen Historiker gewiss nicht relevantes Kriterium sein. A. a. O., S. 553.

Gründliche Einleitung zu der Eydgenossischen Bunds- und Staats-Historie (Basel 1721), in der er 135 Urkunden abdruckte; Johann Rudolf Iselin, Waldkirchs Nachfolger, veröffentliche 1734 bis 1736 die beinahe 200 Jahre unpubliziert gebliebene *Chronik* von Aegidius Tschudi als *Chronicon Helveticum* (Basel 1734–36); Johann Heinrich Brucker gab die *Scriptores rerum Basiliensium minores* (1752) heraus, welche nebst anderem Wurstisens *Epitome Historiae Basiliensis* und Gerung-Blauensteins *Chronica episcoporum Basiliensium* enthalten; Johann Jakob Spreng reedierte Peterman Etterlins *Kronika von der loblichen Eidgenossenschaft* (1752) und Beck selbst kommentierte die Übersetzung von Wurstisens *Epitome,* welche 1757 erschien.[23] Johann Heinrich Gleser (1734–1773), Jurist am Kleinbasler Stadtgericht und Grossrat, publizierte zum ersten Mal den Bundesbrief von 1291 in lateinisch und deutsch[24], und Daniel Bruckner zwischen 1765 und 1779 Wurstisens *Basler Chronik* (1580) mit einer eigens verfassten Fortsetzung bis ins Jahr 1620.[25] Die in Basel wie auch in der übrigen Eidgenossenschaft mit dem 18. Jahrhundert einsetzende Konjunktur der Schweizergeschichte[26] mag schwierig allgemein zu erklären sein, auch wenn sie mit den Postulaten der Aufklärung nach einer rational verstehbaren Welt, einem kritischen Vernunftgebrauch zwecks Emanzipation des Menschen aus den Fesseln von historisch gewachsenen Konventionen in Ansätzen begründbar wäre. Für die Basler Historiker in Becks Umfeld stand in der Editionstätigkeit ein Sammeln und Erschliessen von Wissenswertem aus der Geschichte im Vordergrund – um eine Vernunftgesetzen gehorchende Geschichte bemühten sie sich nicht. Erst in der zweiten Hälfte des Jahrhunderts wurde die Geschichte als Legitimationsmittel für Vaterlandsliebe verstanden, und durch die Referenz auf die Sitten der Alten Verhaltensmaximen für die Eidgenossen der Gegenwart abgeleitet.[27] Von

23 Christian Wursteisens Kurzer Begriff der Geschichte von Basel aus dem Lateinischen übersetzt. Übersehen und mit Anmerkungen vermehret von Jacob Christoff Beck, der Gottsgelehrtheit Doctor und Professor, auch Bibliothecarius, Basel 1757. Übersetzt wurde das Werk von Emanuel Freyburger, einem Schüler Becks. Vgl. UBB Mscr. H IV 86, Nr. 5.

24 Specimen observationum ex jure gentium et jure publico circa Helvetiorum foedera, Basel 1760.

25 Vgl. Christian Wurstisens Basler Chronik. Von Daniel Bruckner bis 1620 fortgesetzt. Basel 1765.

26 Vgl. Feller / Bonjour, Geschichtsschreibung der Schweiz, S. 381–628. Der Darstellung des 17. Jahrhunderts sind knappe 80 Seiten gewidmet, während das 18. Jahrhundert mehr als 200 Seiten beansprucht.

27 Basler Exponenten einer patriotischen Geschichtsschreibung waren, wenn auch mit stark divergierenden Standpunkten: Johann Jakob Spreng, Isaak Iselin und Peter Ochs, der umstrittene Geschichtsschreiber und Basler Revolutionär. Vgl. auch Andreas Staehelin, Peter Ochs als Historiker, Basel 1952, v. a. S. 47–49.

einer gewissen wechselseitigen Beeinflussung zwischen den Basler Historikern auszugehen, ist wohl nicht verfehlt, auch wenn das Bild keineswegs ein homogenes ist; dafür waren die Standpunkte und Interessen zu unterschiedlich. Beck pflegte mit mehreren Basler Historikern Kontakte auf verschiedenen Ebenen. Neben den Beziehungen im Rahmen der *Deutschen Gesellschaft* (siehe Kapitel 5) und der Bildungspolitik, kam es zwischen Beck und anderen Baslern auch auf wissenschaftlichem – vorwiegend editorischem – Gebiete zur Zusammenarbeit. Hervorzuheben ist diejenige mit Spreng, der Becks *Introductio in Historiam Patriam Helvetiorum, ad annum 1743 usque progressa et in usum Academicum concinnata* (Zürich 1744) ins Deutsche übersetzte.[28] Die Übersetzung der von Beck kommentierten *Epitome historiae basiliensis* besorgte Magister Emanuel Freyburger[29]; dem von ihm hochgeschätzten Daniel Bruckner[30] steuerte Beck Anmerkungen zur *Basler Chronik* bei.[31] Dass Beck intensiven wissenschaftlichen Gedankenaustausch mit auswärtigen Historikern pflegte, ist kaum wahrscheinlich; die Liste seiner Briefpartner umfasst zwar eine beträchtliche Anzahl von – teils berühmten – Historikern, doch beschränkte sich der Inhalt meist auf bibliographische und editorische Dinge oder theologische Themata (der Beruf des Historikers war eben im 18. Jahrhundert oft nur «Nebenabsicht» – meist temporärer Art – auf dem akademischen Weg nach oben).[32] Bekanntheit als Historiker erlangte mit Ausnahme von

28 Einleitung zu den Helvetischen Geschichten bis auf das Jahr 1743 fortgesetzet, und zu Academischem Gebrauche abgefasset von Jacob Christoff Beck, öffentlichen Lehrer der hohen Schule in Basel, Zürich 1744. 1768 erschien eine Neuauflage, die von Beck bis 1768 fortgeführt worden war; eine 3. Auflage erschien 1788. Zitiert wird aus der 2. Auflage.

29 Siehe Fritz Heitz, Johann Rudolf Iselin 1705–1779. Ein Beitrag zur Geschichte der schweizerischen Historiographie des 18. Jahrhunderts, Basel 1949, S. 56.

30 In der Vorrede zu *Christian Wursteisens Kurzer Begriff der Geschichte von Basel* führt Beck Daniel Bruckners *Merkwürdigkeiten der Landschaft Basel,* (23 Stücke, Basel 1748–1762) als wichtige Quelle seiner Anmerkungen auf.

31 Die Brucknersche Fortsetzung ist von Beck «durchgesehen» und mit Anmerkungen versehen worden. Vgl. a. a. O., S. 12.

32 Neben den Bernern Uriel Freudenberger (1705–1768) und Johann Georg Altmann (1695–1758) zählen zu Becks Briefpartnern eine Reihe zum Teil bedeutender Historiker. Zu nennen sind etwa Johann Kaspar Hagenbuch (1700–1763), von 1730–1756 Professor für Eloquenz und Profangeschichte in Zürich, Johann Daniel Schoepflin (1694–1771), ab 1720 Professor der Geschichte in Strassburg und Verfasser der *Alsatia illustrata* (1751–1762) und der *Alsatia diplomatica* (1772–1775), Johann Rudolf Zwinger (1695–1756), von 1731–1737 Geschichtsprofessor in Zürich, und Johannes Müller (1752–1809), der Beck als junger Student auf seiner Reise nach Göttingen im Sommer 1769 besuchte und einen der «vergnügungsvollsten Tage» erlebte. Siehe Beck Korrespondenz, S. 350.

Isaak Iselin keiner von Becks Geschichtsstudenten[33]. Hingegen brachte es einer seiner ehemaligen Kostgänger und Schüler, der Glarner Arzt Johann Jakob Tschudi (1747–1800) zu zweifelhaftem Ruhm in der schweizerischen Mentalitätsgeschichte – nämlich als Arbeitgeber von Anna Göldin, die aufgrund seiner Anklage 1782 als letzte Hexe der Schweiz, möglicherweise Europas, hingerichtet wurde.[34] Beck hatte den Patensohn des hervorragenden Glarner Lokalhistorikers Johann Jakob Tschudi (1722–1784)[35], von 1763 bis zu seiner Promotion 1767 bei sich beherbergt und privat «in Humaniorib[us], Historicis, Geogr[aphia], u[nd] Philosoph[ia]» unterrichtet.[36] Es fällt auf, dass drei der Hauptakteure im «Hexenhandel» in Basel bei Beck und seinen Lehrern studiert hatten – Dr. med. Tschudi und Johannes Marti (1745–1819)[37], Verfasser der medizinischen Gutachten über die «gufen-speiende» Tochter von Dr. med. Tschudi, bei Beck selbst, Pfarrer Tschudi bei den Stiftern des Frey-Grynaeums, Johannes Grynaeus (1705–1744) und Johann Ludwig Frey (1682–1759). Beck selbst lässt in seinen Schriften die Frage nach der Existenz von Zauberei offen: «Die *wirkende* [Kunst] ist, da durch Hülfe des bösen Geistes allerhand Gottlosigkeiten, dabey man den Zusammenhang nicht einsiht, vollbracht werden. Ob solche Dinge wirklich durch Hülfe des Satans verrichtet werden, oder nur Künste und Betrug böser Menschen seyen, ist eine andere Frage. […] Ob dergleichen Leute in einem eigentlichen Bunde mit dem Satan stehen, oder ob

33 Siehe Ulrich Im Hof, Isaak Iselin. Sein Leben und die Entwicklung seines Denkens bis zur Abfassung der «Geschichte der Menschheit» von 1764, Basel 1947, S. 42.

34 Zum Prozess vgl. Freundschaftliche und vertrauliche Briefe, den so genannten sehr berüchtigten Hexenhandel zu Glarus betreffend, von Heinrich Ludewig Lehmann, Candidat der Gottesgelehrtheit, Zürich 1783 und J. Heer, Der Kriminalprozess der Anna Göldin von Sennwald. (1781–1782), in: Jahrbuch des historischen Vereins des Kantons Glarus, Heft 1 (1865), S. 9–53. Die Orginalakten des Prozesses sind verschwunden…

35 Von 1739–1741 studierte dieser Theologie in Basel, ab 1766 war er Pfarrer in Glarus und ab 1782 Kämmerer der Synode. Vgl. Die Matrikel der Universität Basel. Herausgegeben von Max Triet, Pius Marrer und Hans Rindlisbacher, Basel 1980, Bd. 5, S. 99 (Nr. 492) und Gottfried Heer, Die evangelische Geistlichkeit des Landes Glarus 1530–1900, (Kap. VIII der glarnerischen Kirchengeschichte), Schwanden 1908. Teil B, S. 53. In einem Brief an den Zürcher Antistes Johann Rudolph Ulrich verteidigte Tschudi den Prozess und den in Glarus herrschenden Hexenglauben. Vgl. Freundschaftliche und vertrauliche Briefe von Heinrich Ludewig Lehmann, 2. Heft, S. 3–21.

36 Brief Becks an Pfarrer Tschudi vom 19. März 1763. Vgl. Beck Korrespondenz, S. 318. Vgl. auch Curiculum Vitae von [dem Arzt] Johann Jacob Tschudi, für das Doctorexamen verfasst, UBB Mscr. A.A.I.36, No. 18. «Suo Hospiti & Amico carissimo» widmete Beck in Tschudis *Dissertatio Inauguralis Medica De Singultu* (Basel 1767), ein aus drei Distichen bestehendes Gedicht.

37 Siehe Die Matrikel der Universität Basel. Bd. 5, S. 287 (Nr. 1347).

es mit ihren eitlen Künsten natürlich zugehe, ist hier nicht zu untersuchen. Genug, dass solche böse Menschen bey ihren verfluchten Künsten Sclaven des unreinen Geistes, des Erzbetrügers, der sie in seinen Stricken aus einer Bosheit in die andere füret.»[38] Dass Beck zur Hexenverfolgung anstiftete, kann man nicht behaupten – dass seine Lehre der Hexenjagd die theologische Legitimation entzogen hätte, jedoch auch nicht. Wahrscheinlich hatte der alte Beck vom Glarner Hexenprozess Kenntnis[39] – ob er sich etwa gar Vorwürfe machte, bleibt Spekulation.

5. Beck als Patriot?

Beck war weder Mitglied noch Gast der 1761 in Schinznach gegründeten *Helvetischen Gesellschaft.* Zu den patriotischen Eiferern des 18. Jahrhundert gehörte er bestimmt nicht. Als Schweizergeschichtler setzt er sich damit von einem Grossteil vaterländisch bewegter Historiker der zweiten Jahrhunderthälfte ab. Sein Interesse scheint ein vorwiegend wissenschaftliches gewesen zu sein; die Geschichtsschreibung war für ihn nicht in erster Linie Dienerin einer nationale Idee. Dezidiert heimatselige Äusserungen sind von ihm nicht erhalten. Isaak Iselin, Mitbegründer der *Helvetischen Gesellschaft*, der selbst bei Beck Schweizergeschichte studiert hatte, arbeitete mit Beck zusammen an der erwähnten Schulreform; das Verhältnis war von gegenseitiger Wertschätzung geprägt.[40] Trotz seiner Führungsrolle in der *Helvetischen Gesellschaft* und der Bewerbung um den Lehrstuhl für Geschichte (Nachfolge von Johann Heinrich Brucker), interessierte sich Iselin indes mehr für Universal- denn National- oder Lokalgeschichte.[41] Die Erziehung zum Menschen hatte bei Iselin Vorrang vor derjenigen zum Staatsbürger. Weitere Kontakte Becks mit Basler Exponenten der *Helvetischen Gesellschaft* sind nicht bekannt. Aus Becks Historikergeneration war Isaak Iselin das einzige Basler Mitglied.[42]

38 Jacob Christoff Beck, Vollständiges Biblisches Wörterbuch oder Real- und Verbal-Concordanz, Teil 2, Basel 1770, S. 799, Artikel «Zauberey».

39 Denn das Echo auf den Prozess war gewaltig. Vgl. Jakob Winteler, Der Anna Göldi-Prozess im Urteil der Zeitgenossen, Glarus 1951.

40 Vgl. Ulrich Im Hof, Isaak Iselin und die Spätaufklärung, Bern und München 1967, S. 185. Lediglich ein Brief von Iselin an Beck vom 24. Januar 1762 ist erhalten und von E. Staehelin auszugsweise transkribiert. Siehe Beck Korrespondenz, S. 323.

41 Seine *Succinta Confoederationis Helveticae* (1754) gingen verloren. Seine *Geschichte der Menschheit* (Frankfurt 1764, Zürich ^{2}1768) hingegen erlangte Berühmtheit. Vgl. Feller / Bonjour, Geschichtsschreibung der Schweiz, S. 562–563.

42 Vgl. Emil Erne, Die schweizerischen Sozietäten: lexikalische Darstellung der Reformgesellschaften des 18. Jahrhunderts in der Schweiz, Zürich 1988, S. 35–40.

Aktiv war Beck zusammen mit Johann Jakob Spreng und Daniel Bruckner in der 1743 gegründeten Basler *Deutschen Gesellschaft,* eines Sprachvereins nach Vorbild der *Deutschen Gesellschaft* in Bern und in Leipzig.[43] Das Anliegen der Gesellschaft, die Verbreitung der deutschen Sprache zu fördern und verbindliche Regeln für deren Gebrauch zu finden, war anfangs nicht ein ausdrücklich patriotisches, obschon man sich im Streit der Zürcher Johann Jakob Bodmer (1698–1783) und Johann Jakob Breitinger (1701–1776) mit der Leipziger Gesellschaft unter Johann Christoph Gottsched (1700–1766) zunächst auf die Seite der Zürcher stellte, die sich gegen das Gottschedsche Sprach- und Literaturdiktat wehrten.[44] Beck selbst war nicht eben erfreut über den sächsischen Sprachimperalismus; in der Vorrede der Supplement-Bände des *Basler Lexikons*[45] entgegnete er auf den Vorwurf, das Lexikon sei im «stylum gar ungleich/unrein und unteutsch», dass man entweder «alles, was zu Basel dem Werck neu ist beygefügt worden, gäntzlich weglassen [muss], oder man ist gezwungen, solches durchgehends umzugiessen, und aus der Barbarischen Schweitzer-sprach in recht nettes und reines Teutsch zu übersetzen.»[46]

Nachdem Sprengs Projekt einer *Helvetischen deutschen Gesellschaft* gescheitert war, wandten sich die Basler vermehrt der Schweizergeschichte zu.[47] Die Gesellschaft tritt ab 1748 zeitweise unter dem Namen «Helvetische Gesellschaft» auf.[48] Becks Natur entsprach es nicht, wie Spreng zu polarisieren, seine pragmatische Haltung gestattete ihm sowohl mit den Zürchern als auch den Exponenten der Berner Gesellschaft, deren Mitglied er seit 1740 war[49], zu korrespondieren. Aus seinen Briefen geht aber klar hervor, dass er wohl grössere Sympathie für

43 Vgl. Erne, Die schweizerischen Sozietäten, S. 253–255.

44 Siehe Adolf Socin, Johann Jakob Spreng. Ein baslerischer Gelehrter und Dichter aus dem 18. Jahrhundert, in: Basler Jahrbuch 1893, S. 238–239.

45 Siehe Supplement zu dem Baselischen allgemeinen Historischen Lexico [...], von Jacob Christoff Beck, SS. Theol. Lic. Hist. P.P. und August Johann Buxtorff / Pfarrer bei St. Elisabeth. Zwei Theile, Basel 1742 und 1744.

46 A. a. O., Bd. 1, S. 2.

47 Daniel Bruckner etwa widmete der Gesellschaft sein *Versuch einer Beschreibung historischer und natürlicher Merkwürdigkeiten der Landschaft Basel* (Basel 1748–62), Beck seine deutschsprachige Edition von Wurstisens *Epitome historiae basiliensis.*

48 Spreng nennt sich in seiner 1748 gehaltenen Gedächtnisrede zur Schlacht bei St. Jakob «der helvetischen Gesellschaft in Basel Mitglied». Vgl. Socin, Johann Jakob Spreng. S. 240.

49 Mit August Johann Buxtorf (1696–1765), Mitarbeiter Becks am *Supplementum* wurde er im Januar 1740 in die *Deutsche Gesellschaft* Berns aufgenommen. Vgl. Brief von Uriel Freudenberger vom 23. Januar 1740 an Beck, Beck Korrespondenz, S. 163. Dem Mitinitianten der Gesellschaft, Johann Georg Altmann (1695–1758) widmete Beck seine *Introductio in Historiam Patriam.*

die «pro-Gottschedsche» Haltung der Berner, mit denen er auf deutsch korrespondierte, als derjenigen der Zürcher empfand.[50] Die patriotische Absicht bestand nicht vorrangig in einer Abgrenzung gegen eine von aussen aufoktroyierte Schriftsprache, sondern in der Durchsetzung der «reineren Schriftart» durch die Vermeidung der «schändlichen Vermischung deutscher und fremder Wörter». Zweifellos seien diese Bemühungen der Sozietät «dem Vatterlande rühmlich und verträglich.»[51] Beck selbst beabsichtigte, eine «kurtze Abhandlung von der Teutschen Schreibart» abzufassen.[52] Nachdem es innerhalb der Berner Gesellschaft im Dezember 1743 zu einer Spaltung zwischen der progottschedschen Fraktion unter der Führung von Altmann und Hürner und der antigottschedschen Fraktion unter Freudenberger gekommen war[53], erlahmte auch Becks Interesse an der Berner Gesellschaft; die Korrespondenz mit allen beteiligten Kontrahenten brach ab. Die Tätigkeit der Basler *Deutschen Gesellschaft* beschränkte sich nach dem Scheitern der Sprengschen Pläne einer gemeineidgenössischen Front gegen Gottsched[54] auf die Pflege des Patriotismus im Rahmen der Geschichtsforschung.

Ob Beck Gründungsmitglied der 1758 konstituierten *Societas litteraria theologico-philologica Basiliensis* war, lässt sich nicht nachweisen; jedenfalls übernahm er am 26. Juni 1767 von Pfarrer Johann Jakob Bachofen das Protektorat dieser theologisch-literarischen Gesellschaft.[55] Zwar kommt Beck in seiner Antrittsrede nochmals auf

50 Beck schrieb am 11. März 1740 an Uriel Freudenberger als Antwort auf dessen Bericht über die «Verrichtungen» der Gesellschaft: «Ich ersehe daraus, dass man sich einiger Massen die Sächsische Deutsche Gesellschaft zu einem Muster vorstelle, welches meinem Sinn nach sehr wohl gethan ist.» Beck Korrespondenz, S. 168.

51 Beck in einem Brief vom 5. Februar 1740 an Gabriel Hürner (1709–1750), Helfer an der Nydeckkirche und Mitinitiant der Gesellschaft. Vgl. Erne, Die schweizerischen Sozietäten, S. 165 und Beck Korrespondenz, S. 166.

52 Über das Zustandekommen ist nichts bekannt. Vgl. Brief an Uriel Freudenberger vom 11. März 1740, Beck Korrespondenz, S. 168.

53 Freudenberger gründete zusammen mit weiteren Dissidenten die *Vergnügte Gesellschaft* (auch *Junge* oder *Vergnügte deutsche Gesellschaft*), die Kontakte mit den Zürcher Kampfgenossen um Bodmer pflegte. Vgl. Erne, Die schweizerischen Sozietäten, S. 214.

54 A. a. O., S. 253.

55 Wahrscheinlich handelt es sich bei den von Erne, Die schweizerischen Sozietäten, S. 274 dargestellten *Societas litteraria* und *Societas theologica-philologica* um dieselbe Gesellschaft, die *Societas litteraria theologico-philologica*. Vgl. Ernst Staehelin, JbFG 1966, S. 3 und die Oratio inauguralis habita a Viro plurimum Venerando Jacobo Christophoro Beckio, S.S. Theol. Doct. & Prof. Clar. cum Munus Protectoris Societatis litterariae Basiliensis rite susciperet. d. 26. Junii 1767. FG Mscr. IV, 32, S. 13, wo Beck selbst von der «Societas litteraria theologico-philologica Basiliensis» spricht.

die Frage nach der rechten deutschen Sprache und ihre Durchsetzung in der Schweiz zu sprechen[56], doch befasste sich die Societas in ihren wöchenlichen Sitzungen unter Becks Leitung vorwiegend mit theologischen Themata in lateinischer Sprache.[57] Die Förderung der deutschen Schriftsprache schweizerischer Prägung war ihr kein Anliegen mehr. Dass Beck in der deutschen Schriftsprache nur mehr das Kommunikationsmittel für den nicht-akademischen Alltagsgebrauch sah, bezeugt seine Klage über den abnehmenden Gebrauch des Lateinischen als Wissenschaftssprache in der Vorrede zu seinem *Biblischen Wörterbuch,* für dessen Publikation in Latein er keinen Verleger gefunden hatte.[58]

Becks Interesse an der vaterländischen Geschichte bestand nicht aufgrund eines Patriotismus, dem spätestens von der Jahrhundertmitte an in aufklärerischen Kreisen wie etwa der *Helvetischen Gesellschaft* gehuldigt wurde. Dass er eben doch einer älteren Generation von Schweizerhistorikern angehört habe, und sich seit 1744 vorwiegend um die Theologie bemüht habe, dürfte als Erklärung für seinen – vergleichsweise – wenig ausgeprägten Patriotismus kaum überzeugen; das Beispiel des Theologen Johann Caspar Lavaters zeigt, dass religiöser und patriotischer Taumel zu der Zeit einfach zu verbinden waren.[59]

6. Das schweizergeschichtliche Werk

Das profanhistorische Œuvre Becks besteht zur Hauptsache aus einer Basler- und einer Schweizergeschichte. Während die *Introductio in Historiam Patriam Helveticorum* (1744), ein in erster Linie für den universitären Gebrauch bestimmtes Handbuch, von Beck selbst verfasst wurde, fügte er *Christian Wursteisens Kurzem Begriff der Geschichte von Basel* (1757) lediglich Anmerkungen[60] bei. Das letztere Werk wirft ein Licht auf die Methode von Becks historischem Arbeiten. In der *Intro-*

56 A. a. O., S. 17.
57 Vgl. Staehelin, JbFG 1966, S. 3ff.
58 Siehe Vollständiges Biblisches Wörterbuch oder Real- und Verbal-Concordanz, Teil 1, Basel 1770, S. 8.
59 Vgl. die für die *Helvetische Gesellschaft* 1767 verfassten *Schweizerlieder.* Die Stilisierung der Schweizer zu einem zweiten auserwählten Volk zeigt auf, wie man patriotische Heilsgeschichte schreiben konnte. Johann Caspar Lavaters ausgewählte Werke, hg. von Ernst Staehelin, 1. Bd, Zürich 1943, S. 70–80.
60 Der Umfang dieser Anmerkungen ist beachtlich, insgesamt sind es mehr als 150 Seiten.

JAC. CHRISTOPHORI
BECKII,
S. T. L. & Hiſt. P. Baſil.
INTRODUCTIO
In
HISTORIAM PATRIAM
HELVETIORUM,
ad Annum 1743. uſque progreſſa,
& in uſum
Academicum
concinnata.

TIGURI,
Apud Heideggerum & Socios, 1744.

Abb. 48: Titelblatt von Becks *Introductio in historiam patriam Helvetiorum* von 1744 (UBB).

ductio gibt er, wenn auch nur sporadisch, Einblick in seine Argumentations- und Interpretationsweise.[61]

Becks Umgang mit Quellenmaterial ist gekennzeichnet durch profundes Fachwissen.[62] Anmerkungen liefert er, wo Ungereimtheiten und Widersprüche auftauchen oder zusätzliche Quellen als Bestätigung der aufgezeigten Sachverhalte dienen sollen. Beck verwendet für seine Anmerkungen Werke zeitgenössischer Historiker wie Daniel Bruckner, Johann Daniel Schoeplin, Charles Guillaume de Loys de Bochat (1695–1754), Johann Konrad Füssli (1704–1775), Johann Jakob Leu (1689–1768) und alter Autoritäten wie Peterman Etterlin (1440/50– ca. 1509), Josias Simler (1530–1576), Johannes Stumpf (1500–1577/78), Johann Heinrich Hottinger (1620–1667) und Aegidius Tschudi (1505–1572), «Verfasser der besten Schweizer-Chronick.»[63] Zudem greift er da, wo ihm die Autoritäten ungenügend scheinen, teilweise auf unpublizierte Quellen zurück. Bei der Interpretation bleibt Beck vorsichtig und kritisch. Wo Antinomien nicht aufzulösen sind, fügt er keine seinem eigenen Deutungsansatz entsprechende Spekulationen hinzu. Er plädiert ausdrücklich für die intellektuelle Redlichkeit des Historiographen: «Mit allem disem ist nicht zu laügnen, dass wir in disem Stücke nichts, als ungewisse Muhtmassungen haben. Warum wollen doch die Gelehrten niemals sagen: Wir wissen es nicht? Können wir denn alle Finsternisse des Altertums aufheitern?»[64] Sein Unwille, Mythen unreflektiert zu tradieren, kommt bei der Erörterung der Legende von Ursula und Pantalus zum Ausdruck. Er verweist auf die Tatsache, dass für die erst im 12. Jahrhundert auftauchende Legende von Pantalus, dem Begleiter der heiligen Ursula und ersten Bischof von Basel keinerlei

61 Ein gar so «dürres Tatsachengerippe» wie von Feller / Bonjour, Geschichtsschreibung der Schweiz, S. 557, behauptet wird, ist die *Introductio* denn doch nicht, auch wenn es sich fast ausschliesslich um eine Kriegs- und Ereignisgeschichte handelt. Bei der Gattung ‹Handbuch› ist von einer Beschränkung auf die wesentlichen Fakten und allgemein anerkannten Interpretamente auszugehen. Ein Beispiel moderner Handbuchliteratur zeichnet sich durch eben diese Beschränkung aus. Vgl. Hans von Greyerz / Erich Gruner / Guy P. Marchal / Peter Stadler / Andreas Staehelin, Geschichte der Schweiz, München 1991 (die einzelnen Kapitel sind aus dem Handbuch der europäischen Geschichte übernommen).

62 Ich stütze mich hier vorwiegend auf *Christian Wursteisens Kurzen Begriff der Geschichte von Basel.* Die *Introductio* enthält kaum Anmerkungen und Quellenangaben, denn Beck habe «nichts angeführt [...], welches man nicht mit einem oder mehrern Zeugnissen der bewährtesten Schriftsteller bekräftigen könne.» Vgl. Einleitung zu den Helvetischen Geschichten, Vorbericht, S.)(3. Wo nicht anders angemerkt, wird die *Introductio* nach der deutschen Übersetzung von 1768 zitiert.

63 Wursteisens kurzer Begriff, S. 35.

64 A. a. O., S. 127–128.

glaubwürdigen Indizien gefunden werden könnten; des weiteren wäre Bischofsitz ohnehin Augusta Raurica gewesen und nicht Basel.[65] Das Amt des Ersten Bibliothekars der Universitätsbibliothek (ab 1753) kam Beck bei seinen historischen Recherchen zweifellos zugute; für in Basel veröffentlichte Schriften war er Experte.[66]

Der Anlass für die Abfassung eines «Lehrbegriffs» der «vaterländischen Geschichte» war das Fehlen eines geeigneten kurzen Überblicks über die Schweizergeschichte, das «der studirenden Jugend» als «Leitfaden» hätte dienen können und Beck als Grundlage seiner schweizergeschichtlichen Vorlesungen zur Verfügung gestanden wäre.[67] Weiter könne die *Einleitung* auch dem «Gelehrten» als handbuchartiger Abriss des Themas dienen.[68] Dass er sich in seiner Lehre auf die Schweizergeschichte konzentriere, begründet Beck mit dem «meisten Nutzen», den die Studenten daraus ziehen könnten; er schliesst, dass «die Beleuchtung der vaterländischen Geschichte beydes in [...] [seinen] öffentlichen und absonderlichen Vorlesungen [...] [sein] Hauptgeschäfte seyn» müsse.[69] Über den Stellenwert der vaterländischen Geschichte äussert er sich deutlich: Sie sei «nach der Glaubens- und Sittenlehre, die nöthigste Wissenschaft eines Bürgers.»[70] Die Begründung, die er für die Auseinandersetzung mit der ‹eigenen› Geschichte, gibt, wirkt formelhaft und beruht wohl auf Wurstisens Vorlage: «Es ist fast allen Menschen eine Begihrde angebohren, durch welche sie trachten, sich einige Känntniß der Geschichte ihres Vaterlandes zu verschaffen. Daher kömmt es auch, daß die Geschichtschreiber aller Zeiten und Länder, nicht so sehr die Historie anderer Völker, als ihres eignen Landes zu untersuchen, und den Nachkömmlingen zu hinterlassen sich bemühet haben.»[71]

Die topographische Lage Helvetiens erörtert Beck im ersten Kapitel. Er stützt sich auf «das Zeugnis der ältesten Schriftsteller», namentlich

65 A. a. O., S. 112–115.
66 Vgl. sein leider unpubliziert gebliebenes Gelehrtes Basel oder Gesammelte Nachrichten zu der Kirchen- und Gelehrten-Geschichte von Basel. Von den aeltesten Zeiten an bis auf das jetz laufende Jahr. Aus den bewährtesten Quellen und Urkunden gezogen durch Jacob Christoph Beck, der Gottsgelehrtheit Doctor und Professor, auch Bibliothekarius und Lector der Frey- und Grynäischen Stiftung. FG Mscr. VII 4a-d. Die Vorrede ist auf 1775 datiert.
67 Einleitung zu den Helvetischen Geschichten, Vorbericht, S.)(2.
68 A. a. O., S.)(3.
69 A. a. O., S.)(2.
70 A. a. O., S.)(4.
71 Wursteisens Kurzer Begriff, Vorrede. Wursteisen begründet in seiner *Zuschrift dem Magnifico Rectori, und ganzen akademischen Rathe zu Basel,* die Verfassung seines *Begriffs* mit der «von Natur allen eingepflanzte[n] Liebe gegen das Vaterland.» A. a. O., S. 24.

Gaius Julius Caesars. Das gallische Volk der Helvetier habe das Gebiet, das ihm Norden und Osten vom Rhein, im Süden vom Genfersee und der Rhone und im Westen vom Jura begrenzt ist, bewohnt.[72] Sogleich schliesst Beck eine Beschreibung der Grenzen an, welche die Helvetier «heut zu Tage haben.»[73] Diese entspricht abgesehen von cis-alpinen Erweiterungen derjenigen des alten Helvetiens. Der «Helvetische Staat» sei wie alle gallischen Staaten ‹föderalistisch› regiert worden; für wichtige Entscheidungen habe man «das ganze Volk zu einem Landtage berufen».[74] Es folgt eine Darstellung des zeitgenössischen «helvetische[n] Staat[es]», der politischen Strukturen der dreizehnörtigen Eidgenossenschaft. Der Staat wird wiederum ‹föderalistisch› regiert; nur wenn es «um das gemeine Beste des eidsgenössischen Staats zu thun ist, so wird eine Tagsatzung darüber angestellet.»[75] Aus der zweifachen Parallelführung betreffend der Topographie und der politischen Strukturen des alten helvetischen Staates mit dem neuen, wird deutlich, dass für Beck die Vaterländische Geschichte nicht mit dem Bund der Waldstätte, sondern in – nicht näher bestimmbarer – Vorzeit beginnt. Beck legitimiert die Existenz der Eidgenossenschaft mit einem antiken helvetischen Staat, der seinerseits keiner weiteren Legitimation bedarf, da er der erste Staat im Gebiet der Eidgenossenschaft gewesen sein muss. Beck impliziert eine Kontinuität des Staates, dessen Angehörige zwar unter Fremdherrschaft «hart gedrücket»[76] wurden, letztlich aber im Wissen um ihre althergebrachte Freiheit den Aufstand gegen die Unterdrücker in dem Augenblick wagten, als «ihre Freyheit bereits in den letzten Zügen lag. Daher entstund der eidgenössische Bund.»[77] Die «Bundsgenossen» zerstörten die Burgen der «Tyrannen» und verjagten diese und «legten also den Grund zu dem eidsgenössischen Freystaate.»[78] Die Rückeroberung der helvetischen Gebiete wurde 1536, als die Berner die «alten Grenzen Helvetiens, nämlich den Genfersee» erreicht hatten, abgeschlossen.[79] In diese Zeit fällt für Beck auch der erste Versuch einer

72 Einleitung zu den Helvetischen Geschichten, S. 1.
73 A. a. O., S. 2.
74 A. a. O., S. 4.
75 A. a. O., S. 4–5.
76 A. a. O., S. 14.
77 A. a. O., S. 21. Verantwortlich für die Schliessung des ersten Bundes im Jahre 1308 sei Albrecht I. gewesen, der seinen «Reichsvögten» gebot, «das Volk, wie es auch immer seyn möchte, seiner Freyheit zu berauben, und unmittelbar unter das österreichische Joch zu bringen.» A. a. O., S. 21.
78 A. a. O., S. 22.
79 A. a. O., S. 57.

eidgenössischen Neutralitätspolitik.[80] Im weiteren Verlauf der Darstellung treten die Eidgenossen nicht mehr als Eroberer auf; die Truppen, die weiterhin an ausländischen Konflikten beteiligt sind, vertreten zwar eidgenössische Interessen (wenn auch kaum gesamteidgenössische), territoriale Expansion wird aber nicht mehr angestrebt.[81]

Da wo innereidgenössische Konflikte thematisiert werden, ist Beck selbst um Neutralität bemüht – der Feind ist stets ein äusserer und zuweilen auch (mit)verantwortlich für innere Konflikte.[82] Seine Darstellung der Reformation ist das eindrücklichste Beispiel dafür, wie sehr er sich um eine unparteische und unpolemische Haltung bemühte.[83] Partei ergreift Beck bei inneren Konflikten nur da, wo die soziale Ordnung bedroht ist; zu Recht bekämpfte die Obrigkeit «das Übel» des Bauernaufstandes von 1653 – eine politische Emanzipation der «Unterthanen» lehnt er kategorisch ab.[84]

7. Wilhelm Tell

Die Historizität Wilhelm Tells rückt im 18. Jahrhundert ins Zentrum patriotischer Heldenverehrung und führte unter Historikern und Laien zu einem erbitterten Streit, der in der Verbrennung von Uriel Freudenbergers 1760 anonym publizierten Schrift *Wilhelm Tell, ein dänisches Mährgen* (1760) durch den Urner Scharfrichter gipfelte.[85] Die Politisierung des Historikerstreits provozierte einige grotesk polemische Stel-

80 Erstmals hätten die Eidgenossen Ende des 15. Jahrhunderts, als Spanien und Habsburg Karl VIII. zum Rückzug aus Italien zwangen, beschlossen «die Ihrigen künftighin von allen fremden Kriegsdiensten auf das strengste abzuhalten.» A. a. O., S. 45. Er verwirft die damals allgemein anerkannte Herleitung der Neutralität von der Schlacht bei Marignano. Vgl. Edgar Bonjour, Geschichte der schweizerischen Neutralität. Drei Jahrhunderte schweizerischer Aussenpolitik, Basel 1946, S. 14.

81 Es stellt sich die Frage, ob für Beck die geglückte Befreiung Helvetiens und deren Gleichzeitigkeit mit dem Ende der Gebietserweiterung auf göttlicher Fügung beruhte (für kontingent wird er dieses Zusammentreffen wohl kaum gehalten haben).

82 So sei etwa in der Auseinandersetzung die zum ersten Villmergerkrieg (1655) führte, durch die französischen, spanischen und päpstlichen Gesandten «die Funken der Zweytracht [...] immer ärger angeblasen, dass endlich selbige in volle Flammen ausschlugen.» Einleitung zu den Helvetischen Geschichten, S. 89.

83 A. a. O., S. 51–56. 1760 äusserte Johann Anton Felix Balthasar (1737–1810) die Absicht, nach Beckschem Vorbild eine «Einleitung in die Helvetischen Geschichten für die schweizerische catholische Jugend» zu verfassen, in der die Reformation wahrscheinlich mit mehr Parteilichkeit behandelt worden wäre. Vgl. Wessendorf, Geschichtsschreibung für Volk und Schulen, S. 186.

84 Einleitung zu den Helvetischen Geschichten, S. 87.

85 Ricco Labhardt, Wilhelm Tell als Patriot und Revolutionär, Basel 1947, S. 63.

lungnahmen von ansonsten nicht unwissenschaftlich zu nennenden Historiographen. Da Tell von den Exponenten der Patriotischen Bewegung (allen voran der *Helvetischen Gesellschaft*) selbst als wertkonservativer Patriot instrumentalisiert wurde[86], überrascht es kaum, dass fundamental-patriotische Kreise die Authentizität Tells vehement verteidigten. Johann Jakob Spreng artikulierte eine verbreitete Meinung in sehr dezidierter Weise: «Denn einen Wilhelm Tellen in dessen Vaterlande läugnen oder auch nur zweiflich machen, ist eben so viel, als die geheiligten Archive daselbst einer Falschheit beschuldigen oder in Verdacht ziehen und dem Volke Gottes einen Moses oder Erzvater wegstreiten wollen.»[87] Kritischere Stimmen gab es schon früher; Becks Lehrer und väterlicher Freund, Jacob Christoph Iselin äusserte im *Basler Lexikon* seine Zweifel an der Glaubwürdigkeit der Tellengeschichte. Beck seinerseits bestreitet die Existenz Tells nicht; seine knappe, unmotivierte Erwähnung lässt aber vermuten, dass er, der ansonsten ungesicherten Fakten kritisch entgegentritt, eine Konzession an seinen Freund Johann Jakob Spreng, den Übersetzer des Werks machte.[88] Becks Basler Kollege Johann Rudolf Iselin und Johann Heinrich Gleser hielten an der Historizität Tells fest.[89] Lediglich Isaak Iselin bezweifelte die Glaubwürdigkeit der Überlieferung.

8. Zusammenfassung

Zur Gattung der sich ab Mitte des 18. Jahrhunderts verbreitenden «patriotischen Geschichtsschreibung»[90] gehört Becks schweizergeschichtliches Œuvre nicht. Pragmatismus, nicht Enthusiasmus ist in seinen Werken vorherrschend. Becks Selbstverständnis war das eines Theologen, der die Bereiche der Theologie und der profanen Wissenschaften auseinanderhielt. Die Geschichte kommt zwar immer erst an zweiter Stelle, trotzdem betrachtet er sie nicht bloss als *ancilla theologiae*. Bedauernswert ist, dass seine Schweizergeschichte lediglich als Leitfaden gedacht war und nur wenig Interpretationen enthält. Die

86 A. a. O., S. 146.
87 Der Neue Eidsgenosse. Eine moralische Wochenschrift, Jg. 3, Stück 47, S. 143 (undatiertes Manuskript, ca. 1751, UBB Falk. 427).
88 Überzeugend wirkt die Anekdote kaum: «Die Gemüther wurden durch den Unfug, welcher W i l l h e l m T e l l e n , einem Urner, widerfuhr, noch mehr erbittert. Dieser erleichterte die Ausführung ihres Vorhabens nicht wenig, als er den einten Vogt, Namens G r i s l e r , erschoss.» Einleitung in die Helvetischen Geschichten, S. 22.
89 Vgl. Heitz, Johann Rudolf Iselin, S. 128 und 159–160. Es entbehrt nicht einer gewissen Ironie, dass Gleser mit seiner deutsch-lateinischen Edition des Bundesbriefes von 1291 den Kritikern Argumente lieferte. A. a. O., S. 160.
90 Wessendorf, Geschichtsschreibung für Volk und Schule, S. 199.

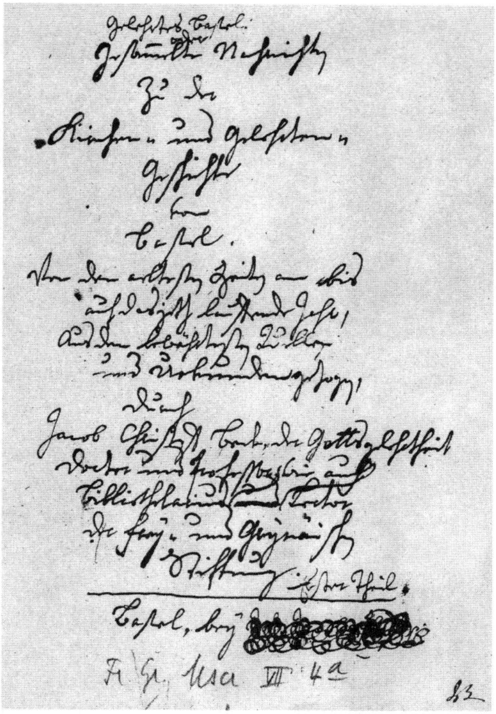

Abb. 49: Titelblatt von Becks Hand zum ersten Teil seines *Gelehrten Basels.* Die Angabe des Druckers rechts unten ist gestrichen: Beck fand für das Werk keinen Verleger (FG Mscr. VII 4a; UBB).

Hauptlinie der Argumentation, wonach es sich bei der vaterländischen Geschichte seit dem Bund der Waldstätte um den Prozess der Wiederherstellung der Freiheit der alten Helvetier gehandelt habe, ist eine weitgehend säkulare und nicht sichtbar geprägt durch die Überzeugung «vom Handeln Gottes am Schweizervolk.»[91] Becks vernünftige Orthodoxie unterscheidet sich vom Pietismus darin, dass sie die Religiosität von der Vernunft nicht losgelöst sah[92]. Beck läuft somit auch nicht wie etwa der Pietismus Gefahr, religiöse Versatzstücke, die sich der Prüfung durch die Vernunft entziehen, in die Geschichtswissenschaft zu implementieren. Das Primat der Theologie bleibt bei Beck unangetastet, sein

91 Ernst Staehelin, Vom Handeln Gottes am Schweizervolk. Überblick über die Geschichte der christlichen Kirche auf dem Boden der heutigen Schweizerischen Eidgenossenschaft, in Ekklesia, Bd. 3/10: Die evangelischen Kirchen der Schweiz, Gotha 1935.

92 Vgl. oben Sommer, Theologie und Geschichte in praktischer Absicht: Jakob Christoph Beck.

Abb. 50: Vignette aus Becks *Fundamenta* von 1757 mit Hermes und Athene (UBB).

Interesse an der Geschichte als Mittel der sittlichen Bildung des Bürger gründet letztendlich auf religiösem Fundament. Die vergleichsweise klare Abgrenzung der Geschichtswissenschaft von der Theologie, sowie die Tatsache, dass Beck die Geschichte eben doch bloss «Nebenabsicht» war, mögen erklären, weshalb Beck trotz seines grossen Einsatzes für die Schweizergeschichte nicht in die Lieder vaterländischer Begeisterung einstimmte. Das kleine, einschlägige Œuvre Becks macht eine Beurteilung seiner schweizergeschichtlichen Arbeit schwierig; augenfällig ist, dass er sich dabei nicht wie in der Theologie durch orthodoxe Einengungen selbst konditionierte. Einen «Erzvater zu läugnen»[93], ist für den Schweizerhistoriker Beck kaum Sünde.

Das Hauptanliegen Becks, das sowohl in seiner theologischen als auch schweizergeschichtlichen Arbeit zum Ausdruck kommt, war ein pädagogisches. Die Erziehung diente ihm als Mittel zur sittlichen Verbesserung des Menschen. Nicht Theorie stand im Vordergrund, sondern die praktische Erziehungsarbeit, das Handwerk des Pädagogen. Keinesfalls nur widerwillig beschäftigte sich der Theologe Beck mit der Schweizergeschichte, obgleich sie ihm immer nur «Nebenabsicht» war. Man mag es bedauern, dass er sich die vaterländische Geschichte nur während kurzer Zeit zum «Hauptgeschäft» gemacht hatte, auch wenn man einen selbst aus heutiger Sicht einleuchtenden Grund für den Fakultätswechsel ausmachen kann: Der Karriereschritt von der Geschichte zur Theologie lohnte sich in jedem Fall einkommensmässig.[94]

93 Vgl. Anmerkungen 87.
94 Der Professor des Alten Testaments verdiente ziemlich genau doppelt so viel wie derjenige der Geschichte. Vgl. Andreas Staehelin, Geschichte der Universität Basel 1632–1818, Basel 1957, S. 542.

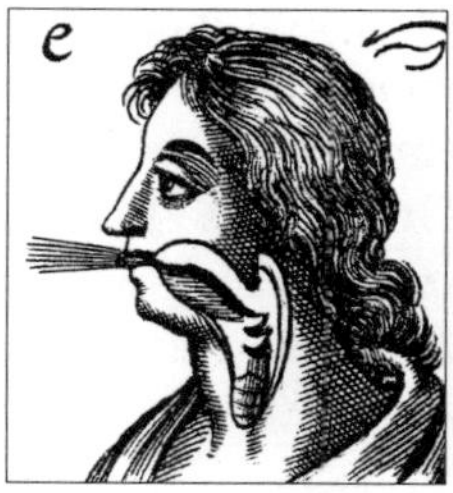

Thomas K. Kuhn

«Dem Nebellande müssigen Grübelns ferngeblieben»[1] Lehre und Lehrer bei Karl Rudolf Hagenbach

I.

Im Alter von 23 Jahren begann Karl Rudolf Hagenbach (1801–1874)[2] im Wintersemester 1823/24 seine Lehrtätigkeit als Privatdozent an der Universität in Basel. Kurz zuvor hatte er auf Drängen von W. M. L. de Wette mit der Arbeit «Observationes historico-hermeneuticae circa Origenis Adamantini methodum interpretandae Sacrae Scripturae» den Lizentiatsgrad und damit die Lehrbefugnis in Basel erworben.[3] Bis zum Sommersemester 1874, d. h. über fünfzig Jahre lang, unterrichtete Hagenbach vor allem Kirchengeschichte, aber auch Neues Testament, Praktische Theologie und theologische Enzyklopädie und Methodik. Seit 1840 wirkte er zudem als Religionslehrer der obersten Klasse am Basler Pädagogium. Zahlreiche Schüler und Studenten erlebten Hagenbach als Lehrer und Professor. Vier seiner Studenten erlangten im weiteren Verlauf des 19. Jahrhunderts weit reichende Bedeutung innerhalb und ausserhalb der Schweiz: der Kunsthistoriker Jacob Burckhardt sowie die Theologen Daniel Schenkel, Christoph Johannes Riggenbach und Alois Emanuel Biedermann. Die drei Theologen entwickelten sich

1 Karl Rudolf Hagenbach, Ueber den Begriff und die Bedeutung der Wissenschaftlichkeit im Gebiete der Theologie. Eine akademische Rede mit erläuternden Anmerkungen, Basel 1830, S. 34.

2 Siehe auch A. U. Sommer, Die Ambivalenz der «Vermittlung», im vorliegenden Band und die in der Bibliographie angeführte Literatur zu Hagenbach.

3 Andreas Staehelin, Geschichte der Universität Basel 1818–1835, Basel 1959, S. 37f.

zu herausragenden Protagonisten widerstreitender theologischer und kirchenpolitischer Richtungen des 19. Jahrhunderts. Schenkel (1813–1885) etwa, der nach einem kurzen Basler Gastspiel als Nachfolger de Wettes einen Ruf an die Universität Heidelberg annahm und dort eine überraschende Wendung zum theologischen Liberalismus vollzog[4], war Mitbegründer und bis 1874 stellvertretender Vorsitzender des liberalen Deutschen Protestantenvereins. Sein 1864 veröffentlichtes Buch «Das Charakterbild Jesu. Ein biblischer Versuch»[5] löste in Baden den sogenannten «Schenkelstreit» aus. In kirchlich konservativen Kreisen erfuhr Schenkels Jesus-Darstellung heftigen Widerstand, aber auch aus dem theologisch liberal gesinnten Lager erscholl Kritik und wurde Unverständnis signalisiert.[6] In völlig anderes theologisches Fahrwasser geriet der Basler Riggenbach (1818–1890). Er kam aus einem pietistisch geprägten Elternhaus und hatte sich im Studium zusammen mit seinem Freund und späteren Schwager Biedermann über den Basler Philosophen Friedrich Fischer (1801–1854)[7] David Friedrich Strauss (1808–1874) und in Berlin Wilhelm Vatke (1806–1882) angeschlossen.[8] Als die beiden 1842 das kirchliche Examen in Basel ablegen wollten, wurden sie als «Hegelianer» nicht ohne weiteres von den kirchlichen Behörden zugelassen. Erst nach einer schriftlichen Stellungnahme und Einzelgesprächen gestattete der Konvent den beiden vielversprechenden jungen Theologen, das Examen abzulegen. Antistes Jacob Burckhardt ordinierte die beiden «Hegelianer» nach erfolgreich bestandenen Prüfungen.[9] Doch sollte sich Riggenbach in seinem Bennwiler Pfarramt (Basel-Land) schon bald an seine ursprünglichen religiösen Wurzeln erinnern und kehrte unter dem Einfluss von Johann Peter Romang (1802–1875)[10] und Ludwig Friedrich Wilhelm Hoffmann (1806–1873)[11] ins pietistisch-positive Lager zurück. Nach seiner Berufung zum Pro-

4 Siehe dazu «Briefe von Daniel Schenkel an Andreas Heusler (1840–1851)», hrsg. von Karl Schib, in: Schaffhauser Beiträge zur vaterländischen Geschichte, Heft 30 (1953), S. 163–230 (172–176).

5 Es erschien in Wiesbaden und erlebte bis 1873 vier Auflagen.

6 Zum Schenkelstreit siehe Claudia Lepp, Protestantisch-liberaler Aufbruch in die Moderne. Der deutsche Protestantenverein in der Zeit der Reichsgründung und des Kulturkampfes, Gütersloh 1996, S. 231–244; dort auch weitere Ausführungen zur Rolle Schenkels im Protestantenverein.

7 Zur Person siehe Thomas K. Kuhn, Der junge Alois Emanuel Biedermann. Lebensweg und theologische Entwicklung bis zur «Freien Theologie» (1819–1844), Tübingen 1997, S. 93–96; 172–176.

8 Siehe dazu a. a. O., S. 136–142; 357f.; 391–394.

9 A. a. O., S. 313–353.

10 Zur Person siehe Thomas K. Kuhn, Johann Peter Romang, in: BBKL, Bd. 8, Sp. 626–630.

11 Hoffmann war Inspektor der Basler Mission; Carl H. Hoffmann, Leben und Wirken des Dr. L. F. W. Hoffmann, Berlin 1878.

fessor an der Basler Fakultät im Jahr 1851 wurde er zu einem der massgebenden positiven Theologen der Schweiz.[12] Biedermann (1819–1885) hingegen blieb seiner liberalen Prägung treu, legte 1844 als Erstling eine wirkmächtige Programmschrift für die freisinnige Theologie unter dem Titel «Die freie Theologie oder Philosophie und Christenthum in Streit und Frieden»[13] vor und wurde nach einigen Jahren als Pfarrer im basellandschaftlichen Münchenstein Professor in Zürich.

Diese drei genannten Theologen gehören zu den bedeutendsten Schülern Hagenbachs. Der jüngste von ihnen erhielt 1842 den Auftrag, für den studentischen Zofingerverein eine Beschreibung der Basler Theologischen Fakultät zu schreiben. Der Jura-Student und spätere Basler Regierungsrat Gottlieb Bischoff (1820–1885) bereitete eine Darstellung der Universität Basel vor, die nach dem Vortrag in Basel[14] in den einzelnen Sektionen des Zofingervereins kursieren sollte. Da er sich aber nicht zutraute, qualifiziert über die Theologen zu berichten, bat er Biedermann darum.[15] In seinem Text wandte sich Biedermann schwerpunktmässig den Professoren de Wette und Hagenbach zu, die anderen Fakultätsmitglieder charakterisierte er nur ganz knapp.[16] Dabei sparte er als überzeugter spekulativer Theologe rückblickend nicht mit kritischen Anmerkungen, versuchte aber seinen Bericht in unpolemischer und angemessener Weise zu verfassen. Nach einer wohlwollenden Darstellung de Wettes, dem Biedermann allein vorwarf, sein dogmatischer positiver Inhalt entbehre nicht einer schwankenden Ungewissheit, wandte sich Biedermann Hagenbach zu:

«De Wette erhielt bald, 1823, an *Hagenbach* einen jugendlich frischen Mitarbeiter, der im Allgemeinen die gleiche theologische Richtung verfolgte und die von De Wette freigelassene historische Theologie übernahm. Hagenbach ist von äusserst liebenswürdigem, mildem, coulanten Wesen. Seine durch Phantasie belebte Gemüthlichkeit macht ihn zum Dichter; zum scharfen philos. Denken ist er nicht geschaffen, wie auch seine in das sÿstematische Gebiet einschlagenden Schriften und Collegien, z.B. über *Encÿclopädie*, zeigen, die zwar eine artige Sÿstematisie-

12 Zur Person siehe Kuhn, Biedermann, S. 136–142 und die dort genannte Literatur.

13 Tübingen 1844.

14 Ulrich Beringer, Geschichte des Zofingervereins. Kulturbilder aus dem schweizerischen Studentenleben des neunzehnten Jahrhunderts, Bd. 2: Der Zofingerverein während der Regenerationszeit 1830–1847, Basel 1907, S. 313.

15 Kuhn, Biedermann, S. 355–357.

16 Der Text «Die Universität Basel» befindet sich handschriftlich im Nachlass Gottlieb Bischoffs in UBB. Der Teil von Biedermann ist gekürzt abgedruckt bei Bernhard Riggenbach, Johann Tobias Beck. Ein Schriftgelehrter zum Himmelreich gelehrt, Basel 1888, S. 166–170.

rung und Anordnung der Fächer und im Einzelnen sehr viel feine, geistreiche Bemerkungen giebt, ohne aber über eine ziemlich äusserliche Anordnung hinaus zu einer Entwicklung aus dem Innern der Sache zu kommen. – In der *Kirchengeschichte* schliesst er sich an kein bestimmtes Lehrbuch an, trifft aber schon wegen der ganzen Geistesverwandtschaft am meisten mit Hase[17] zusammen. Sein Vortrag ist einfach, dürfte aber wohl etwas freier und unbefangener sein. Über den Charakter seiner *Dogmengeschichte* giebt sein Lehrbuch[18] Zeugniss. Er theilt sie in einen allgemeinen Theil, der den allg. Charakter der Zeit, der Hauptrichtungen und Entwicklungsmomente allerdings in geistreich gezeichneten Zügen giebt – was eben eigentlich in die Kirchengeschichte gehört und in der Dogmengeschichte vorauszusetzen ist – und in einen Speziellen, worin die Gestaltungen der Lehrmeinungen in den einzelnen Perioden in ihrer Vereinzelung vorkommen. Dabei kommt dann gerade die eigentliche Entwicklung der Dogmen zu kurz, indem nicht sowohl diese selbst in ihrem innerlich nothwendigen Entwicklungsgang vorgeführt werden, sondern mehr nur, was Dieser und Jener darüber gesagt. – Die *Sÿmbolik* nimmt H. als Theil in die Dogmengesch. auf und führt diese bis in die Gegenwart hinein. Er selber ruht eigentlich schon bei Herder und Jakobÿ aus, geht aber doch bis zu Schleiermacher mit, als dessen Schüler in der Theologie er sich bekennt, ohne sich jedoch den Philosophen Schleiermacher angeeignet zu haben. Er unterscheidet sich aber von den gewöhnlichen Schleiermacherianern, die nur das Stichwort ‹Gefühl› von dem Meister haben und sich dann in der Weise Neanders mit kirchlichen Vorstellungen friedlich abfinden, durch grössere Nüchternheit und Schärfe des Verstandes, der sich nicht so leichten Kaufs gefangen giebt. Er übt Kritik, nur nicht bis in den Kern der Sache; denn dieser ist nach ihm, wie die Bundeslade im Allerheiligsten, durch einen Vorhang dem Auge entzogen, nur der Ahnung zugänglich. Die letzten Spitzen seines dogmatischen Denkens verlieren sich in Wolken und Nebel und die obersten Kategorien seines Raisonnements sind: ‹auf der andern Seite aber› und ‹denn doch›.»[19]

Bei diesem Votum Biedermanns gilt zu beachten, dass der junge Theologe 1842 die Methoden und Ergebnisse der spekulativen Theologie zum Massstab seiner Beurteilung machte. Um so mehr ist Biedermanns Beschreibung ein sehr positives Zeugnis für Hagenbachs lehrende Tä-

17 Karl von Hase (1800–1890) war seit 1830 Professor für Kirchengeschichte in Jena. Seine «Kirchengeschichte. Lehrbuch für akademische Vorlesungen», Leipzig 1834, gehört zu den kirchenhistorischen Standardwerken im 19. Jahrhundert und erschien in elf Auflagen 1834–1886.

18 Lehrbuch der Dogmengeschichte, 2 Bde., Leipzig 1840–1841.

19 Bischoff, Universität Basel, S. 14–16.

tigkeit. Vor allem seine einführenden Lehrveranstaltungen über «Encyklopädie und Methodologie» konnten den Studenten wichtige und bleibende Hinweise vermitteln. So schreibt Biedermann in seinem Lebenslauf zuhanden der kirchlichen Prüfungsbehörden Ende 1841: «Nachdem mich hier im ersten Semester Kunst und Deutsche Litteratur so stark angezogen, dass sie mir das ganze theologische Studium ziemlich in den Hintergrund hatten treten lassen, kam mir zu diesen alle Lust und Freudigkeit wieder, als ich näher an dasselbe herantrat, besonders durch die Art, wie ich durch die Encyclopädie von Prof. Hagenbach darin eingeführt und übersichtlich mit dem Gebiet bekannt gemacht wurde.»[20]

Hagenbach wirkte also mit Einfühlungsvermögen und Erfolg als Lehrer und Professor. Dabei spielte sein immer wieder betonter freundlicher und entgegenkommender Charakter eine wichtige Rolle. Auch bot er seinen Studierenden inmitten widerstreitender theologischer Richtungen Orientierungshilfen und konnte zwischen den Schulen vermitteln, eigene Positionen markieren sowie zur theologischen Meinungsbildung der jungen Theologen beitragen.

II.

Im folgenden soll ein Blick auf Hagenbachs pädagogisches Denken geworfen werden. Dafür werden im Wesentlichen drei Schriften Hagenbachs zugrunde gelegt, und zwar seine erste publizierte Äusserung zu Fragen des Theologiestudiums und der Wissenschaftlichkeit der Theologie aus dem Jahr 1830, die unter dem Titel «Ueber den Begriff und die Bedeutung der Wissenschaftlichkeit im Gebiete der Theologie. Eine akademische Rede mit erläuternden Anmerkungen» erschien.[21] In dieser Rede, sein Dank für die verliehene Doktorwürde, skizziert Hagenbach die Grundlinien des Buches, das er drei Jahre später als «Encyklopädie und Methodologie der Theologischen Wissenschaften» publizieren sollte.[22] Schliesslich wird seine Schrift «Ueber die Bedeutung des Religionsunterrichtes an höhern Bildungsanstalten. Schulrede»[23] konsultiert.

Hagenbachs Enzyklopädie verdient in zweifacher Hinsicht besondere Beachtung. Zum einen präsentiert dieses Buch sehr anschaulich die pädagogischen und theologischen Anliegen des Autors. Zum anderen

20 Alois Emanuel Biedermann, Curriculum vitae, StAB: Kirchenarchiv N 17 und UBB im Nachlass Biedermanns: A.II.a.
21 Basel 1830.
22 Leipzig 1833.
23 Zürich 1846.

war es im 19. Jahrhundert «so etwas wie ein enzyklopädisches Standardwerk».[24] Seit seinem Erscheinen 1833 erlebte das Werk insgesamt zwölf Auflagen.[25] Hagenbach versteht seine Einführung dezidiert als «Studentenbuch»[26], mit dem er «schweizerischen Jünglingen» in ihrer «concreten und naturwüchsigen Weise die Dinge anzufassen und zu verarbeiten … klare Einsicht in den wissenschaftlichen Zusammenhang der Theologie» zu vermitteln versucht.[27] Dabei ist sich Hagenbach bewusst, dass schon vor seinem Entwurf andere Enzyklopädien erschienen sind, und er rechtfertigt offensiv, warum er dennoch seinen Grundriss veröffentlichte. In Auseinandersetzung mit den Werken des Hegelianers Karl Rosenkranz (1805–1879)[28] und des gemässigten Rationalisten Johann Traugott Lebrecht Danz (1769–1851)[29] meint der Basler Kirchenhistoriker, einen Platz zwischen beiden finden zu können, zumal der Hegelianer mehr «eine Philosophie der theologischen Wissenschaft»[30] als eine Enzyklopädie biete. Bei Danz verberge sich «die geistige Eigenthümlichkeit so sehr hinter das factisch und empirisch Gegebene seines Stoffes, dass sich ausser der neuen Eintheilung seines Stoffes von der formalen Tendenz des Werkes und den philosophischen Principien, auf die es gebaut ist, nur wenig erkennen lässt.»[31] Nach dieser Apologie besinnt sich Hagenbach auf seine theologischen Wurzeln. Damit wendet er sich Schleiermachers «Kurzer Darstellung des theologischen Studiums zum Behuf einleitender Vorlesungen»[32] zu, die er für seinen Entwurf kritisch rezipiert hatte. Hagenbach bemängelt, dass Schleiermachers Ausführungen auf Grund des knappen Stils nicht immer verständlich seien. Frühe Versuche Hagenbachs mit Schleiermachers «Darstellung» eine Vorlesung zu gestalten, seien deswegen ge-

24 So Gert Hummel, Theologische Enzyklopädie, in: TRE, Bd. 9, S. 733.

25 Die «Encyklopädie» erschien ²1845, ³1851, ⁴1854, ⁵1857, ⁶1861, ⁷1864, ⁸1869, ⁹1874, ¹⁰1880 und ¹¹ 1884 von E. Kautzsch hrsg. und bearb., ¹²1889 ergänzt und hrsg. von M. Reichle. In Pesth (Pest) erschien 1857 eine ungarische Übersetzung; eine amerikanische Ausgabe wurde unter dem Titel «Theological encyclopædia and methodology. On the basis of Hagenbach» von George R. Crooks und John F. Hurst, New York/Cincinnati 1884, 1889, 1891, publiziert.

26 So etwa im Vorwort zur neunten Auflage.

27 Vorrede zur zweiten Auflage, in der neunten Auflage S. VIII.

28 Encyklopädie der theologischen Wissenschaften, Halle 1831.

29 Encyklopädie und Methodologie der theologischen Wissenschaften, Weimar 1832. Danz, evangelischer Theologe und Historiker, habilitierte sich 1804 in Jena an der Philosophischen Fakultät, wurde 1809 Diakon an der Stadtkiche zu Jena; 1810 a.o. und 1812–1837 o. Professor der Theologie. Er publizierte auch ein «Lehrbuch der christlichen Kirchengeschichte», 2 Teile, Jena 1818–1826.

30 Vorrede der ersten Auflage, S. X.

31 Ebd.

32 Kritische Ausgabe hrsg. von Heinrich Scholz, Nachdruck der Ausgabe Leipzig ³1910, Darmstadt 1982.

scheitert und hätten ihn zu einem eigenen Entwurf genötigt.[33] Nachdem Hagenbach viermal seine einführende Vorlesung gehalten hatte[34], liess er studentischen Wünschen entsprechend das Manuskript drucken. Das Werk besteht in der ersten Auflage aus den beiden Hauptteilen «A. Theologische Encyclopädie» und «B. Theologische Methodologie». Im ersten Hauptteil beschreibt Hagenbach das Verhältnis der Theologie zu den anderen Wissenschaften und die herrschenden Geistesrichtungen innerhalb der Theologie, bevor er die theologischen Disziplinen erläutert. Im zweiten Hauptteil spricht er von den theologischen Lehranstalten sowie von Zeit und Umfang des theologischen Studiums. Zum Schluss bietet er eine «Methodologie der einzelnen theologischen Disziplinen».[35]

Hagenbach geht dabei von einem Religionsverständnis aus, das sich an Schleiermacher anlehnt. Religion wird als bestimmter Zustand des Gefühls und des Herzens beschrieben.[36] Für den akademischen Unterricht und die Ausbildung der Theologiestudenten folgt daraus, dass die Zeit des Studiums auch als Zeit der Charakterbildung zu nutzen sei. Bei der Beschreibung der theologischen Disziplinen beginnt er mit der exegetischen Theologie, gelangt über die historische zur systematischen und zur praktischen Theologie. Als grundlegende Aufgaben der Kirchengeschichte benennt Hagenbach drei Bereiche: Einmal sind die historischen Tatsachen aus den Quellen und Dokumenten zu eruieren. Dies ist die historische Kritik. Zum zweiten sind diese Tatsachen unbefangen im Blick auf ihre Kausalität zu beurteilen; die Geschichte ist als ein lebendiges Ganzes darzustellen. Hier spricht Hagenbach von der historischen Pragmatik. Und schliesslich hebt er das lebendige Interesse am Christentum hervor und den seine vielfältigen, positiven und negativen Erscheinungen würdigenden Sinn. Diesen Aspekt fasst Hagenbach unter den Begriffen «religiöse Weihe» und «Begeisterung» zusammen.[37]

Ein Blick auf das ganze Werk zeigt, dass Hagenbach von seinem vermittlungstheologischen Standpunkt aus beabsichtigte, seinen Studenten

33 Vorrede, S. XII.

34 Hagenbach las bis zum ersten Erscheinen der «Encyklopädie» in folgenden Semestern seine einleitende Vorlesung: Sommersemester (=SoSe) 1827, SoSe 1829, SoSe 1831, SoSe 1833 (»nach seinem nächstens in Leipzig erscheinenden Handbuche»); siehe dazu die «Basler Lectionskataloge 1820–1840», UBB: Un 4⁰ 203.

35 In späteren Auflagen ändert sich diese Gliederung. In der letzten von ihm bearbeiteten Auflage erscheint nach einer Einleitung ein «Allgemeiner Theil» und ein «Besonderer Theil».

36 Hagenbach, Encyklopädie, 1. Auflage, § 12.

37 Hagenbach, Encyklopädie, 9. Auflage, § 66, S. 229. Ich beziehe mich auf die 9. Auflage, da sie die letzte von Hagenbach veröffentlichte Fassung ist.

Orientierungshilfen im Pluralismus der theologischen Meinungen zu vermitteln und ihnen einen vorläufigen Überblick über die Voraussetzungen für das Amt des Pfarrers oder des Religionslehrers zu verschaffen. Ferner führte er anschaulich in Geschichte, Fragestellung und Methoden der einzelnen theologischen Disziplinen ein. Dadurch wurde den Studenten die Möglichkeit eröffnet, sich einen durchdachten und zielgerichteten Studienplan anzulegen.

Was aber versteht Hagenbach nun unter einer theologischen Enzyklopädie, was will er mit seinem Entwurf über das bisher Gesagte hinaus erreichen? Damit ist auch die Frage nach seinem theologischen und pädagogischen Selbstverständnis gestellt, wie es auch in seinen anderen genannten Schriften zum Vorschein kommt. Hagenbach definiert die Enzyklopädie als «formalen Umriss aller in das Gebiet des theologischen Wissens gehörender oder in dasselbe einschlagender Kenntnisse und Fertigkeiten», in die er seine Studenten einzuführen gedenkt. Dabei geht es aber nicht darum, den wissenschaftlichen Stoff zu vermitteln, sondern «auf dem geschichtlich gegebenen Grunde das weitere Ziel der Wissenschaft nach seiner principiellen und idealen Seite zu begreifen, sowie durch richtige Absteckung der Grenzen nach aussen und innen Gestalt und Umfang desselben formell zu beschreiben».[38] Darum steht die Enzyklopädie zum einen als einleitende Wissenschaft am Beginn des Studiums und zum anderen aber auch als Fazit am Ende. Eine wichtige Funktion in der Anfangsphase des Studiums nehme die Enzyklopädie nach Hagenbach auch deswegen ein, da der Student durch sie seine Studienwahl und seine Motivation überprüfen solle. Eine gründliche Selbstprüfung sei unerlässlich, weil der Geistliche dem Lehrstand angehöre und dieser wiederum «der höchste geistige Bildner der Menschheit» sei.[39] Damit erhält aber auch der Ausbilder der zukünftigen Pfarrer und der Religionslehrer eine besondere Verantwortung. Als akademischer Lehrer erstrebt er nämlich ein zweifaches Lernziel: Einmal muss «das religiöse Gefühl durch Bildung des Verstandes und der Vernunft zum klaren Bewusstsein» gebracht werden. Zum anderen soll das religiöse Gefühl durch «Bildung des Herzens und sittliche Einwirkung auf den Willen zur bleibenden Gesinnung» herangebildet werden.[40] Hagenbach führt diesen Gedanken aus: «Damit hängt zusammen, dass nicht allein das Mass des Wissens, sondern zugleich das Mass der religiös sittlichen Gesinnung und innern Durchbildung den Werth eines Religionslehrers bestimmen.»[41]

38 A. a. O., S. 1.
39 A. a. O., S. 11.
40 Hagenbach, Encyklopädie, 1. Auflage, S. 33; 9. Auflage S. 32.
41 Hagenbach, Encyklopädie, 1. Auflage, S. 34; 9. Auflage, S. 47.

III.

Im Anschluss an diese Ausführungen stellt sich die Frage, ob Religion und Theologie überhaupt gelehrt werden können. Mit welcher Berechtigung wird an einer Universität die Theologie als wissenschaftliche Disziplin doziert? Kann ihr Anspruch auf Wissenschaftlichkeit überhaupt aufrecht erhalten werden, fragte Hagenbach schon 1830. In seiner Schrift «Ueber den Begriff und die Bedeutung der Wissenschaftlichkeit im Gebiete der Theologie» bietet Hagenbach den Versuch einer Antwort. Bei seinen Erläuterungen geht er von einer kritischen Bestimmung der theologischen Landschaft aus: «Die Ausartung der wissenschaftlichen Theologie in dürren Scholasticismus, die Verknöcherung in positives Satzungswesen, die Versumpfung in einen unklaren Mysticismus, die Verflüchtigung in ein gehaltloses Nebelbild idealistischer Träumerei, so wie endlich die Verflächung in einen dürftigen Naturalismus haben der Würde der Theologie mehr geschadet, als die geistreichen und witzigen Gegner selbst; zumal wenn noch die persönliche Leidenschaft und der unselige Fehdegeist die Waffen zum Kampfe hergaben. Es wird demnach eben so notwendig sein, das Ideal der theologischen Wissenschaft gegen die Entstellungen des eigenen Zerrbildes als gegen die offenen Angriffe der Gegner sicher zu stellen.»[42] Nach dieser Diagnose definiert Hagenbach seinen Begriff von «Wissenschaft» als Synthese von Philosophie und Historie. Auf diesen «ehrwürdigen Grundpfeilern» beruhe auch die Theologie[43], wobei es, so warnt Hagenbach, nicht zu Einseitigkeiten zugunsten der Philosophie oder der Geschichte kommen dürfe. Dominierte nämlich die Philosophie oder würde sie zu einem «Gerippe einer logisch schulgerechten Form»[44], so schade dies der Theologie. Darum sei das beste «Verwahrungsmittel gegen diesen hohlen, sich selbst oft missverstehenden Formalismus … dann eben das schon geforderte Gegengewicht des Historischen.» Denn für die Theologie sei ein ausgeprägtes historisches Bewusstsein unabdingbar, da die Anfänge der Religion doch auf historische Offenbarungen zurückgingen.[45]

Nach dieser Grundlegung leitet der Basler Kirchenhistoriker zu seiner Argumentationskette über, die die Wissenschaftlichkeit der Theologie belegen soll. Wenn man nachweisen könne, so Hagenbach, dass das Christentum und die Kirche ihren Ursprung in konkreten historischen Fakten habe, so sei damit «ein weites Feld einer heiligen Wissenschaft eröffnet».[46] Diese Wissenschaft nennt Hagenbach «positive Theologie»

42 Hagenbach, Begriff, S. 6f.
43 A. a. O., S. 9.
44 A. a. O., S. 11f.
45 A. a. O., S. 12.
46 A. a. O., S. 14.

im engeren Sinne. Ihre Aufgabe sei einerseits, sich von dem Stifter der Religion ein klareres Bild zu machen und die schriftlichen Urkunden des Alten und Neuen Testamentes zu erforschen. Andererseits habe sie sich als Kirchengeschichtsschreibung[47] folgendem Arbeitsgebiet zu widmen: «Das grosse Gesetz menschlicher Entwicklung in Zeit und Raum, klar ins Auge fassend, misst sie jede Erscheinung an dem Massstab ihres Jahrhunderts, verlangt weder von den früheren Zeiten die Aufklärung unsrer Tage, noch lässt sie sich beikommen, unsere Zeit zurückführen zu wollen in die unbefangenen Kinderjahre des apostolischen oder in das romantische Helldunkel des mittleren Zeitalters.»[48] Die Ergebnisse der exegetischen und historischen Arbeit würden mittels der Philosophie zu einem wissenschaftlichen Ganzen zusammengefügt, um dieses schliesslich auf Leben und Praxis zu beziehen. Denn, so argumentiert Hagenbach, wahre Wissenschaftlichkeit sei immer auch lebendige, «dem Leben selbst entschöpfte und auf dasselbe zurückführende».[49]

IV.

Hatte Hagenbach hiermit der Theologie ihren wissenschaftstheoretischen Ort zugewiesen, so stellte sich sechzehn Jahre später das Problem des schulischen Religionsunterrichtes.[50] Seit 1840[51] erteilte er in der obersten Klasse des Basler Pädagogiums zwei Wochenstunden Religionsunterricht. 1846 äusserte sich der Lehrer, auf seine schulischen Erfahrungen zurückblickend, zur Frage, ob die Religion überhaupt Unterrichtsgegenstand sein könne. Bei ihrer Beantwortung wollte er sich allerdings nicht mit einem oberflächlichen Ja begnügen, wie es in wei-

47 In Auseinandersetzung mit der «Milde» des Kirchenhistorikers Neander erklärt Hagenbach: «Vielmehr scheint mir eine Durchdringung der Spittlerschen Schlangenklugheit und der Neanderschen Taubenunschuld, unterstützt von der nötigen Gelehrsamkeit, das Ideal eines Kirchenhistorikers», Hagenbach, Begriff, S. 42, Anm. 3. Hagenbach spielt auf den Stuttgarter Ludwig Timotheus von Spittler (1752–1810) an, der einen «Grundriss der Geschichte der christlichen Kirche», Göttingen 1782, 5. Auflage hrsg. von G. J. Planck, Göttingen 1813, veröffentlichte. Dieses Werk geht in erster Linie von den handelnden Personen aus und versucht, knapp das Wesentliche zu charakterisieren. Seine Kirchengeschichte urteilt vom Standpunkt der Aufklärung und hofft auf deren Durchsetzung. Zur Person und Literatur siehe Hermann Ehmer, Ludwig Timotheus Spittler, in: BBKL, Bd. 10, Sp. 1037–1039.

48 Hagenbach, Begriff, S. 20f.

49 A. a. O., S. 33.

50 Zur Haltung Schleiermachers siehe die einführende Darstellung von Godwin Lämmermann, Religionspädagogik im 20. Jahrhundert, Gütersloh 1994, S. 9–22.

51 Theophil Burckhardt-Biedermann, Geschichte des Gymnasiums zu Basel, Basel 1889, S. 225.

ten Teilen der Bevölkerung laut werde. Sein Interesse war vielmehr, sich ernsthaft auf die Kritiker des schulischen Religionsunterrichtes einzulassen, um deren bedenkenswerten Einwänden entgegenzutreten. Dabei scheidet er die Gegner des schulischen Religionsunterrichtes in zwei Fraktionen: Eine Gruppe gehe davon aus, dass sich Religion überhaupt nicht in Wissen fassen lasse und somit als Gefühl oder Ahnung gar nicht lehrend zu vermitteln sei. Die andere Gruppe – Hagenbach nennt sie auf «positivem Boden stehend» und meint damit die pietistisch oder orthodox orientierten Kritiker – vertrete die Meinung, der Religionsunterricht könne nur das Geoffenbarte, das von aussen Gegebene mitteilen. Das aber geschehe doch im Konfirmandenunterricht, somit sei der schulische Religionsunterricht überflüssig. Diese Gruppe befürchtete sicherlich auch die Beeinflussung der Schüler durch historisch-kritisches Denken. Hagenbach bilanzierte: «Und so reichen sich denn wirklich zwei einander sonst ausschliessende Richtungen, die idealistische Verflüchtigung des Religiösen und die realistische Verfestigung desselben die Hand, um den wissenschaftlichen Religionsunterricht als einen nicht nur überflüssigen, sondern wohl gar bedenklichen darzustellen.»[52]

Den erstgenannten Kritikern stimmt Hagenbach zu, wenn er im Sinne Schleiermachers erklärt, «dass die Religion, in ihrem tiefsten und eigentlichsten Lebensgrunde, nicht Sache des Wissens ist und dass sie sich daher auch nicht lehren und lernen lässt, wie ein anderes Unterrichtsfach.»[53] Denn das Wissen von der Religion bilde keine für sich bestehende Wissensdomäne, wie die anderen schulischen Fächer. Wenn nämlich der «religiöse Kern» entfernt werde, dann zerfalle all das, was zum Wissen hinsichtlich der Religion gehöre in viele Einzelheiten und gehe in anderen Wissenschaften – wie etwa den philologischen und historischen – auf. Für Hagenbachs Wissenschaftsverständnis ist grundlegend, dass «selbst die gelehrteste Kenntniss der heiligen Schrift ... ohne Beziehung auf das religiöse Subjekt, auf den Glauben und das Glaubensbedürfniss im Menschen, ein durch Sprachkenntniss vermitteltes historisches Wissen» sei.[54] Damit zusammen hängt seine Behauptung, die Qualität eines Religionslehrers lasse sich nicht allein aus dem Mass des Wissens ableiten, sondern müsse immer auch die religiöse und sittliche Gesinnung berücksichtigen.[55] Wahrer Theologe oder Religionslehrer könne eben nur derjenige sein, der die Religion und Sittlichkeit mit

52 Karl Rudolf Hagenbach, Ueber die Bedeutung des Religionsunterrichtes an höhern Bildungsanstalten. Schulrede, Zürich 1846, S. 6.
53 A. a. O., S. 6.
54 A. a. O., S. 8.
55 Hagenbach, Encyklopädie, 1. Auflage, S. 34.

Begeisterung «für Christum und seine Sache» vertrete und lehre, denn wahre Wissenschaftlichkeit und Frömmigkeit gehören für Hagenbach untrennbar zusammen.[56]

Die eigentümliche Stellung des Religionsunterrichtes im Fächerkanon führt Hagenbach auf zwei Gründe zurück. Zum einen erwähnt er die oben beschriebene zweifache Qualifikation des Religionslehrers und zum anderen benennt er den transzendenten Bezug der Religion: Der Religionsunterricht «bewegt sich zwar, wie die übrigen, in der wissenschaftlichen Sphäre, aber er geht nicht in ihr auf, sondern hat noch eine andere Lebenssphäre zu seiner Voraussetzung, ja zu seinem eigentlichen Element, das ist eben die religiöse.»[57] Für die Formulierung der Lerninhalte bedeutet dies, dass bei ihrer Festschreibung präzise darauf geachtet werden müsse, ob und inwiefern die wissenschaftliche Seite des Religionsunterrichtes überhaupt sinnvoll für die Erziehung der jungen Menschen sei. Über dieses Thema gelte es zu streiten. All jenen, die einer wissenschaftlichen religiösen Ausbildung ablehnend oder skeptisch gegenüber stehen, erklärt Hagenbach den Vorteil einer breiteren Bildung in Sachen der Religion. Denn, so analysiert er die zeitgenössischen kirchlichen Zustände, es sei nicht – wie häufig beklagt werde – der Mangel an praktischer Frömmigkeit, der sich negativ auf das kirchliche Leben auswirke, sondern eine unzureichende und kümmerliche religiöse Bildung. Im Sinne einer «kommunikativen Gemeindepraxis» plädiert er vielmehr für einen «gebildeten christlichen Laienstand», der den Theologen zur Seite stehe. Die Zusammenarbeit von Laien und Theologen brächte der Kirche grossen Nutzen.[58] Auch könne auf diesem Wege, so sein zweites Argument, den Angriffen der Irreligiosität gewehrt werden, und als Beispiel führt er an: So habe das, «was von der Straussischen Kritik und Aehnlichem in die untern Kreise sich verbreitet hat, dort gewiss nur denen geschadet, die ohne diess am Glauben schiffbrüchig geworden waren oder die nur auf eine Gelegenheit warteten, sich des lästigen Zwanges auch im Sittlichen zu entledigen.»[59]

Aus dem bisher Gesagten ergibt sich für Hagenbach sowohl die Eigenständigkeit des schulischen Religionsunterrichts neben den anderen Schulfächern als auch seine Existenzberechtigung und Notwendigkeit. Mit den anderen Fächern, er nennt paradigmatisch die Philologie und die Naturwissenschaften, habe der Religionsunterricht den Dialog zu pflegen. Das bedeutet, dass er nicht die Wissenschaften behindern, sondern das menschliche Forschen durch einen religiösen und ethischen

56 Hagenbach, Begriff, S. 35.
57 Hagenbach, Bedeutung, S. 8.
58 A. a. O., S. 13.
59 A. a. O., S. 14.

Beitrag ergänzen solle: «Nicht die Fortschritte in den Wissenschaften lasst uns doch anklagen; denn nicht sie, sondern das Zurückbleiben in der religiösen, oder genauer religionswissenschaftlichen Entwicklung, sind Schuld an der Irreligiosität, womit gerade die höhere Bildung unserer Zeit bedroht wird.»[60]

Dazu sei, so Hagenbach, eine zweifache Intention des Religionsunterrichtes notwendig: Neben wissenschaftliches Streben müssten auch erzieherische Ziele treten, die den Jugendlichen in seiner religiösen und sittlichen Entwicklung an- und ernstnehmen. Darum habe der Unterricht auch mit einem Gebet zu beginnen, ohne dabei zu einer Erbauungsstunde zu werden.[61] Um dieser Gefahr zu wehren, legt Hagenbach abschliessend einige wenige methodische Überlegungen vor.[62] Der Religionsunterricht werde sowohl historisch als auch systematisch-theologisch ausgerichtet sein. Dabei sei das primäre Ziel die Vermittlung von Bibelkenntnis, es gelte in den «theokratischen Zusammenhang der Bibel, in den Bibelorganismus einzuführen». Dazu sei zweierlei erforderlich: zum einen die unvoreingenommene kritische und literarische Lektüre der Bibel und die Differenzierung von «Wort Gottes» und «Heiliger Schrift»; zum anderen die heilsgeschichtliche Betrachtung der Offenbarungen Gottes und ihrer Zusammenhänge. Ein eigentlicher kirchengeschichtlicher Unterricht aber könne aufgrund der knappen Zeit nicht erteilt werden, beklagt Hagenbach. Die systematische Unterweisung solle als Einheit von Dogmatik und Moral gestaltet werden: «Auch der Sinn für das Liturgische und für das kirchliche Gemeindeleben (christliche Kunst und christliche Politik) findet hier andeutungsweise seine Stelle.»[63]

V.

Hagenbachs Konzeption des Religionsunterrichtes stellt keinen originären Entwurf dar. Immerhin wertet er den Religionsunterricht an der Schule wesentlich positiver als sein verehrter Lehrer Schleiermacher. Ferner bieten seine Überlegungen einen aufschlussreichen Einblick in die religionspädagogischen Diskussionen der 1840er Jahre in Basel. Dabei zeigt Hagenbach durchaus Verständnis für die Kritiker, markiert aber eindeutig seine Stellung. Seine Auffassung von Unterricht ist getragen von der Idee der historisch-kritischen Vermittlung der christlichen Traditionen. Dabei plädiert er für einen Dialog mit den Sprach- und

60 A. a. O., S. 23.
61 A. a. O., S. 25.
62 Siehe dazu a. a. O., S. 30f., Anm. 4.
63 A. a. O., S. 31.

Naturwissenschaften. Sein pädagogisches Ziel ist, den Schülern sowohl religiöses Wissen zu verschaffen als auch Möglichkeiten zur religiösen Entwicklung aufzuzeigen. Obwohl dieser religionspädagogische Ansatz versucht, Bildung und Erziehung zu verbinden, kann er nicht verhehlen, letzlich einem apologetischen Zweck zu dienen. Denn die religiöse Bildung soll die Kenntnisse der eigenen Religion fördern und festigen[64], um die Fähigkeit zum Diskurs mit allen möglichen Formen der Irreligiosität und mit den Herausforderungen der Moderne zu erlangen. Aspekte einer «Religion des Kindes»[65] werden dabei von Hagenbach nicht berücksichtigt. Insofern ist das Modell bei aller Frontstellung gegenüber den Vertretern des sogenannten «Frommen Basel» und ihrem Modell der kirchlich verantworteten Katechese ein konservativer Ansatz.

64 Das zeigt auch Hagenbachs «Leitfaden zum christliche Religionsunterrichte an höhern Gymnasien und Bildungsanstalten», Leipzig 1850.

65 So der Titel des Buches von Friedrich Schweitzer, Die Religion des Kindes. Zur Problemgeschichte einer religionspädagogischen Grundfrage, Gütersloh 1992.

Ulrich Knellwolf

Brief an Herrn Professor Karl Rudolf Hagenbach im Frey-Grynaeischen Institut in Basel, seinen Freund Pfarrer Albert Bitzius alias Jeremias Gotthelf betreffend

Sehr geehrter Herr Professor,

Mit der Tür ins Haus gefallen und offen gestanden: ich zürne Ihnen! Und zwar, weil Sie, und keiner so wie Sie, die Gelegenheit gehabt hätten, eine der blamabelsten Unterlassungssünden der schweizerischen und internationalen protestantischen Theologiegeschichte zu vermeiden, die Missachtung nämlich Ihres Freundes, des Pfarrers im emmentalischen Lützelflüh Albert Bitzius, des Epikers Jeremias Gotthelf, als eines Theologen. Sie hatten es in den Händen, die akademische Theologie aus ihrem bornierten Schlaf aufzuwecken und ihr zu bedeuten, was für ein gewaltiger Lehrer der Kirche im bäuerlichen Dorf erwachsen sei. Hätten Sie es getan, hätten Sie goldenen Lorbeer auf Ihr Haupt gesammelt und im Schatten des ganz Grossen ein Bedeutender sein können, frühzeitiger Wegweiser für Kirche und Theologie aus den ja heutzutage immer merkbarer werdenden Sackgassen des als wissenschaftlich Geltung beanspruchenden Theologiebegriffs, in welche sie durch berlinische und andere Rattenfänger mit dem Versprechen gelockt wurden, sie seien dafür in der Humboldtschen *universitas litterarum* geduldet.

Statt dessen waren Sie selbst, was die theologische Grösse Ihres Freundes angeht, mit Blindheit geschlagen und erscheinen zur Strafe dafür heute, wenn man Ihren Briefwechsel mit Gotthelf aufmerksam liest, als einer, der kleinbürgerlich besorgte Bravheit mit wissenschaftlicher

Seriosität identifiziert und in seiner liebenswürdigen Harmlosigkeit keine Ahnung von den Weiten und Tiefen der Theologie seines Freundes hat. Der Briefwechsel, einsetzend nach des Pfarrers Bitzius Besuch bei Ihnen anno 1841 und dauernd bis zu Gotthelfs Tod 1854, ist eine Entlarvung theologischer Horizontbeschränktheit sondergleichen, und je länger man darin liest, desto mehr müssen Sie einem leid tun in dem lächerlichen Part, den zu spielen das Schicksal Sie gezwungen hat, indem es Sie mit Jeremias Gotthelf zusammenbrachte. Offensichtlich gedachte es, an Ihnen ein mahnendes Exempel zuhanden kommender Theologengenerationen zu statuieren, ein freilich von ebendiesen wenig genug beachtetes.

Ich greife zum Beleg Ihren Brief vom 26. Juli 1843 mit dem Postzeichen Mümliswil heraus, als Sie mit Weib und Kind, mit Sack und Pack auf der Limmern, einem Sennberg am Abhange des Passwang (Ihre Worte), Ferien machten. Sie danken darin dem «Lieben Freund» «für Dein allerliebstes Annebäbi» und warnen ihn in Übereinstimmung mit einem von Ihnen sonst ganz und gar nicht geschätzten Rezensenten «vor der schwarzen Spinne…, die Dich in das Netz der Belletristerei locken wollte». Dem erwähnten Rezensenten nehmen Sie es insonderheit übel, dass er die von Ihnen, Abraham Emanuel Fröhlich und Wilhelm Wackernagel herausgebrachte Weihnachtsgabe für Hamburg, 1843, arg zerzauste. Lassen wir es die notorische Blindheit der Zeitgenossenschaft entschuldigen, dass Sie derart ungeschützt Kraut und Rüben, nämlich Weihnachtsgabe und *Schwarze Spinne* plus *Anne Bäbi Jowäger*, zusammenschmeissen, wobei das Kraut durchaus auf Ihrer, die Rüben hingegen auf Gotthelfs Seite sind. Dass Sie nicht merken, dass *Anne Bäbi*, an dem Sie sich «wie am frühern ergötzt» haben, und von dem Sie sagen, «das ist wieder Original», ein Buch ist, vor dem jeder anständige Theologe tief den Hut ziehen muss, und dass Ihnen trotz der deutlichen Rahmengeschichte kein Gedanke daran kommt, in der *Schwarzen Spinne* könnte eine ganze Tauftheologie stecken, und was für eine, eine nämlich, vor der ungefähr alles, was seit Luther zu dem Thema geschrieben worden ist, zu Papier verdorrt – dass Ihnen, sage ich, das nicht aufgegangen ist, erscheint unverständlich. Insbesondere, wenn man berücksichtigt, dass Sie ein Verehrer Herders gewesen und Ihr Leben lang geblieben sind, und der Ihnen doch eigentlich beigebracht haben sollte, dass Narrativ-Metaphorisches und Lyrisches auch, nicht nur wissenschaftlich Trockenes, theologische Dignität haben kann. Haben Sie nicht selber gedichtet? Und wie war es eigentlich mit einem gewissen Johann Peter Hebel, der Ihnen in Basel ja nicht unbekannt gewesen sein kann? Herder hätte da doch mehr Verständnis bewirken können.

Abb. 51: Karl Rudolf Hagenbach laureatus im Garten des Frey-Grynaeischen Instituts Modell von Lukas Ferdinand Schloeth, 1883 (Aufnahme: Peter Armbruster).

Aber eben, der janusgesichtige Herder! Ihren bernischen Freund, der ihn auch verehrte und in seiner Jugend las, leitete er, scheint's, ganz woanders hin als Sie. Gotthelf «zurück» in die (ihm selber möglicherweise nicht einmal besonders bewusste) Nähe Hamanns und von dessen und Luthers Sprachdenken, Sie hingegen in die idealistischen Gefilde Weimars und die berlinische Romantik Schleiermachers. Und es ist ja zweifellos bei Schleiermacher gewesen, wo Sie die Enzyklopädie als das, so zu sagen, wissenschaftliche Über-Ich der Theologie kennen und derart schätzen lernten, dass Sie selber eine schrieben. Nota bene, wenn ich richtig sehe, mit ihren zwölf Auflagen bis 1889 Ihr erfolgreichstes Werk.

Ein theologischer Enzyklopädist jedoch, fürchte ich, ist derart dem System und seinen immanenten Zwängen verpflichtet, dass er für eine dem Unsystematisierbaren verpflichtete narrative Theologie und ebensolche Hermeneutik, wie sie Gotthelfs Werk bestimmen, kein Verständnis hat. Es ist fast zwangsläufig, dass dem theologischen Enzyklopädisten im Gefolge Schleiermachers Narration nur als verkleideter Logos erscheint, den es zu entkleiden gilt, wenn man ihn in sein Eigentliches bringen und verstehen will. Und es ist wohl ebenso zwangsläufig, dass Ihnen damit der Sinn für die metaphorische Kraft der Narration und die Wichtigkeit der Metapher zum Reden von Gott fehlt. Was das erste und das zweite angeht, haben Sie also nichts Prinzipielles aus Ihres Lehrers Schleiermacher Schwierigkeiten mit der Gestalt Jesu in seiner *Glaubenslehre* gelernt. Beweis dafür ist, dass Sie Ihren Freund Gotthelf ganz nur als realistischen Erzähler verstehen und gelten lassen wollen, und ihn damit in einer bedenklichen Weise besser verstehen, als er sich selber verstand. So weit ging nicht einmal Gottfried Keller, der als Schüler Feuerbachs auch Anstoss nehmen musste an der metaphorisch-theologischen Seite von Gotthelfs Werken, aber eben Anstoss daran nahm, das heisst, etwas davon merkte. Während Sie, wenn die Gefahr am Horizont auftaucht, Narration könnte theologisch bedeutungsvoll werden und von Gott könnte narrativ-metaphorisch zu reden sein, mit dem Verdikt der Belletristerei dreinfahren. Und, wie können Sie nur!, die wichtigste Pastoraltheologie deutscher Sprache jedenfalls des 19. Jahrhunderts, *Anne Bäbi Jowäger,* «allerliebst» nennen. Oder wollen Sie behaupten, Zeitgenosse Nitzsch oder der schwadronierende Claus Harms oder der redliche Christian Palmer vermöchte dem Autor des *Anne Bäbi* an pastoraltheologischer Durchsicht und dito Tiefblick das Wasser zu reichen?

Im Ernst, Herr Professor, Ihr Briefwechsel mit Jeremias Gotthelf ist kein Ruhmesblatt für die akademische Theologie. Vielmehr wird die Zunft durch Ihre Briefe in das Licht naiver Zeitgeistnachbeterei getaucht. Sie merkten nicht einmal, dass der Pfarrer aus Lützelflüh in seinen Briefen um Ihr *theologisches* Verständnis und Ihre *theologische* Partnerschaft warb. Und Sie merkten erst recht nicht, wie er allmählich resignierte. Walter Muschg übrigens hat Ihnen das schon, und mit Recht, vorgehalten.

Weil Sie Ihren Freund als Theologen nicht ernst nahmen, scheinen Sie ja auch seine Predigt, die er Ihnen im Oktober 1841 zuhanden des Herrn Antistes Burckhardt übersandte, nicht weitergeleitet zu haben. Zwar bezogen Sie sich in Ihrem, verloren gegangenen, Antwortbrief kritisch darauf, aber die Frage des Freundes am 7. Januar 1842, was der Antistes dazu sage, blieb unbeantwortet. Und aus demselben Grund wird es Ihnen mit Ihrer Bemerkung, 19. Dezember 1842, auf das «Doctorbüchlein» – gemeint ist wiederum *Anne Bäbi* – «der Doctorhut soll Dir dafür auch nicht fehlen», nicht wirklich ernst gewesen sein. Jedenfalls sind, so viel ich weiss, keinerlei Vorstösse Ihrerseits bei den Medizinern, denen Sie es vorschlagen wollten, oder gar bei den Theologen aktenkundig.

Dass ich es also noch einmal sage: Sie, sehr geehrter Herr Professor Hagenbach, hätten die fatale Gotthelfrezeption der Theologen gleich schon zu Beginn verhindern können. Statt dessen haben Sie sie begründet. Der Pfarrer Bitzius, der, nach Biedermeiermanier, seine Liebhaberei pflegt, die mit seinem theologischen Amt grundsätzlich nichts zu tun hat. Sie sind darin ein einflussreicher Mann geworden und haben, es sei geklagt, damit der evangelischen Theologie einen Bärendienst erwiesen, das heisst, ihr einen ihrer grössten Lehrer vorenthalten helfen.

Im übrigen jedoch sind Sie ein gelehrter und sympathischer und um die Kirche verdienter Mann und haben meine Hochachtung. Wenn nur jener Briefwechsel nicht wäre!

Karl Rudolf Hagenbach
Der zweite Sokrates.

(Auf den Tod Schleiermachers, 1834.)

Scheidend wendet sich der Weise
Zu der Freunde Trauerkreise;
Einen Becher in der Hand;
Tod soll ihm der Becher bringen,
Doch es hebt der Geist die Schwingen
Sehnend nach dem bessern Land.

Und er trinkt den *Todes*becher,
Und der Odem gehet schwächer,
Und es stockt des Blutes Lauf,
Sokrates hat ausgelitten,
Doch das Licht, das er erstritten,
Gehet über Hellas auf.

Wieder senkt das Bild sich nieder,
Mit dem Kelche seh' ich wieder
Dort den Weisen, ist er's nicht?
Um ihn stehn im Kreis die Lieben,
Mit der Kraft, die ihm geblieben,
Rafft er sich empor und spricht:

Diesen Becher will ich trinken,
Mag der Staub in Trümmer sinken,
Ewig lebt der Seele Muth,
Wie der Glaube sich bewähret,
Wie die Liebe sich verkläret,
Wo es rinnt, diess neue Blut!

Und er trinkt den *Lebens*becher,
Und der Odem gehet schwächer:
Kindlein! spricht er, liebet euch,
Und gestillt ist sein Verlangen,
Liebend ist er heimgegangen
In des ew'gen Vaters Reich.

Was der Trank ihm konnte geben,
Wie der Kelch ihn konnte heben,
Über Grab und Trennungsschmerz?
Thorheit mag es sein den Weisen,
Doch wir beten an und preisen
Den, der schafft ein neues Herz.*

Dagmar Fenner

Unsterblichkeit des Sokrates – die hybride Anmassung eines gottlosen Intellektuellen?

«Schauen wir jetzt [...] auf Sokrates hin: so erscheint er uns als der Erste, der an der Hand jenes Instinctes der Wissenschaft nicht nur leben, sondern – was bei weitem mehr ist – auch sterben konnte: und deshalb ist das Bild des *sterbenden Sokrates* als des durch Wissen und Gründe der Todesfurcht enthobenen Menschen das Wap-

* Karl Rudolf Hagenbach, Gedichte. 2. Bändchen, Basel [2] 1863, S. 348f. In seinen Erläuterungen zu den Gedichten schreibt Hagenbach S. 406: «Bekanntlich nahm Schleiermacher auf dem Sterbebette das h. Abendmahl. Das Gegenbild: Sokrates mit dem Giftbecher, Schleiermacher mit dem Kelche des Heils, sollte wohl von selbst sprechen.» Wilhelm Martin Leberecht De Wette hatte Schleiermacher in einem Nachruf von 1834 als «christlichen Plato» bezeichnet (Ernst Staehelin, Dewettiana. Forschungen und Texte zu Wilhelm Martin Leberecht de Wettes Leben und Werk, Basel 1956, S. 162).

penschild, das über dem Eingangsthor der Wissenschaft einen Jeden an deren Bestimmung erinnert, nämlich das Dasein als begreiflich und damit als gerechtfertigt erscheinen zu machen».[1]

Nicht erst bei Nietzsche, sondern bereits im 18. Jahrhundert, zur Zeit der freygrynaeischen Gründerväter – die sich erwiesenermassen auf den heidnischen Heros der Philosophie beriefen[2] – wurde Sokrates zum «Lehrer einer ganz neuen Form der ‹griechischen Heiterkeit› und Daseinsseligkeit», zum «Urbild des theoretischen Optimisten» schlechthin stilisiert.[3] Dabei ist es nicht nur die göttliche Überlegenheit seines von philosophischer Einsicht, dem sogenannten «Instinct der Wissenschaft» geleiteten, *begreiflich-gerechtfertigten Lebens*[4], welches Philoso-

1 Friedrich Nietzsche, Die Geburt der Tragödie aus dem Geiste der Musik [1872], in: F. N., Sämtliche Werke. Kritische Studienausgabe in 15 Einzelbänden, hrsg. von Giorgio Colli und Mazzino Montinari, München / Berlin / New York² 1988, Bd. 1, S. 9–156, S. 99.

2 Vgl. etwa Johannis Grynaei ΛΕΙΨΑΝΑ, sive opuscula nonnulla theologico-miscellanea. Praefigitur auctoris biographia, Basileae 1746, S. 114, 149 und 230. Im «Socrates»-Artikel von Jacob Christoph Iselins *Neu-vermehrtem Historisch- und Geographischem Allgemeinen Lexicon* (Bd. 4, Basel ² 1747, S. 436f.), den Johann Ludwig Frey verfasst haben dürfte, heisst es: Sokrates «war bescheiden, mässig, keusch, in allem seinem thun und bezeugen vernünfftig, sehr gedultig und besass mit einem wort alle tugenden, die ein Heyde erlangen kan [sic], welche er ihm selbst so tieff eingepflantzet, dass sie ihm gleichsam natürlich waren. [...] Er hatte von Gott sehr ehrerbietige und vernünfftige gedancken, verlachte die geglaubte vielheit der Heydnischen götter und wurde deswegen [...] der gottlosigkeit und atheisterey beschuldiget. [...] Die tugenden und das ende dieses weisen philosophi [sic] haben verursacht, das der heilige märtyrer Justinus, wie auch viel andre väter der kirche ihn sehr gelobet, und an seiner seeligkeit nicht gezweiffelt haben.» (S. 437)

3 Nietzsche, Geburt, S. 101 bzw. S. 100.

4 Wie es ganz im Sinne der Verfechter der *theologia naturalis* – als deren Gewährsmann Sokrates auserkoren wurde – war, hat er wie kein anderer «quod vitae potius quam Scholae discendum esse demonstravit» (Jac. Christophori Beckii Fundamenta theologiae naturalis et revelatae, Basileae 1757, S. 14). Ist doch sein ganzes Leben nichts anderes als ein einziges Exempel für ein Wissen, das nicht nur gewusst, sondern auch gelebt werden kann. So zwar, dass Sokrates gerne als «fleischgewordene Philosophie» tituliert wird (Franz Vonessen, Sokrates vor Gericht, in: Herbert Kessler (Hrsg.), Sokrates. Gestalt und Idee, Bd. 2, Heitersheim 1993, S. 39–70, S. 69). «Hanc vero Methodum», fährt Beck fort, «per *definitiones, axiomata, postulata, theoremata, problemata, demonstrationes, corollaria, scholia*, & alia hujusmodi, procedere, nemo ignorat. Hinc ajunt gigni *scientiam*, id est, cognitionem certam rerum per suas causas, & principia» (Beckii Fundamenta, S. 17). Diese Laudatio auf die «mathematica sive scientia» aus dem Munde eines Theologen des 18. Jahrhunderts ist im Zusammenhang mit Sokrates deswegen von besonderem Interesse, weil sie die Verbindung herstellt zur aufklärerischen Tendenz des 5. vorchristlichen Jahrhunderts, vor deren Hintergrund die sokratische Figur erst klare Konturen gewinnen kann: Das Licht der Aufklärung lässt selbst dem Theologen keine Schattenruhe!

phen wie Theologen immer wieder von neuem zu faszinieren vermochte, sondern mehr noch seine *Kunst des Sterbenkönnens*.[5] Sie ist es recht eigentlich, die seine **Unsterblichkeit** begründet hat.

Nicht jeder nämlich, so Vonessen, «der ein bisschen Logik studiert hat, ist über das berühmte Beispiel jenes Syllogismus gestolpert, der nach dem Modus Darii schliesst: Alle Menschen sind sterblich – Sokrates ist ein Mensch – Also ist Sokrates sterblich. Die Empfindung, an diesem Schluss sei etwas verkehrt oder besser: er drehe sich leer wie ein Schloss, das kaputt ist», sei vielmehr «auf den ersten Blick richtig».[6] Wie oft auch dieser scheinbar harmlose Mustersatz in den Logikseminarien gedrillt wurde, vermochte doch das Problem der Sterblichkeit oder Unsterblichkeit des Sokrates (und anderer ‹tugendhafter› Heiden) immer wieder die theologischen Geister zu erhitzen. Gerade im 18. Jahrhunderte wurde unter Christen der alte Streit von neuem entfacht: Jean-François Marmotel (1723–1799) hatte 1767 in einer moralischen Erzählung *Bélisaire* der Hoffnung Ausdruck gegeben (wie vor ihm schon Erasmus[7] und Zwingli[8]), edle Heiden dereinst im Himmel friedlich mit den Christen vereint anzutreffen. Die theologischen Doktoren der Sorbonne verdammten Marmotels Werk, was zu einer Flut von Schriften für und wider die Seligkeit der tugendhaften Heiden in Frankreich, Holland, der Schweiz und Deutschland führte. Der Rotterdamer Prediger Peter Hof-

Vgl. dazu auch Hans-Georg Gadamer, Sokrates und das Göttliche, in: Kessler (Hrsg.), Sokrates, Bd. 1, Heitersheim 1993, S. 97–108, S. 100): «Bevor man sich im Zusammenhang mit dem Göttlichen der Gestalt des Sokrates nähert, sind die besonderen Verhältnisse zwischen der mythischen Überlieferung dieser Kultur und ihren logischen Kräften, dem Aufklärungs-Bedürfnis, der Hinwendung zu einer exakt beobachteten Himmelswelt und Natur zu beachten, kurz, der Weltorientierung des Griechentums im Geiste des städtischen Lebens. Der griechische Ausdruck für Wissenschaft ist ‹Mathemata›, Mathematik, und das heisst: ‹das Lernbare›, was man ohne Erfahrung in seiner Wahrheit einsieht».

5 «Es bleibt doch dabei», lesen wir etwa bei Erich Fascher, Sokrates und Christus, Leipzig 1959, S. 44, «dass erst der Tod des Sokrates der entscheidende Beitrag dieses seltsamen, gänzlich unliterarischen Mannes zur Religions- und Geistesgeschichte ist.»

6 Vonessen, Sokrates vor Gericht, S. 39.

7 Siehe die Stellennachweise (und weitere Ausführungen zum Thema) bei Elfriede Büchsel, Seligkeit der Heiden, in: HWPh, Bd. 9, Sp. 570–574.

8 Vgl. die Stähelins Sympathie verratende Übersetzung der einschlägigen Stelle aus Zwinglis Schrift über die Vorsehung in: Huldreich Zwingli, sein Leben und Wirken nach den Quellen dargestellt von Rudolf Stähelin, Bd. 2: Ausbau und Kampf, Basel 1897, S. 457: «Nichts hindert, dass Gott sich auch unter den Heiden solche erwählt, die ihn verehren und nach ihrem Tode in seine Gemeinschaft gelangen. Denn seine Erwählung ist frei, und ich würde gewisslich, wenn ich die Wahl hätte, vorziehen, das Loos eines Sokrates oder Seneca, als dasjenige des Papstes oder eines ihm anhangenden Fürsten zu teilen.» Siehe auch Bd. 2, S. 192f.

Abb. 52 a & b: Frontispizkupfer und Titelblatt zu Ralph Cudworths *True Intellectual System of the Universe* von 1678 (FG H I 34). Johann Ludwig Frey wollte dieses Werk vom Englischen ins Lateinische übersetzen (siehe oben den Beitrag von Suzanne de Roche, Fussnote 29), wobei ihm allerdings Johann Lorenz von Mosheim zuvorgekommen war (siehe auch Becks *Oratio funebris*, S. 15). Der Kupferstich zeigt links die theistischen Philosophen Pythagoras, *Sokrates* und Aristoteles, über ihnen den Kranz des Sieges, rechts die «Atheisten» Anaximander, Epikur und Strato, über diesen «Confusion». Zwischen den Philosophengruppen brennt der Feueraltar der «Religion».

THE

True Intelleɛtual Syſtem

OF THE

UNIVERSE:

THE FIRST PART;

WHEREIN,

All the REASON and PHILOSOPHY
Of ATHEISM is Confuted;

AND

Its IMPOSSIBILITY Demonſtrated.

By *R. CUDWORTH*, D. D.

Origenes,
Γυμνάσιον τῆς ψυχῆς Ἡ ἈΝΘΡΩΠΙ'ΝΗ ΣΟΦΙ'Α,
Τέλος δὲ Ἡ ΘΕΙ'Α.

LONDON,
Printed for *Richard Royſton*, Bookſeller to His moſt
Sacred MAJESTY, MDCLXXVIII.

Abb. 52 b

stede zögerte bei seiner Darstellung beispielsweise nicht, Tertullians alten Vorwurf zu wiederholen, Sokrates sei von den Athenern wegen Päderastie verurteilt worden – was ein bedenkliches Licht auf die vermeintliche Tugendhaftigkeit dieses Heiden werfe. Ein führender Neologe, Johann August Eberhard (1739–1809) unternahm es in seiner *Neuen Apologie des Sokrates oder Untersuchung von der Lehre von der Seligkeit der Heiden* von 1772 nicht nur, Sokrates von solchen Unflätigkeiten reinzuwaschen, sondern zudem die prinzipiell mögliche Tugendhaftigkeit der Heiden nachzuweisen.[9] Dies setzte die Emanzipation von der pessimistischen Anthropologie des Paulus und des Augustinus voraus, die den Menschen ohne Christi Gnade als prinzipiell unfähig zur Tugend anschaute.[10] Eberhard handelte sich mit seinen Ausführungen den Tadel von Gotthold Ephraim Lessing und Johann Georg Hamann ein. Selbiger Hamann hatte freilich seinerseits schon 1759 in den *Sokratischen Denkwürdigkeiten* die alte typologische Linie von Sokrates zu Christus gezogen und zu bedenken gegeben: «Wer den Sokrates unter den Propheten nicht leiden will, den muss man fragen: *Wer der Propheten Vater sey?* und ob sich unser Gott nicht einen *Gott der Heyden* genannt und erwiesen?»[11]

In der Tat ein bedenklich-bedenkenswertes Bild: Der *sokratische Heide* mitten unter den *gottberufenen Propheten Israels!* Aber werfen wir zunächst – ganz bedenkenlos unbedacht – einen Blick auf das **Leben** dieses (vermeintlich) tugendhaften Mannes und noch mehr auf sein **Sterben**. Ist nicht allein schon die Ruhe und Sicherheit, mit der dieser Mann in den Tod ging, eine hybride Anmassung, eine gewichtig-ernstzunehmende Herausforderung an jeden offenbarungsverpflichteten Theologen und gläubigen Christen? Wie konnte das imposante (von Hagenbach schillernd gezeichnete) Porträt des den Schierlingsbecher zu Munde führenden Sokrates fruchtbar gemacht werden für eine theologische Philosophie oder philosophische Theologie, die – irgendwo zwischen Gott und Welt – ins tägliche Leben hineinwirken will? Mit welchem Recht und in welchem Sinne darf – im Zeichen der *theologia naturalis* – **Sokrates** als *Vater einer natürlich-vernünftigen Ethik* dem

9 Dazu Karl Aner, Die Theologie der Lessingzeit, Halle 1929, S. 271–285. Zur Sokrates-Renaissance trug in Deutschland auch das sehr populäre Buch von Moses Mendelsohn, Phädon oder Über die Unsterblichkeit der Seele, Berlin 1767 bei.

10 Vgl. Andreas Urs Sommer, Theodizee und Triebverzicht. Zu J. M. R. Lenzens «Philosophischen Vorlesungen für empfindsame Seelen», in: Lichtenberg-Jahrbuch 1995, S. 242–250.

11 Johann Georg Hamann, Sokratische Denkwürdigkeiten. Aesthetica in nuce. Mit einem Kommentar hrsg. von Sven-Aage Jørgensen, Stuttgart 1987, S. 61.

menschgewordenen Gott der Offenbarungsreligion, **Jesus Christus** zur Seite gestellt werden?

Während – im Gegensatz zur Antike – in der metaphysikscheuen Postmoderne die Frage nach **Leben** und **Tod** bzw. nach dem richtig **Leben-** und **Sterbenkönnen** zugunsten zeitgemäss-dringlicher Fragen des ästhetischen Lebensstylings oder spitzfindiger, semantischer Wortanalysen in gänzliche «Seinsvergessenheit» geraten sind, rückten sie im 18. Jahrhundert im Zuge einer lebhaften Sokratesrezeption, die mit Schleiermacher ihren vorläufigen Höhepunkt erreichte[12], ins Zentrum des philosophischen Blickfeldes.[13] Man starb noch nicht wie «man» stirbt[14], und der Gedanke vor wem und wie man sich zu rechtfertigen habe, ermangelte seines absurden (bisweilen bereits als anstössig empfundenen) Nachgeschmackes, den er sich im pluralistisch-technologischen Zeitalter unfreiwilligerweise zugezogen hat.[15] Mit tiefem Interesse und steigender Spannung verfolgte man den Sokrates in Xenophons *Memorabilien* – wie er, die Agora unsicher machend, als lästige Biene[16] angeklagt und vor Gericht geführt wurde. Gefragt, warum er sich so wenig um seinen Prozess kümmere, soll er nach Xenophons Angaben – die mir ebenso verlässlich scheinen wie diejenigen Platons – erklärt haben, dass er zeit seines Lebens nichts anderes getan habe als sich auf diesen vorzubereiten, weshalb sein göttliches Daimonion es nun nicht mehr für nötig erachte, dass er sich den (menschlichen) Richtern gegenüber verteidige:

«Du wunderst dich, wenn es dem Gott besser scheint, dass ich schon jetzt das Leben beende?», soll er dem Hermogenes geantwortet haben. «Weisst du denn nicht, dass ich bis jetzt keinem Menschen zugab, dass er besser und angenehmer lebe als ich? Denn ich glaube, dass die am besten leben, welche sich anstrengen, möglichst gut zu werden, dass die

12 Siehe, neben seinen Platon-Übersetzungen, Friedrich Ernst Daniel Schleiermacher, Über den Werth des Sokrates als Philosophen [1818], in: F. S., Sämmtliche Werke, Abtheilung 3: Zur Philosophie, Bd. 2, Berlin 1838, S. 287–308.

13 Laut Mario Montuori, The Rise of the Socratic Problem in the 18th Century, Amsterdam 1981, soll sich das 18. Jahrhundert mehr für das *Individuum* als für den *Philosophen* Sokrates interessiert haben – doch wurde alles rund um Sokrates erforscht: Clubs und Lesekreise gründete man in seinem Namen.

14 Vgl. Martin Heidegger, Sein und Zeit [1927], Tübingen [16] 1986, S. 253.

15 Philosophie diente nicht dem zwecklosen Zweck geistiger Fitness, sondern brachte einst eine Entscheidung über Leben und Tod. Vgl. Fascher, Sokrates, S. 90: «Im Blick auf eine letzte Verantwortung kann man da nur antworten: Lieber sterben als Unrecht tun! Indem der Philosoph, der von einem ewigen Gericht weiss, im Kampf um das Gute seine Existenz aufs Spiel setzt, bewahrheitet sie die Erkenntnis: Wahre Philosophie ist eine Angelegenheit auf Leben und Tod! (Was Kant nicht gewusst hat…)».

16 Vgl. Platons *Ion.*

Abb. 53 a & b: Frontispizkupfer und Titelblatt zu Thomas Wises *A Confutation of the Reason and Philosophy of Atheism* von 1706 (FG H IV 4). Im Untertitel gibt diese Schrift zu, in «great measure» ein «Abridgment», ein Abriss von Cudworths *True Intellectual System* zu sein (vgl. Abb. 54). Tatsächlich ist auch der Titelkupferstich mit der theistischen und der atheistischen Gruppe griechischer Philosophen unter dem Lorbeer von Sieg oder Verwirrung demjenigen Cudworths nachempfunden. Freilich sind es jetzt statt drei jeweils 4 Männer – Platon und Demokrit kommen hinzu –; Epikur sieht aus, wie ehedem Anaximander dargestellt worden ist: ein Jüngling mit zynischen Gesichtszügen. Die ganze Szene wird vom Tempelinnern ins Freie verlegt, hinter dem schachbrettgemusterten Plättchenboden tut sich die Natur auf. Der Altar der Religion fällt weg und wird ersetzt durch das *Licht der Vernunft*, zu dem die Theisten aufblicken. Es bestrahlt aber auch die Atheisten!

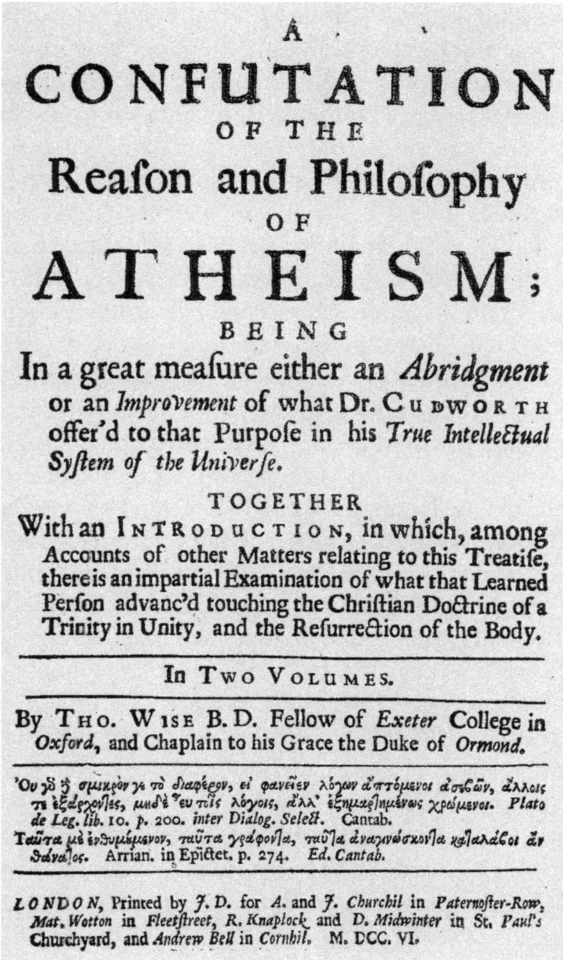

A

CONFUTATION

OF THE

Reaſon and Philoſophy

OF

ATHEISM;

BEING

In a great meaſure either an *Abridgment* or an *Improvement* of what Dr. CUDWORTH offer'd to that Purpoſe in his *True Intellectual Syſtem of the Univerſe.*

TOGETHER

With an INTRODUCTION, in which, among Accounts of other Matters relating to this Treatiſe, there is an impartial Examination of what that Learned Perſon advanc'd touching the Chriſtian Doctrine of a Trinity in Unity, and the Reſurrection of the Body.

In TWO VOLUMES.

By THO. WISE B. D. Fellow of *Exeter* College in *Oxford*, and Chaplain to his Grace the Duke of *Ormond.*

Οὐ γὰρ ἂν σμικρόν γε τὸ διαφέρον, εἰ φανεῖεν λόγων ἁπτόμενοι ἀσεβῶν, ἄλλοις τε ἐξάρχοντες, μηδὲ εὖ τοῖς λόγοις, ἀλλ' ἐξημαρτημένως χρώμενοι. *Plato de Leg. lib.* 10. *p.* 200. *inter Dialog. Select.* Cantab.

Ταῦτα μὲ ἐνθυμέμενον, ταῦτα γράφοντα, ταῦτα ἀναγινώσκοντα καταλάβοι ἂν θάνατος. Arrian. in Epictet. p. 274. *Ed. Cantab.*

LONDON, Printed by *J. D.* for *A.* and *J. Churchil* in *Paternoſter-Row*, *Mat. Wotton* in *Fleetſtreet*, *R. Knaplock* and *D. Midwinter* in St. *Paul's* Churchyard, and *Andrew Bell* in *Cornhil*. M. DCC. VI.

Abb. 53 b

am angenehmsten leben, welche am meisten fühlen, dass sie besser werden. Ich habe bis zu dieser Stunde gemerkt, dass es mir so ergeht.»[17]

Gottgleich scheint uns ein Mensch, der solches sprechen darf. An Jesus erinnert seine Furchtlosigkeit im Angesicht des Todes und die Glaubensgewissheit der eigenen Unsterblichkeit.[18] Ist dies nicht eine unerhörte Selbsterhöhung eines gottlosen «grossen Individuums»?

17 Xenophon, Memorabilien IV 8, 6 (nach der Übersetzung von Rudolf Preiswerk).

18 Vgl. die vierte Strophe von Hagenbachs Gedicht.

Packen wir's auf profane Weise an: Gut stirbt gemäss der sokratischen Formel derjenige, der gut lebt. Gut aber lebt derjenige, der nach Massgabe seiner drei Grundmaximen 1. **moralisch richtig**, 2. **gesund** und 3. **mit beständigem Bezug zu Gott** lebt. Betreffs der **sokratischen Gesundheitslehre** – die hier mein Interessensfeld natürlich nur am Rande berührt – erinnern seine ständigen Mahnungen an die Freunde, sie mögen strengstens darauf bedacht sein, welcher Trank, welche Speise und welche Tätigkeit ihnen am besten bekäme (auf dass sie ihre eigenen Ärzte würden)[19], unweigerlich an Nietzsche – seinen erklärten Widersacher. Erstere Forderung bezüglich des guten Lebens redet nun nicht einem «verstiegenen Intellektualismus» das Wort – wie der voreilige Leser mutmassen mag – sofern man nur gewillt ist, die sokratische Ethik in ihren Zusammenhang mit der umfassenden Aufklärungsbewegung im griechischen Städteleben zurückzustellen.[20] Das genuin Aufklärerische im Leben unseres «theoretischen Optimisten» ist – im Vertrauen auf das eigene Denken des emanzipierten Polisbürgers – die vollständige Zurückweisung sämtlicher Überlieferungen und Volksmeinungen. Gut ist nicht das, was die Leute gut nennen, sondern das, was sich in der vernünftigen Untersuchung als das Richtige erweist.[21] Wer letzteres eingesehen hat – und hier liegen wohl die Wurzeln des vielfach gerügten Rigorismus der sokratischen Ethik – kann nicht anders, als es tun. Ferber expliziert dies folgendermassen:

«Das sokratische Prüfen bzw. Bestehen auf der Realdefinition und der praktischen Zielsetzung dieser Definition gründet im Sokrates-Paradox, wonach Tugend Wissen ist, bzw. das Wissen der Tugend das Tun der Tugend impliziert, worauf schon Aristoteles aufmerksam macht [*Eudemische Ethik* 121b4–11]. Wer z.B. im Sinne der platonischen Definition der Tapferkeit als dem Wissen um das, was zu fürchten ist, und was nicht

19 Siehe Xenophon, Memorabilien I 2, 54.

20 Gadamer, Sokrates, S. 101: «Des Sokrates' Vollkommenheits-Ideals des menschlichen Seins, die ‹arete› (‹Bestform› hat Schadewaldt sehr schön dafür vorgeschlagen), die ‹Tugend›, die zugleich Wissen ist, bedeutet keinen verstiegenen Intellektualismus: Vielmehr ist dieser ‹Intellektualismus› in der Linie der zeitgenössischen Entwicklung in Athen und in Griechenland überhaupt zu sehen».

21 Zwar gilt allgemein die Sophistik als Entdeckerin des *emanzipiert-aufgeklärten Subjekts*. Während sie aber das Subjektive als etwas gänzlich Willkürliches, jeder Norm Entbehrendes auffasste, drang Sokrates nichtsdestoweniger auf eine allgemein verbindliche, sittliche Norm. So zwar, dass für Sokrates dieses *Allgemeine* – und hier «stand er vollständig innerhalb der Schranken griechischen Denkens» (Julius Stenzel, Studien zur Entwicklung der platonischen Dialektik von Sokrates zu Aristoteles, Leipzig / Berlin 1931, S. 145) – ein *Seiendes* war.

[vgl. Platon, *Politeia* 429a–430c] weiss, dass der Tod nicht zu fürchten ist, der wird ihn nicht fürchten.»[22]

Die Ziele des moralischen Lebens, zu welchen Sokrates seine Gesprächspartner im dialektischen Durchgang durch verschiedene Realdefinitionen mit Hilfe der *maieutischen Methode* in der Hauptsache hinführen will, sind die *Ideen des Guten, Wahren und Schönen*. Im Rahmen der platonischen *Zwei-Welten-Lehre* – und nur in diesem kann die sokratische Ethik als einheitlich-sinnreiches Bild verstanden werden – soll die Seele des Lernenden, beflügelt und angetrieben durch den philosophischen Eros auf verschiedenen Stufen (vgl. Platon, *Symposion* 210a–212a) vom Vergänglich-Irdischen weg – und dem göttlichen Reich der ewigen Ideen zugeführt werden – auf dass sie heimkehre an ihren Ursprung[23], den λόγος.[24] «Ist das nicht die hellenische Seite des vierten Evangeliums», fragt Fascher, «die als Zeugnis vom λόγος die Griechen ansprach, und hörten nicht umgekehrt die Christen in Sokrates den Logos, so dass sie diesen Heiden für sich reklamierten?» In der Tat – ist der Aufstieg zum λόγος nicht der vernünftige – den gewagten «Sprung in den Glauben» erübrigende – Weg zu Gott?

Die dritte Forderung, mit der uns Sokrates auf dem Gang zu einem guten Leben – und somit zu einem guten Sterben (sprich: zur Unsterblichkeit) – konfrontiert, ist der **Bezug zu Gott**. Dass die Sokratik, wie Wolandt behauptet, «im Abendland eine Ergänzung des Christentums» sei und dass, darüber hinaus, «das Christentum schon den Geist der Sokratik voraussetzt»[25], soll durch die Erörterung dieses Bezuges plausibel gemacht (oder aber widerlegt) werden.[26] Da Sokrates (wie Jesus) keine einzige Zeile hinterlassen hat – weshalb sich auch strenggenommen ein Vergleich der beiden «historischen Persönlichkeiten» von vornherein verbietet – sind wir hier auf Überlieferungen aus zweiter Hand

22 Rafael Ferber, Platons Idee des Guten, St. Augustin 1984, S. 29.

23 Bei Agnes und Reinhold Klein, Sokrates und Jesus. Wegbereiter zur Nachfolge Christi, Mannheim 1981, S. 10 wird diese Rückkehr der Seele ins Reich des reinen Geistes, zu welchem Sokrates die Menschen hinführen will, kurzgeschlossen mit der Wiedervereinigung mit Gott Vater, von der uns Jesus kündige (Johannes 10,30).

24 Zur Bedeutung des Begriffs siehe Gottfried Martin, Sokrates, Reinbek 1990, S. 49: «Schleiermacher übersetzt mit ‹Satz›. Dies ist gewiss nicht unrichtig, schöpft aber die Bedeutung der Stelle keineswegs aus. Das griechische Worte LOGOS bezeichnet zunächst das Sprechen und dann das Denken, und sofern es das Denken bedeutet, enthält es wiederum zwei Bedeutungen, das Denken als den Denkvollzug und das Denken als das Gedachte.»

25 Gerd Wolandt, Sokratik als unzerstörbare Form des Philosophierens, in: Kessler (Hrsg.), Sokrates, Bd. 1, S. 131–142, S. 138.

26 Im Neuen Testament und bei den Apostolischen Vätern wird Sokrates nirgends erwähnt. Erst in einer mit den Apologeten einsetzenden Traditionskette kommt er ins Gerede. Siehe Fascher, Sokrates, S. 71f.

angewiesen: Wer war der *Gott des Sokrates* und vor welchem Horizont griechischer Religiosität muss er gesehen werden?

Die homerische Epik, so fasst Gadamer zusammen, bildete «ein kraft geistiger Formung und menschlicher Einsicht gewonnenes Ganzes aus einer vielfältigen Sagen- und Mythen-Tradition. Eine gewaltige dichterische Leistung war diese Gestaltung der olympischen Religion, aber ich betone: Eine Religion in unserem Sinne oder gar eine Kirche war es überhaupt nicht.»[27] Dass der dem λόγος verpflichtete Sokrates die «blühende Fabelwelt des griechischen Götterglaubens ablehnte»[28], scheint des detaillierten Beweises kaum mehr bedürftig: Das sich emanzipierende logische Bewusstsein stellt sich unweigerlich dem naiven Götterglauben in den Weg. Trotzdem ist der Gottlosigkeitsvorwurf, wie er gegen unseren Vertreter der aufgeklärten Intellektuellen erhoben wurde, vehement zurückzuweisen: Betrachtete doch Sokrates seine ganze Tätigkeit, ja sein ganzes Leben als Gottesdienst (Platon, *Apologie* 28e). Auch scheint das Gebet in seinem Leben eine wichtige Rolle gespielt zu haben, wie es zahlreiche Dialoge Platons bezeugen (*Phaidros* 279b–c, *Symposion* 220). Allein: Die Anklageschrift gegen Sokrates attackierte nicht nur seine angebliche Gottlosigkeit, sondern – paradoxerweise – darüber hinaus das Einführen neuer Götter (was Sokrates zur ebenso paradoxen Apologetik mit der amüsanten Maulesel-Analogie bewog – *Apologie* 27a–28a). Was war das für ein (die neuartige Gottesfürchtigkeit initiierender) Gott, von Sokrates «**Daimonion**» genannt, auf welchen hier angespielt wird, und über welchem die beflissenen Interpreten zuweilen geflissentlich ihre Köpfe zusammenschlagen?

Beim Durchgang durch die platonischen Dialoge auf der Suche nach diesbezüglichen Erläuterungen[29] gelangt man leicht zur Ansicht Martins, dass die Bedeutung des Daimonions im Leben des Sokrates allgemein überbewertet wird: Da es sich offenkundig immer nur in negativ-abratender Weise bemerkbar macht und nur bei irrelevanten Kleinigkeiten, scheint der λόγος, die logisch–dialektische Einsicht in allen ethisch relevanten Fragen uneingeschränkte Gültigkeit für sich in Anspruch nehmen zu können.[30] Angesichts des «*Ärgernisses der platonischen Philosophie*»[31] – in unverkennbarer Analogie zum *Ärgernis des*

27 Gadamer, Sokrates, S. 98.

28 Martin, Sokrates, S. 111f.

29 Vgl. z. B. Apologie 31c-32a und 34d–40c; Theaitetos 151a; Phaidros 242b–d; Euthydemos 272d–273a.

30 Siehe Martin, Sokrates, S. 46.

31 Franz Vonessen, Das Daimonion des Sokrates in platonischer Sicht, in: Herbert Kessler (Hrsg.), Sokrates. Gestalt und Idee, Bd. 1, Heitersheim 1993, S. 71–96, S. 79.

Christentums, d.h. des menschgewordenen Gottes nach Paulus –, dass neben unzähligen Schattenbildern von Philosophen (d. h. Sophisten) nur ein wahrer, da vom «Dämon» geleiteter Philosoph (Sokrates) existiere, macht man es sich mit diesem (den in ingrimmigem Ärger entbrannten Philosophen löblich rehabilitierenden) Schluss vielleicht doch zu leicht. Gibt es – ohne Gefahr zu laufen, vor Ärger umzukommen – noch eine andere mögliche Erklärung für die angebliche «Nebensächlichkeit» des Daimonions?

«Wie ein Schiffskapitän», so lesen wir etwa bei Vonessen, «der richtigen Kurs auf sein Fahrtziel zuhält, keiner positiven Korrektur bedarf, sondern nur acht geben muss, nicht vom Kurs abzukommen, so auch der Mensch, der gerecht ist. Die normale Gewissensstimme, nämlich die eines Menschen, dem der innere Richter vorhalten muss, Unrecht sei gutzumachen, ist zweifellos sehr monoton. Aber das liegt nur an der stupiden moralischen Situation des Normalmenschen, der sich im Sinne Kants nie wirklich über eine mühsam durchgehaltene Legalität zur Moralität der Gesinnung erhebt. Dagegen den Umgang eines höheren Menschen mit seinem Gewissen wird man sich als einen inneren Dialog von grosser Differenziertheit und Feinheit vorstellen dürfen; denn erst in ihm wird jenes Göttliche, das die Seele nach Platon hat, sich vollständig entfalten.»[32]

Sokrates, das Urbild und Vorbild jedes Philosophen schlechthin (da er mit der Einsicht in sein eigenes Nichtwissen die höchste menschenmögliche Erkenntnis erreicht hat), kann gerade deshalb *göttlich* genannt werden, weil er – auch wenn dies in den Ohren von Theologen merkwürdig klingen mag – *die Vernunft gewählt hat.* Als ein «höherer Mensch» geht er auf dem richtigen Kurs, weil er – um Platons Mythos von der Wahl der Lebenslose der Seelen im Jenseits zu bemühen (*Politeia*, Ende des 10. Buches) – den Dämon als Lebensführer gleichsam ergriffen hat, d. h. weil er sein Lebenslos «vernünftig» gewählt hat.[33] Indem er aber *sein Lebenslos vernünftig gewählt hat*, d. h. indem er sich

32 A. a. O., S. 92.

33 Vgl. Rudolf Staehelin, Die Christenhoffnung, [hrsg. von Karl Stockmeyer], Basel 1900, S. 8: «Allerdings hat Plato im Zusammenhang mit seiner allgemeinen idealistischen Weltanschauung dem Glauben an die Unsterblichkeit diesem philosophischen Zweifel gegenüber eine gleichfalls philosophische Begründung gegeben, die ihn wieder auf Jahrhunderte hinaus für das religiöse Bewusstsein des Altertums neu belebt und kräftig erhalten hat und in ihren Wirkungen bis auf unsere Gegenwart hinabreicht, und es gehört zu den ergreifendsten Bildern der vorchristlichen Zeit, wie er diese Begründung dem zum Tode sich vorbereitenden Meister im Kreise seiner Jünger in den Mund legt und in seiner Person den Glauben, den er verkündigt, gleichsam Fleisch und Blut werden lässt.»

der Leitung seines «Dämons» zu unterwerfen entschied, hat er zugleich *die Vernunft gewählt.*[34] Heisst das, dass der neue, unliebsame Gott, das sokratische Daimonion, die Vernunft selber sein soll?

Lassen wir in dieser heikel-vertrackten Lage Platon selber antworten: «Über das höchste Wesen der menschlichen Seele müssen wir denken, dass Gott es jedem als seinen Dämon gegeben hat, diesen Teil, von dem wir sagen, dass er ganz oben im Körper wohnt; und uns von der Erde zu unserer Verwandtschaft am Himmel emporhebt, da wir ja, wie wir mit vollem Recht behaupten, keine irdische, sondern eine himmlische Natur haben; denn indem die Gottheit an jenen Ort, von dem der erste Ursprung der Seele ausging, unseren Kopf, unsere Wurzel, hinaufbindet, richtet sie unseren ganzen Körper.» (*Timaios* 90a)

Gemäss der platonischen Seelenlehre sind die beiden unteren Seelenteile (die Pferde «Mut» und «Begierde») zwar sterblich, der dritte aber – als der *göttliche Teil im Menschen* – ewig und unsterblich: Der Wagenlenker, die Vernunft, die Gott jedem als einen «Dämon» mitgegeben hat. Nur derjenige aber lebt gut im Sinne eines gottesfürchtigen Lebens, der die logoshafte, unsterbliche Instanz in sich erkennt und sich ihr als göttlichem Gesetz unterwirft, ohne zum Diener des eigenmächtigen Verstandes oder der unvernünftigen Triebe zu werden. *Unsterblich* ist nur der, welcher sich niemals an das Irdisch-Sterbliche verliert, sondern der ständig bemüht ist, das *Göttliche in sich* zu ehren und mehren: Sokrates ist *göttlich* und *unsterblich*, weil er *vernünftig* ist – ein Schlag ins Gesicht jeder Offenbarungsreligion?

Die Antwort hierauf nun überlasse ich den Theologen, die hier zu antworten befugt und befähigt sind. Darüber aber, dass in der Zeit der griechischen Aufklärung inmitten der pluralistischen Meeres der homerischen Götter durch die platonische *Einheit eines philosophisch-transzendenten* – insbesondere im sokratischen Dämon Gestalt findenden – *Göttlichen* ein neues, *das Christenum vorbereitendes Moment* in die Religionsgeschichte Eintritt fand, scheint mir kein Zweifel möglich. War doch das Christentum selbst lange Zeit gekennzeichnet durch die inneren Spannungen zwischen dem bildnislosen, alttestamentlichen Gott und der Menschwerdung Gottes in Christus. In den Gestalten *Sokrates* und *Christus* wurde dieses Geheimnis des Göttlichen wirksam: In ihrem **Leben**, das am besten mit dem (im *Phaidon* 24b gezeichneten) Bild der gleichförmig und in vollständigem Gleichgewicht dahinsegelnden *gefie-*

34 Wie sehr der junge Hagenbach unter dem Einfluss Schleiermachers ein «Sokratiker» gewesen ist, zeigt sein frühes Glaubensbekenntnis von 1823/24, wonach «das Bewusstsein» des «höheren Lebens jedem Menschen eingeboren sei» (vgl. oben die Edition dieses «Bekenntnisses» in Sommers Hagenbach-Porträt).

Abb. 54: Vignette aus Becks *Oratio funebris* für Frey aus dem Jahr 1760 (UBB).

derten Seele veranschaulicht werden kann.[35] In ihrem **Sterben** noch reiner und klarer – ganz so wie es Hagenbach in seinem Epicedium auf Schleiermacher in Verse fasste: «Doch es erhebt der Geist die Schwingen / Sehnend nach dem bessern Land.» «Kindlein, spricht er» (der göttlich-unsterbliche Weise, sei es nun Sokrates, Jesus oder Schleiermacher!), «liebet euch, / Und gestillt ist sein Verlangen, / Liebend ist er heimgegangen / In des ew'gen Vaters Reich.»[36]

35 Wohl nicht zufällig wird das in Platons Mythos immer wieder bemühte «gefiederte Wesen» im Christentum Symbol für den Heiligen Geist, der sich bei der Taufe Jesu im Jordan in Gestalt einer Taube auf ihn niederlässt (Matthäus 3, 16).

36 Dass der «göttliche Weise», in welcher Gestalt auch immer, das Ideal der Frey-Grynaeums-Lektoren gewesen ist, machen deren Porträts im vorliegenden Band hinreichend deutlich. Wie in der 6. Strophe von Hagenbachs Gedicht wird ihnen allerdings die Weisheit der Welt nach dem 1. Korintherbrief zur Torheit, sobald es ums ewige Heil geht.

Andreas Urs Sommer

Unvorgreifliche Mutmassungen über das Sammeln von Büchern
Eine kulturphilosophische Glosse

Sammeln ist der Versuch, sich eine Lebenswelt zurechtzulegen, in der man sich heimisch fühlt. Zu diesem Zweck nimmt die Sammlerin oder der Sammler die Dinge aus ihrem angestammten Funktionszusammenhang; er oder sie dekontextualisiert die Objekte des Begehrens, um sie in seiner oder ihrer Sammlung neu zu kontextualisieren. Gesammelte Kaffeerahmdeckelchen schützen den Kaffeerahm nicht mehr vor dem Sauerwerden; gesammelte Telephontaxkarten werden nicht mehr in Fernsprechautomatenschlitze gesteckt.

Bücher sind ihrer Zweckbestimmung nach dazu da, gelesen zu werden. Das bedeutet nicht, dass man mit ihnen nicht auch ganz anderes anstellen kann. Ein Büchersammler müsste naheliegenderweise mit Büchern genauso verfahren, wie dies ein Kaffeerahmdeckelchensammler mit seinen Kaffeerahmdeckelchen tut, ihnen nämlich ihre angestammte Gebrauchsfunktion nehmen. Besitzt er sie, um sie zu besitzen, – um damit sein Wohnzimmer auszustaffieren, – um sich von ihren Ausdünstungen berauschen zu lassen, kurz: um sich in ihrer Gesellschaft wohl zu fühlen, ohne je das Bedürfnis zu verspüren, sie auch nur aufzuschlagen? Was tut eine Büchersammlerin mit ihren Büchern?

Um darauf Antworten zu finden, könnte man den Umgang einzelner Büchersammler mit ihren Büchern untersuchen, sich nach den spezifischen Motivationen und Interessen erkundigen, die jemanden mit dem Sammeln haben beginnen und haben fortfahren lassen. *Johann Ludwig Frey* hat dem von ihm gestifteten Institut eine Bibliothek von 8000 Bänden hinterlassen, die er gemäss der Stiftungsurkunde «lange jahr durch mit vieler arbeit & für [s]eine armuth unsäglichen kosten auss allen landen gesamlet» hat. Dabei hat er prächtige Schätze zusammengetragen, «aber eigentlich nur zu meinem privatusu, nicht für das publicum». Man könnte nun mutmassen, Frey habe dieser Sammelleidenschaft – von der Jakob Christoph Becks *Oratio funebris* eingehend berichtet – bloss um der Repräsentation willen gefrönt. Um seine Gelehrsamkeit all jenen vor Augen zu führen, die sonst an ihr gezweifelt hätten. Fängt man Bücher zu sammeln an, wenn man keine schreiben mag? Wenn man keine lesen mag?

Wir kennen – abgesehen von seinem Trachten nach universaler Gelehrsamkeit – die Beweggründe nicht, die Frey zum Büchersammeln motiviert haben. Dennoch dürfen wir vermuten, dass ihm nicht hauptsächlich an der Aura eines mit Lederbänden gefüllten Bibliothekszimmers gelegen war. Ebenso dürfen wir ausschliessen, dass Frey seine Bücher überhaupt ihrer ursprünglichen Funktion entkleidet hat, sie also nicht mehr als Bücher, sondern nur noch als Sammelgegenstände benutzte. Frey pflegte, wie seinen Schriften zu entnehmen ist, einen produktiven Umgang mit seinen Büchern – er las sie, verwertete ihren Inhalt kritisch, um sie so zum Inhalt seiner eigenen Werke zu machen. Was stellt also ein Büchersammler mit seinen Büchern an? Wir wollen unsere Mutmassungen in fünf Thesen zur Diskussion stellen:

1. Der Büchersammler schafft sich mit seinen Büchern eine Welt, die ihn unbedingt angeht.

Jede Sammlerin, von welchen Dingen auch immer, konstruiert sich mit ihrer Sammlung eine Umgebung, in der sie sich zu Hause fühlt. Die Sammlung, die dem Sammler Raum gewährt, und für die er sich Raum nimmt, ist sein künstliches Paradies – mag sie noch so sehr von der Vergänglichkeit bedroht sein. Die Sammlung ist das, was den Sammler persönlich unbedingt angeht. Von ihr aus lässt sich das Ausserhalb, die nichtparadiesische Welt mit neuer Gelassenheit betrachten. Denn diese Aussenwelt geht die Sammlerin in den Augenblicken, wo sie sich in ihrer Sammlung geborgen weiss, viel weniger an als ihre Sammlung.

Wer Bücher sammelt, schafft sich eine physisch, eben in Buchform repräsentierte, das Sammlersubjekt unbedingt angehende Welt, die eine Innenseite unerschöpflicher Möglichkeiten birgt. Diese Innenseite ist der Inhalt der Bücher. Der Büchersammler ist mit andern Worten nicht nur umgeben von toten Dingen, denen er als Sammler Leben einhaucht, sondern diese Dinge selber haben ein Eigenleben, das sich dem Sammler so oft erschliesst, wie er ein Buch zur Hand nimmt.

2. Ein geistiges Universum prägt sich materiell in den gesammelten Büchern aus.

Noch weniger als eine Sammlerin von Briefmarken, Mineralien oder Tennisbällen ist die Sammlerin von Büchern jemals in der Lage, die in ihren Schätzen aufgespeicherten Gehalte gesamthaft zu erfassen. Der in Büchern angehäufte geistige Reichtum müsste in seiner Unauslotbarkeit den Sammler nach und nach in Verzweiflung über seine beschränkten Lesekapazitäten stürzen, je mehr Bücher er um sich versammelt. Aber das Gegenteil ist der Fall: Je mehr Bücher er besitzt, desto leichter fällt es ihm, mit diesen seinen beschränkten Aufnahmefähigkeiten hauszuhalten. Denn potentiell ist der ganze geistige Reichtum ja da, ist sein Eigentum. Der Büchersammlerin steht es jederzeit frei, das in ihren Büchern verborgene Wissen zu aktivieren. Je mehr Bücher sie besitzt, desto grösser wird ihre *Freiheit* – desto schwieriger und schwerwiegender aber auch die Entscheidung, ein Buch aufzuschlagen und die andern zugeklappt zu lassen. Da dem Büchersammler jedoch *stets* die Möglichkeit gegeben ist, ein beliebiges seiner Bücher zur Hand zu nehmen und sich seiner zu bedienen, muss er an der jeweiligen Entscheidung, gerade dieses und kein anderes Buch gewählt zu haben, nicht irre werden.

3. Die Welt der gesammelten Bücher strukturiert die Wahrnehmung der Welt ausserhalb der Bücher.

Sammeln ist der Versuch, idealtypische Ordnungen herzustellen. Diese in der Sammlung repräsentierten Ordnungen sind so, wie der Sammler sich die Welt geordnet wünscht. Das relative Chaos einer Sammlung spiegelt einen Ordnungswillen, der nicht zum Totalitarismus neigt. Wer Bücher sammelt – sich also nicht mit einem einzigen Buch bescheidet, mit dessen Hilfe sie oder er in der Welt zurechtzukommen hofft –, der oder dem ist diese Ordnung der Sammlung nur eine äusserliche. Denn die Bücher, die er oder sie bei sich aufstellt, machen sich gegenseitig den Platz streitig und buhlen um die *ungeteilte* Aufmerksamkeit der Person, die sich ihrer bedient – oder eben nicht. Die Bücher bekriegen einander. Wer sich auf diese Unordnung der gesammelten Bücher hinter der scheinbaren Ordnung ihrer Aufstellung in den Regalen einlässt, bekommt keine einfachen Lösungen an die Hand, mit der sie oder er sich in der Welt ausserhalb der Bücher zurechtfinden könnte. Wenn sie oder er lediglich ein Buch oder lauter Bücher gleichen Inhalts besässe, fiele diese Orientierung entschieden leichter. In der Freiheit, das eine Buch aufzuschlagen und darin zu lesen, das andere aber geschlossen und beiseite zu lassen, obwohl es ihr gehört, bekommt die Büchersammlerin ein

Mittel an die Hand, sich in der Welt zurechtzufinden, ohne die Welt über die Leiste eines einzigen Buches zu schlagen. Indem die Sammlerin in der Welt das eine wählt und das andere lässt, wie sie es bei ihren Büchern tut. Indem sie Bücherweisheit auf die Welt anwendet.

4. Gesammelte Bücher stiften Orientierung und verhindern den Weltverlust

Der Sammler jedweder Dinge droht über der idealen Ordnung seiner Sammlung die Unordnung der Welt ausserhalb der Sammlung zu vergessen. Ja, er läuft Gefahr, diese Welt überhaupt aus dem Blick zu verlieren. Dem Sammler droht der Weltverlust. Bücher jedoch lassen sich von der Welt, aus der sie stammen, nur solange isolieren, als man sie nicht liest. Sobald man sie liest, was wir der Büchersammlerin zu tun unterstellen, wird man mit der Welt konfrontiert, in welcher Gestalt auch immer. Die Büchersammlerin kommt nicht umhin, sich mit den Welten zu beschäftigen, die in ihren Büchern vertreten sind. Die miteinander im Streite liegenden Bücher neutralisieren sich aber auch gegenseitig, wenn sie einander widersprechende Weltversionen und -interpretationen anbieten. In der Freiheit des Büchersammlers liegt es nun, der einen oder andern Version und Interpretation den Vorzug zu geben, sie gegeneinander abzuwägen und miteinander in Beziehung zu setzen. Oder aber alle Versionen und Interpretationen zu verwerfen und eine eigene vorzuschlagen. Durch den Inhalt ihrer Bücher ist die Büchersammlerin ständig mit der Welt konfrontiert – gleichgültig, welche Welten von ihren Büchern thematisiert werden. Die Ordnung ihrer Sammlung, hinter der sich die Unordnung des Widerspruchs verbirgt, gestattet es ihr nicht, in einer *splendid isolation* der Welt abhanden zu kommen. In dieser Sammlung ist alles in Bewegung, in Interaktion begriffen.

5. Gesammelte Bücher sind ihrer angestammten Funktion nicht entkleidet.

Wer Münzen oder Bierdeckel sammelt, rettet diese Dinge aus der Knechtschaft blosser Funktionalität. Er oder sie wertet diese Dinge, die bislang blosse Mittel zu Zwecken waren, die ausserhalb ihrer selbst lagen, zu letzten Zwecken auf. Er oder sie befreit die zu sammelnden Dinge aus ihrem technischen Funktionalisierungszusammenhang. Die Büchersammlerin lässt indessen den von ihr gesammelten Büchern ihre Funktion, Träger von Inhalten zu sein. Das Buch ist ihr sowohl Sammelobjekt als auch Gebrauchsgegenstand, denn mag sie sich noch so sehr

Abb. 55: Das mittlere Bibliothekszimmer im Frey-Grynaeischen Institut um 1950 (Aufnahme: Hermann Ochs).

am Geruch des Maroquineinbandes oder am Anblick des Frontispizkupfers erfreuen: Das Buch ist ihr nach wie vor Träger von Inhalten, die sie je nach Gutdünken zur Kenntnis nimmt oder eben nicht. Damit kann sie die Welt ihrer Büchersammlung nicht mehr, wie es der Bierdeckelsammler tut, von der Welt «draussen» abschirmen, indem sie den Dingen ihre Aussenwelthaftigkeit raubte, sie dekontextualisierte. Damit aber bleibt das Band der Büchersammlung zur Aussenwelt notwendig und immer erhalten, denn die Bücher sind nicht blosse Ausstellungsgegenstände oder Repräsentationsobjekte geworden, sondern geblieben, was sie in der Aussenwelt schon waren: vor Inhalt, vor Weltbezug strotzende Dinge.

Der Sammler von Büchern erreicht im besten Fall eine Synthese von Rückzug *aus* dem Weltgetriebe bei gleichzeitigem, vorbehaltvollem Bezogenbleiben *auf* dieses Weltgetriebe, denn er wertet seine Sammelobjekte, die Bücher, nicht vollständig zu etwas um, was sie vorher nicht waren, nämlich zu letzten Zwecken. Das Buch ist weder bloss Mittel, noch bloss Zweck. Indem der Bierdeckelsammler die Dinge seines

Begehrens im Akte seines Sammelns entfunktionalisiert, funktionalisiert er tendentiell die Welt, aus der er die Dinge holt, das heisst, er sieht sie nur daraufhin an, ob sie für die Sammlung etwas abwirft. Bei der Büchersammlerin ist es anders, denn ihr ist an der Welt – die sich in den Büchern ausprägt – um ihrer selbst willen gelegen. Der Büchersammler bleibt im Gespräch, mit den Büchern, mit der Aussen- und mit der Innenwelt. Seine Büchersammlung und sein Büchersammeln stehen in der Spannung von Expansion und Introspektion.

Karl Rudolf Hagenbach

Fabel. (Nach einem Spruche Baco's.)

Ameisen hatten ihren Haufen
Im Gartenwinkel aufgethürmt;
Das war ein Laufen, Raufen, Schnaufen,
Als würde der Olymp erstürmt.
Was jedes an dem Weg' gefunden
An Korn und Spreu', an Reis und Laub,
Das schleppt's herbei, und unverbunden
Liegt Stück auf Stück, und Raub auf Raub.

Ganz dicht dabei am Hofgeländer
Hat eine Spinne sich gesetzt;
Zu weben löchrichte Gewänder,
Wird emsig Hand und Fuss genetzt;
Viel ellenlange Fäden spinnen
Sich aus dem eignen *Ich* hervor:
« S o was könnt ihr wohl nicht ersinnen,»
Sprach sie zum fleiss'gen Sammlerchor:
«Seht welch ein künstliches Verschlingen
Von Fäden links und Fäden rechts,
Die alle wieder sich bedingen
Als Träger *eines* Kunstgeflechts.»

Und mitten stand im Gartengrunde
Ein Baum im vollen Blütenkranz,
Und summend hielten in der Runde
Die Bienlein ihren Reigentanz;
Das Beste nur vom Guten trugen
Sie glücklich in die Zellen ein,
Die scharfgemessen, Fug' an Fugen
Sich zierlich aneinander reih'n.

Dem Myrmidonenvolke gönnen
Die Bienen gern das Holz und Stroh,
Das Spinnen aus sich selbst zu können,
Der Mückenfäng'rin ebenso;
Doch Honig aus den Blumen brauen,
Geht über Sammlerfleiss und Schweiss,
Und sichrer wohnt, wer gut zu bauen,
Als fein zu spintisiren weiss.*

* Karl Rudolf Hagenbach, Gedichte. 2. Bändchen, Basel [2] 1863, S. 105f. Der «Spruch» von Francis Bacon de Verulam ist der Aphorismus 95 im ersten Buch des *Novum Organon* mit der Unterscheidung von Empirikern (Ameisen) und Dogmatikern/Rationalisten (Spinnen). Zwischen beiden Extremen sei das Mittelmass (Biene) zu halten. Hagenbach verdankt seine Bekanntschaft mit Bacons Gleichnis wohl dem im Frey-Grynaeum befindlichen, von Frey stammenden Exemplar des *Novum Organon:* Es ist dies die Erstausgabe aus dem Jahr 1620 (Signatur: FG J II 26) – ein bibliophiles Pretiosum erster Güte.

Quellen- und Literaturverzeichnis*

Siglen

ADB =	Allgemeine Deutsche Biographie, 56 Bde., Leipzig 1875ff.
Athenae Rauricae =	[Johann Wernhard Herzog], Athenae Rauricae sive catalogus professorum Academiae Basiliensis ab A. MCCCCLX ad A. MDCCLXXVIII. Cum brevi singulorum biographia. Adiecta est recensio omnium eiusdem Academiae rectorum, 2 Bde., Basiliae 1778
BBKL =	Biographisch-Bibliographisches Kirchenlexikon, 15 Bde., 1975ff.
Emblemata =	Emblemata. Handbuch zur Sinnbildkunst des XVI. und XVII. Jahrhunderts, hrsg. von Arthur Henkel und Albrecht Schöne. Taschenausgabe, Stuttgart / Weimar 1996
FG =	Frey-Grynäisches Institut
Hagenbach, Schule =	Karl Rudolf Hagenbach, Die theologische Schule Basels und ihre Lehrer von der Stiftung der Hochschule 1460 bis zu Dewette's Tod 1849. Zur vierten Säcularfeier der Universität im Auftrag der theologischen Facultät verfasst, Basel 1860
HBLS =	Historisch-biographisches Lexicon der Schweiz, 7 Bde. + 1 Suppl., Zürich 1921–1934
HdA =	Handwörterbuch des deutschen Aberglaubens, hrsg. von Hanns Bächtold-Stäubli unter Mitwirkung von Eduard Hoffmann-Krayer, 10 Bde., Berlin 1927–1942
HLS =	Historisches Lexikon der Schweiz (im Druck)
HWPh =	Historisches Wörterbuch der Philosophie, hrsg. von Joachim Ritter und Karlfried Gründer, Basel / Darmstadt 1971ff.
JbFG =	Jahresberichte des Frey-Grynaeischen Institutes in Basel, Basel 1942ff.
KBRS =	Kirchenblatt für die reformierte Schweiz
LCI =	Lexikon der christlichen Ikonographie, hrsg. von Engelbert Kirschbaum und Wolfgang Braunfels, 8 Bde., Freiburg im Breisgau / Basel / Wien 1968–1976
LThK² =	Lexikon für Theologie und Kirche, hrsg. von Josef Höfer und Karl Rahner, begr. von Michael Buchberger, 14 Bde., Freiburg im Breisgau² 1957–1968
NDB =	Neue deutsche Biographie, Berlin 1954ff.
RE³ =	Realencyklopädie für protestantische Theologie und Kirche, begr. von Johann Jakob Herzog, hrsg. von Albert Hauck, 24 Bde., Leipzig³ 1896–1913
RGG¹ =	Die Religion in Geschichte und Gegenwart, hrsg. von Friedrich Michael Schiele und Leopold Zscharnack, 5 Bde., Tübingen¹ 1909–1913

* Die Bibliographie strebt keinerlei Vollständigkeit an und verzeichnet nicht die im «Florilegium Frey-Grynaeanum» genannte Literatur. Die Primärliteratur wird chronologisch, die Sekundärliteratur alphabetisch aufgeführt.

RGG² =	Die Religion in Geschichte und Gegenwart. Handwörterbuch für Theologie und Religionswissenschaft, hrsg. von Hermann Gunkel und Leopold Zscharnack, 6 Bde., Tübingen ² 1927–1931
RGG³ =	Die Religion in Geschichte und Gegenwart. Handwörterbuch für Theologie und Religionswissenschaft, hrsg. von Kurt Galling, 7 Bde., Tübingen ³ 1957–1962
Staehelin, FG =	Ernst Staehelin, Johann Ludwig Frey, Johannes Grynaeus und das Frey-Grynaeische Institut in Basel. Zum zweihundertjährigen Jubiläum des Instituts, Basel 1947
StAB =	Staatsarchiv Basel
TRE =	Theologische Realenzyklopädie, hrsg. von Gerhard Krause und Gerhard Müller, Berlin / New York 1976ff.
UBB =	Universitätsbibliothek Basel
Vischer, Lehrstühle =	Eberhard Vischer, Die Lehrstühle und der Unterricht an der Theologischen Fakultät Basel seit der Reformation, in: Festschrift zur Feier des 450jährigen Bestehens der Universität Basel, hrsg. von Rektor und Regenz, Basel 1910, S. 111–242
Wernle, Helvetik =	Paul Wernle, Der schweizerische Protestantismus in der Zeit der Helvetik 1798–1803, 2 Teile, Zürich / Leipzig 1938 und 1942
Wernle, 18. Jhdt. =	Paul Wernle, Der schweizerische Protestantismus im XVIII. Jahrhundert, 3 Bde., Tübingen 1922, 1923 und 1925

Allgemeine Literatur zur Kirchen-, Geistes- und Universitätsgeschichte

- Karl Aner, Die Theologie der Lessingzeit, Halle (Saale) 1929
- Werner Arnold / Peter Vodosek (Hrsg.), Bibliotheken und Aufklärung, Wiesbaden 1988 (= Wolfenbütteler Schriften zur Geschichte des Buchwesens, Bd. 14)
- Karl Barth, Die protestantische Theologie im 19. Jahrhundert. Ihre Vorgeschichte und ihre Geschichte, Zollikon/Zürich 1947
- Ernst Bizer, Die reformierte Orthodoxie und der Cartesianismus, in: Zeitschrift für Theologie und Kirche, Jg. 55 (1958), S. 306–372
- Edgar Bonjour, Die Universität Basel von den Anfängen bis zur Gegenwart 1460–1960, Basel 1960
- Roger Chartier, L'ordre des livres. Lecteurs, auteurs, bibliothèques en Europe entre XIVe et XVIIIe siècle, Aix-en-Provence 1992
- Richard Feller / Edgar Bonjour, Geschichtsschreibung der Schweiz, 2 Bde., Basel 1962
- Eduard Fueter, Geschichte der exakten Wissenschaften in der schweizerischen Aufklärung (1680–1780), Aarau / Leipzig 1941 (= Veröffentlichungen der Schweizerischen Gesellschaft für Geschichte der Medizin und der Naturwissenschaften, Bd. 12)
- Karl Gauss, Basilea reformata. Die Gemeinden der Kirche Basel Stadt und Land und ihre Pfarrer seit der Reformation bis zur Gegenwart, Basel 1930
- Wilhelm Hadorn, Geschichte des Pietismus in den Schweizerischen Reformierten Kirchen, Konstanz / Emmishofen [1901]
- Emanuel Hirsch, Geschichte der neuern evangelischen Theologie im Zusammenhang mit den allgemeinen Bewegungen des europäischen Denkens, 5 Bde., Gütersloh 1949–1954

- Paul Raabe (Hrsg.), Öffentliche und private Bibliotheken im 17. und 18. Jahrhundert. Raritätenkammern, Forschungsinstrumente oder Bildungsstätten? Bremen / Wolfenbüttel 1977 (= Wolfenbütteler Forschungen, Bd. 2)
- Alexander Schweizer, Die protestantischen Centraldogmen in ihrer Entwicklung innerhalb der Reformirten Kirche, 2 Hälften, Zürich 1854 und 1856
- Andreas Urs Sommer, Der Geist der Historie und das Ende des Christentums. Zur «Waffengenossenschaft» von Friedrich Nietzsche und Franz Overbeck, Berlin 1997
- Andreas Staehelin, Geschichte der Universität Basel 1632–1818, Basel 1957 (Studien zur Geschichte der Wissenschaften in Basel, Bde. 4 & 5)
- Andreas Staehelin, Geschichte der Universität Basel 1818–1835, Basel 1959 (Studien zur Geschichte der Wissenschaften in Basel, Bd. 7)
- Lukas Vischer / Lukas Schenker / Rudolf Dellsperger (Hrsg.), Ökumenische Kirchengeschichte der Schweiz, Freiburg / Basel 1994

Zum Frey-Grynäischen Institut

Unpublizierte Quellen

- FG Mscr. X 11 (FG): Protokollbuch des FG, von 1759 bis heute im Gebrauch
- FG Mscr. X 12 (UBB): Jahresbericht der Lektoren des FG von 1832 bis 1941
- StAB Bauakten BB 17: Unterlagen zu Renovationen des FG 1838–1888
- StAB Bauakten VV 37: Unterlagen zu Umbauprojekten Liegenschaften Heuberg 31/33 1915–1969
- StAB ED–REG 190–16: Unterlagen des Erziehungsdepartements zum FG 1944–1968
- StAB Erziehung DD 11: Einige wenige Dokumente zum FG 1747–1900
- StAB Kirchenarchiv KK 5: Unterlagen zum FG 1747–1831: Kopien der Gründungsakten u.a.
- StAB PA 340 E 11: Unterlagen der Freiwilligen Akademischen Gesellschaft zum FG 1886–1947
- StAB Universitätsarchiv XII 8.1: Universitäre Akten zum FG 1737 [sic] –1943, u.a. auch das Testament von Grynaeus und die Gründungsurkunde mit Becks «Anhang»
- StAB Universitätsarchiv XII 8.2: Lektoren- und Kuratorenverzeichnisse bis 1980, Vermögensangelegenheiten
- StAB Universitätsarchiv XII 8.3: Unterlagen zu Deposita des FG im Historischen Museum, in der Universitätsbibliothek und an andern Orten 1888–1944
- StAB Universitätsarchiv XII 8.4: Jahresrechnungen des FG 1936–1979
- StAB Universitätsarchiv XII 8.5: Kassabücher des FG 1939–1966
- StAB Universitätsarchiv XII 8.6: Korrespondenz des FG-Kuratoriums 1936–1980
- StAB Universitätsarchiv XII 8.7: Unterlagen zu den Liegenschaften Heuberg 31/33 1933–1977
- Unsignierte Akten im FG

Literatur

- [ay.], Buchschätze aus dem Frey-Grynaeischen Institut, in: Basler Nachrichten, 7. März 1947
- [ay.], Das Jubiläum des Frey-Grynaeischen Instituts, in: Basler Nachrichten, 3. März 1947, Morgenblatt
- Jakob Kündig, Die Theologen des Heubergs. Separatabzug aus dem Basler Jahrbuch 1913

- Jan Milič Lochman, Das Frey-Grynaeische Institut in Basel, in: FUB–INFORM. Informationsblatt des Fördervereins Universität Basel, Jg. 1, Nr. 1, Januar 1995, S. 3
- Oskar Moppert, Das Frey-Grynaeische Institut. Zum Jubiläum der Stiftung, in: Sonntagsblatt der Basler Nachrichten, Jg. 41, Nr. 9, 2. März 1947, S. 33f.
- [nt.], Aus der Bibliothek des Frey-Grynaeums, in: Nationalzeitung, 13. März 1947
- [nt.], Die Gründer und Betreuer des Frey-Grynaeischen Instituts, in: Nationalzeitung, 5. März 1947
- [rg.], 200 Jahre Frey-Grynaeisches Institut, in: Nationalzeitung, 3. März 1947, Abendblatt
- Rudolf Riggenbach, Die Stifterbildnisse des Frey-Grynaeischen Instituts, in: Freiwillige Basler Denkmalpflege 1938, Basel 1939, S. 19–28
- Ernst Staehelin, Johann Ludwig Frey, Johannes Grynaeus und das Frey-Grynaeische Institut in Basel. Zum zweihundertjährigen Jubiläum des Instituts, Basel 1947 (Rektoratsprogramm der Universität Basel für das Jahr 1947) [= Staehelin, FG]
- Jahresberichte des Frey-Grynäischen Instituts in Basel, Basel 1942ff. [= JbFG]
- Ernst Staehelin, Kirchlich-menschliche Beziehungen im Zeitalter der Orthodoxie und des beginnenden Pietismus nach den Stammbüchern des Frey-Grynaeischen Institutes in Basel, in: Archiv für Reformationsgeschichte, Jg. 37 (1940), S. 289–305 und Jg. 38 (1941), S. 133–150
- Gustav Adolf Wanner, Das «Münchendorf» am Heuberg, in: Basler Zeitung, Nr. 225, 26. September 1981, S. 26
- [Gustav Adolf Wanner], Ein Basler Theologeninstitut, in: Basler Nachrichten, 8. Februar 1937, 2. Beilage zu Nr. 38, S. 1
- Gustav Adolf Wanner, Neuanfang im Frey-Grynaeum zum 300. Geburtstag des Stifters, in: Basler Zeitung, Nr. 266, 13. November 1982, S. 24

Zu Johann Ludwig Frey

Quellen

a) Unpublizierte
- FG Mscr. VI 3–4 (UBB): Unterlagen zu Freys «iter literarium»
- FG Mscr. VI 5 (UBB): Briefe an Frey
- FG Mscr. VI 6 (UBB): Unterlagen zu Freys Bibliothek
- FG Mscr. VI 7–16 (UBB): Zahlreiche Manuskripte Freys zu universitären und kirchlichen Angelegenheiten

b) Publizierte
- Divini Numinis auspiciis, dissertationem hanc philosophicam quae est de Natura mentis humanae, cum Annexis miscellaneis, Jussu Sapient. Philosoph. Collegii, praeside Viro Experientissimo & Celeberrimo Domino Theodoro Zvingero, Med. Doct. Philos. Nat. in alma Academ. Patria Profess. Solertiss. Pro Supremis in Philosophia honoribus solenniter impetrandis, Placidae Antagonistar, συζητήσει subjectam pro virium modulo tuebitur publicè, Joh. Ludovicus Frey, Mag. Cand. Author. D. 25. Julii Anni 1699, Basileae
- Disputatio philologico-theologica In qua Mohammedis de Jesu Christo expenditur Quam אן ישאא אללה Praeside Viro Venerando & Excellentissimo D. Samuele Werenfelsio S. Theol. D. Loc. Com. & Controv. Prof. celeberrimo, Patrono & Praeceptore aeternùm suspicundo Ad diem 25. Maji Ærae Dion. 1703. L. H. Q. S. Publico Eruditorum Examini subjicit M. Jo. Ludovicus Frey, Basiliensis, Basileae [1703]

- Excerpta nonnulla Ex Commentario inedito R. Aharonis Ben Joseph Judaei Caraitae. Versione Latinâ & Notulis quibusdam illustrata inque lucem edita à Johanne Ludovico Frey, Basiliensi. Praemittitur ad Lectorem brevis Dissertatio de Authore ejusque scripto, Amstelaedami 1705
- Dissertatio philologica De conjungendo studio linguarum orientis cum studio graeco, Quam jussu sapientissimi Philosophorum Ordinis Vacante Cathedrâ Linguae Graecae ad d. 27. Nov. Anno. MDCCV. publicè examinandam offert M. Joh. Ludovicus Frey, S.M.C. Respondente Florentissimi Ingenij Juvene Jeremia Raillardo, Basil., Basileae [1705]
- Disputatio historica De Cyro, Monarchiae Persicae auctore, quam, Una cum annexis Miscellaneis, annuente monarcha supremo, consensu sapientissimi Philosophorum Collegii, Vacante Professione Historicâ, Modesto Competitorum Examini subjicit M. Joh. Ludovicus Frey, S.M.C. Respondente Lectissimo Juvene Luca Faeschio, Phil. Baccal. Ad diem 13. Jul. An. M. DCC. VI., Basileae [1706]
- Meletematum De Officio Doctoris christiani pars prima Quam Juvante Supremo Ecclesiae Doctore Christo Jussu Venerandi Theologor. Ordinis Pro Doctoris Theologi axiomate rite consequendo Moderante Actum Viro admodum Vener. & Excellentiss. D. Hieron. Burcardo S.S. Theol. Doctor & Vet. Testam. Profess. Celeb. Antist. Eccles. meritiss. Patrono plur. colendo Publico Eruditorum Examini subjicere incipiet M. Joh. Ludovicus Frey Minist. Eccles. Huning. Ad diem 4. Augusti 1711 horis suetis In Auditorio Theolog. aestivo, Basileae [1711] [zusammengebunden und durchpaginiert mit den drei folgenden Titeln]
- Meletematum De Officio Doctoris christiani partis primae continuatio Quam Juvante Supremo Ecclesiae Doctore Christo Jussu Venerandi Theologor. Ordinis Vacante Cathedra Theolog. publico Examini subjicit J. Ludovicus Frey S. Theolog. Doct. & Minist. Eccles. Huning. Respondente Praestantissimo juvene J. Jacobo Wetstenio J.R.F. In diem 4. Septemb. 1711 horis suetis in Auditorio Theol. aestivo, Basileae [1711] [zusammengebunden und durchpaginiert mit dem vorangehenden und den beiden folgenden Titeln]
- Dissertationum theologicarum De Officio Doctoris christiani tertia Quam Juvante Supremo Ecclesiae Doctore Christo praeside Joh. Ludovico Frey S. Theol. Doct. ejusd. Prof. Extr. Hist. Ord. Pro consequendo Examine S. Ministerii Publico Eruditorum Examimi Ad diem 15. Maji. Ann. 1714. Horis locoque consuetis Submittit Caspar Wetstenius J.R.F. J.R.N., Basileae [1714] [zusammengebunden und durchpaginiert mit den beiden vorangehenden und dem folgenden Titel]
- Dissertationum theologicarum De Officio Doctoris christiani quarta Cujus Defensionem Juvante Supremo Ecclesiae Doctore Christo praeside Joh. Ludovico Frey S. Theol. Doct. ejusd. Prof. Extr. Hist. Ord. Ad obtinendum Examen pro Ministerio S. Publicè suscipient, horis locoque solitis ad dd. 5. & 8. Febr. Anno 1715. Joh. Jacob Horner & Andreas Merian A.F.M.N., Basileae [1715] [zusammengebunden und durchpaginiert mit den drei vorangehenden Titeln]
- [Herausgabe von und Vorrede zu] Samuelis Werenfelsi Basileensis Dissertationum varii argumenti, pars altera. Quarum seriem pagina post Praefationem exhibet, Amstelaedami 1716
- Epistolae Sanctorum Patrum Apostolicorum Clementis, Ignatii, et Polycarpi, atque duorum posteriorum martyria. Omnia graece et latine cum variorum annotationibus et praefatione Ioh. Ludovici Frey, S. Th. Doct. & Prof., Basileae 1742
- Joh. Ludovici Frey SS. Theol. D. & Prof. nec non Fac. Th. Ipsiusque Acad. Basiliensis Senioris, Epistola ad virum clarissimum & reverendum Jacobium Krighout, Remonstrantium Amstelod. Professorem, stricturas nonnullas ad sermonem funebrem, quem suo nuper collegae, Joh. Jac. Wetstenio, habuit, continens, Basileae 1754

Sekundärliteratur
- Athenae Rauricae, Bd. 1, S. 61–64
- De Vita & Meritis Philologi et Theologi incomparabilis Joh. Ludovici Freyi, SS. Theol. Doct. & Prof. P. Oratio Funebris, Quam d. XVIII. Aprilis anni saecularis tertii Academiae Basiliensis MDCCLX. publice in frequenti panegyri recitavit Jac. Christoph. Beckius, SS. Th. D. V.T. Prof. P. Instituti Freyio-Grynaeani Lector, Basileae MDCCLX
- Ulrich Gäbler, Johann Ludwig Frey, in: HLS (im Druck)
- Max Geiger, Johann Ludwig Frey, in: Andreas Staehelin (Hrsg.), Professoren der Universität Basel aus fünf Jahrhunderten. Bildnisse und Würdigungen. Zur Fünfhundertjahrfeier der Universität Basel im Auftrag der Universität und unter Mitarbeit zahlreicher Gelehrter herausgegeben, Basel 1960, S. 96–97
- Jan Milič Lochman, Johann Ludwig Frey: Sein Leben und Vermächtnis, in: JbFG 1981/82, S. 8–15
- Staehelin, FG, S. 9–99
- Ernst Staehelin, JbFG 1961
- Ernst Staehelin, Johann Ludwig Frey, in: NDB, Bd. 5, S. 419
- Vota et plausus clarorum virorum fautorum & amicorum quibus prosecuti sunt virum reverendum admodum et clarissimum Dn. Joh. Ludovicum Frey, V.D.M. ejusdemque in Ecclesia Basilea-Huningensi praeconem fidelissimum solidissimum quum is raro Doctoris Theologi titulo manu viri reverendi & excelentissimi Dn. Hieronymi Burcardi, S. Th. D. Ecclesiae Basil. Antist. vigilantiss. V.T. Professoris meritissimi ipsa Ludovici die vel XXV. Aug. Anno MDCCXI. magno suo merito condecoraretur, Basileae 1711
- Julius Wagenmann, Johann Ludwig Frey, in: ADB, Bd. 7, S. 363–364
- Die Alles Wissen weit übertreffende Liebe zu Christo. Nach Anleitung der Worte des sel. Apostels Pauli, EPHES. III. v. 19. Als Unter Hochansehnlichem und volckreichem Geleite zu seiner Ruhestätte gebracht worden Der Hochwürdige und Hochgelehrte Herr Johann Ludwig Frey, Heil. Schrift. Doctor, und bey Löblicher Universitaet des Alten Testaments Hochverdienter Professor. In der Pfarr-Kirche bey St. Leonhard in Basel, Samstags den 3ten Martii MDCCLIX. Vorgestellet Durch Andreas Zwinger, Pfarrer allda, [Basel 1759]

Zu Johannes Grynaeus

Quellen

a) Unpublizierte
- FG Mscr. VI 17–18 (UBB): Briefe, Vorlesungen und Reden von Grynaeus

b) Publizierte
- Joannis Grynaei Animadversiones nonnullae ad Reimannum de atheismo mohammedanorum, in: Museum Helveticum ad juvandas Literas in publicos, Particula I, Zürich 1746, S. 103–112
- Jo. Grynaei ad Zimmermannum Suum Disquisitio epistolica, An Mahomed Impostor fuerit, an Fanaticus? in: Museum Helveticum ad juvandas Literas in publicos, Particula I, Zürich 1746, S. 113–132
- Johannis Grynaei S. Theol. Doct. & Prof. ΛΕΙΨΑΝΑ, sive opuscula nonnulla theologico-miscellanea. Praefigitur auctoris biographia, Basileae 1746 (darin auch eine von Frey verfasste «Biographia»)

Sekundärliteratur
- Athenae Rauricae, Bd. 1, S. 79–81
- Vita Joannis Grynaei S. Theol. Doct. et Prof. in illustr. Basil. Acad. Designata a Jo. Ludovico Frey, itidem S. Th. D. et Pr. P. in inclyt. hac Acad., in: Museum Helveticum ad juvandas Literas in publicos, Particula I, Zürich 1746, S. 80–102 (ähnlich in ΛΕΙΨΑΝΑ)
- Emanuel Ryhiner, Christliche Leich-Predigt Über Philipp. Cap. I. v. 21. Christus ist mein Leben, und Sterben ist mein Gewinn; Gehalten zu St. Leonhard in Basel, Den 14. Apr. 1744. Bey Bestattung Des Wohl-Ehrwürdig- und Hochgelehrten Herrn Johannis Grynaei, H.S.D. und Nov. Test. Profess. Ven. Ord. Decani, Basel [1744] (darin S. 51–61 «Personalia»)
- Staehelin, FG, S. 100–115

Zu Jakob Christoph Beck

Quellen

a) Unpublizierte
- FG Mscr. VII 1–30 (UBB): Briefe von und an Beck, diverse Manuskripte von ihm (detailliert beschrieben in: Die Korrespondenz des Basler Professors Jakob Christoph Beck 1711–1785. Bearbeitet von Ernst Staehelin, Basel 1968, S. 28–39)
- StAB Erziehung CC10: Wenige Unterlagen zu Becks Geschichtsprofessur

b) Publizierte
- Supplement zu dem Baselischen allgemeinen Historischen Lexico, in welchem das Leben und die Thaten der Patriarchen, Propheten, Apostel, Vätter der ersten Kirchen, Päbste, Cardinäle, Bischöffe, Prälaten, vornehmer Gottes-Gelehrten, nebst den Ketzern; wie nicht weniger der Kayser, Könige, Chur- und Fürsten, Grosser Herren und Staats-Ministern; ingleichen berühmter Gelehrten, Scribenten und Künstlern; ferner ausführliche Nachrichten von den ansehnlichsten Gräflichen, Adelichen und andern Familien, von Conciliis, Mönchs- und Ritter-orden, Heydnischen Göttern etc. und endlich die Beschreibung der Kayserthümer, Königreiche, Fürstenthümer, freyer Staaten, Landschafften, Insuln, Städte, Schlösser, Klöster, Gebürge, Flüsse und so fort, vorgestellet werden, Von Jacob Christoff Beck, SS. Theol. Lic. Hist. P.P. Und August Johann Buxtorff / Pfarrer bei St. Elisabeth. Zwei Theile, Basel 1742 bzw. 1744
- Jac. Christophori Beckii, S. T. L. & Hist. P. Basil. Introductio in historiam patriam Helvetiorum ad Annum 1743 usque progressa, & in usum Academicum concinnata, Tiguri 1744
- Einleitung zu den Helvetischen Geschichten bis auf das Jahr 1743 fortgesetzet, und zu Academischem Gebrauche abgefasset von Jacob Christoff Beck, S. Th. Lic. und Professor der Geschichte in Basel. Nunmehro aus dem Lateinischen ins Deutsche übersetzt, Zürich 1744 [dt. Übersetzung von Johann Jakob Spreng, [2] 1768]
- Ungrund des Separatismus, Oder Beantwortung der fürnehmsten Ursachen, derentwegen sich die Separatisten von dem öffentlichen Gottesdienste absöndern; den Irrenden zur heilsamen Unterweisung, andern aber zur Wahrnung, Auf Gutbefinden E. Ehrw. Predig-Ammts allhier, aufgesetzt von Jacob Christoff Beck, der Gottesgelehrtheit Doctor und Professor, Basel 1753
- Jac. Christophori Beckii SS. Th. D. & Prof., Fundamenta theologiae naturalis et revelatae, Basileae 1757

– Christian Wursteisens Kurzer Begriff der Geschichte von Basel, aus dem Lateinischen übersetzt. Übersehen und mit Anmerkungen vermehret von Jacob Christoff Beck, der Gottesgelehrtheit Doctor und Professor, auch Bibliothecarius, Basel 1757
– Jac. Christophori Beckii S. Th. Doct. & P.P. Instituti Freyio-Grynaeani Lectoris, Synopsis institutionum universae theologiae naturalis & revelatae, dogmaticae, polemicae & practicae in usum auditorii domestici. Praemittitur encyclopaedia theologica breviter delineata, Basileae 1765
– Vollständiges Biblisches Wörterbuch oder Real- und Verbal-Concordanz, darin alle in der ganzen Heil. Schrift des Alten und Neuen Testaments nach des seligen D. Martin Luthers Ubersetzung enthaltene Worte, Lehren, Geschichten, Altertümer, Tiere, Pflanzen, Edelgesteine, Metalle, Gewichte, Münzen und Maasse; nicht weniger auch alle in die Erd- Zeit-, und Geschlechtbeschreibung oder Geographie, Chronologie und Genealogie laufende zuverlässige Nachrichten mit allem ersinnlichen Fleisse aus allen zu diesem Ende dienlichen alten und neuen Schriftstellern zwar kurz, aber doch deutlich genug, verfasset, und nach dem deutschen Alfabete eingerichtet sind; also, dass nicht allein die Gelehrten, so wol geistlichen als weltlichen Standes, sondern auch alle übrige Leser und Liebhaber der Heiligen Schrift, sich genugsam darin bey den vorkommenden Schwierigkeiten Rahts erholen, folglich dies Buch anstatt aller andern Auslegung mit Nutzen und ohne sonderliche Mühe gebrauchen können. Aufgesetzt, gesammelt und herausgegeben von Jacob Christof Beck, öffentlichen Lehrer der Gottesgelehrtheit, 2 Teile, Alles zu GOTTES Ehre und der Kirche Erbauung, Basel 1770
– [Willliam Stevenson], Die kleine Bibel. Oder Glaube und die Pflichten des Christen in Worten der heiligen Schrift. Anstatt einer Vorrede ist vorgesetzt eine kurze Abbildung eines wahren Christen von Jacob Christoff Beck, öffentlicher Lehrer der Heil. Schrift, Basel 1773
– Epitome Historiae Ecclesiasticae Veteris Testamenti auditorum usui destinata, auctore J.C. Beckio, Theologo, Basileae 1779
– Die Korrespondenz des Basler Professors Jakob Christoph Beck 1711–1785. Bearbeitet von Ernst Staehelin, Basel 1968 (= Studien zur Geschichte der Wissenschaften in Basel, Bd. 18)

Sekundärliteratur
– Ulrich Gäbler, Jakob Christoph Beck, in: HLS, Bd. 1 (im Druck)
– Athenae Rauricae, Bd. 1, S. 64–67
– Sebastian Spörlin, Ode an Ihro Hochwüden Herrn Jak. Christoff Beck, Der Gottesgelehrtheit öffentlichen Lehrer bey dem Antritt des Rektorates Unsrer Hohen Schule, Basel 1766
– Staehelin, FG, S. 135–143
– Ernst Staehelin, JbFG 1950–1951, 1953–1954, 1956–1960 und 1966
– Wilhelm Vischer, Jakob Christoph Beck, in: ADB, Bd. 2, S. 213–214

Zu Johann Rudolf Buxtorf

Quellen

a) Unpublizierte
– StAB, Erziehung CC4 und Y6: Unterlagen zu Buxtorfs Basler Professuren
– StAB, PA 98, 35, Bd. 15, 169–171: 3 Briefe Buxtorfs vom 20. Januar 1777, vom 7. März (?) 1778 und vom 24. Juni 1778 an Isaak Iselin
– StAB, PA 415, B8: Undatierter Brief von Buxtorf als Student an Hieronymus Bischoff
– StAB, PA 603: Erbinventar von Buxtorf aus dem Jahr 1837 [sic]

- UBB, Autographensammlung B.: Brief von Buxtorf aus Münster vom 30. Juli 1771 an einen unbekannten Basler Freund und zwei (?) Briefe von Buxtorf aus dem Jahr 1817 an Peter Ochs
- UBB, Nachlass Lucas Legrand, Bd. 4, Nr. 2: Undatierter Brief von Buxtorf an Legrand

b) Publizierte
- Johannis Rodolphi Buxtorfii Observationes criticae miscellaneae in quaedam auctorum graecorum loca, Basileae 1768 [nach Athenae Rauricae, Bd. 2, S. 308; kein Exemplar dieses Druckes konnte nachgewiesen werden]
- Theses rhetoricae quas adjuvante Deo occasione vacantis rhetoricae cathedrae jussu atque auctoritate amplissimi Senatus Academici clarissimorum competitorum examini submittit J. Rud. Buxtorfius S.M.C. respondente juvene doctissimo Simone Eglingero Mag. Cand. Die 8. Junii 1773, H. L. Q. S., Basileae [1773]
- Vita viri incomparabilis Joh. Rudolphi Zwingeri Med. Doct. Practices in Academ. Basileensi Professoris uctunque delineata et publice recitata ad d. 26. Maji MDCCLXXVIII ab Joh. Rudolpho Buxtorfio Basileensi, Basileae [1778]
- Thesium theologicarum de ratione Regnum Dei promovendi sectio I. Quam Deo volente ac benedicente praeside viro plur. venerando Dn. Jacobo Meyero S. Th. Doct. Vet. Test. Prof. Facult. Theol. Decano Spect. publico virorum clarissimorum atque pl. reverendorum examini ad. d. 18. Sept. in audit. aestivo ex requisito legis academicae pro Doct. Theol. gradu obtinendo subjicit Joh. Rodolph. Buxtorfius Th. Cand., Basiliae 1792
- Thesium theologicarum de ratione Regnum Dei promovendi sectio II. Quam Deo clementer annuente occasione vacantis cathedrae Theologiae dogmaticae sub auspiciis vener. Ordinis Theol. ad d. 25. Sept. viris plur. venerandis plur. reverendis clarissimis publice ventilandam proponit Joh. Rodolph. Buxtorfius, Th. Lic., Basiliae 1792
- Ein Wort der Erinnerung bey Wiederbesetzung der obersten Pfarrstelle einer hochansehnlichen Münster-Gemeine, den 10. Sept. 1816 einer zahlreichen Versammlung an's Herz gelegt, und mit einem Gebet begleitet von Professor Buxtorf, Basel [1816]

Sekundärliteratur
- Athenae Rauricae, Bd. 2, S. 308
- Staehelin, FG, S. 143–152

Zu Karl Rudolf Hagenbach

Quellen

a) Unpublizierte
- FG Mscr. VIII 3 (UBB): Einige Vorlesungsmanuskripte Hagenbachs, ferner Reden und Gebete zu Examina
- StAB, Erziehung Y6: Unterlagen zu Hagenbachs Professur
- StAB, PA 838: Familie Hagenbach. Fast der gesamte wissenschaftliche und private Nachlass K. R. Hagenbachs (v.a. auch Briefe)

b) Publizierte

- Die Hoffnung. Ein Gedicht, in der öffentlichen Magisterpromotion vorgetragen von Karl Rudolf Hagenbach, Phil. Laur., den 12. Juni 1817, [Basel 1817]
- Observationes historico-hermeneuticae circa Origenis Adamantini methodum interpretandae Sacrae Scripturae quas pro gradu licentiati in theologia rite ae [sic] legitime consequendo publice defendet Carolus Rodolphus Hagenbach S.M.C. die XI. Novembris MDCCCXXIII. H.L.Q.C., Basileae [1823]
- Karl Rudolf Hagenbach, Über den Begriff und die Bedeutung der Wissenschaftlichkeit im Gebiete der Theologie. Eine akademische Rede mit erläuternden Anmerkungen, Basel 1830
- Karl Rudolf Hagenbach, Predigten, Bde. 1–2, Basel 1830; Bde. 3–4, Basel 1835; Bd. 5, Basel 1844; Bd. 6, Basel 1845; Bd. 7, Basel 1851; Bd. 8, Basel 1853
- Karl Rudolf Hagenbach, Rectoratsrede gehalten den 13. September 1832, Basel 1832
- Karl Rudolf Hagenbach, Encyklopädie und Methodologie der theologischen Wissenschaften, Leipzig 1833 (Leipzig ^{9} 1874; Leipzig ^{10} 1880, hrsg. von Emil Kautzsch; Leipzig ^{12} 1889, hrsg. von Max Reischle)
- Karl Rudolf Hagenbach, Vorlesungen über Wesen und Geschichte der Reformation in Deutschland und der Schweiz mit stäter Beziehung auf die Richtungen unserer Zeit, 2 Theile, Leipzig 1834
- Karl Rudolf Hagenbach, Lehrbuch der Dogmengeschichte, 2 Theile, Leipzig 1840 und 1841 (Leipzig ^{5}, 1867; Leipzig ^{6} 1888, hrsg. von Karl Benrath)
- Karl Rudolf Hagenbach, Die Kirchengeschichte des 18. und 19. Jahrhunderts aus dem Standpunkte des evangelischen Protestantismus betrachtet in einer Reihe von Vorlesungen, 2 Theile, Leipzig 1842 und 1843
- Karl Rudolf Hagenbach, Über die Bedeutung des Religionsunterrichtes an höhern Bildungsanstalten. Schulrede, Zürich 1846
- Karl Rudolf Hagenbach, Wilhelm Martin Leberecht de Wette. Eine akademische Gedächtnissrede mit Anmerkungen und Beilagen, Leipzig 1850
- Karl Rudolf Hagenbach, Vorlesung über die ältere Kirchengeschichte. Erster Theil: Die christliche Kirche der drei ersten Jahrhunderte, Leipzig ^{2} 1857. Zweiter Theil: Die christliche Kirche vom vierten bis zum sechsten Jahrhundert, Leipzig 1855
- Karl Rudolf Hagenbach, Über die sogenannte Vermittlungstheologie. Zur Abwehr und Verständigung. Abdruck aus dem KBRS, Zürich 1858
- Karl Rudolf Hagenbach, Die theologische Schule Basels und ihre Lehrer von der Stiftung der Hochschule 1460 bis zu Dewette's Tod 1849. Zur vierten Säcularfeier der Universität im Auftrag der theologischen Facultät verfasst, Basel 1860 [= Hagenbach, Schule]
- Karl Rudolf Hagenbach, Leitfaden zum christlichen Religionsunterrichte an höheren Gymnasien und Bildungsanstalten, Leipzig ^{3} 1861 (Leipzig ^{1} 1850; Leipzig ^{8} 1899, hrsg. und umgearbeitet von S. M. Deutsch)
- Karl Rudolf Hagenbach, Gedichte, 2 Bde., Basel ^{2} 1863 (Basel ^{1} 1846)
- Karl Rudolf Hagenbach, Kirchengeschichte von der ältesten Zeit bis zum 19. Jahrhundert. In Vorlesungen. Neue, durchgängig überarbeitete Gesammtausgabe. Bd. 1, Leipzig ^{3} 1869; Bd. 2, Leipzig ^{2} 1869; Bd. 3, Leipzig ^{4} 1870; Bd. 4, Leipzig ^{4} 1870, Bd. 5, Leipzig ^{4} 1871, Bd. 6, Leipzig ^{4} 1871; Bd. 7, Leipzig ^{4} 1872
- Karl Rudolf Hagenbach, Über Glauben und Unglauben. Zwei Vorlesungen, gehalten vor einem gemischten Publikum. Separat-Abdruck aus dem Volksblatt, Bern 1872
- Ein Vermächtniss Hagenbachs. Separatabdruck aus dem «Volksblatt für die reformirte Schweiz», Bern 1874
- Jeremias Gotthelf und Karl Rudolf Hagenbach. Ihr Briefwechsel aus den Jahren 1841 bis 1853, herausgegeben von Ferdinand Vetter, Basel 1910

- Erinnerungen an Schleiermacher [1843/1844]. Aus der ungedruckten Autobiographie von Karl Rudolf Hagenbach, hrsg. von Johannes Wendland, in: Die christliche Welt. Evangelisches Gemeindeblatt für Gebildete aller Stände, Jg. 26 (1912), Nr. 4, Sp. 74–78
- Rudolf Suter (Hrsg.), Fünf unveröffentlichte Briefe Jeremias Gotthelfs. Aus dem Briefwechsel von Albert Bitzius und Karl Rudolf Hagenbach. Sonderdruck des Sonntagsblattes der «Basler Nachrichten» Nr. 536, 17. Dezember 1961
- Joachim Boekels, Schleiermacher als Kirchengeschichtler. Mit Edition der Nachschrift Karl Rudolf Hagenbachs von 1821/22, Berlin / New York 1994

Sekundärliteratur
- Karl Bauer, Karl Rudolf Hagenbach, in: RGG², Bd. 2, Sp. 1574–1575
- Christoph Friedrich Eppler, Karl Rudolf Hagenbach. Eine Friedensgestalt aus der streitenden Kirche der Gegenwart. Güterloh 1875
- Erinnerung an Karl Rudolf Hagenbach, Prof. der Theologie in Basel, geboren den 4. März 1801, gestorben den 7. Juni 1874. Personalie, Leichenrede und Grabreden, gehalten am Begräbnisstage den 9. Juni 1874, [Basel 1874]
- Georg Finsler, Zur Erinnerung an Karl Rudolf Hagenbach. Doktor und Professor der Theologie in Basel. Separatdruck aus dem «Volksblatt für die reformirte Schweiz», Zürich 1874
- Kurt Guggisberg, Karl Rudolf Hagenbachs Darstellung und Deutung der Reformation, in: Max Geiger (Hrsg.), Gottesreich und Menschenreich. Ernst Staehelin zum 80. Geburtstag, Basel / Stuttgart 1969, S. 467–494
- Wilhelm Hadorn, Karl Rudolf Hagenbach, in: RGG¹, Bd. 2, Sp. 1790
- Eduard His, Carl Rudolph Hagenbach 1801–1874, in: E. H., Basler Gelehrte des 19. Jahrhunderts, Basel 1941, S. 95–103
- W. Krafft, Karl Rudolph Hagenbach, in: ADB, Bd. 10, S. 344–345
- Thomas K. Kuhn, Der junge Alois Emanuel Biedermann. Lebensweg und theologische Entwicklung bis zur «Freien Theologie» 1819–1844, Tübingen 1997, S. 119f., S. 129–135 und passim
- Eberhard Hermann Pältz, Karl Rudolf Hagenbach, in: RGG³, Bd. 3, Sp. 22–23
- Staehelin, FG, S. 152–166
- Ernst Staehelin, JbFG 1962, S. 5–8
- Ernst Staehelin, Karl Rudolf Hagenbach, in: Andreas Staehelin (Hrsg.), Professoren der Universität Basel aus fünf Jahrhunderten. Bildnisse und Würdigungen. Zur Fünfhundertjahrfeier der Universität Basel im Auftrag der Universität und unter Mitarbeit zahlreicher Gelehrter herausgegeben, Basel 1960, S. 132–133
- Ernst Staehelin, Karl Rudolf Hagenbach, in: NDB, Bd. 7, S. 486–487
- Rudolf Stähelin-Stockmeyer, Karl Rudolf Hagenbach. 53. Neujahrsblatt, hrsg. von der Gesellschaft zur Beförderung des Guten und Gemeinnützigen, Basel 1875
- Rudolf Stähelin, Karl Rudolf Hagenbach, in: RE³, Bd. 7, S. 335–338
- Hans Trümpy, K. R. Hagenbach bei J. G. Radlof, in: Festschrift für Paul Zinsli, hrsg. von Maria Bindschedler u.a., Bern 1971, S. 211–227
- Gustaf Adolf Wanner, Das Frey-Grynaeum ehrt seinen dritten Lektor, in: Basler Nachrichten, Nr. 355, 23. August 1963, S. 5
- Gustav Adolf Wanner, Der Dichter Karl R. Hagenbach wohnte am Obern Heuberg, in: Basler Zeitung, Nr. 302, 24. Dezember 1980, S. 21

Zu Emil Kautzsch

Quellen

a) Unpublizierte
- StAB, Erziehung Y 9, 1827–1930: Zu Kautzschs Basler Professur
- StAB, PA 511, 619–16–05: Acht Briefe von Kautzsch an Wilhelm Vischer-Heussler 1875–1883
- StAB, PA 182, B 42, 13: Zwei Briefe und sechs Karten von Kautzsch an Rudolf Stähelin 1880–1898
- StAB, PA 212, R 32.55: Briefe von Kautzsch an Karl Sarasin 1877–1880

b) Publizierte
- Emil Kautzsch, De Veteris Testamenti locis a Paulo apostolo allegatis, Leipzig 1869
- Emil Kautzsch / Albert Socin, Die Aechtheit der moabitischen Alterthümer geprüft, Strassburg / London 1876
- Wilhelm Gesenius, Hebräische Grammatik, völlig umgearbeitet von Emil Kautzsch, Leipzig [22] 1878 ([28] 1909)
- Emil Kautzsch, Johann Buxtorf der Ältere, Basel 1879
- Emil Kautzsch, Grammatik des Biblisch-Aramäischen. Mit einer kritischen Erörterung der aramäischen Wörter im Neuen Testament, Leipzig 1884
- Die Genesis mit äusserer Unterscheidung der Quellenschriften, übersetzt von Emil Kautzsch und Albert Socin, Tübingen / Freiburg i. B. 1888
- Die Heilige Schrift des Alten Testaments, übersetzt von Emil Kautzsch u. a., 2 Bde., Tübingen 1890 und 1894 ([4] 1922–1923, hrsg. von Alfred Bertholet)
- Wilhelm Gesenius, Hebräische Grammatik, völlig umgearbeitet von Emil Kautzsch. Kleine Ausgabe der 26. vielfach verbesserten und vermehrten Auflage, Leipzig 1896 (zahlreiche Neuauflagen)
- Emil Kautzsch, Abriss der Geschichte des alttestamentlichen Schrifttums, Tübingen 1897
- Die Apokryphen und Pseudoepigraphen des Alten Testaments, in Verbindung mit Fachgenossen übersetzt und hrsg. von Emil Kautzsch, 2 Bde., Tübingen 1900 (Reprint Hildesheim 1960)
- Emil Kautzsch, Die Poesie und die poetischen Bücher des Alten Testaments. Sechs Vorträge, Tübingen u. a. 1902
- Emil Kautzsch, Die Aramaismen im Alten Testament, I. Lexikalischer Teil, Halle 1902
- Emil Kautzsch, Biblische Theologie des Alten Testaments, hrsg. von Karl Kautzsch, Tübingen 1911

Sekundärliteratur
- Walter Baumgartner, Emil Kautzsch, in: Andreas Staehelin (Hrsg.), Professoren der Universität Basel aus fünf Jahrhunderten. Bildnisse und Würdigungen. Zur Fünfhundertjahrfeier der Universität Basel im Auftrag der Universität und unter Mitarbeit zahlreicher Gelehrter herausgegeben, Basel 1960, S. 208–209
- Hermann Gunkel, Emil Kautzsch, in: RGG[1], Bd. 3, Sp. 1052–1053
- Hermann Gunkel, Emil Kautzsch, in: RGG[2], Bd. 3, Sp. 711
- Hermann Gunkel, Kautzschs Biblische Theologie des Alten Testamens, Deutsche Literaturzeitung, Jg. 33 (1912), Sp. 1093–1101
- Hermann Guthe, Emil Kautzsch, in: RE[3], Bd. 23, S. 747–752
- Hermann Guthe, Emil Kautzsch, in: Mitteilungen und Nachrichten des Deutschen Palästina-Vereins Bd. 33, 1910, S. 33–39

- Ferdinand Kattenbusch, Nachruf auf Emil Kautzsch, in: Theologische Studien und Kritiken 1910, S. 627–642
- Rolf Rendtorff, Emil Kautzsch, in: RGG^3, Bd. 3, Sp. 1232–1233
- Staehelin, FG, S. 166–169

Zu Rudolf Stähelin

Quellen

a) Unpublizierte

- StAB, Erziehung Y6: Unterlagen zu Stähelins Professur
- StAB PA 182 B 42, 13: Briefe an Stähelin
- UBB, Nachlass Rudolf Stähelin: Vorlesungs- und Buchmanuskripte (19 Schachteln)

b) Publizierte

- Rudolf Stähelin, Erasmus' Stellung zur Reformation hauptsächlich von seinen Beziehungen zu Basel aus beleuchtet. Academische Probevorlesung, Basel 1873
- Rudolf Stähelin, Zur paulinischen Eschatologie. 1. Thess. 4, 13–17 im Zusammenhang mit der jüdischen Eschatologie untersucht, in: Jahrbücher für Deutsche Theologie, Bd. 19 (1873), S. 177–237
- Rudolf Stähelin-Stockmeyer, Karl Rudolf Hagenbach. 53. Neujahrsblatt, hrsg. von der Gesellschaft zur Beförderung des Guten und Gemeinnützigen, Basel 1875
- Rudolf Stähelin, W. M. L. de Wette nach seiner theologischen Wirksamkeit und Bedeutung geschildert. Rede gehalten bei der Saecularfeier seines Geburtstages den 12. Januar 1880 in der Aula des Museums zu Basel, Basel 1880
- Rudolf Stähelin, Die Lehre von der Taufe und ihre Nothwendigkeit in der reformirten Kirche, in: Volksblatt für die reformirte Kirche der Schweiz, Jg. 14 (1882), S. 89–91 und 93–95
- Rudolf Staehelin, Die ersten Märtyrer des evangelischen Glaubens in der Schweiz, Heidelberg 1883
- Rudolf Stähelin, Huldreich Zwingli und sein Reformationswerk. Zum vierhundertjährigen Geburtstage Zwinglis dargestellt, Halle 1883
- Rudolf Stähelin, Die Autorität der heiligen Schrift und die biblische Kritik, in: Theologische Zeitschrift aus der Schweiz 1884, S. 313–352
- Rudolf Stähelin, Briefe aus der Reformationszeit, grösstentheils nach Manuskripten der Zwingerschen Briefsammlung. Programm zur Rektoratsfeier der Universität Basel, Basel 1887
- Rudolf Stähelin, Rückblicke auf den Entwicklungsgang der protestantischen Theologie im 19. Jahrhundert, in: KBRS, Jg. 2 (1887), S. 9–11, 13–14, 17–19, 21–22 und 25–27
- Rudolf Stähelin, Amos Comenius, Basel 1893 (= Reben am Weinstock. Lebensbilder aus allen Zeiten der christlichen Kirche, Bd. 6)
- Rudolf Stähelin, Huldreich Zwingli, sein Leben und Wirken nach den Quellen dargestellt, Bd. 1: Die reformatorische Grundlegung. Bd. 2: Ausbau und Kampf, Basel 1895 und 1897
- Rudolf Stähelin, Aloys Emanuel Biedermann, in: RE^3, Bd. 3, Leipzig 1897, S. 203–208
- Rudolf Staehelin, Die Christenhoffnung [1896], [hrsg. von Karl Stockmeyer], Basel 1900
- Rudolf Staehelin-Stockmeyer, Reisebriefe aus Italien 1871–1872. Als Manuskript gedruckt, Basel 1903

Sekundärliteratur
- Otto Kirn, Rudolf Stähelin, in: RE[3], Bd. 18, S. 735–737
- Walter Koehler, Rudolf Staehelin, in: RGG[2], Bd. 5, Sp. 747
- Staehelin, FG, S. 169–172
- Ernst Staehelin, Rudolf Stähelin, in: Andreas Staehelin (Hrsg.), Professoren der Universität Basel aus fünf Jahrhunderten. Bildnisse und Würdigungen. Zur Fünfhundertjahrfeier der Universität Basel im Auftrag der Universität und unter Mitarbeit zahlreicher Gelehrter herausgegeben, Basel 1960, S. 210–211
- Karl Stockmeyer, Professor Rudolf Stähelin, in: Basler Jahrbuch 1901, S. 5–86 (Bibliographie S. 84–86)
- Paul Wernle, Rudolf Staehelin, in: RGG[1], Bd. 5, Sp. 884
- Zur Einnerung an Herrn Professor Rudolf Staehelin-Stockmeyer, Dr. theol. et phil., geboren den 22. September 1841, gestorben den 13. März 1900, [Basel 1900]

Zu Paul Wernle

Quellen

a) Unpublizierte
- StAB, Erziehung Y6: Unterlagen zu Wernles Professur
- UBB, Nachlass Hans Wernle: Erinnerungen des Sohnes
- UBB, Nachlass Paul Wernle: Briefe und Manuskripte

b) Publizierte
- Paul Wernle, Die Sünde innerhalb der urchristlichen Gemeinde, Basel 1896
- Paul Wernle, Der Christ und die Sünde bei Paulus, Freiburg i. B. / Leipzig 1897
- Paul Wernle, Die synoptische Frage, Freiburg i. B. u. a. 1899
- Paul Wernle, Skizze der Theologie Ritschls, in: KBRS, Jg. 14 (1899), S. 35–37 und 39–41
- Paul Wernle, Altchristliche Apologetik des Neuen Testaments, in: Zeitschrift für die neutestamentliche Wissenschaft, Jg. 1 (1900), S. 42–65
- Paul Wernle, Die Anfänge unserer Religion, Tübingen / Leipzig 1901
- Paul Wernle, Die Reichgotteshoffnung in den ältesten christlichen Dokumenten und bei Jesus, Tübingen / Leipzig 1903
- Paul Wernle, Die Renaissance des Christentums im 16. Jahrhundert, Leipzig 1904 (italienische Übersetzung Florenz 1944)
- Paul Wernle, Die Quellen des Lebens Jesu, Halle a. S. 1904
- Paul Wernle, Was haben wir heute an Paulus? Basel 1904
- Paul Wernle, Paulus Gerhardt, Tübingen 1907
- Paul Wernle, Einführung in das theologische Studium, Tübingen 1908
- Paul Wernle, Johannes Calvin. Akademischer Vortrag, Tübingen 1909
- Paul Wernle, Calvin und Basel bis zum Tode des Myconius, 1535–1552, Basel 1909
- Paul Wernle, Paulus als Heidenmissionar. Ein Vortrag, Tübingen 1909
- Paul Wernle, Renaissance und Reformation. Sechs Vorträge, Tübingen 1912
- Paul Wernle, Jesus, Tübingen 1916
- Paul Wernle, Zum Gedächtnis der Reformation. Vier Vorträge, Basel 1917
- Paul Wernle, Der evangelische Glaube, nach den Hauptschriften der Reformatoren. Bd. 1: Luther. Bd. 2: Zwingli. Bd. 3: Calvin, Tübingen 1918 und 1919
- Paul Wernle, Der schweizerische Protestantismus im XVIII. Jahrhundert, 3 Bde., Tübingen 1922, 1923 und 1925 [= Wernle, 18. Jhdt.]
- Paul Wernle, Pestalozzi und die Religion, Tübingen 1927
- Paul Wernle, Autobiographie, in: Die Religionswissenschaft der Gegenwart in Selbstdarstellungen, hrsg. von Erich Stange, Bd. 5, Leipzig 1929, S. 207–251

- Paul Wernle, Der schweizerische Protestantismus in der Zeit der Helvetik 1798–1803, 2 Teile, Zürich / Leipzig 1938 und 1942 [= Wernle, Helvetik]
- Max Burckhardt, Studentenbriefe aus den 1890er Jahren. Aus der Korrespondenz des Theologen Paul Wernle mit dem Historiker Paul Burckhardt, in: Max Geiger (Hrsg.), Gottesreich und Menschenreich. Ernst Staehelin zum 80. Geburtstag, Basel / Stuttgart 1969, S. 495–528

Sekundärliteratur
- Paul Glaue, Paul Wernle, in: RGG[1], Bd. 5, Sp. 1945
- Walther Köhler, Paul Wernle, in: NZZ 1939, Nr. 679 und 682
- Werner Georg Kümmel, Das Neue Testament. Geschichte der Erforschung seiner Probleme, Freiburg im Breisgau/München[2] 1970, S. 367-372
- Peter Meinhold, Geschichte der kirchlichen Historiographie, Bd. 2, Freiburg im Breisgau/München 1967, S. 362-365
- Arnold Meyer, Paul Wernle, in: RGG[2], Bd. 5, Sp. 1867
- Franz Overbeck, Kirchenlexicon. Texte: Ausgewählte Artikel J-Z. In Zusammenarbeit mit Marianne Stauffacher-Schaub hrsg. von Barbara von Reibnitz, Stuttgart / Weimar 1995, S. 639-650
- Paul-Werner Scheele, Paul Wernle, in: LThK[2], Bd. 10, Sp. 1057
- Philipp Schmidt, Verzeichnis der Veröffentlichungen von Professor Dr. theol. et phil. Paul Wernle, in: Aus fünf Jahrhunderten schweizerischer Kirchengeschichte. Zum sechzigsten Geburtstag von Paul Wernle, hrsg. von der Theologischen Fakultät der Universität Basel, Basel 1932, S. 447-458
- Rudolf Schwarz, Paul Wernle 1872-1939, in: Basler Jahrbuch 1940, S. 68-77
- Staehelin, FG, S. 172-178
- Ernst Staehelin, Paul Wernle, in: Andreas Staehelin (Hrsg.), Professoren der Universität Basel aus fünf Jahrhunderten. Bildnisse und Würdigungen. Zur Fünfhundertjahrfeier der Universität Basel im Auftrag der Universität und unter Mitarbeit zahlreicher Gelehrter herausgegeben, Basel 1960, S. 332–333
- Zur Erinnerung an Paul Wernle, [Basel 1939]

Zu Ernst Staehelin

Quellen

a) Unpublizierte
- StAB PA 182, B 85: Manuskripte, Briefe und andere Dokumente von Staehelin
- UBB, Nachlass Ernst Staehelin: Briefe, Vorlesungs- und Druckmanuskripte

b) Publizierte
- Ernst Staehelin, Zum hundertsten Geburtstag von Philipp Schaff, in: KBRS, Jg. 34 (1919), S. 17–19
- Ernst Staehelin, Schweizer Theologen im Dienste der reformierten Kirche in den Vereinigten Staaten, in: Schweizerische Theologische Zeitschrift, Jg. 36 (1919), S. 152ff. und 196ff.
- Ernst Staehelin, Der Jesuitenorden und die Schweiz. Geschichte ihrer Beziehungen in Vergangenheit und Gegenwart, Basel 1923
- Ernst Staehelin, Die Reichsgottesbotschaft als Ausgangspunkt und Ziel des Stockholmer Werkes, in: Aufbau, Jg. 7 (1926), S. 1ff. und 5ff.
- Ernst Staehelin, Die Stockholmer Konferenz über die Pflichten der Kirche gegenüber den wirtschaftlichen und industriellen Fragen, in: Evangelisches Gemeindeblatt, Olten, Jg. 14 (1926/27), Nr. 7

- Ernst Staehelin, Die Stockholmer Konferenz über die sozialen und sittlichen Fragen, in: Evangelisches Gemeindeblatt, Olten, Jg. 14 (1926/27), Nr. 10
- Ernst Staehelin, Briefe und Akten zum Leben Oekolampads, 2 Bde., Leipzig 1927 und 1934
- Ernst Staehelin, Zur Versöhnung von Vatikan und Quirinal, in: KBRS, Jg. 85 (1929), S. 89–91
- Ernst Staehelin, Was will das Kirchenblatt, in: KBRS, Jg. 85 (1929), S. 1–5
- Ernst Staehelin, Wie stellen wir uns zur römisch-katholischen Kirche, in: KBRS, Jg. 87 (1931), S. 85–91
- Ernst Staehelin, Kundgebungen zur Neugestaltung der deutschen evangelischen Kirche, in: KBRS, Jg. 89 (1933), S. 156–158, 165–169, 189–191 und 204
- Ernst Staehelin, Kundgebungen aus dem Ringen der deutschen evangelischen Kirche um ihre Gestaltung, in: KBRS, Jg. 89 (1933), S. 219–222
- Ernst Staehelin, Kundgebungen der deutschen evangelischen Kirche um ihr Wesen, in: KBRS, Jg. 89 (1933), S. 378–380, 393–396 und 412f.
- Ernst Staehelin, Aus dem Ringen der deutschen evangelischen Kirche, in: KBRS, Jg. 90 (1934), S. 11–13, 24–27, 42f., 58–60, 76, 91–93, 105–107, 123–125, 138–142, 173f., 189–191, 203, 220–223, 251–253, 268–270, 284f., 298–303, 316f., 332f., 348f., 365f., 394–396 und 412f.; Jg. 91 (1935), S. 92–94, 109–111, 124f., 141f., 157f., 233–235, 266–269, 334, 349f. und 411f.
- Ernst Staehelin, Das theologische Lebenswerk Johannes Oekolampads, Leipzig 1939
- Ernst Staehelin, Johann Ludwig Frey, Johannes Grynaeus und das Frey–Grynaeische Institut in Basel. Zum zweihundertjährigen Jubiläum des Instituts, Basel 1947 [= Staehelin, FG]
- Die Verkündigung des Reiches Gottes in der Kirche Jesu Christi. Zeugnisse aus allen Jahrhunderten und allen Konfessionen, zusammengestellt von Ernst Staehelin, Bd. 1, Basel 1951. Bd. 2, 1953. Bd. 3, 1955. Bd. 4, 1957. Bd. 5, 1959. Bd. 6, 1963. Bd. 7, 1965
- Ernst Staehelin, Die Jesuitenfrage, Basel 1955
- Ernst Staehelin, Die Wiederbringung aller Dinge. Rektoratsrede, gehalten an der Jahresfeier der Universität Basel am 18. November 1960, Basel 1960 (= Basler Universitätsreden, Heft 45)
- Die Christentumsgesellschaft. Texte aus Briefen, Protokollen und Publikationen, ausgewählt und kommentiert von Ernst Staehelin, 2 Bde., Basel 1970 und 1974 (= Theologische Zeitschrift, Sonderbände 2 und 4)

Sekundärliteratur
- Max Geiger (Hrsg.), Gottesreich und Menschenreich. Ernst Staehelin zum 80. Geburtstag, Basel / Stuttgart 1969 (Bibliographie S. 607–633)
- Paul Glaue, Ernst Staehelin, in: RGG^2, Bd. 5, Sp. 747
- JbFG 1987/88. Mit Beiträgen zum Andenken an Prof. Dr. theol. Ernst Staehelin, Lektor des Frey-Grynaeischen Instituts von 1936 bis 1980, aus Anlass seines 100. Geburtstages am 3. Oktober 1989
- Martin Anton Schmidt, Ernst Staehelin als ökumenischer Theologe, in: Theologische Zeitschrift, Jg. 46 (1990), S. 339–350
- Zur Erinnerung an Ernst und Meieli Staehelin-Kutter, [Basel 1980]

Zu Jan Milič Lochman

Quellen
- Jan Milič Lochman, Duchovní odkaz obrození. Dobrovsky, Bolzano, Kollár, Palacky, Praha 1964
- Jan Milič Lochman, The Church in a Marxist Society. A Czechoslovak View, London / New York 1970
- Jan Milič Lochman, Perspektiven politischer Theologie, Zürich 1971
- Jan Milič Lochman, Christus oder Prometheus? Die Kernfrage des christlich-marxistischen Dialogs und die Christologie, Hamburg 1972
- Jan Milič Lochman, Das radikale Erbe. Versuche theologischer Orientierung in Ost und West, Zürich 1972
- Fritz Buri / Jan Milič Lochman / Heinrich Ott, Dogmatik im Dialog. Bd. 1: Die Kirche und die letzten Dinge. Bd. 2: Theologie – Offenbarung – Gotteserkenntnis. Bd. 3: Schöpfung und Erlösung, Gütersloh 1973, 1974 und 1976
- Jan Milič Lochman, Trägt oder trügt die christliche Hoffnung? Biblisches Erbe in den Herausforderungen der Zeit, Zürich 1974
- Jan Milič Lochman, Marx begegnen. Was Christen und Marxisten eint und trennt, Gütersloh 1975
- Jan Milič Lochman, Versöhnung und Befreiung. Absage an ein eindimensionales Heilsverständnis, Gütersloh 1977
- Jan Milič Lochman, Wegweisung der Freiheit. Abriss der Ethik in der Perspektive des Dekalogs, Gütersloh 1979
- Jan Milič Lochman, The Living Roots of Reformation, Minneapolis 1979
- Jan Milič Lochman, Wahrheitseifer und Toleranz. Rektoratsrede, gehalten an der Jahresfeier der Universität Basel am 27. November 1981, Basel 1981 (= Basler Universitätsreden, Heft 75)
- Jan Milič Lochman, Reich, Kraft und Herrlichkeit. Der Lebensbezug von Glauben und Bekennen, München 1981
- Jan Milič Lochman, Das Glaubensbekenntnis. Grundriss der Dogmatik im Anschluss an das Credo, Gütersloh 1982
- Jan Milič Lochman, Vom Sinn der Feste. Meditationen über Weihnachten, Ostern und Pfingsten, Basel 1982
- Jan Milič Lochman, Comenius. Gelebtes Christentum, Freiburg / Hamburg 1982
- Jan Milič Lochman, Im Namen Gottes des Allmächtigen! Rektoratsrede gehalten an der Jahresfeier der Universität Basel am 26. November 1982, Basel 1982 (= Basler Universitätsreden, Heft 76)
- Jan Milič Lochman, Unser Vater. Auslegung des Vaterunsers, Gütersloh 1988
- Jan Milič Lochman, Christ and Prometheus. A Quest for Theological Identity, Geneva 1988
- Jan Milič Lochman, Zeal for Truth and Tolerance. The Ecumenical Challenge of the Czech Reformation, Edinburgh 1996 (= The Cunningham Lectures)

Sekundärliteratur
- [Bibliographie von Jan Milič Lochman für die Jahre 1942–1960], in: Theologická Príloha Krestanské revue, Jg. 27 (1960), S. 155–157
- Stefan P. Becker, Bibliographie von Jan Milič Lochman für die Jahre 1961–1991, in: Das universale Gebet. Studien zum Unservater. Jan Milič Lochman gewidmet zum 70. Geburtstag von der Theologischen Fakultät Basel = Theologische Zeitschrift, Jg. 48 (1992), Heft 1, S. 187–206

Register

Bibelstellen

Autorenspiegel

Frank A. Faessler, * 1967, Ausbildung zum Chemielaboranten, seit 1993 Studium der Geschichte, Philosophie und Mittealterarchäologie in Basel und St. Andrews. Interessensschwerpunkt: Mittelalterliche Geschichte und Philosophie.

Dagmar Fenner, * 1971, Studium der Philosophie und der Germanistik, Lic. phil. 1997, Kontrabass-Studium in Basel (Diplom), ist bemüht um einen Ausgleich zwischen Kunst und Wissenschaft. Forschungsprojekt in Paris zur Dialektik von Ethik und Ästhetik.

Ulrich Knellwolf, * 1942, Studium der ev. Theologie in Basel, Bonn und Zürich, Dr. theol. 1990, war Pfarrer in Urnäsch AR, Zollikon und an der Kirche zu Predigern in Zürich. Seit März 1996 teilzeitlich tätig bei der Stiftung Diakoniewerk Neumünster, Zollikerberg / freischaffend. Veröffentlichungen: *Zwinglis Nacht. Hörspiel,* Zürich 1986 – *Ein roter Teppich für den Messias. Weihnachtsgeschichten,* Zürich: Theologischer Verlag 1989 – *Gleichnis und allgemeines Priestertum. Zum Verhältnis von Predigtamt und erzählendem Werk bei Jeremias Gotthelf,* Zürich: Theologischer Verlag 1990 – *Roma Termini. Kriminalroman,* Zürich: Arche 1992 / Frankfurt am Main: Fischer Taschenbuch 1994 – *Tod in Sils Maria. 13 üble Geschichten,* Zürich: Arche 1993 / Frankfurt am Main: Fischer Taschenbuch 1996 – *Klassentreffen*, Zürich: Arche 1995 – *Adam, Eva & Konsorten. 16 biblische Kriminalfälle,* Zürich: Jordan 1996 – diverse Geschichten und theologische Aufsätze.

Thomas K. Kuhn, * 1963 in Köln, Studium der Theologie in Bonn, Marburg, Wuppertal und Basel; 1989 bis 1993 Assistent für neuere Kirchen- und Dogmengeschichte an der Universität Basel (Lehrstuhl Prof. Dr. Ulrich Gäbler); 1993–95 Gastvikar der Evangelischen Kirche im Rheinland in Tüllingen (Baden); 1995 Promotion zum Dr. theol. und Ordination. Seit 1995 Lehrbeauftragter und Oberassistent für Theologiegeschichte des 19. und 20. Jahrhunderts an der Universität Basel sowie berufsbegleitendes Pfarrvikariat im Kirchenbezirk Lörrach. Habilitationsprojekt: «Die sozialen Herausforderungen der modernen Welt. Studien zum diakonischen Gedanken in der Kirchengeschichte der Neuzeit». Forschungsschwerpunkte: Kirchen- und Theologiegeschichte des 19. und 20. Jahrhunderts, Religiöser Sozialismus, Diakoniegeschichte und Pietismus. Veröffentlichungen: *Der junge Alois Emanuel Biedermann. Lebensweg und theologische Entwicklung bis zur «Freien Theologie» 1819–1844*, Tübingen: J. C. B. Mohr 1997 – *Diakonie beim frühen Johann Hinrich Wichern*, in: *Pietismus und Neuzeit* (im Druck) – zahlreiche Lexikonartikel und Rezensionen.

Jan Milič Lochman, * 1922, Studium der Theologie und Philosophie in Prag, St. Andrews und Basel, ThDr. 1948, Prof. für Systematische Theologie und Philosophie an der Comenius-Fakultät Prag 1950–1968, am Union Theological Seminary New York 1968–1969, an der Universität Basel 1969–1992. Rektor der Universität Basel 1981–1983, Lektor des Frey-Grynaeischen Instituts seit 1981. Ehrendoktor der Universitäten Aberdeen, St. Andrews und Prag; Jacob Buckhardt-Preis 1987. Veröffentlichungen: siehe Quellen- und Literaturverzeichnis des vorliegenden Bandes.

Fritz Nagel, * 1940, Studium der Mathematik, Physik, Philosophie und Wissenschaftsgeschichte in Heidelberg und Basel, Promotion zum Dr. phil. an der Philosophisch-naturwissenschaftlichen Fakultät der Universität Basel, Gymnasiallehrer für Mathematik und Physik, Leiter der Forschungsstelle Basel der Bernoulli-Edition, verantwortlich für die Edition der Briefwechsel der Mathematiker Bernoulli. Veröffentlichungen: *Nicolaus Cusanus und die Entstehung der exakten Wissenschaften,* Münster: Aschendorff 1984 – (Hrsg.) *Der Ausbau des Calculus durch Leibniz und die Brüder Bernoulli = Studia Leibnitiana, Sonderheft 17,* Stuttgart: Franz Steiner 1989 – ferner diverse Aufsätze in Fachzeitschriften und Enzyklopädien.

Suzanne de Roche, * 1955, Buchhändlerin; Bibliothekarin Universität Zürich; Germanistik- und Anglistikstudium in Basel. Studienaufenthalte in Exeter, Leeds und Paris. Z. Zt. angestellt am Deutschen Seminar der Universität Basel.

Martin Anton Schmidt, * 1919, Studium der Theologie in Basel und Zürich, Dr. theol. 1948, PD für Kirchen- und Dogmengeschichte in Basel 1950–1955, Dozent (bis 1956) und Prof. an der Emory University (Georgia) 1955–1958, am San Francisco Theological Seminary, San Anselmo (California) 1958–1967, an der Universität Basel 1967–1989. Forschungsschwerpunkt: Theologie des Mittelalters. Veröffentlichungen: *Prophet und Tempel. Eine Studie zum Problem der Gottesnähe im Alten Testament,* Zollikon-Zürich: Evangelischer Verlag 1948 – *Gottheit und Trinität nach dem Kommentar des Gilbert Porreta zu Boethius, De Trinitate,* Basel: Verlag für Recht und Gesellschaft 1956 – *Scholastik*, in: Die Kirche in ihrer Geschichte, Bd. 2, Lieferung G_2, Göttingen: Vandenhoeck & Ruprecht 1969, S. 65–181 – *Die Zeit der Scholastik*, in: Handbuch der Dogmen- und Theologiegeschichte, Bd. 1, Göttingen: Vandenhoeck & Ruprecht 1982, S. 567–754 – ferner Aufsätze und Enzyklopädieartikel.

Kim Patrick Sitzler, * 1972, Studium der Philosophie, Soziologie, Islam- und Politikwissenschaft in Basel, München, Paris und Amman, licencié en sociologie 1995, elève agréé an der Ecole des Hautes Etudes en Science Sociale (E.H.E.S.S.), Paris. Forschungsschwerpunkt: Arabische Intellektuellengeschichte im 18. Jahrhundert, Interkulturalität in der Renaissance.

Rudolf Smend, * 1932, Dr. theol. in Basel 1958, PD für Biblische Theologie (Altes Testament) in Bonn 1962, Prof. an der Kirchlichen Hochschule Berlin 1963, in Münster 1965, seit 1971 in Göttingen. Ehrendoktor der Universität St. Andrews, Mitglied der British Academy, der Finnischen und der Norwegischen Akademie der Wissenschaften, Mitglied und z. Zt. Präsident der Göttinger Akademie der Wissenschaften, Vizepräsident der Deutschen Forschungsgemeinschaft 1986 bis 1992. Veröffentlichungen: *Wilhelm Martin Leberecht de Wettes Arbeit am Alten und am Neuen Testament,* Basel: Helbing & Lichtenhahn 1958 – *Das Mosebild von Heinrich Ewald bis Martin Noth,* Tübingen: Mohr 1959 – *Jahwekrieg und Stämmebund. Erwägungen zur ältesten Geschichte Israels*, Göttingen: Vandenhoeck & Ruprecht 1963, ^{2}1966 (englisch 1970) – *Biblische Zeugnisse. Literatur des alten Israel*, Frankfurt am Main: Fischer 1967 – *Elemente alttestamentlichen Geschichtsdenkens,* Zürich: EVZ 1968 – *Die Entstehung des Alten Testaments,* Stuttgart: Kohlhammer 1978, ^{4}1989 (finnisch 1989, italienisch 1993) – *Gesammelte Studien*, 3 Bde., München: Kaiser 1986 bis 1991 – *Deutsche Alttestamentler in drei Jahrhunderten*, Göttingen: Vandenhoeck & Ruprecht 1989.

Andreas Urs Sommer, * 1972, Studium der Philosophie, Kirchen- und Dogmengeschichte und Dt. Literaturwissenschaft in Basel, Göttingen und Freiburg i.B., Lic. phil. 1995. Z. Zt. angestellt am Philosophischen Seminar der Universität Basel. 3. Eligius-Preis der Deutschen Numismatischen Gesellschaft 1992, De-Wette-Preis der Theologischen Fakultät Basel 1994. Forschungsschwerpunkt: Ideengeschichte der Neuzeit. Veröffentlichungen: *Der Geist der Historie und das Ende des Christentums. Zur «Waffengenossenschaft» von Friedrich Nietzsche und Franz Overbeck,* Berlin: Akademie Verlag 1997 – ferner diverse Aufsätze.

Werner A. Sommer, * 1945, Studium der Theologie, Philosophie und Germanistik in Basel und Berlin, Dr. theol. 1971. Initiator und Mitbegründer der Schweizerischen Gesellschaft für Religionswissenschaften 1977 (deren erster Sekretär). 1968 Ordination. 1971–1981 Pfarrer in Aarburg. 1981–1985 Ausbildung zum analytischen Psychologen. 1985–1990 Pfarrer in Lausanne, seit 1990 Pfarrer in Langenthal. Veröffentlichungen: *Der menschliche Gott Johann Peter Hebels*, Frankfurt am Main: Lang 1972 – *Hebel und seine Mutter*, Lörrach: Hebelbund 1979 – diverse Beiträge zu religionspsychologischen und kirchengeschichtlichen Themen in Zeitschriften und Sammelbänden.

Martin Steinmann, * 1940, Studium der Geschichte in Basel, Dr. phil. 1966, PD 1975, seit 1984 Prof. für Paläographie und Bibliothekswissenschaften an der Universität Basel. Vorsteher der Handschriftenabteilung der Universitätsbibliothek Basel. Veröffentlichungen: *Die Handschriften der Unversitätsbiblitohek Basel. Register zu den Abteilungen A I–A XI und O,* Basel: Verlag der Universitätsbibliothek 1982 – ferner diverse Aufsätze. Mitherausgeber der *Basler Zeitschrift für Geschichte und Altertumskunde.*